中国历代墨宝

[台湾商务印书馆学术经典]

中国历代思想家

隋唐

主编：
台湾中华文化总会
王寿南

九州出版社 JIUZHOUPRESS | 全国百佳图书出版单位

出版说明

《中国历代思想家》系由台湾中华文化总会（原名“中华文化复兴运动推行委员会”、“中华文化复兴运动总会”等）与王寿南教授共同担任主编，两岸学者联袂撰写，台湾商务印书馆出版。这套著作对于读者具有很好的参考意义。作为海峡两岸出版交流中心重点引进项目，此次以简体字出版，对文中的古今地名对照、注文体例和文字错误等作了必要的订正，并将原25分册按历史年代合并为先秦、汉、魏晋南北朝、隋唐、宋明、清和现代等凡7种14册。

原版本的卷头语和三篇序言，从不同角度介绍了该书系的出版缘起和有关情况，简体版将其主要内容附于书前。

该书关于中国历代思想家的选取立意及某些作者的观点，我们并不完全认同。但为便于参考研究，仍保留其原貌，在书中加编者注予以说明；个别之处，有所节略，但不改动原书之观点。

九州出版社

出版说明

卷頭語

二十年前香港同學王賡武博士來訪，出示所擬中國思想家百人計劃。時賡武任教於馬大歷史系，為中國史學專家，同時兼任文化研究與撰寫多名學者及該會出版研究專題，為協會之勤勞，歲月荏苒，今日年高為副會長，以算主出版研究專題，此等之稱，許為提攜和精神，歸於賡武相助。欣然不擬計劃，調查於各項任務，因係密切，而特研究，送了些同，並編撰踐齊各當日中山學術文

纪至宋金，如法编纂，然果类的编纂要以千家国
，其已散失者，未及详估。因当前书尚有文
献多种出版，出版以来定见，对以上力了解
间，尚缺中宋金编纂之缺，为不数，当以读者
继前人未完之事业，使后书如集。此书及敦煌也
。时代书籍也，未对程统定见，因当书前一字
主持，凡其堪字年世学东了记朱也。
二年以来，日积月累，为编书者定见，为
摘取教学之，以至编辑校定，而学界由前而一
多任之，于书荣也，启功重伟。启功并笔于坚净斋

，心门之意，实不和谐之高尚如古佑，青少年学习，须为立志而计。

本辑思想家，除自然科学与社会人文科学这方面的，专业重要外，都为挑选之有人或为社会与人文科学，再略路为取和通，前线奋斗以内的重要作品搜集中国现代思想大师，为学思想大师，分约二万余言，每之编撰方法，以现代思想家为例，须先就各思想家之主要著作通读一遍，摘取其最现代思想之原文，次深究其真意，再就到其在现代学术之影响，或假加以一己之論斷，判其說都不收存批判，按時代先後分冊，每冊中以年分時代敘述，第六冊之宋才都則以為綜合研究，以前為分各冊每冊之以人為經，其實又較也。至於哲學思想史，先論為學，次論哲學，亦按時代，以人為經，都為一冊，其第六冊則改為綜合研究，亦以問題為經，文獻與政治思想史相同。予以一人之時力所限，僅就諸思想家之主要思想作概敘述，其某些思想作品一些，未能對其長處特生之政治思想，與唐初之書所望學者指正。

蔡，自斯之後，後世衣拓以傳。至於古法從心
群碎章草，然書草化傳之一，而今草之書要以
後世也，以譯之列者列自，書之傳者，習之母
楷書，稀有而之新元運，詳考下述，其字須草
。故草書之改如是。此專以祀中國歷代書
家之名，以一專家有擇一文，草體皆均為遺稿
年，尚能保存者以至今。
統計千年所撰行草書家共得九十三人，其
中與歷代書家相同者四十九人，俾有考焉。
至於草書家共得六十七人，而與歷代書家

都凡四十一人，古今名家之六十八人，已见录
未选之画家专习者一帮，而历代书家可选
其趣味不多可取，此亦不可同之主因也。

王学仲

《中国历代思想家》更新版序

王寿南

《中国历代思想家》一书于一九七八年六月初版问世，颇受社会各界的好评，并获得一九七九年“金鼎奖”，在各大学中的文、史、哲各系师生常以本书作为教学与研究的重要参考书。

《中国历代思想家》原本包含自古至今的重要思想家一百人，出版后，即有学界友人询问何以仍遗漏一些在中国思想史上占有一席之地的人物，其实，在最初选录的思想家名单不止一百人，但约稿之时，苦于难觅适当撰稿人，有些重要的思想家，只好从缺，当然我心中一直感到遗憾，总想加以增补。同时，自一九七八年以后的十几年间，若干当代大师级的思想家（如牟宗三、冯友兰、钱穆、陈大齐等）先后逝世，自应将他们纳入本书之内。基于上述两个因素，近十年来在我内心中一直盘算着如何对本书进行增订。

一九九五年七月，我向中华文化复兴运动总会秘书长黄石城先生表示希望该会能支持本书的增订工作，我也提出了一份增订《中国历代思想家》计划草案，黄秘书长回函同意，愿支付增补部分的稿费和审查费。本书的出版发行者是台湾商务印书馆，如果增补，则原来的版本必要废弃，重新排印，费用亦甚可观，幸蒙该馆总经理张连生先生慨然应允重排更新版书稿。在黄秘书长和张总经理的支持下，我开始进行增补工作，感谢海峡两岸学术文化交流的开放，让我能邀约到几位大陆的学者参与撰稿，使本书的增补工作进行顺利。

本书增订工作从一九九六年一月开始，九七年三月完成集稿，计增加思想家十九人：吕不韦、寇谦之、杜光庭、陈献章、李贽、刘宗周、惠栋、阮元、包世臣、胡礼垣、欧阳竟无、马一浮、陈大齐、梁漱溟、钱穆、冯友兰、方东美、唐君毅、牟宗三。

本书更新版能够问世，更感谢中华文化复兴运动总会和台湾商务印书馆的支持，也更感谢新增十九篇文章的作者们。

王寿南谨识

一九九八年七月二十日

于政治大学历史系

《中国历代思想家》序

谷凤翔

自周公、老子、孔子以还，二三千年间，中国之学术思想成为一股巨流，思想家辈出，无代无之，成为中华文化发展之指导，亦蔚为中国文化史中奇观景象之一。中华文化能长流不竭，久而弥新，历代思想家为文化而奉献之智慧与心力，乃为一重要之因素。近年来，出版界日趋繁荣，坊间虽有二三种中国思想史之专书，然似嫌偏于艰深，作为大学专门参考书则可，一般人却未必有阅读之兴趣，时下青年学生往往熟读尼采、罗索之言，对董仲舒、王船山之学说则懵然无知，往往高谈存在主义、社会主义，对老庄哲学、知行学说则毫未涉猎，此种现象极可忧虑，盖不能了解中国学术思想之演变，则容易对传统文化产生误解，由误解容易进而为盲目之反对，因此，为使人们对中国学术思想之演变有较深入之认识以坚固其对中国文化之信心，本会遂着手编撰本书，选择历代重要之思想家一百人，介绍其生平、思想、著作与影响。中国历史悠久，思想家之人数何止一百，本书由于篇幅所限，仅能选择一百人，然则何人应该入选，见仁见智，常有不同，本书一百位思想家之名单系本会与数位学者专家一再研究而后确定者，读者先生如对本书所选之思想家名单有异议，尚请赐教为幸。

本书编撰之目的，在向广大之社会人士提供一套可读性较高之中国思想史，同时，亦提供有志研究中国学术思想之中外学者一项入门导引，因此，本书文体采用语体文，以深入浅出之叙述使读者易于接受。

本书之编撰工作始于一九七四年九月，历时三年余而完成，本书系由本会主编，然实负其责者乃本会学术研究出版促进委员会兼任执行秘书王寿南教授，本书之作者多达七十九人，集稿工作，殊非易事，三年而成三百余万言之巨构，在文化复兴运动之历程中，当能留下一笔光彩之痕迹。

本书由于字数庞大，负担之稿费甚巨，本会经费拮据，实有不胜负荷之感，幸蒙中山文化基金会董事长兼本会副会长王云五先生慷慨应允由中山文化基金会拨款新台币六十万元，以为支持，遂使本书得以完成，本人谨代表本会向中山基金会暨王云五先生致深挚之谢意。

文化复兴工作千头万绪，决非本会所能独任，愿人人以复兴中华文化为己任，则我民族文化之前途必光明灿烂也。

谷凤翔谨识

一九七七年十二月二十三日

于中华文化复兴运动推行委员会

《中国历代思想家》序

王寿南

中国是一个文化源流久远的古国，中国文化的能久能远，其基本的原因是中国学术思想的发达，给予中国人在政治、社会及人生观各方面极大的启示和引导。中国文化能够历久而弥新，便是历代的思想家不断有创新与发明，给中国文化不断地注入活力的缘故。

梁启超先生在《中国学术思想变迁之大势》中把中国学术思想的发展划分为七个时期："一、胚胎时代，春秋以前是也；二、全盛时代，春秋末及战国是也；三、儒学统一时代，两汉是也；四、老学时代，魏晋是也；五、佛学时代，南北朝唐是也；六、儒佛混合时代，宋元明是也；七、衰落时代，近二百五十年是也；八、复兴时代，今日是也。"梁任公的分期大致能为一般人所接受，梁任公所说的衰落时代即指清代，而复兴时代便指清末以至今日。

纵观中国学术思想发展的大势，春秋战国、宋明、清末以后为三个兴盛的高峰，这三个高峰的造成有其共同的因素，便是中国人的生存环境（物质的与精神的）受到了严重的威胁而产生自救性的觉醒，这种自救性的觉醒使中国文化增加活力而得以继续生存下去，所表现出来的便是思想界结出了许多光辉灿烂的花朵。

本书编撰的目的是要介绍历代有重要贡献的思想家的生平、思想和影响，希望这份"整理"传统文化的工作，对目前正在推行的中华文化复兴运动有所帮助。

本书的编撰构想和策划从一九七四年夏开始，我首先向前辈学者王云五先生、钱穆先生、屈万里先生、萨孟武先生、沈刚伯先生等请教，诸位前辈先生对编撰方针、思想家人选、撰写体例，都提供了不少宝贵的意见，使本书得以顺利开始拟订体例。

本书要求以浅显的白话文撰写，都是希望本书成为一部人人能读、愿读的思想史。我从许多年前便提倡“学术通俗化”，呼吁学术走出古代士大夫的象牙之塔，应该对社会大众作更多的影响。中国是一个文明古国，学术思想一向受到世人的重视，可是，我们一般民众和学生却很少对我国的学术思想有较深入的了解，中学课程里虽然选读《论语》、《孟子》，但却很少学生能够畅述孔孟的思想，这是因为教科书所选的是文言文，学生背诵的目的在应付考试，其中思想的精义并没有溶入脑海，所以，背诵古人的名著虽多，却只当作文学作品去欣赏，不能影响观念，本书的力求通俗化，便是希望以通俗的方式，将中国的学术思想介绍给社会大众，使社会大众易于接受。

本书的约稿工作从一九七四年九月开始。每篇文稿交来以后，都要另请一位专家学者予以审阅，应邀担任本书审阅工作的有屈万里先生、萨孟武先生、陶希圣先生、林尹先生、严灵峰先生、陈立夫先生、高明先生、胡秋原先生、程文熙先生、沈云龙先生、何佑森先生、魏汝霖先生、龙宇纯先生、杨树藩先生、周何先生、贺凌虚先生、王尔敏先生、张朋园先生、陆宝千先生、张曼涛先生、陈鼓应先生、何启民先生、吕实强先生、陈新雄先生、李云汉先生、蒋永敬先生、黄锦鋐先生、张玉法先生、黄清连先生、李世杰先生、洪金富先生和印顺、慧岳、晓云三位法师，我在此特别向各位审阅先生致谢。

本书是由中华文化复兴运动推行委员会主编，文复会副会长王云五先生和秘书长谷凤翔先生对本书的编写给予全力的支持，才使本书得以出版。文复会副会长王岫庐（云五）先生是中国出版界的拓垦者，数十年来，一直都是中国文化园地中辛勤工作的园丁，岫庐先生是我最敬爱的老师，他兼任中山学术文化基金会的董事长和商务印书馆的董事长，为了支持本书的编写和出版，岫庐师特别指示中山学术文化基金会拨付六十万元作为本书的稿费，不足之数由文复会负担，本书的出版工作则由商务印书馆负责。本书的能够出版，可说是岫庐师和岐山先生的支助所赐，我愿意在此向岫庐师和谷先生致最高的敬意和谢意。

本书的作者都是饱学之士，他们在学术上的成就毋庸详介，他们肯为本书撰写通俗化的文章，我十分感激，本书如果能得到社会的重视，实在是他们的心血所换来的。

本书的出版是学术通俗化的一项尝试，也是为文化复兴工作尽知识分子的力量。本书的缺点在所难免，我诚恳地希望读者先生们给予指教。

王寿南谨识

一九七七年十一月二十日

于政治大学历史系

目　录

智 顗

慧岳　著

目　录

一、南北朝时代的佛教学风

拥有广大领土的中国，自从东晋时代（公元四世纪初），就形成南北的政治抗争，不断地继续了三百余年的历史。当时统治北方的胡族国王，也许是受到西域佛教的影响，上自国王乃至贵族大臣们，对于佛教信仰都很虔诚，且喜欢神异灵验，及创建塔寺，恭造佛像等，广作功德，也因此，住锡北方的僧侣们，都倾向于神通灵验，精勤修习止观，实践坐禅，以神异取信于大众为目的。但是，在同一时期，南方的佛教弘化，却还留着魏晋以来的清谈遗风，并加以王室贵族的倡导和奖励，尽量偏重于义学精湛的讲解研究，如是南北三百年间的佛教学风，成为各自偏执一途的状态！

关于北方的佛学家们，偏重实践止观的修习，这都影响到后来的徒众们，废弃义学的研究，专以倡导不立文字，竟造成很多的不良后果！因为根基差一些的，就难免于堕落无知，在不知不觉中，随染于蒙昧邪行的危险里！而易于养成不学无术的哑羊僧，唯依信仰“福寿生天”的浅近因果报应为满足，致使伟大佛教的真理被埋没。还有，南方的注重义学，也养成好辩的习惯，唯以纸上或口头禅的谈论，因而失去实践的求道心，终究无法获得解脱的成就。直至隋朝智颢（公元五三八—五九七年）大师，深鉴时弊，遂将南方的“轻禅重讲”，北方的“轻讲重禅”的偏颇，予于补救均平，而强调“教观双运”、“解行并进”的教学，因精通教义论理，能辅助证道明心，实践修观，即能摄持自心于安定。智颉大师，这种伟大的圆融理论，遂消融了几百年来的南北偏好，显明佛陀的本意，实现佛法的精神，树立中国独创的天台教学。

二、智𫖮的略传

智𫖮大师的俗家姓陈，于梁武帝大同四年（五三八年）诞生于湖南省华容县，出生之时，光明满室，具足双重瞳眼之相，七岁就能背诵《观音普门品》等经，被时人称为神童。幼名“光道”，出家后的法名为“智𫖮”，字“德安”，后来都称为“智者大师”以示尊重，而且也是隋炀帝所敕封的。

梁承圣三年（五五四年），江陵（湖北省）一带，被西魏军攻占，政权便归于陈霸先之手，国号改为陈（传五代，历三十三年）。梁朝的灭亡，影响了智𫖮一族的没落，这使智𫖮悟知“世态变幻无常”，遂于翌年（五五五年），智𫖮十八岁时，投礼长沙（湖南省）果愿寺法绪大师出家。然后师事真谛三藏的大弟子慧旷（五三四—六一三年）律师，学习《方等》、《摄大乘论》、《唯识论》、《金光明经》等，并依之受具足戒。后来的智𫖮，对于《金光明经》的讲述，或有关唯识思想，摄论宗教学的深度认识，也许是初出家时，受慧旷律师指导之所得。受具足戒不久后的智𫖮，发心登上湖南省衡州南境的大贤山，闭门专修《法华》、《无量义》、《普贤观》等经，并实践方等忏法，获“胜相”现前，尽得不可思议之奥旨。

陈天嘉元年（五六〇年）智顗二十三岁时，冒着战乱的危险，行至光州（河南省）大苏山，投礼慧思（五一五—五七七年）禅师，苦练参究，精修普贤道场（法华三昧行），有一天，持诵《法华经》至《药王品》（大正九—五三Ｂ）："是真精进，是名真法供养如来"句，忽然心境朗照，遂证"法华三昧前方便"，这称为智顗的"大苏妙悟"。但是，他却不以此开悟为满足，朝夕更加努力，继续承受慧思禅师的指导，熏修满七年之久，至陈光大二年（五六八年，智顗三十岁），始受慧思禅师的嘱咐下山，住锡于金陵瓦官寺，大开法筵，将实践体会出来的妙解佛乘，配合于讲说义理，更将其独得般若妙慧，加以无碍辩才的显扬，故使当时的江南名匠：法济、大忍、慧辩等都来亲近于其座下。

智顗是年仅三十岁的青年僧，能在东晋以来，佛教文化最盛的金陵，立足成家，扬名于世，这可以说是于大苏山，亲承慧思禅师严厉的熏陶磨练出来的成果。因为佛法的精奥本质，在理智的修持和德行的崇高，绝不是唯以语文和口头禅等所能体会得到的。

智顗住锡金陵的八年（五六八—五七五年）间，曾受到举国上下大众的皈依，这在弘法方面来说，当然是成功的，但就其自他两利方面来说，那就离佛陀度生的本怀还是很远的。因为闻法者虽日益增加，但领悟者却日渐减少！这使智顗在精神上，受到了说不出的苦闷，如果这样下去，唯有空费光阴！当时的智顗在深思，既然不能利他，复伤自行，徒劳无益，那就坚决不顾朝野上下的挽留，遂于太建七年（五七五年）九月间，隐遁于天台山（浙江省），以昼间讲解佛法，教导徒众，晚间亲自领导修习止观，且以猿猴为友，白云做伴，实践着第二期的苦行生活。

智顗于天台山华顶峰，正在静坐思惟的时候，忽然显现着无数的魔女魔孙，均以迷惑智顗的身心为能事，但他仍然是岿然不动地端坐着，顷刻之间，即就恢复寂静的大自然的境界，这被后世称为

“华顶妙悟”，乃由禅定进趣实相观的证悟境界。

智𫖮经过这番的开悟，思想大有转变，即由空观趣入法华圆融的中道。因而在天台山澹泊地度过十载寒暑，于陈至德三年（五八五年）四月，陈叔宝曾以七次的诏请，始允再至金陵，于宫中太极殿，讲《大智度论》、《仁王经》等，并主持“仁王大法会”，同时皇后、皇太子等均在崇正殿，设千僧大斋会，并皈依智𫖮为师，诚是盛极一时。

隋文帝开皇十一年（五九一年）十一月二十二日，当时的晋王——杨广，恭迎智𫖮至扬州禅众寺，同时于扬州总管府内，设千僧大斋会，并请智𫖮传授菩萨戒，晋王向大众说：“大师禅慧内融，应奉名为智者。”智𫖮被誉为“智者大师”的尊称，就是从此开始的。

开皇十三年（五九三年）春，智𫖮回到故乡邻近的当阳县（湖北省），靠扬子江岸的沙市，朝北数里的玉泉山，建立一寺——玉泉寺，现存的尚有：毘卢殿、大雄殿、天王殿、东西禅堂、智者大师讲经台等。该寺至一九四九年前，还保存有历史价值的署铭“隋大业八年（六一二年）”的铁镬一个。天台宗的基本圣典，《法华玄义》、《摩诃止观》，就是他在玉泉寺宣说的。

开皇十五年（五九五年）正月，再至扬州讲《维摩经》，并著《净名义疏》十卷。十六年秋，回到天台山继续《净名疏》的写作。

开皇十七年（五九七年）十一月二十四日，对徒众讲完《观心论》之后，就在石城寺（天台的西门）弥勒圣像前，结跏趺坐安详圆寂，世寿六十，僧腊四十。

以上是智𫖮大师应化六十年间的概略，兹为易于参考，列表如下：

幼年时代（出生—十八岁）：
梁大同四年（五三八年）诞生于湖南省华容县。
梁绍泰元年（五五五年）出家于长沙果愿寺。

修学时代（二十—三十岁）：
陈永定元年（五五七年）依慧旷律师受戒。并至大苏山，师事慧思禅师。
陈光大二年（五六八年）至金陵。

瓦官寺时代（卅一—卅八岁）：陈太建元年—七年（五六九—五七五年）金陵大弘佛法。

天台隐栖时代（卅八—四七岁）：陈太建七年（五七五年）九月至陈至德二年（五八四年），在天台山修头陀行。

讲说三大部时代（四八—五六岁）：
陈至德三年（五八五年）四月，再至金陵讲《法华文句》等。
隋开皇十三年（五九三年）创建玉泉寺，讲《法华玄义》、《摩诃止观》。

晚年时代（五八—六十岁）：
隋开皇十五年（五九五年）再至扬州讲《维摩经》，并著《净名义疏》。
隋开皇十七年（五九七年）十一月二十四日圆寂。

本节参考书：

《佛祖统记》（《大正大藏经》精第四九册——一八○页—一八七页，《大正大藏经》系台北新文丰出版公司影印，一九七四年出版）

《天台智者大师别传》（《大正藏》精第五○册——一九一页——一九七页）

《国清百录》（《大正藏》精第四六册——七九三页—八二三页）

《天台大师之研究》二八页（日文，佐藤哲英博士著，日本京都，百华苑一九六一年出版）

三、智𫖮的前期思想

1.《法华经》与《大智度论》的弘扬

智𫖮的思想，依其修为的内证而言，可分为前后两期，即在瓦官寺的初次弘法，可以说是继承慧思禅师的般若学——空观，为基本依据的说法（属前期）。自从至天台山，经过十年间的头陀苦行所悟出来的，乃由“空观”趋入“法华实相观”（属后期），故天台教学的本质，是属“法华教学”。但其所师的南岳慧思禅师，对于《法华经》的研究，仍脱离不了《智度论》的思想影响，将《般若》《法华》两经，配置于同格的见解，可是智𫖮却是不依《智度论》的思想，认为《般若经》，共通于小乘，虽有含具大乘圆理，不过也是属“共般若”，唯法华才是“不共般若”的境界，且《般若经》尚未发挥到二乘成佛，独《法华经》才以证实二乘成佛的殊胜义，这可意识到智𫖮的思想，是超越师承及梁代的法华权威学者法云（四六七—五二九年）大师，能以独自妙解佛乘，树立天台教学的基础，成为中国佛教的一宗而独立着。

智𫖮在金陵瓦官寺的弘法，最受人注目的便是《法华经》的宣讲，因江南一带的从来讲解方法，唯以训诂式的逐句讲解，而智𫖮是承慧思禅师的实践、理论兼备所发挥出来的妙解，是以其说法，那是金陵空前未有的新鲜讲筵，而且具有浓厚的亲切感，致使当时领导金陵佛教的大德们，都倾心而执弟子礼前来听讲，同时朝廷更以敕旨停朝一天，尽集大臣以听讲（参照《大正藏》精五〇—一九二B），最可惜的还是当时的讲义，其弟子们未曾记录下来，致使现在无法知道其内容！但智𫖮在大苏山时，既然证“法华三昧的前方便”（般若空观），故其讲解的殊胜可以推知！

上述，智𫖮在金陵瓦官寺所讲《法华经》与《大智度论》，究竟是讲些什么？现在既然无法知道其内容，那唯可能的就是将《法华经》、《大智度论》的纲要叙述于次：

（一）《法华经》七卷（《大正》第九卷，鸠摩罗什三藏于公元四〇六年在长安大寺译）。

佛陀的教义，自从教团分裂后，就各以其本派的所奉圣典，冠以金科玉律般的受持，因之，属大乘经典的最古本，可推《小般若》、《维摩经》，其次的是《大品般若》、《法华经》华严部《渐备经》等，为大乘佛教开创期所盛行的代表经典。

所谓大乘，即异于小乘的堕落二乘（声闻、缘觉）的劣等行为，乃纯以菩萨道为主观，且强调树立自己为立场之新形态的三乘差别观，故大乘的根本精神，是主张不可停滞于方便城，必须进修至宝所成就佛陀的菩萨乘为目的，由此，最原始的大乘经典，只是强调菩萨乘，而尚未达到佛陀的妙智境界，唯《法华经》才是超越三乘趋入一乘（会三归一）的殊胜。《法华经》这种含义，被智𫖮意识到佛陀出现于世的本怀，即就强调《法华经》为纯圆独妙之“一乘佛道”的妙旨。

关于一乘，在梵文《法华经》第二章《方便品》说：佛陀的降生于人间说法，最大的宗旨是：为人人的成就佛道为目的，这在鸠摩罗什（三四四—四一三年）三藏译《妙法莲华经》，即译为“舍利弗，如来但以一佛乘故，为众生说法，无有余乘，若二若三”。尚且这种“一佛乘”的宗旨，系十方世界的过去、未来、现在的三世诸佛，都是同调的宣说“一佛乘”为修行者成就“无上正等正觉”的究竟实践门，是以释迦佛陀的宣说《法华经》，和三世诸佛的宗旨，完全是一致的。既然佛教的究竟是一乘，为什么！佛陀的一生教化中，将四十年以上的时间，都花费在讲说三乘？那么！这岂不是失去了三乘教学的真正意义的存在！因为混乱恶浊的人生，多因贪欲等而失去善作用，既然缺少善作用的善根，那就不容易接受大法（一乘佛法）的进修，是以佛陀的降世，才以巧妙的方便法门，先为适应对机的需要，由修声闻法（苦、集、灭、道）、缘觉（十二因缘）、菩萨（六度）等三乘的次第，这不过是为闻法者，先能获到安身立命，俾其成熟善根，趋向于究竟解脱涅槃（不生、不灭）的一乘佛地为目的。

由此，三乘教学即属“权教”——方便，一乘是“实教”——真实。关于这种理论，智𫖮在其所著《法华文句》说：《法华经》的价值，就是在“亦权亦实、非权非实”的中道第一义谛。换句话说：真理佛性，本来就是恒常不变的清净，但因一切对象的虚妄不净，致使产生分别观念，才会堕落为凡夫，但身虽为凡夫，其心的慈悲原存，故《法华经》对此譬喻为“衣里明珠”，强调虽外貌丑陋，但其内心的佛性，却是整然不缺，这证明凡夫与佛陀的互相对照，唯是迷与悟的差别相而已！

再说：人们所受一切的苦缚，皆是起于迷执的我相所致，如果能为脱离一切苦缚着想的话，必须依据佛陀宣说的一切善法去实践修持，但因个人的业惑不同，是以佛陀才不得不施用种种的方便法门予以导引，至最后指明涅槃（不生不灭）境界为归处。

又《法华经》的另一特色，乃授记二乘成佛思想，因其他诸经，都是说二乘不能成佛，唯菩萨方能成佛，但《法华经》却是主张“一切众生，悉有佛性”为依据，叙述佛陀的法身与声闻的法身，即平等无异，同一法性中的流露，不过为说法方便的起见，才展开为三乘而已。《法华经》这种殊胜，被智𫖮洞彻后，遂推翻前人的所说，而强调《法华经》至上，创立空前的妙判《法华经》为“纯圆独妙”的教相，故至现在，《法华经》仍巍然不动地坐着经王宝座。

所谓《法华经》（*Saddharma–pundarīka–Sūtra*），具云《妙法莲华经》，其内容极难理解，因其他的经典，一看经题，就可以知道其内容，如《般若经》的主题便是般若，《涅槃经》的主题是涅槃，唯《法华经》的内容，被认为是针对“般若实相”的真理，但有的地方，却是“一乘与三乘”；或“菩萨行”的实践本质；“教主与弟子们”的过去生涯；“观音与普贤”等诸大菩萨的信仰等，其教说的内容很多的转变，致使该经的中心思想原理，究竟是什么？不容易得到解答！故对于《法华经》的研究，自古以来，在印度、西域，就有五十多家的专门学者，如龙树、坚慧、世亲菩萨等，都有研究的成果著作，可惜现存的唯有世亲的《法华论》而已！

有关《法华经》的研究，中国的学者，可以说比印度、西域出色得多，因自从西晋竺法护大师译出《正法华经》，就有人奉行实践修习、诵经、讲解、注疏等。更在罗什三藏重译之后，即人才辈出，如道融、昙影、僧叡、竺道生、慧观、道明、慧龙、僧印、法云等，都是研究《法华经》的名学者。其中，道生的《法华疏》（《卍续》精一五〇—三九六）、法云的《法华义记》（《大正》三三—五七二）现存外，其余唯能在其他的文献中，知道片段的部分学说而已！

由此，南北朝时代的《法华经》研究，已具相当的努力和成就是很明显的。如道融、僧叡，将《法华经》以序、正、流通——再分为九辙，道生的《法华疏》是以一经而分为两段，《初品》至《安乐行品》，为开三显一；《涌出品》以下十四品，为开近显远；更将前后两段，再分为序、正、流通的三分而解释，这比较前者的九辙分科法，更具整然之感！但对于思想涉及多方面的《法华经》，拟以单纯的分科法，来为之极广的内容作解释，那是绝对不可能的。还有庐山慧龙，更将《法华经》以形声与因果，即佛身或佛说，初以成佛之因缘为焦点，以《序品》至《法师品》为佛陀说法的方便与真实关系，《见宝塔》以下为佛身方便与真实，这即属真实身与方便身的关系。又由成佛的因果观点而论，即《方便品》至《乐行品》为成佛之因，《涌出品》以下为果德门。慧龙这种看法，对于《法华经》的内容比较忠实，而且也影响于后来的研究方便不少！

又，光宅寺的法云（四六七—五二九年），将《法华经》分为二十四段，即《序品》为序分，《方便品》至《分别功德品》中的弥勒偈之十四品半为正宗分，其后的十一品半为流通分，更将序分以通序、别序而各展五门，正宗分再分为因义、果义而展开各为四门，流通分以化他流通、自行流通，而再开各为三门等。这可以说是《法华经》空前精密入微的分科法，但其所分法过于微细，反而招致烦琐之嫌。是故无法将《法华经》，把握着一贯的统一原理之显现。换句话说：经文内容的分科，虽具极致的精密，如对于教说全体的中心主题，如果无法把握其统一原理，那就会失去《法华经》的根本精神。故智𫖮在《法华玄义》中，以释名、显体、明宗、论用、判教的五重妙判，将《法华经》深渊的妙理，予以统一，更叙述与他经的异同，以强调《法华经》的特殊优美，诚是值得研究。

本节参考书：

《国清百录》（《大正》四六—八〇一）

《妙法莲华经》（《大正》九——六二）

《法华思想之研究》（日文，横超慧日著，日本京都平乐寺出版，一九六九年）

《大智度论》百卷（《大正》二五—五七，龙树菩萨造，罗什三藏于公元四〇五年译出）

（二）《大智度论》（*Mahāprajñāpārā–mita–Śāstra*）或云《摩诃般若波罗密经释论》，乃《大品般若经》的逐条解释，依僧叡（三七八—四四四年）大师的该论序文及后跋，得知所谓百卷巨著的《大智度论》，只是《大品般若经》之初《序品》的解释全译，即：最初的皈敬颂——七言四句六偈，次明二十余条的般若波罗密的缘起义止，就成为三十四卷，其后的六十六卷，乃是《大品般若经》的第二《报应品》至第九十《嘱累品》文的略释，因罗什（三四四—四一三年）三藏深知我国人的好简习惯，特为适应机宜地选译而辑成百卷而已。据言：如若尽数译出，即就会超过千卷之多了。

关于《大智度论》的内容，包括原始教典、部派诸论书的学说、思想、用例、传说、历史、地理、实践禅定、僧团等，及印度一般思想，其内容之广泛，可以说是当时的"佛教百科辞典"。尤其针对《中论》般若空的思想，而显明地站在肯定的基本立场，专以"诸法实相"的大乘菩萨积极的宗教实践为本位。且还是提供着龙树以前的佛教学说，及大乘与小乘的相互交流等思想发达史上的好资料。

再说，龙树虽是主张性空的中道观，但仍继承"阿含"、"佛传"、"律"等而展开大乘佛教正统的真精神，故后世尊仰龙树为大乘八宗的祖师。由此，《大智度论》不单是空宗的综合论书，对于后起的"瑜伽唯识思想"的形成，还是贡献不少！尤其《大乘起信论》所说的真如与性空中道思想的相即，就是受《大智度论》的影响而来的。又其有关法身观的主张，而导引密教思想的发展，更是值得注目的。

本节参考书：

《大智度论》（《大正》二五—五七—七五六）

2. 禅学文献的集大成（《释禅波罗密次第法门》编著）

智𫖮在金陵的八年间，除讲《法华经》、《大智度论》之外，最着重的工作，还是指导在南方未曾受到重视的实践修习止观，故智𫖮的前期思想，综合而可代表的著作，当推由《大智度论》中的有关禅法部门，及印度所传来的所有坐禅实践法，尽量搜集而组织，成为《释禅波罗密次第法门》，而其弟子法慎记为三十卷，再经灌顶大师，删定为十卷流通的现存本（《大正》四六—四七五）。本书的特色，是将禅门实践法，毫不漏列地予以由浅入深次第的精密组织，这在禅观发达史上，确是划时代的重要文献。故对凡是有心于禅学的研究者，此乃属不可缺少的参考资料。

关于《释禅波罗密次第法门》的组织，同于天台宗基本圣典的三大部之一《摩诃止观》，同样地分为十大章，即：

第一修禅波罗密大意章，是针对行者虽然发心修习禅定，但尚未得其要领的十种非法的纠正，并为显示正修必需的条件，即（1）萌发菩提心之相，（2）阐明修习禅定的途径。即：行者，虽发菩提心，必以菩提心观照中道正观，明诸法实相，能怜愍一切众生，而起大悲心，发四弘誓愿，才能成就佛道。

第二章：释禅波罗密名，即简别共不共、翻译、料简。

（一）简别：因为“禅”是凡夫、外道、二乘、菩萨共修的通名，而“波罗密”，却是限于菩萨与诸佛的不共修法。

（二）梵语“禅那”（dhyāna）：简称为“禅”，译为“思惟修”、“定”、“功德丛林”。波罗密多（pārāmitā），简称“波罗密”，译为“到彼岸”、“事究竟”、“度无极”等，且各具通别两种的解释。

（三）料简：是针对“背舍”、“胜处”、“一切处”等，都不能称为波罗密，唯禅才能称为波罗密，因“禅”最大，俨如国王，具统摄义，将所有实践法的一切内行功德，都摄持在禅之中，才称名为禅波罗密。

第三章：明禅波罗密门，即针对寻名究体的作用，分为标禅门、解释、料简。且将禅门再分为色门、心门。关于色门，即以不净观及阿那波那（ānâpāna.略称“安般”，译为“入出息”，即属数息法）。至于第二解释，是开色别立心门，以“世间禅”、“出世间禅”、“出世间上上禅”，更分为通别的解释。

第四章：辨禅波罗密铨次，即明修禅波罗密的次第，分为有漏禅、亦有漏亦无漏禅、无漏禅。

（一）有漏禅：是修数息观，入欲界定，再以四禅入色界定，四无量心入四空处定（无色界定）。

（二）亦有漏亦无漏禅：是对六妙门、十六特胜、通明观。

（三）无漏禅：是针对观炼熏修的实践次第，以声闻、缘觉、菩萨的慧行为旨归。

第五章：简禅波罗密法心，是明诸禅的法与心，分为辨法、明心、简别法与心。

（一）辨法：再分有漏法、无漏法、亦有漏亦无漏法、非有漏非无漏法的四种。

（二）明心：分为有漏心、无漏心、亦有漏亦无漏心、非有漏非无漏心的四种。所谓“法华三昧”、“般舟三昧”、“首楞严”等的百八三昧，都被摄持于非有漏非无漏的禅法中。

第六章：分别禅波罗密前方便，为实践禅观的准备，详述于该书的第二、三、四卷，分为外方便、内方便，对于外方便，即举二十五种方便法（具五缘、诃五欲、弃五盖、调五事、行五法），这是实践门的必具条件，凡是修行者，可谓是最基本的门径。

至于内方便，分为明止门、明验善恶根性、明安心法、明治病患、明觉魔事。

（1）明止门，再分为①系缘止（随缘止），②制心止（入定止），③体真止（真性止）的三种法。

（2）明验善恶根性，分为外善、内善，外善更分为布施、持戒、孝养父母师长、信敬三宝、读诵听学；内善分为阿那波那门（数息）、不净观门、慈心门、因缘门、念佛门。至于恶根性，即举出：觉观、贪欲、嗔恚、愚痴、恶业等不善业法，对之，以五门禅为救治法。

（3）明安心法，即随便宜、随对治成就、随乐欲、随次第、随第一义等。

（4）明治病患，以气息治病、假想治病、咒术治病、用心主境治病、观析治病。

（5）明觉魔事，光明魔的种类，即烦恼魔、阴入界魔、死魔、天子魔等的四种，继之详述破魔的方法。

第七章：释禅波罗密修证，分为修证世间禅相，修证亦世间亦出世间禅相，修证出世间禅相，修证非世间、非出世间禅相的四种禅法，以浅深次第，从欲界初心起，至金刚三昧止的所有禅法。

（一）世间禅：分为四禅、四无量心、四无色定。

（二）亦世间亦出世间：即六妙法、十六特胜、通明观。

（三）修证出世间：即对治无漏、缘理无漏。第一的对治无漏再分为：（1）九相，（2）八念，（3）十想，（4）背舍，（5）八胜处，（6）十一切处，（7）六神通，（8）十四变化，（9）九次第定，（10）狮子奋迅三昧，（11）超越三昧等的十一种。

其次的“缘理无漏”，并第四段“修证非世间、非出世间禅相”，及第八章果报、第九起教、第十归趣章等，竟未宣说而作结论。古来将这部分都称为不说部分，关于不说的部分，也许是不适合于当时的听众机宜，或属菩萨境界，根本对于三界内的实践禅观，无关宏旨，所以智顗才罢讲而终止？这待以后再作研究。

又关于禅观法，在印度、西域，就有种种的不同，是以智𫖮才将由印度、西域传来的禅观法，尽摄持于组织整然的体系内，成为《释禅波罗密次第法门》，但其中的第七章，即是该书的中心思想部分，兹为供研究禅观者的参考，不厌其烦地摘其概要，介绍于次：

(一)“世间法”：分为四禅、四无量心、四无色定。

(1) 四禅，梵语“禅那”(Cātvāridhyānāni)，译为静虑。具有四种静法，才称为四禅（初、二、三、四禅）。所谓“静虑”，即由寂静的境界中，思维所发挥出来的慧的力量，才能体会到世间的一切事物现象的根本真理，因人们都是着重于向外追求，缺乏内心了解事物现象的真理本体，故智𫖮才强调实践行禅的功夫，以期早证禅定，才能获得安身立命为归宿。再说：如欲深入静虑的方法，即必须“系心于一处”，时间一久，妄念自然地渐渐会微薄而消失，进入舒适轻安，儒家也有“知止而后有定，定而后能静，静而后能安，安而后能虑，虑而后能得”的境界，然后感觉到自身的血液畅通，泰然自在，如坐飞机于虚空中，再而进入相似通（可以知当时的境遇，但放弃坐禅时即失），更进一步为未到定（趋入初禅的准备）。再精进到工夫纯熟时，便会自得不可思议的智慧，离弃世间（欲界）的一切恶念，妙得喜乐，称为初禅。二禅是由初禅所得来的身心喜乐进而明净，且离寻伺尘浊，摄心境于一性，获得无寻、无觉、无观的定力，称为定生喜乐的二禅。三禅即摄“行舍”住于不苦不乐，且不耽落喜乐，能更欣上正念、正慧的殊胜法，称为离喜妙乐的三禅。四禅是住于平等的非苦非乐的极善清净，显现“念清净”而舍去一切喜乐，称为舍念清净的四禅。

又实践禅观的禅者们，如得初禅，即能对治贪、欲、嗔、忧、苦及犯戒，或散乱的障碍，远离欲爱，自心得到寂静的境界。二禅能对治第一念的寻伺（深细精神作用）与苦及不自然的劣性。三禅能对治第二念的贪与喜及踊跃之下劣定性。四禅能调顺出入息，及对治第三念的贪与乐及乐作意的下劣定性。再说，尚未进入初禅称为近分定，虽然至初禅，还有相应的微细精神作用，至二禅，始能断审察的精神作用，故谓无寻无伺。大梵天的中间定，虽然无寻（猛利的精神作用），但还有伺（愚钝的精神作用），这虽胜过初禅，却尚不及二禅的理由，可谓极明显之至。

关于四禅法的修持，佛陀在实践苦行中，还曾访问过阿罗罗仙人，论证四禅的浅深和修持法。是以从修持开始至成道，都不离四禅法，由此可见：四禅法就实践佛道的行者们来说，是很重要而不可缺少的。

本段参考书：

《顺正理论》第七十七（《大正藏》第二九卷—三二九）

《显扬圣教论》第二（《大正藏》三一—四八〇—五八二）

《俱舍论》第二十九（《大正》二九——一一六〇）

《法界次第初门》卷上之下（《大正》四六—六六四—六九六）

（2）四无量心，梵语 Catrāryapramāṇāni，译为四无量心、四等心。即以四种的无量心，缘无量的众生，给予乐及离苦的思惟，作为辅助修禅、趋入禅定为目的。

四种无量，即慈无量、悲无量、喜无量、舍无量。因为修持善行的禅观者们，必须养成四种无量心，便得安稳修道以巩固道心，因心具"慈"，就不生嗔恚、不嫉恨他人；心具"悲"，就会体谅对方而不结怨于人；心具"喜"，就能安心于善修一切法；心具"舍"、就能放下一切而不计较是非，速证禅定，得到赡养的宝所。

本段参考书：

《中阿含》第二十一章（《大正》第一卷—四二一）

《顺正理论》第七十九（《大正》二九—三二九）

《显扬圣教论》第四（《大正》三一—四八〇）

（3）四无色定，梵语 atasraārūpya–Samāpattayaḥ 之译文，或称

四空定。即空无边处定、识无边处定、无所有处定、非想非非想处定。对于修习空定的必需条件是：在修定中，不念一切色相，且能灭对象之相，即就能趋入虚空处。因为一切众生，所有一切困苦的所累，皆是被自身所招惹出来，是以行者们，在定中思维脱离一切相，即就无饥渴寒热之苦。再说，色身是粗弊虚诳，由宿世所熏积来的因缘和合的果报。故凡夫无法脱离一切苦报，是以必须在实践行持中，谛观一切空而舍除一切对象，就如由笼中飞出的鸟，得大自由，为空处定。但空遍于无量无边，以识为缘，如缘得过多，则定会被散破，是以行者们，在实践修持当中，必须观空，且要认清“受想行识”为贼，不能被其所盗，更要了解一切即属无常、苦、空、无我，如妄为和合即会生有的危险，故所缘的空还要舍弃，唯保留以识为缘，是名识处定。但识仍是无量无边，如识过多，即容易障碍定力，是以行者们，必须观是识，认清受想行识如病、疮、刺等，不可被其所害，应观一切事相是苦、空、无常、无我。能如是观，即可破识相，且能超越识处，趋入“无所有处”的空定。但行者们还不能坚执于无所有处，仍再一步地观色受想行识，如病如疮，一切即属无常、苦、空、无我确非实有，是以必须欣慕思惟“非有想、非无想”的妙定，如能证“非有想非无想定”，即能享受三界（欲界、色界、无色界）最高的非想非非想处天的八万四千大劫（一小劫为一千六百八十万年，二十个小劫称为一中劫，二十个中劫称为一大劫）的安乐长寿。所谓“非有想、非无想”，是指仍留有第八识的最微细的一念——“非无想”，因过于微细，故很难觉知，所以称谓“非有想”。

智顗在金陵的八年间，不断而努力地指导实践修习禅定的目的，就是希望所有的行者们，都能速离人间生、老、病、死的痛苦束缚，而趋向于长寿的安身立命的境界。

本段参考书：

《大智度论》卷十七（《大正》二五—五七—七五六）

《法界次第初门》卷上（《大正》四六—六六四）

（二）亦世间、亦出世间禅：分为六妙门、十六特胜、通明观。首先举出：

（1）六妙门，关于六妙门，现存的单行本，有《六妙法门》（《大正》第四六卷五四九页）一卷的流传，该本是从本书（《释禅波罗密法门》）的该节扩展详说，成为一卷（十章）的名著。智𫖮在该书（《六妙法门》）的开头便说：六妙门是修持禅观的根本法门，更是趋入圣道的要径。由此，修持禅观的实践中，六妙门是不可缺少的一门可知！

六妙门的第一章，即一数、二随、三止、四观、五转、六净。由此六种的实践进修，即能万行具发，竟得降魔速灭受想的业惑，更能明白三乘历别的诸禅理，绝不执着停滞于非想定的，且能很快地趋入涅槃的六种妙门。

所谓①“数”（gaṇanā）是指“数息观”为主体的实践法，属前段所述的四禅、四无量心、四无色定。②“随”（anugama）是随息，即十六特胜（待后段详述）。③“止”（Sthāna）是指五轮禅（地轮、水轮、虚空轮、金沙轮、金刚轮）。④“观”（Upai–aksaṇā）是指九想、八念、十想、八背、八胜处、十一切处、九次第定，乃至三明六通、八解脱。⑤“转”（Virartanā）是空无想、无作、三十七品、四谛、十二因缘、中道正观。⑥“净”（pariśuddhi）是九种大禅等。

第二章是次第相生六妙门，显明六法次第相生为入道阶梯，各门都以修相、证相而悬说清楚。

第三章随便宜六妙门，以方便善巧的应用，不固执而随缘为旨趣。

第四章是对治六妙门，教导断除三惑、三障的对治方法。

第五章是相摄六妙门，阐明自体互具六法，如修一法，自然会出六妙互进的成就。

第六通别六妙门，显示由根性的慧解不同，故其果报自然而然的有大小不同的差别。

第七章旋转六妙门，即由第六通别的从假入空观，及前面所说，都是三乘共法，唯此才是从空入假观的菩萨独门大法，即游行化度的菩萨行。

第八观心六妙门，乃系不依次第，从而直接以心性唯观，显明一切具足的伟大。

第九圆观六妙门，是圆妙绝待不思议的显明。

以上的九章，悉属修因为相的妙解，唯最后的第十章，即为证相六妙门，主张观一心，见一切法，以导入佛知见，以一念相应，得妙解现前，而成就佛道。

本段参考书：

《止观辅行传弘决》（《大正》四六—一四一）

《六妙法门》（《大正》四六—五四九）

《大毘婆娑论》第二十六（《大正》二七卷全）

（2）十六特胜，又名十六胜行修习。关于十六胜行说，从《阿含经》起，诸经论都有叙述，即①念息短，②念息长，③念息遍身，④除身行，⑤觉喜，⑥觉乐，⑦觉心行，⑧除心行，⑨觉心，⑩念心喜，⑪念心摄，⑫念心解脱，⑬无常行，⑭断行，⑮离行，⑯灭行。

①“念息短”，是：因为初修习的行者们，心情暴疾，容易散乱，致使呼吸无法调剂，时常呈现呼吸暴躁之相，故必须配合调顺。

②“念息长”，是：在实践行持当中，其呼吸已趋于精细而平均微微寂静的境界。

③“念息遍身”，是：思惟自身为虚无，即能呈现呼吸会由一

切毛孔，而风行出入于全身。

④“除身行”，是：如深入禅定时，即能获心情安稳，是以粗息（呼吸）实时消灭。

⑤“觉喜”，是：深入禅法时，自心自然而然地会呈现欢喜。

⑥“觉乐”，是：既心情安稳，呈现大喜时，即能全身调适，其乐无法表达。

⑦“觉心行”，是：因过度的欢喜，容易生起不厌喜的贪恋，是以行者们，必须提高警觉的防范。

⑧“除心行”，是：既生贪受的粗念，必须消灭，才能获得安稳而进道。

⑨“觉心”，是：如能舍除受味，自然不堕“没、掉”，而会呈现明朗的境界。

⑩“念心喜”，是：如心能不贪不受，即能趋入寂灭的安稳欢喜。

⑪“念心摄”，是：舍除“掉”念，就能护持自心。

⑫“念心解脱”，是：若能离“没、掉”两法，即能舍去二边，得到解脱。

⑬“无常行”，因自心已得寂静定时，觉知诸法生灭，而自生起无常行。

⑭“断行”，依无常行，就能断诸烦恼。

⑮“离行”，因烦恼断，心始能厌离一切恶念。

⑯“灭行”，因离诸烦恼，始能证一切灭，生一切智的圆满。

又约四禅来说：最初的四法中，息短属于初禅，息长乃是二禅，遍身是三禅，除身是四禅。其次的四法中，觉喜是初禅、二禅，觉乐是三禅，觉心与除心属四禅。再次的四中，念心喜是初、二禅，念心摄是三禅，念心定与念心脱是属四禅。最后的四法中，即遍于诸禅都具的状态。

但智𫖮在其所著《法华玄义》第四上（《大正》三三—七一九A），即分配于三界九地，以“知息长短”为欲界定，“知息遍身”为未到地，“除诸身行”为初禅的觉观支，“受喜”为喜支，“受乐”为乐支，“受诸心行”为一心支，“心作喜”即俱喜禅，“心作摄”为二禅的一心支，“心作解脱”为三禅的乐，观“无常”为四禅的不动，观“出散”即空处，观“离欲”为识处，观“寂灭”为无所有处，观“弃舍”为非想非非想处。但，观“弃舍”成就，使得享受八万四千大劫的长寿。

由此，还可看出智𫖮将印度古代《奥义书》所传的禅观法，能善巧整然而简明的组织，给予后代研究禅观者的方便不少！

本段参考书：

《增一阿含经》第一（《大正》二—五四九）

《大安般守意经》卷下（《大正》十五—一六三）

《坐禅三昧经》卷上《治思觉门》（《大正》十五—二六九）

《解脱道论》第七（《大正》三二—三九九）

《法华玄义》第四上（《大正》三三—七一九A）

（3）通明观，在印度北方的诸禅师们，多喜欢习此禅法，但此法与十六特胜，或背舍胜处等，其修法完全不同，即在修禅观时，能通照色、心，且观行成就的同时，即无诸暗蔽，心眼大开，所以称为通明观禅。

又习此禅法，能获三明六通，虽其余禅法，亦能发得三明六通，但未能如此法的明快，《大集经》（《大正》十三—一六一A）说：“疾大疾、住大住、寂静、观灭、远离，是名为禅。”再说，此禅法，虽无法安立其位次，但它能辅助增胜出世观定之法，且能使其速得三明六通之利，更不同于暗证取着，乃系以明智趋入禅定的功能，仅亚于九次第定而已。

至于实践法，即修观时，摄心静坐调和气息。一心谛观息想通身出入，且必以觉息入无积聚，出无分散，虽觉息入出遍身，却如空中风性，随缘无所有的状态。更进而既知息依于身，离身无息，一心谛观身色本无所有，凡质一切假身，皆不过宿世妄想的因缘所感召招来的业报而已。故行者们，如能观察思惟一切皆空，即得任运自如，证欲界定。

本段参考书：

《释禅波罗密次第法门》卷第八（《大正》四六—五二九页）

（三）修证出世间：分为对治无漏、缘理无漏。对治无漏，再分为①九相，②八念，③十想，④八背舍，⑤八胜处，⑥十一切处，⑦六神通，⑧十四变化心，⑨九次第定，⑩狮子奋迅三昧，⑪超越三昧等十一种。

①首先要说明的九相是：以九种观想为对象，针对贪着五欲之美好耽恋的迷想，仗以禅观力，俾其觉知人身不净，必须除其情欲的观想法。即：

A 梵语 Vinīlaka–saṃjñā 译为“想相坏”，或云“青瘀想”，即观想人死后的皮肉腐烂时，变为黄赤黑青的化相。

B 梵语 Vipūyaka–S. 译为“想相烂”，或云“脓烂想”、“绛汁想”，即由身上的九孔流出虫蛆脓烂，其黄汁流漏满地，臭气转增之相。

C 梵语 Vipaḍ̣uṃaks–S. 译为“想相虫啖”，或云“虫蝛想”、“食不消想”，即虫蛆吮食，鸟兽咀嚼，其身落剥残缺的观想法。

D 梵语 Vyādhmātaka–S. 译为“想相青教”，或云“胖胀想”、“新死想”，即视死尸的膨胀，如革囊的观法。

E 梵语 Vilohitaka–S. 译为“想相红腐”，或云“血涂想”、“脓血想”，即观头至脚满身的脓血流溢、污秽涂漫的观想法。

F 梵语 Vikhāditaka–S. 译为“想相虫食”，或云“坏烂想”，即死尸被风日雨露的毁变，且皮肉坏裂，五脏腐烂，臭秽流溢之相。

G 梵语 Vikṣj̄ptaka–S. 译为“想相解散”，或云“败坏想”、“筋缠束薪想”，即指皮肉已尽，唯存筋骨相连，头足交横，形似薪束的观法。

H 梵语 Vidagdhaka–S. 译为“想相火烧”，或“烧想”、“烧焦可恶想”，被野火烧，或日热的化烧，将白骨也化成灰土的观相。

I 梵语 Asthi–S. 译为“想相生”，或云“骨想”、“枯骨想”，即筋断骨离，形骸分散，唯存白骨的观相。

总之，智𫖮在禅法中，采取九想不净观的修持，旨在强调修行的人们，如能放下不执着于自身，就能予期取证，因依九想观的实践修持，即能洞彻身体是由四大（地——骨肉、水——血液、火——暖气、风——呼吸）的假和合所成，且一生之中，还不断地受束缚与不自由，而谁也不能脱离生老病死的痛苦，老子说“我有大患，为有此身”，是以智𫖮重视九想观为修行的基础。

本段参考书：

《观佛三昧海经》第二（《大正》十五—六四五）

《大智度论》第二十一（《大正》二五—五七）

《摩诃止观》第九之上（《大正》四六——一七）

②八念，是八种的统一心念法。即：念佛、念法、念僧、念戒、念舍、念天、念入出息、念死。在《大智度论》第二十一（《大正》二五—二一五）八念义说：佛陀的弟子们，在清净的精舍，或空舍冢间，山林旷野中，善以运用九想内外的修持不净观，触发对于自身的不净，生起厌恶感。

A 念佛，是在实践禅定中，必念圆满功德的佛陀为对象，巩固自心的统一，且佛陀的功德，具有不可思议力，能拔苦与乐，使身心泰然自得。

B 念法，法通达无碍，能灭烦恼，使身不执于二边（空、有），而趋入清净境界。

C 念僧，僧是和合正道的世间无上福田，念念不离心，即能速证圣果。

D 念戒，依戒而生善灭恶，向上于菩提道，因戒能摄持身心于正范，破惑业障得慧解脱。

E 念舍，舍分施舍与舍诸烦恼，施舍属财施、法施，因具财施心，就不会再留悭贪心念，可以安心于办道；法施为互相研究修持方法，是将自己所了解的授予他人的行为。又舍诸烦恼是将三界八十八使的结使，尽能断除，以取得安稳欢喜的清净念。

F 念天，是思惟天上的清净，乃宿修果报所致的善业所感。

G 念入出息，观察出入息的长短，及冷热等分别，且能除去散乱心，俾速趋入禅定之念。

H 念死，死有自死、他因缘死的两种，既有生，便有死，谁也无法避免死的归宿。是以行者们，时时刻刻必以死为念，始能专心向道。

本段参考书：

《法界次第初门》卷中上（《大正藏》四六—六六四）

《大明三藏法数》第三十一（《中华大藏》第三辑《卍藏》三六）

③十想，又云“十思想”，乃是十种观想法。即：无常想、苦想、无我想、食不净想、一切世间不可乐想、死想、不净想、断想、离欲想、尽想。兹为略述：

A 无常想，或云“非常思想”，即世间一切有为法，皆新新生灭，变幻无常的观想法。

B 苦想，洞彻一切世间无常，且不能脱离三苦（苦苦、坏苦、行苦）、八苦（生、老、病、死、求不得、爱别离、怨憎会、五蕴炽盛）的逼迫身心之畏惧观法。

C 无我想，或云“非身思想”。了知世间一切是苦，且不得自在的观法。

D 食不净想，或云“厌恶食想”。即一切世间的饮食，都属不净的因缘所生的观法。

E 一切世间不可乐想，即世间无有安乐，唯所受是苦的观法。

F 死想，观察死相，而生畏惧的观法。

G 不净想，即身内三十六物，身外九孔，浊液不停流露的观法。

H 断想，或云“无爱想”。即认涅槃为离烦恼、断结使，始能清净的观法。

I 离欲想，即离一切欲，始能了生死的观法。

J 尽想，生死已尽，就无结使，才能证真涅槃的观法。

但十想与九相观的差异是 :《大智度论》第二十一卷（《大正》二五—二一五）说 : 因九相尚未得禅定，唯遮覆婬欲而已，至十想才能除灭婬欲等三毒，九相如缚贼，十想如斩杀，故九相是属初学者，十想是属成就者。又九相是门外，十想是门内等的说法，都是不能忽略的。

本段参考书 :

《大智度论》第二十一（《大正》二五—二一五）

《大乘义章》第十四（《大正》四四—四六五）

《法界次第初门》卷中之上（《大正》四六—六六四）

④八背舍，梵语 Aṣṭau uimckṣiḥ 译为“八背舍”、“八解脱”。由八种定力，可舍弃色、贪等的心念为解脱。

A 内有色想观诸色解脱（Ūpīrvpāṇi paśyat），略云“有色观诸色解脱”，为着要脱离内色想，必须观外的诸色，属青瘀脓烂等的不净。

B 内无色想观外色解脱（Adhyātman arūpa–Saṃjñībahirdhā rūpāṇi paśyati），呈现离内色想，便为之更加坚固，必须观外色的不净。

C 净解脱身作证具足住（Śubhaṃ vimoi ṣaṃkāyenasāi ṣātkṛt

vôpasaṃpadya viharati)，略云“净解脱”，为试练善根的是否成满，将弃除初、二解脱的不净观，进修外色境的净相，俾烦恼之不生为对象。

D 超诸色想、灭有对想不思惟种种想、入无边空、空无边处具足住解脱（Sasarváso–rūpa–saṃj̄ñām samatikramāt pratigha–saṃjňānām astaṃgamān nānātva–saṃj̄ňānām amanasilkārād anantamākāsám ity ākāśânanty âyatanam upasaṃpadya viharati)，略云“空无边处解脱”，即灭有对的色想，修空边的行相成就。

E 超一切空无边处、入无边识、识无边处具足住解脱（Sa sarvaśa âkāśânanty âyatanaṃ Samatikramy ânantaṃ vijñānam iti vijñanânanty âyatanam upasaṃpadya viharati)，略云“识无边处解脱”。即弃除空无边的心念，修成识无边相。

F 超一切识无边处、入无所有、无所有处具足住解脱（Sa śarvaso vijñānânanty âyatanaṃ samatikramya nastikiñcid ity ākiñcanyâyatanam vapasaṃpadya viharati)，略云“无所有处的解脱”，即舍弃识无边的心念，成就无所有相。

G 超一切无所有处、入非想非非想处具足住解脱（Sa sarvaśaākiñcañyây atanaṃ samatikramya nâivasaṃ jñānâsamj̄ñâyatanam upasaṃpadya viharati)，略云“非想非非想处解脱”。即已背舍无所有心，就无明胜之想，成就非无想相。

H 超一切非想非非想处、入想受灭身作证具足住解脱（Sa sarvaśo nâi vasamj̄ñānâsam jñāyatanam samatik ramya saṃjñā–vedita–nirodhaṃkāyena sākṣātkṛtvôpasam padya viharati)，略云“灭受想解脱”。即厌弃受想，灭一切心之心所法，证灭尽定。

再说第一第二解脱，即依初禅、二禅而能对治显色之贪，第三是依第四禅修习净观，共以无贪为性，第四至第七的四是以四无色的定善为性，第八是依有顶地，灭有所缘心为性。

关于修习禅定的过程中，八背舍（解脱）是非常的重要！

因前的三解脱是空色法，其次的四解脱是空心识，第八的灭尽定，分为“烦恼尽”与“烦恼未尽”两种，如得烦恼尽定，始能进趣上一层的胜处。

本段参考书：

《大毘婆娑论》第八十四（《大正》二七）

《显扬圣教论》第四（《大正》三一—四八〇）

《法界次第初门》卷中之上（《大正》四六—六六四）

《成实论》第十二（《大正》三二—二三九）

⑤八胜处，梵语 Aṣṭāvabhibhv–āyatānāni 译为八胜处、八除入、八除处。即观察欲界色处，且能胜伏所缘之境，而对治贪的八种方法。兹分述于次：

A 内有色想观外色少胜处，即将尚未舍离的内具之各别的色想，由作思惟的观察，绝外界之好恶色境，生起胜知见，以对治降伏欲贪的胜解。

B 内有色想观外色多胜处，即更能缘外之多境，而得殊胜的降伏。

C 内无色想观外色少胜处，即内色想虽舍离，但尚未能根除，唯缘少许的外色而胜伏。

D 内无色想观外色多胜处，将所缘外境都能胜伏之谓。

E 内无色想观外色青胜处。

F 内无色想观外色黄胜处。

G 内外色想观外色赤胜处。

H 内无色想观外色白胜处。

从第五起至第八的青黄赤白胜处，是以青黄赤白的四色而各别的谛观，俾其至速得到胜伏，因前节的八背舍，唯能得到解脱的弃背，尚未能达到自在的乐受自如运用的境界，故依实践八胜处，始能成就制除所缘，而得随心所欲，永不再起惑为旨趣。

本段参考书：

《大毘婆娑论》第八十五（《大正》二七）

《大智度论》第二十一（《大正》二五—二一五）

《成实论》第十二（《大正》三二—二三九）

《集异门足论》第十九（《大正》二六—三六七）

⑥十一切处，梵语 daśakrtsnâyatanāni 译为十遍处，又称十一切入（处）、十遍入、十遍处定。即由胜解的思惟力，观察到色等十种法，同遍于一切处的观法。

A 地遍处（Prthivī–krtsnâyatana），B 水遍处（Ap–kr̤），C 火遍处（Tejas–kr̤），D 风遍处（Vāyu–kr̤），E 青遍处（Nila–kr̤），F 黄遍处（Pita–kr̤），G 赤遍处（Lohita–kr̤），H 白遍处（Aradāta–kr̤），I 空遍处（Ākāśa–kr̤），J 识遍处（Vijñāna–kr̤）。

上述，针对行者们，由八解脱、八胜处的所得禅定，而获色等净相，虽能自在，但尚无法周遍，故智𫖮强调必须再进一步的修十种一切处观，完成禅定的周遍，得到自在转变的好处。

本段参考书：

《大智度论》第二十八（《大正》二五—二一五）

《大毘婆娑论》第八十五（《大正》二七）

《成实论》第十三（《大正》三二—二三九）

《顺正理论》第八十（《大正》二九—三二九）

《瑜伽师地论》第十二（《大正》三〇—二七九）

《法华玄义》第四上（《大正》三三—七一九）

⑦六神通，梵语 Ṣaḍabhijñāh 译为六神通，略云“六通”。即依定慧力示现六种的无碍自在的妙用。

A 神境智证通，即由自心而得任意的飞行，自在变现的神通。

B 天眼智证通，即得色界四大种所造的眼根，能观视到地上及地下的远近粗细一切诸色。

C 天耳智证通，能闻到人、天、三恶道等一切远近的声音。

D 他心智证通，能知道他人的心思，属善属恶都能知道。

E 宿住随念智证通，即了知过去世乃至千万亿世的往事。

F 漏尽智证通，见思烦恼断灭，免为再受分段生死，得未来世的一切证知。

关于六神通的证得，属自利、利他的两方便，故智𫖮才勉励行者们，实践修持六神通的证得为佛道的基础。

本段参考书：

《中阿含》第二十《迦絺那经》(《大正》一—四二一)

《集异门足论》第十五(《大正》二六—三六七)

《瑜伽师地论》第三十九(《大正》三〇—二七九)

⑧十四变化心，由得神境智证通所引发的能变心，共计具十四种之多。即欲界及初禅各具四，第二禅天有三，第三禅天有二，第四禅天唯一，但欲界的所变化，除去了声，唯存色香味触四种，色界的所变化，无有段食，故除去香味，唯有色与触的二而已。但大乘，即四禅及欲界各具四种能变化心，共计二十种，因小乘无法现化于上地，故唯有十四种而已。

本段参考书：

《俱舍论》第二十七(《大正》二九—一一六〇)

《大乘义章》第十五(《大正》四四—四六五)

⑨九次第定，梵语 Navânupūrva–samapattayaḥ 译为九次第定，或云"无间禅"、"炼禅"，由无间次第而上进的九种禅定。即：A 初禅次第定，B 二禅次第定，C 三禅次第定，D 四禅次第定，E 空处次第定，F 识处次第定，G 无所有次第定，H 非想非非想处次第定，I 灭受想次第定。

必须从初禅发心起，纯以智慧的一禅心进入二禅乃至灭尽定，因实践修禅中，如其心偶以不精纯，即会生起异心，故智𫖮强调必须先修“定多智少”的根本味禅，再而“观多定少”的观禅，后仍再为之定、观均等的调炼，更主张心心相续互念，即以不杂余念的进修，是以称为“炼禅”、“无间禅”。

本段参考书：

《大智度论》第二十一（《大正》二五—五七）

《大乘义章》第十三（《大正》四四—四六五）

《法华玄义》第四上（《大正》三三—七一九）

⑩狮子奋迅三昧，梵语 Siṃha–vijṛmbhita–Samádhi 译为狮子奋迅三昧，或云“狮子奋迅三摩地”、“狮子奋迅定”。意思是举喻显现修法，犹如狮子的奋猛能却除尘土，又如狮子走动的捷快。即实修该三昧法，就能捷速的除去微细无知的惑障，正如狮子奋迅似的快速。

因为凡夫、二乘，始终生灭的业惑如尘，必依如狮子奋迅的三昧，才能除去，另一面显现法身不生灭的尊贵。在《华严经探玄记》第十八（《大正》三五—四四〇）说：实践深入狮子奋迅定时，诸根开张，身毛皆竖，能显现其威势，如狮子哮吼之相，使余兽失去威力而屈服。故智𫖮采此禅定，纳入必修的课程，意在希望行者们，发挥如狮子的威猛，安住于无畏的平等大智中，外以摧伏众魔外道，内以养大悲而应机于法界，摄持身心内外兼修，俾以增长智能，深入法性海为目的。

本段参考书：

《诸法无诤三昧法门》卷上（《大正》四六—六二七）

《法华玄义》第四上（《大正》三三—七一九）

《华严经探玄记》第十八（《大正》三五—四四〇）

⑪ 超越三昧，实践修禅定的行者们，既得上述的诸禅定，且能运用自如，即能成就“不时解脱”的利根阿罗汉（应供、杀贼、

无生）。即能于色、无色等八地的“等至”禅定中，获得超越一地的殊胜，称谓超越三昧。其过程是：首先于有漏八地的“等至”，依“顺、逆、均、次”的现前，继以不断的数次修习，更仍以有漏、无漏的七地，亦以“顺、逆、均、次”的现前，亦数次修习，更仍以有漏、无漏合并的进修，始能圆满修习的加行位，成就超越三昧定之功力。

本段参考书：

《俱舍论》第二十八（《大正》二九——一六〇）

《四谛论》第四（《大正》三二—三七五）

《解脱道论》第四（《大正》三二—三九九）

智𫖮所强调提倡的上述十一种修习禅定法，系针对南方当时的佛教学者，唯重于经文逐句的讲解，而失去实践修持禅定的弊病，致使罕有证道者，且多堕于所谓“文字法师”之流，已如前述，故智𫖮为显现佛陀的救世本怀，在金陵的八年间（五六八—五七五年），即日间宣讲教理，夜习止观地勉励徒众，努力于教观双修的实践修持，以实现佛教的本来面目为职责。

四、智𫖮的后期思想

智𫖮的前期思想，可以说是继承其师慧思禅师的衣钵，故初到金陵瓦官寺的八年间（五六八—五七五年），即着力于禅学的弘扬，除以其名著《释禅波罗密次第法门》为中心之外，还有六七部的著作，都是于禅学有关的名著。

至于智𫖮的后期思想，乃从天台华顶峰的头陀妙悟后，即一日千里地进展着，由“空观”而趋入“法华中道实相观”的境界，故再度出现于金陵（陈至德三年，公元五八五年，时年四八岁）的智𫖮，就成为中国文学上的大文豪（唯讲“妙”之一字，就是三个月，所谓九旬谈妙），更是杰出的实践大宗教家（《摩诃止观》十卷巨著）、东洋哲学的大思想家（创立中国佛教天台宗），故被后人尊称为“中国小释迦”。其伟大之处，就是宣说教观双备的《法华》等三大部的巨著，成为天台教学的基本圣典。所谓三大部，即《法华玄义》、《法华文句》、《摩诃止观》等，其思想内容，占着整个中国佛教的重要文献的地位。兹为研究中国佛教学术的参考，将天台三大部的概要介绍于次，首先的是：

1.《法华玄义》（《大正》三三一六八一—八一四）

智𫖮在隋开皇十三年夏（五九三年）曾于湖北省当阳县玉泉寺，宣讲《法华经》的经题，称为《妙法莲华经玄义》，简称《法华玄义》，由其弟子灌顶（章安）记为十卷，于宋仁宗天圣二年（一〇二四年）由遵式大师奏请入藏的现行流通本。

关于《法华玄义》的内容组织，分为第一释名、二显体、三明宗、四论用、五判教相等五章，再以“通、别”而解释，即通为“七番共解”，别为“五重各说”。通的七番共解是一标章、二引证、三生起、四开台、五料简、六观心、七会异等而述五重玄义的概要，别是以五重玄义的各别解释。

第一的释名章，是将经题的五字，分为“妙法”、“莲华”、“经”的三段。对于妙法的解释，智𫖮可以说是费尽心血地发挥，强调“心、佛、众生”的三法是无差别，即十界互具、百界千如、圆融三谛、一即一切的实相，且一实相即诸法，故妙法之体，即十界十如权实的不思议法。更对于“妙”分为通别，通释即展开“相待妙”、“绝待妙”：将《法华经》配置于诸经之上，别释为本、迹两门，各举十种妙义。迹门的十妙义是：境妙、智妙，乃至利益妙等十种，显现“自行因果”、“化他能所”的一一无不是实相的妙理，超越诸经之上。本门的十种妙是：本因妙、本果妙，乃至本利益妙等，即叙述佛陀久远劫来的本地“自行因果”“化他能所”绝妙的必然率。又对于“莲华”之喻，乃强调妙法之清净，且以三种莲华的特相，以显示本迹两门的殊胜。

第二显体章，以诸法实相的所诠，开显实相之理为经体。内容是：首先将引用六师的旧解释，次敷演小的三法印、大的一实印，再叙述本经以实相印为体。再而简别凡俗、外道、小乘、偏权、悟脱等的“是非为体”，作为会通异名，且强调开粗显妙的殊胜理论。

第三明宗章，即显明全经的宗要，以迹门即开权显实，迹因迹果，本门即发迹显本，本因本果的一乘因果为“宗要”，更依四教判历因果粗妙，强调该经的殊胜。

第四论用章，在迹门俾生一乘的实信，断三乘的权疑，于本门中，即断如来近成的权疑，生久远实成的实信，即“断疑生信”为《法华经》的“力用”。其次：依二智断证显明《法华经》与他经的同异，且述法华各具十门，而展开力用的殊胜意义。

第五判教章，辩明南三北七的十家异解，自述三种教相的大纲。

关于十卷《法华玄义》的庞大内容，因被限于篇幅，无法详述，唯能将其特色中之特色，略举一二，以飨读者。首先所要叙述的是：

·九旬谈妙

《妙法莲华经》自从鸠摩罗什（三四四—四一三年）三藏译出

以来，就有僧俗不少的学者从事于研究，但大都脱离不了魏晋文字训诂式的旧观念，或将老庄思想等插入其中，若以纯粹佛教哲学的立场来解释《法华经》，便推隋朝智顗大师为嚆矢。他在隋开皇十三年（五九三年）四月于荆州玉泉寺，宣讲《妙法莲华经》的经题玄义，由其弟子灌顶（五六一——六三二年）大师记为十卷，即如上述。

关于《妙法莲华经玄义》的内容，即经题首之“妙”字的解释，就占了大部分的卷数，据传云：智顗是从四月十五日起至七月十五日止的三个月间，每天都是讲着“妙”字的尽量发挥不思议圆融论理，故遂成为后人所称颂的“九旬谈妙”的佳话。

由“九旬谈妙”的一语来看，便可推知智顗对于“妙”字所含的殊胜奥义，竟有三十种的发挥，既能极尽显明，且具有契符实践，而配合理论门的特色。所谓三十种妙，即：迹门十妙、本门十妙、观心十妙。兹略为诠释于次：

（一）迹门十妙：迹门十妙是针对《法华经》前十四品，依《方便品》之所说，予以阐明诸法实相的本义，即：境妙、智妙、行妙、位妙、三法妙、感应妙、神通妙、说法妙、眷属妙、功德利益妙。

(1)“境妙”，是强调由智之所缘、所照、所观，观境绝妙不思议的境界，针对十如、十二因缘、四谛、三谛、二谛、一实践谛等，以为佛法的根本真理——融合不二的实相，故称境妙。

(2)“智妙”，是指能缘、能照、能观之智，将佛陀所说无量之智，包括于二十智中。即①世智（聪明所得之智），②五停心智（由藏教初心者所生起的外凡智），③四善根智（藏教内凡的软顶忍世第一法智），④四果智（声闻四果圣人所得之智），⑤支佛智（缘觉断更浸习气所得之智），⑥六度智（藏教菩萨之伏惑行因智），⑦体法声闻智（通教声闻，了达体空之理智），⑧体法支佛智（通教缘觉所得之体空智），⑨体法菩萨入真方便智（菩萨以出假为正意，入空为方便之智），⑩体法菩萨出假智（菩萨在出假中，所得之差别智），⑪别教十信智（大乘门中，菩萨由外凡进入中道之智），⑫别教三十心智（十住、十行、十回向的菩萨内凡位之智），⑬别教十地智（登地以上的菩萨圣智），⑭藏教佛智（小乘已断结使所证佛智），⑮通教佛智（以体空智，能观照界内之机智），⑯别教佛智（是以中道智照界内机之智），⑰圆教五品弟子智（圆教外凡之五品位菩萨，圆伏五住惑，照实相理之智），⑱圆教六根净智（圆教内凡十信位之菩萨智），⑲圆教初住乃至等觉智（圆教圣位之菩萨，已断无明证取中道之智），⑳圆教妙觉智（圆教佛果之究竟智）。

上举二十种中，前十二种为粗，后八种为妙，但虽列为妙中八种的藏通两教之佛智，犹尚未达中道常住之理，故还称为粗，虽别教之圆智，尚非果智，故亦称为粗。又别教虽是能入之教门，但被真妄所隔别，纵是佛智，亦被粗所摄，唯圆教的四智，方能称为纯粹独妙之智。且因为境妙，故智也随之而妙，是以称为“境智不可思议”为智妙。

（3）“行妙”，是指智能导启起发实践正行，究竟到达宝所，故智妙之后，强调行妙。所谓正行有种种不同，藏教中即说：不放逸一行，止观二行，戒定慧三行，乃至四念处、五停心、六波罗密等。上所列举：都是以生灭智为主体，唯能了脱分段生死而已！通教即说：一切法，一相即无相观行，证无生灭体空智，但是，这与藏教同归于息灭灰断的境界而已。别教即说：善财童子的遍寻善知识，经历一百一十城，所获种种行的无量智，期能离二种生死，但其诸行隔别，事理无法圆融。圆教是说：一行三昧、止观、戒定慧、四念处、五门禅（苦、空、无常、无我、寂灭），乃至六波罗密、七善财、九种大禅、十乘观法等，皆以无作智而导引成就，因前的智圆妙，故行也随之圆妙，称为行妙。

（4）“位妙”，是在实践修持当中，所创立的阶位，这亦分为四教的不同，即藏教立声闻七贤七圣位，缘觉不立位，菩萨乃有三阿僧只劫（阿僧只译为“无数”，劫译为“时分”）的行位。通教即说：三乘共十地。别教即为：十信、十住、十行、十回向、十地、等觉、妙觉等五十二位，但进入初地，始能断无明证中道的。圆教：五品弟子位、六根清净位、十住、十行、十回向、十地、等觉、妙觉位。所谓五品弟子位是外凡，六根清净才是内凡十信位。然圆教胜过别教的伟大处，即是：圆教的初发心住，即就能灭无明证中道，以示现八相成道，得自由自在的教化于十方世界，这是智𫖮强调圆教的初住，就能成佛的圆满义，但对于设立第二住的诸位，乃属针对实践修持，就能展开证取中道的实用论，故位位融通相即无碍的境界。

智𫖮更曾强调藏教和通教的位次，乃局限于断证界内，故属粗位，别教的登地所证，虽是妙谛，但由渐次而从浅入深，且曲径迂回的历经行位，还在能入门，兼带方便，故不能称为纯妙，唯圆教即从初发心至果觉，其教证具是实法，契符妙行，而能直趋宝所，故称为位妙。

（5）“三法妙”，是指三轨，即真性轨、观照轨、资成轨。真性轨是：法体不妄不异的真如性德；观照轨是：破妄情、显真理的真如理德；资成轨是：理、性相辅相助的妙用性德。故三法轨同时是一体，即是法界一切法的根本理体，而智𫖮在三轨中，方便为区别显示体与用，而规定真性轨为体，其他两轨为用，但体用却不是隔别，乃是即用即体；即体即用而圆融无碍的。

虽然如此，但智𫖮特别方便强调理与事、体与用的起见，仍依四教而判释，即藏教于二乘之断惑，以证入“偏真空”为真性轨，以能证的“智慧”为观照轨，诸助道“事行”为资成轨，但菩萨虽是同以偏真空为真性轨，可是无有断惑证无为的过程，故以“无常观”为观照轨，而以“事行六度”为资成轨。通教是：以“即空理”

为真性轨；其“智用”为观照轨；助智的“诸行”为资成轨。别教是：在迷理性能显本有的“性德”为真性轨；由地前的修成而破惑，相应“理智”为观照轨；辅助其智的诸行为资成轨。圆教即以因果不二的“中道实相”为真性轨；真性虽相寂而“常照修用”为观照轨；修用的事行，悉是真性的“性德”为资成轨。

这种论调，智𫖮详细地指明：虽有藏教析空，通教体空之别，但是都未能证取本有性空，故属粗妙。别教是由登地以上始能显现真性轨，资成轨的空假二观是十住、十行，观照轨的中道观是十回向，因三法尚是纵列故属粗妙。唯圆教之真性的性德即观照，能妙显修德的资成，非纵非横，才真是纯圆的独妙。

又智𫖮对于三轨更强调说：凡夫的一念心，就具有三轨，且不动而成“圣人三轨”为纵的通义，诸经论所说的“三法应机”赴缘，其名虽异，然其法体无差别为横的通义。

（6）“感应妙”，是针对众生为佛陀机感之应用，因前之三法妙，属明圆果智，所谓感应，就是依果智所发出来的妙用。藏通两教，必依是力才能起作意，因此两教，唯是灰身灭智，尚未能到达色心法的本有理体，即无随真的应本力用，故是属粗义。别教的地前菩萨，圆教之住前菩萨，虽然无应，但登地上及住上菩萨，却能显现本有常住之理，离染污得清净湛然的境界，故能无思无念地适应于一切，才称谓妙应。

再说，别教的证道，虽同如圆教，但其教道还带有方便色彩，唯圆教才是超然无住的境界，称为纯真独妙的感应。

（7）“神通妙”，是显明佛陀身轮不思议的化他作用，即由无谋的机缘所转变，若远、若近、若成熟、若解脱等，皆是一实乘法，故云神通妙。关于神通，藏教的二乘人，即依“八背舍”、“八胜处”、“十一切处”，修“十四变化”所得的神通。但菩萨是依“有漏禅”而得五神通，再于成就菩萨道时，始能得六通。通教是依修禅力而得五通，依体法智才得漏尽通的。别教即登地前是依禅定发五通，至登地时，始断无明得漏尽通，任运普照于法界，俾众生获益。圆教即就不依事禅，乃由中道实相的真化，不待作意的任运，成就六根互用，而臻于圆融的境界。

智𫖮又曾强调说：藏教的二乘，以“析空慈悲”而现比丘像，以护持律仪为事业。通教乃以“即空慈悲”而观“无生”，了达万法不可得，而以之为其心得。别教是以“空假中的慈悲”，而修无量的恒沙佛法，另一面是以次第渐修的方便，深入圆融之理，以为其妙应的事业，圆教是以“圆融三谛的慈悲”，而修中道实相的任运无作行为，以妙应不思议之妙用为其事业。

(8)“说法妙”，是针对佛陀口轮不思议作用，和前项神通妙，同是以化地妙用为旨趣。兹分为四教来说：即藏教的二乘是以正思议的真诠，及旁思议的俗诠，为其断证的主体，而不注重于利生事业，但藏教的菩萨，却恰恰相反，以正思议诠俗谛，旁思议诠真谛的。通教的二乘及初心菩萨，与藏教二乘同诠，后心菩萨和藏教菩萨亦是同诠，唯其不同之处，乃以藏教属析空，通教却是注重体空的。别教的初心，正诠界内的真俗，旁诠界外的真俗，但在后心菩萨，即就诠界内外的真俗。圆教的初中后，即具诠界内外不思议的真俗。

智𫖮更强调说：藏、通二教，虽能诠其巧拙之异，但还是以偏真空理为所诠，故属粗义。别教的初、中，尚未证中道妙理，故亦是属粗义，后心菩萨之所诠虽妙，却还带有方便作用，故其能诠尚属于粗。唯圆教之能诠、所诠两者俱妙，《法华经·方便品》说“佛之柔软音，深远甚微妙”，就是显示佛陀说法妙的特殊妙处。

(9)“眷属妙”，是针对亲近佛陀的眷属，即承受佛陀身口两轮的化他作用以为对象。所谓眷属有五种，即理性眷属、业生眷属、愿生眷属、神通眷属、应本眷属。

首先要说的①理性眷属，乃针对众生与佛陀的理性平等，即众生本来就是佛子的缘故。②业生眷属，是指虽在过去世，曾与佛陀结有夙缘，但尚未断惑，故必依业力而再来转生之类。③愿生眷属，是最初遇佛结缘之时，虔诚的对佛陀座下发愿，现在得依本愿，出生于有佛陀在教化区域里之众生。④神通眷属，是从发心以来，精勤的实践修持，已证真谛理的无漏，但现在是依愿力或神通力而再来之类。⑤应本眷属，是既证中道的大士，乘愿再来之类。

智𫖮再以四教而分类说：藏教的业生是属大通智胜佛之时，既结三藏缘的善者，但未受皈依得度，故无法脱离分段生死而往来于六道中。愿生是依前世的夙缘，降生而为佛弟子。神通生是已证果位的圣者，但业缚未尽而生于上界，或他方世界时，知道佛陀降生欲界，遂以神通力来生下界，以亲近佛陀，为辅助佛陀于教化之类。

通教的前三种，同于藏教，唯无生法的结缘为异而已。

别教的所缘无量法，如唯有结缘而未得度者，即于当处业生，又愿生、神通生，是由他方的横来，或由方便土的纵来，及实报土而来者等等，但由实报土所来者，多是已断无明，已证中道实相的圣者，是以都属为应本而来者居其多数。

圆教的多作法中，尚未得度者，即依业而受生当处。愿生、神通生，是从上界下降而来，或他方、或方便土、实报土而来的，其种类繁多，难以数举。

又别圆两教的中道法身菩萨，如应本而来欲界的，多属于利他教化，或为自己的上进佛道，以及尽依本缘职责的缘故。

更说四教当中，前三教的眷属，具有巧拙浅深之别，故不能称妙，唯圆教才是稀有不可思议的妙法，才可以称为眷属妙。

（10）“功德利益妙”，是针对被教化众生的利益，来作为对象的，有远益、近益、《法华经》益等的说法。所谓远益，是从大通智胜佛以来，就有所谓十种利益，即①离二十五有苦果益、②能破二十五有的因益、③声闻益、④缘觉益、⑤六度菩萨益、⑥通教三乘益、⑦别教菩萨益、⑧圆教菩萨益、⑨变易益（方便有余土人益）、⑩实报土益等。

至于近益是指：从寂灭道场，成正等觉以至于宣说《法华经》上的利益，但这有四教之别，即为：藏教是析空智益，通教是体空智益，别教是一切空智益、道种智益、一切种智益，圆教是破无明显现佛性的究竟实益。

又《法华经》利益是：将诸经所述的利益，尽摄于一佛乘的《法华经》为旨归，而《法华经》的利益是无差别的究竟，这在《法华经》第三《药草喻品》说：三草二木的粗义，其形虽异，而生同一地，且同受同一雨旸所润滋，是以无差别的境界为妙益。

上举迹门的十妙，乃系概括自行、化他的始终，其境、智、行、位者的四妙，是属于自行因，三法妙是属于自行果，感应、神通、说法的三妙，是属于化他的能化妙用，眷属、利益的二妙义，是属于化他的所化妙用。而且，智𫖮更曾强调说：佛陀自成道至七十岁的四十年间，其所说之法，都是为宣说《法华经》的铺路所施的权教，故唯《法华》才是难思议的绝妙，是以在迹门十妙里，所主张《法华》的始终，都是属究竟绝待的境界。

（二）本门十妙：所谓“本门十妙”，乃是针对《法华经》的后十四品，尤其是《如来寿量品》的所说：“开迹显本”为依据，阐明久远的本佛之因果，乃至利益不思议的阐扬，妙契于《法华经》的真实义为旨趣。本门的十妙是：本因妙、本果妙、本国土妙、本感应妙、本神通妙、本说法妙、本眷属妙、本涅槃妙、本寿命妙、本利益妙。兹略述于次：

（1）本因妙，是针对因地的“自行”不可思议，即以其久远以来，就发菩萨心，且不断的行菩萨道，所修之因以为主观，如在其因地中，若有所停滞，那就难以取证，故必须以“拂迹除疑”而显现权法，这在《妙法华经》卷五《如来寿量品》(《大正》九—四二C) 说 :“我奉行菩萨道，所成寿命，今犹未尽，复倍上数。”关于上举的寿命，含具慧命，故属本质的“智妙”; 又本行是本时的“行妙”; 菩萨道是本时的“位妙”，这是强调久远的本佛，于本时自行的妙因。更说 : 诸经所说的佛因，都是属“迹因”，以伽耶的始成为主观的属为“近因”。虽以四教的不同而分浅深，但都不能称妙，唯“本因”才是“实因”，绝无前后的差别想，故称为纯妙的极致。

(2) 本果妙，是指究竟圆因所证的极果。在《如来寿量品》说(《大正》九—四二C)“我成佛以来，甚大久远”，上举的“我”是“真性轨”;“佛”是觉义，属“观照轨”;“以来”是乘本有之道而来的意思，属“资成轨”，这三法妙，是显彰本地佛果，乃从久远劫来的既成圆满，故本果是一果一切果，前后无有差别的境界，才称为妙。

(3) 本国土妙，是显明本地果佛的所住处，不可思议。在《如来寿量品》(《大正》九—四二B) 说 :“自从是来，我常住在此娑婆(堪忍) 世界，说法教化，亦于余处，百千万亿那由他(千亿) 阿僧只(无数) 国，导利众生。”娑婆是“本时”的同居土，余处是“本时”的方便土、实报土及寂光土。诸经所指的一佛的说法区域为三千世界，但娑婆界内的三千世界，却是同居的秽土，如住西方的殊胜世界，即属同居净土，若住华严世界，即属实报土，寂光土乃佛陀的住处，故凡是为教化暂住的地方，都属迹而已，唯本佛的寂光土，乃一土一切土，天然殊胜，故称为妙。

(4) 本感应妙，是彰显示本地果佛的感应不可思议。在《如来寿量品》(《大正》九—四二C) 说 :“若有众生，来至我所，我以佛眼，观其信等诸根利钝，随所应度。”所谓 :众生的来至是“机感”，以佛眼的观察是“佛应”，这是显现机感与佛应的本时八相化道的殊胜意义。

（5）本神通妙，是指本佛教化的神通示现为主观。在《如来寿量品》（《大正》九—四二B）说“如果秘密神通力”，又说：“或说己身，或说他身，……或示己事，或示他事。”上举的秘密是不显露的秘密——妙。己身、己事，乃圆满神通，他身、他事，是遍属神通，且诸经所说的神通，皆是迹化的伽耶始成，属方便的权现，唯本时的所显神通，才是极妙的表现。

（6）本说法妙，是针对本佛开示的说法殊胜。在《法华经》卷五《从地踊出品》（《大正》九—四一B）指出：由地踊出的大菩萨，“悉是我所化，令发大道心”。上举“所化”乃表明说法教化的真实，“发大道心”，是授受大法，才能发大道心。因伽耶成道的说法，都属迹化的示现，不能称妙，唯“本地本时”的说法，乃真性实法，才堪称妙法。

（7）本眷属妙，是指本佛所化的眷属。《从地踊出品》（《大正》九—四〇A）说：“先尽在此娑婆世界之下，此界虚空中住。”上举“虚空中”，是显示法性寂光，遍住性海，故其眷属，无量无数，特为本门的说法殊胜，是以都现身于会座，才称为眷属妙。因在伽耶成道后所度的弟子，尽是迹化中的眷属，唯“本时”说法所度的眷属，尽是已证道的大菩萨众，故才能称为眷属妙。

（8）本涅槃妙，是指本佛所现涅槃（不生不灭），乃常住本寂的本时涅槃，因双树间所现的涅槃像，乃为调伏众生懈怠的迹化方便，故不能称妙，唯本寂不生不灭的永久常住，才能称为涅槃妙。

（9）本寿命妙，是针对以本时果报的寿命长短为主体观。因诸经所说的寿命长短却不同，如藏、通二教佛，齐于惑业、机缘，不依中道理，无法显现寿命的长短。别教的登地，以及圆教的初住，虽破无明，得证中道，获致一身湛然，能现无量身于百千世界中，但这都是属果满垂露的迹化寿命，不能称妙，唯本时果报的不生不灭常住的寿命，才能称妙。

（10）本利益妙，是针对本佛所作的利益，乃至佛灭度后的正法、像法中等的利益。即佛陀以方便法门，说微妙法，能使众生欢喜发菩提心。这是显示迹化中，还能得偏圆种种的利益，因可借迹望本的机会，是以住在下方虚空的本眷属大菩萨，皆是妙住于寂光净土中而获致本利益，故能称妙。

（三）观心十妙：所谓观心，乃针对本迹两门，从理智所起的妙观，但智𫖮大师对于观心十妙，未曾举出详细目次，仅附于诸文之末的略述而已。因本迹两门中的各门，各具观心十妙的殊胜义，换言之：观心是教行的枢机，故在诸教说中，都具会归观心实相，是以智𫖮才不细说而从略。因此，唐朝的湛然（七一一—七八二年）大师，专为补给其不足，特著《十不二门》（《大正》四六—七〇二），以阐明观心十妙与本迹两门十妙的同异，更主张迹门十妙，是一种针对众生的法妙，本门十妙是佛法妙，观心十妙为心法妙。更且强调说，智𫖮所展开“迹”的十妙，是为成就“本”十妙的辅助，旨在趋入“观心”十妙为极致的妙说，故其实体为：即三即一、即一即三的圆融一体论。

总之，智𫖮为行者能速至宝所起见，不得不藉文字般若来显扬之！

本段参考书：

《法华玄义》卷第二（《大正》三三—六九二）

《法华玄义释签》第二—七（《大正》三三—八二二）

《妙玄格言》卷下（《卍续》精四四—二六五）

·百界千如

在人们的日常生活中，谁也知道脱离不了现实的环境，即心与境物的相对待。如眼所见，必贪于美好之色；耳必贪于美好之音；口必贪于美好之味等。随境任意的逐情，或修善等所构成为十种法界（诸相一一差别的境界），如任意于嗔恚忤逆，即将堕于地狱界；贪食欲乐即堕饿鬼界；愚痴不智即堕畜生界；好胜我慢即堕阿修罗（译：无德）界；修持五戒（不杀生为仁、不偷盗为义、不邪淫为礼、不饮酒为智、不妄语为信）即为人界；五戒加修十善（不杀、偷、淫——身业，不恶口、妄言、绮语、两舌——口业，不贪、嗔、痴——意业）即升天界；修持出世的四谛（苦、集、灭、道）法，即证阿罗汉果（译为应供、杀贼、无生）；修十二因缘（无明、行、识、名色、六入、触、受、爱、取、有、生、老死）法，即成缘觉；修六度（布施、持戒、忍辱、精进、禅定、智慧）即证菩萨；一念平等相应真如即为佛法界。凡是人们日常的一念心，由于善恶差别所构成上述的十种法界，是以智𫖮才强调行者们，务必由严肃日常的动作（身业）、语言（口业）、思想（意业）的一念心，导之以正规，期于速得安身立命，以为旨趣。

智𫖮对于十法界的内容，主张性无差别，唯相的分别，还可以说是一法界的演变宇宙观，因所能见到的皆是属外貌而已，若基依内性，即十界中的众生，都是同一法性的流露，唯意识显彰于一界时，其他的九界，仍是冥伏而潜在着，且不离本心，故智𫖮才强调十界互具相即平等的妙论。这在《法华玄义》卷二（《大正》三三—六九三C）说："此十种法，分齐不同，因果隔别，凡圣有异……，此十皆即法界，摄一切法，一切法趣地狱，是趣当体即理，更无所依，故名法界，乃至佛法界，亦复如是。"

智𫖮的十界互具说，旨在强调《法华经》所说的娑婆（堪忍）世界，就是寂光（不生灭）世界的圆融世界观，而作哲学性的展开，也就是将事与理（物与心）两者为契机，而构成的法界，但互具互融，举一即含九的具备着，界界融通，而终归实相的超越境界！

既一法界，含具其他的九法界，即法界的全体，就成为百法界的存在了！因以差别观念所生起，才分成为一一法界的世界观，若依现实相的具体存在，即由“十如是”的根本显现所构成的。这是智𫖮将《法华经·方便品》(《大正》九—五C）的“十如是”，《华严经》(《大正》十一七四九A）的“十世界观”，为依据所发挥出来的百界乘十如，就成为“百界千如说”的妙论了。

所谓“十如是”，即：如是相、性、体、力、作、因、缘、果、报、本末究竟等的一一，皆具诸法实相的本体。①如是相。相是指相状，可由外表分别得出，即显现于眼前苦乐的形相，一目了然的相。②如是性。性是指潜伏于内心的自性，如草木中，含具火性，虽不能见，但遇火即触发能烧的因缘。③如是体。体能统摄相与性，即依五阴（色、受、想、行、识）色心为本质。④如是力。在主体所含具的力量，能保持不被外敌侵扰的殊胜。⑤如是作。依力量所生起的作用，就能运行自如而创作一切事业。⑥如是因。眼前所做的一切，成为未来必受报的亲因，即指受生十法界的直接原因。⑦如是缘。虽想要作的正因，仍必须依间接的助缘来触成的增上缘。⑧如是果。由熏习所种的因，于成熟后的所受为果。⑨如是报。由心所作的善恶，必依其行为，丝毫不昧的所报，所谓“自作自受”的果报。⑩如是本末究竟等。本是指体相，末即指报，等是平等，由如是相乃至如是报的所归趣，无不即是平等究竟的实相本体。

关于“十如是”，在汉译三种《法华经》中，唯见于罗什三藏译《妙法莲华经》而已，故该文属罗什译的特异文［因印度原典（梵文）无此文］，而首先称为“十如是”的乃是南岳慧思（五一五—五七七年）禅师，更由智𫖮发挥“十如是”，以配合于三谛（空、假、中）。且以圆融三转读的论调，即以“是相如、是性如……”等读法，乃属空谛；若以“如是相、如是性、……”等读法，即属假谛；再以“相是如、性是如、……”等读法，即属中谛，智𫖮这种的三读法，充分的流露着智𫖮的自内证符合佛陀的本怀，竟将实相真理显现于超然的境界中。因宇宙的本性是“如”，“如”是真谛

（空理），且是万象之体，是以智顗主张：一色一香无非中道，故“如”的原理乃属最平常的现实境界，但凡夫却是偏偏迷于妄有的万象，无法体会到诸法实相的境界，认识到一一诸法皆是真理，如春暖冬寒，树长花开等，都不离真理的真实义——“是”，所以说：“如是”是真理，真理是“如是”圆融的三谛相，即其体为“即相即用”，相为“即体即用”，用为“即体即相”的宇宙心物合一的境界。

智顗对于“十如是”的三转读法，乃属特殊超越字训式的解释，尚且是显明《法华经》含具诸法实相的根本原理，也是认识心物宇宙观的真理妙论。智顗更强调“凡夫、圣人”皆具“十如是性”的共同存在，且互摄“色心、依正”，融会“染净、迷悟”，“事理不二”，“权实一如”等诸法实相的妙趣，尽归纳于究竟平等，且没有次第的差别，而圆融无碍的自在着，但所谓差别的是：由果报之差别所显现，以至于影响到外貌的差别感而已。

本段参考书：

《妙法莲华经》卷第二上（《大正》三三—六九二 C）

·四种十二因缘观

研究佛法，主要在求离苦得乐，以安身立命为旨趣，所以“苦”，在人生当中，即生死苦冠于一切，反之，成就佛道即“乐”之极致，故生死一了，则可断除众苦，获到安身立命的永安境界。由此，了脱生死，确为行者们最重要的条件，但要了脱生死，必须先明白生死之由来，及知道了脱生死的方法，否则便无法达到学佛之目的。

究竟生死之由来是什么？在佛陀教法中，以十二种要素所组成生死缘起之因缘论，“因”如种子，“缘”如雨露等的辅助生长的功具。因缘论共有十二支，即：无明、行、识、名色、六入、触、受、爱、取、有、生、老死等，此为一切动物生存的要素。

(1) 首先的“无明”是一切业惑的渊源，因“无明”迷惑身心，而妄生一切执着，致使是非不明，才造出一切业惑，无法脱离生与死的痛苦，永久于六道（地狱、饿鬼、畜生、人、阿修罗、天人）轮回，而无法休止的状态。

(2)“行”是造作义，即一切行为，由无明所引起而妄造一切恶业。

(3)“识”是业识（第八识），随业受报，即被过去所作为（业）的力量所驱使，挟持第八识（业种子）于有缘父母之处投胎，生死的祸根，从此演成，且一切苦也跟着不断而来。

(4)“名色”是投胎后的胎相初成为名色，因为初投胎时，六根未成，识不能显发其了别功能的作用，故不称“心”，只称为“名”，又初投胎时，形体未全，五官未具，不便称“身”，唯能称“色”而已。即针对婴胎初凝之时，还没有完成六根称为“名色”。

(5)“六入”，投入母胎的十个月中，即由名色渐渐成长到六根完备的阶段，从出胎后，六根（眼、耳、鼻、舌、身、意）对于六尘境（色、声、香、味、触、法）互相开始，以涉入作用的境界。

(6)“触”是接触，六根与六尘和合为触。小孩时代，天真纯朴，六根对六境，唯生起单纯的接受，尚未有憎爱的分别。

(7)“受”是领受所触的境界，即根境相对待时，所发生苦乐、悲喜的感受。从三岁起，知识渐开，知道接受一切境界，对于饮食、衣服、玩具等都有所求，且能分别好丑，唯尚未过分的贪爱而已！

(8)“爱”，六根对六尘的生起贪爱。也许从八、九岁起，就欲望既开，唯不敢广求。但“爱”其中，却含有“憎”的成分存在，所谓“过于顺境，则起贪恋之念，过于逆境，即生憎恶之心”。

(9)“取”属妄取，从十五—二十岁，贪欲转盛，对于所好，即广为追取，趋求至满足为止。但“取”之中，实则亦含有“舍”

的成分，所谓“过喜爱之乐境，必尽心力以求得之；过憎恶之苦境，必千方百计以舍弃之”（“无明”是过去惑，“爱”“取”为现在惑）。

（10）“有”属业，即“有”因“有”果，由“爱取”所驱使，造作种种恶业，感受未来的果报，演成轮回三界的事实。

（11）“生”，依因感果，必招来世的受生。即随顺所作为好恶，必于四生（胎、卵、湿、化）六道中，转来转去的受生至业尽为止。

（12）“老死”，由无常转变，致诸根衰老，乃至命终为死。既有生便不能不死，故老死是谁也免不了的人生必然的现象，如欲脱离老死之苦，那就必依佛法之所主张，速灭“无明”为根本条件而实践修持，于现世中，就可得金刚不坏身，更对于未来的所证涅槃，为不死永久无量寿的宝所。（“十二因缘”释，参照《斌宗大师遗集》心经要释一九九页，碧潭法济寺印行）

中国佛教自从南北朝时代，就对于灭无明的缘起思想，颇为重视，当时有“地论师”和“摄论师”的两派。地论师是依《华严经》的三界唯心为渊源，主张“唯心缘起”，但摄论师，却是依无著菩萨《摄大乘论》强调“阿毘达摩”（Abhidharma 译：“无比法”）的六识说之上，加之建立七、八、九识，以第七识为“执我识”，第八识为生死缘起的“种子识”，第九识为“清净无垢识”。再说，地论师是主张法性生法的“黎耶真识”，但摄论师却是固执的主张“黎耶妄识”，关于这两方面，智𫖮评为：“前者是堕入自生之过，后者是招他生之失，如果是滞着自他固执，即堕数论（Samkhya）外道的‘若定执性实，堕冥初生觉，从觉生我心过’（《大正》三三一六九九 C），这在佛教的缘起论思想，是未具价值的谬论！”（参照日人佐佐木宪德著《天台缘起论展开史》四一页，一九五八年于日本京都永田文昌堂出版）

智𫖮的缘起思想，是脱离了“阿毘达摩”公式的拘限，或传承的墨守，乃新创之学说，始于“三藏教十二因缘”，终归“圆教十二因缘”说。智𫖮这种新学说，乃基于《大涅槃经》卷十二《圣行品》四种四谛（《大正》十二—四三四C）的思想演变而来！因实践断除无明法中，行者们能依观法而证智，更由所观真理浅深，分为四种法门，在《法华玄义》卷二下（《大正》三三—六九八C）解释境妙处，所树立的四种十二因缘观，显示修证的殊胜法，且强调“法华至上”的伟大，这是智𫖮的自内证，已符合佛陀本怀之所流露！

所谓四种十二因缘，是专为针对利、钝的根机为对象，关于三界（欲界、色界、无色界）内的指标为思议法门，界外的标为不思议法门而简别，且在思议法门中的“生灭”，是依因缘而生，依因缘而灭以为藏教，“不生不灭”，是因缘生无自性，纵归于空的通教位。对于不思议法门的“生灭”，是针对界外历别的次第观，建立恒沙法门的别教位，“不生不灭”是十界互具，三谛圆融的不二中道的圆教位。因根机利钝的差异，故智𫖮才以四种方法，配于五时而解释，即“华严时”为利根而说“不生灭”的十二因缘；“阿含时”即说“生灭”十二因缘；“方等时”说“生灭、不生灭”两种十二因缘；“般若时”专说“不生不灭”十二因缘；“法华时”即舍方便，“开显直说”十二因缘的中道真理；“涅槃时”即说三粗一妙的“具足十二因缘”，智𫖮强调前三种是粗十二因缘，更以“粗即妙”而会归于圆教位，这便是智𫖮的伟大处。

智𫖮又在《法华玄义》卷二下（《大正》三三—六九九C），将四种十二因缘中的第三不思议生灭十二因缘，涉猎到华严唯心的缘起思想，更对于地、摄两论的黎耶缘起，详为解释：如执为性实，即堕同“数论外道”，而对于界外十二因缘，即依坚慧菩萨《究竟一乘宝性论》（参照《大正》三一—八三〇B）的缘、因、生、坏四种障的缘起说，或如来藏一心缘起、真如缘起等，尽摄纳于别教位，且认为上述的诸缘起说，都属别教菩萨所必须要学的恒沙法门中之一法门而已！尚未能彻底的论究到现象诸法的真理缘起，及现象诸法的当体即实相之圆教所谈的原则。

兹为阐扬智𫖮所主张的特殊见解之四种十二因缘法，略述于次：

（一）思议生灭十二因缘：关于十二因缘法门，在印度的名著，早有“阿毘达摩”的《六足》、《发智》、《婆娑》、《俱舍》、《顺正理》等，都是极被重视的！尤其是《大毘婆娑论》卷二十三，及《俱舍论》卷九，所立“刹那”、“连缚”、“分位”、“远续”（参照《大正》二九—四八C）等四种，分别十二因缘的解说为最著名。但智𫖮的《法华玄义》卷二（参照《大正》三三—六九八B），却单单采取“分位”与“刹那”。“分位”是以胎生学为主体而加以说明，即以人为对象的五阴所成，被认为是在实践的观行中，最重要的现前观察为旨趣！

又“刹那十二因缘”，即观念成辨的刹那（顷间念），始成贪心的无明，同时现成空间之十二因缘，这在《法界次第》卷中（《大正》四六—六八四）说以无明为起源的三世十二因缘，首先约果报的二世十二因缘，和约一念中的一世十二因缘的三种分别。

第一是《法华玄义》所谓的分位十二因缘，第三是刹那十二因缘，但第二的果报所约是：即于过去父母，而起贪爱心，以因缘所生的现在果报为对象，首先以出入息为无明，而将身中三业所动的风气为行，次第相生而具足十二因缘，这是依《大集经》卷二十三（《大正》一三—一六四A）《弥勒品》文为根据。

智𫖮采用于实践观行中，且以自悟妙证，而解释为“一念之心，既具十二因缘”（《大正》三三—七〇〇C）更为之推进到十界互具的圆融论理。其呈现心理哲学的价值，由此可知！

（二）思议不生不灭十二因缘：思议不生灭，是以空观为主体的法理，而解释十二因缘。在《法华玄义》卷二下（参照《大正》

三三—六九九 B)，曾引龙树大士《中观论》的《观因缘品》说：佛陀为利根的弟子说：无明如虚空，乃至老死，都是幻化，故十二因缘，是“空不可得，非有、非无、非生、非灭，言语道断，心行处灭”而已，并无其他！

所以，智𫖮关于十二因缘，判为化法四教中的通教位，认为是属“共般若”的消极实相空的分齐。这和中国佛教初传时代的成论师、三论师的主张是一致的。

智𫖮更在《法华玄义》二下（参照《大正》三三—六九九 C）以思议不生不灭的十二因缘，而引《金光明经》卷一《空品》的文句说：“无明体相，本自不有，妄想因缘和合而有，不善思惟，心行所造。”其意是说：无明、行，即是以六道依正二报所流传，且展开着种种相为对象！但凡夫却执着以为实有，如若以圣智作对照时，就可知“无明”本无自体，而非真实，故十二因缘即实相空，而成就不生不灭义。

又观察十二因缘，智𫖮主张：具“生观”和“灭观”的两种意义，但针对空观的解释其毕竟的焦点，是依灭观之所依而来的，故谛观十二因缘法，就是实相空的谛理，其旨在能获脱离十二轮转的束缚，而得到超越三界分段生死为目的。

智𫖮基于教学的理论，不得暂认为无明是实有，或者归纳于空的看法，而分为与藏通二教之所谈的焦点不同而已！

（三）不思议生灭十二因缘：关于不思议生灭的十二因缘，是属于“化法四教”中的别教位，在《法华玄义》的释义是指：以不思议而强调限制，为界外菩萨法门的特色。但既以界外法门为主体，即必异于界内法门的空观原理，而树立中道才对！换言之：思议是只指世俗谛、一义谛的两谛，而尚未到达第三义谛，如至不思议境，方能趋入第三谛的中道。但智𫖮更以区别为“隔历”与“圆融”，即：为别教位的中道，是属有、无二原理之外所立的第三原理。不过二者是具有对立形式的名词，也就无法超越执相的领域，故才会受隔历不融的贬称。但是比较界内的空理，那是优胜了很多的。故别教位的中道，是超越“界内”而趋入“界外”的不思议法门！

智𫖮所主张的不思议生灭的“生灭”，是针对别教法门所对立的中道，但有真妄的隔住，乃是为教导的方便而暂存而已！例如：相即不二，毕竟是会纳摄归于性，故菩萨的十地行位，必须由次第修证，经过恒沙法门，始能暂次成就，也才能被看成为界外生灭法门。再具体地说：别教位是获得解脱界内分段的果报，及超越界外的变易，是以智𫖮在《法华玄义》卷二下（参照《大正》三三—六九八C）曾譬喻说：画师能自由描写山水、人物、花鸟等，但无明之心，亦同样的能造一切世间的十法界，故假实的依正二报，据如是的立场，即以成三界唯心，而解释不思议生灭十二因缘。

智𫖮更依《究竟一乘宝性论》卷三（参照《大正》三一—八三○B）而说明：界外生灭十二因缘，即住界外方便上的菩萨，尚存“缘”“因”“生”“坏”的四种障，是以无法逃避变易生死。

所谓四种障中的“缘”，是针对无明住地的无漏业，来作为因缘；“因”是无明引起“行”无漏业；“生”是以如是等因缘而受变易果报；“坏”是既有变易生死，那就无法逃避破坏。换言之：无明住地之惑，能助成无漏业的结果，与界内分段缘起，虽非同一旨趣，但既以无明惑力为媒介，那就不能不说是一种无明的缘起！

（四）不思议不生不灭十二因缘：别教位的十二因缘，是针对界外“无明重”的机类而在圆教位，是法门分齐的不思议不生不灭十二因缘，这是专以界外“无明轻”的机类作对象！所以凡是说到不思议，即属界外法门是无疑议的。更以强调到事理不二、修性不二的中道，且为超越隔历不融之对立的次第观，成就圆满三德、始末不二、一即一切的绝待之不次第观为其旨趣！

故智𫖮在《法华玄义》所说：不思议不生不灭十二因缘，是

"即事显理"，对于迷事当相，显事具性德，即"烦恼即菩提"的纯超越法门，这属殊胜圆教位的特色！

关于这种理论，智顗曾引用《大涅槃经》（参照《大正》十二—五二四B）的"十二因缘即佛性"，而发挥十二支中的无明、爱、取，即属"了因佛性"；行、有是"缘因佛性"；识、名色、六入、触、受、生、老死是属于"正因佛性"。故圆教位的缘起法门，最重视"性具"，是以智顗才阐明十界互具、一念三千的妙理。又其对还灭的究极是证果，认为因地人的六识，阴妄之一念心，本来就含具"性具"，绝不是新成的所追加或增广的。

上述四种十二因缘，智顗判前三种是粗，唯后一种才是妙，但虽有粗妙之词，却由开显而演变，虽粗即妙的奥理。是以智顗所强调的四种十二因缘，即是在不二中道的轮廓内轮转，更是活用着诸法实相的新生命！换言之：在因地的实践门中，即介尔阴妄的凡夫，还是会在悠悠的六识一念之中；本具佛性的妙理——"凡夫即佛"的圆融无碍，且能摄持速至成佛的本性。

智顗对于十二因缘论，可以说是属空前的独具见解，更对于"黎耶真妄"的诤论，也在《法华玄义》卷五下（《大正》三三—七四四B）类通三识条说：

> 如：一人心复何定，为善则善识，为恶则恶识，不为善恶则无记识，此三识何容，顿同水火，只背善为恶，背恶为善，背善恶为无记，只是一人三心耳！三识亦应如是。若阿黎耶中，有生死种子，闻熏习增长，即转依成"道后真如"，名为净识。若异此两识，只是阿黎耶识，此亦一法轮三、三中轮一耳。《摄论》云：如金土染净，染譬六识，金譬净识，土譬黎耶识。

这是证明说：人之善恶，由心所支配，故在阿黎耶识中，现行生死种子时，成分别识的六、七识为妄识，同时现行无漏智慧种子时，即成“道后真如”的真净识——第九识。这都是由黎耶的一法，而分真妄的现行识。智𫖮且更特别引出世亲的《摄大乘论释论》——金土染净为喻，而评论摄、地两师的论争是最为谬误的。

智𫖮更在同一处说：庵摩罗识——第九识为“真性轨”，阿黎耶识——第八识为“观照轨”，阿陀那识（第七识）、意识（第六识）为“资成轨”，同是理心之所现，即一念之心，既具十二因缘（《大正》三三—七〇〇 C），但在教门的权宜方便上，安立一种名目而已！换言之，迷的凡夫心，还具诸轨的理具，都能向圆教位看齐，但因迷而致使隔绝，无法显现智的作用，是以不得不以分别而方便施教为旨趣！

总之，智𫖮所主张的四种十二因缘的第一思议生灭是：注明三界分段生死的缘起；第二思议不生不灭是：站在还灭缘起为主体空的；第三不思议生灭是：对应界外的变易生死的缘起；第四不思议不生灭是：针对第二思议不生不灭的还灭，而展开十二因缘即佛性，会归圆教法门所谈的如来藏为极致。

本节参考书：

《法华玄义》第二（《大正》三三—六九八）

· 四种四谛（四谛，梵语 Catvāryāryā–Satyani）

人生的过程，实以忧悲苦恼而至老死为终结，这是谁也免不了的事实。但其苦恼的渊源，却是基于自心恶念的积聚，故欲消除苦恼的恶报，必须谨慎于现实日常生活中的语言、动作、思想而加以改造，以趋向于时时刻刻的发善心，也就是儒家所谓“非礼勿视”、“非礼勿言”、“非礼勿动”，始能脱离苦报，得到安身立命的境界。所以两千五百多年前，成道于菩提树下的佛陀，首先就为众生三转法轮而宣扬人生真谛的四谛观。所谓四谛，即苦谛、集谛、灭谛、道谛，“谛”的含义是“真理”，能依此四种真理而实践修持，即能超凡入圣，故又称为四圣谛。兹将四谛的内容，略述于次：

（1）苦谛（Drcḥkha–satya）：苦是痛恼义，即人们的身心常有被种种侵扰不堪的状态。关于苦的种类，可分为①自身，则有疾病老死、饥渴疲劳、丑陋残废等苦，②内心则有不如意所发生的贪嗔痴慢、嫉妒怨恨、忧悲怖惧等苦，③外境则有水火车祸、寒暑风雨的袭击，及瘟疫灾患，或被恶兽的噉伤毒害等苦，④人事方面，则有战死盗贼，或被侮辱侵损，威胁压迫，讥骂嘲笑，怨毁仇杀，妒忌失和等依报（一切外境），都是逼迫身心于不安的束缚痛苦，故说它为苦谛。既然了知人生的所受是苦，那么，就要赶快设法追求苦的渊源而消灭才对！

（2）集谛（Samudaya–S.）：前段所述的种种苦，非从天降，更不是地生，亦非神赐，也不是他人所给予，乃由自心所生起的贪嗔痴等所驱使而妄造恶念，所招来于生死不休的积聚而受报，是为集谛。既然了知苦报是由恶念积聚的所受报，那就要加速趋求真理，实践修持，以期解脱为目的。

（3）灭谛（Nuadha–S.）：灭是弃除的意思。如能消灭烦恼生死的苦，即就能证永久的安乐。但为灭苦求证安乐，必须实践修持之道，才能证得。

（4）道谛（Mārga–S.）：所谓实践修持的方法，即有：四念处（观身不净、观受是苦、观心无常、观法无我），四正勤（已生恶令灭、未生恶令不生、未生善令生、已生善令增长），四如意（欲如意、念如意、进如意、思如意），五根（信根、进根、念根、定根、慧根），五力（信力、进力、念力、定力、慧力，即能辅助五根于得大受用，不被外境所扰，内心不被所转，犹如根得力），七菩提（择法、精进、喜、除、舍、定、念），八圣道（正见、正语、正思惟、正业、正命、正精进、正念、正定）等三十七道品，如能依此法修持，即所有的烦恼心、贡高心、我慢心、贪心、嗔心、痴心等，尽能除去，即现在就是安身立命的境界。

关于修持四谛法，智𫖮依据《涅槃经》的说法，特为创立四种四谛，配置于化法四教，即生灭四谛、无生四谛、无量四谛、无作四谛。

（一）生灭四谛：即认为因缘生灭的实有为小乘藏教的生灭四谛，即色心的无常逼迫为苦谛；烦恼业的流动而招生死为集谛；灭去因果归纳于空寂为灭谛；断惑业证正智为道谛。

（二）无生四谛：乃观因缘诸法即空，属无生四谛，为通教大乘初门，即观一切生死的逼迫相，皆属于空而为苦谛。观一切惑业为空，且强调由和合所招来的苦果无生为集谛。既一切皆空，故无须观灭为灭谛。既然一切道行皆空，又岂有能治之道，是为道谛。

（三）无量四谛：乃配置于别教之所说，认为界内界外，恒沙无量的差别相，为无量四谛，即苦具无量相，以二乘智眼无法知见，唯菩萨始能通晓。换言之，积聚惑业的苦果，还具无量相，必依方便的修证，但所证涅槃，亦具无量相，因证涅槃理的修道，也具无量相，所异无量的差别，唯菩萨才能通晓。

（四）无作四谛：乃圆教时之所说，以迷悟当体即实相，为无作四谛。即观生死即如，故无苦相可言为苦谛，又观惑业本来清净，那就无断集之必要为集谛，更观生死即涅槃，就无须再证为灭谛，观边邪即中道，就无须再修道为道谛的。

上述四谛，智𫖮为行者进修的方便着想，将佛法浅深不同的焦点，予于藏、通、别、圆四种教法而显示出来，实为智𫖮思想特殊的显露！

本段参考书：

《法华玄义》第二下（《大正》三三—七〇〇 C）

· 圆融三谛

谛是真实不虚的意思。所谓三谛，即空谛（真谛）、假谛（俗谛）、中道第一义谛（中谛）。真谛是明白一切事理的渊源，即一切万象无自体，属于空；故真谛是泯一切法。俗谛是显现万象实际不可缺的受用，故俗谛为立一切法。中谛是举一即三，三即一，不偏二边，双照互融无碍为中谛。

智𫖮强调三谛圆融的论理，旨在纠正实践的行者们，不得执着于空（真谛、空观），如果认空为极致，即就停滞于方便城（二乘住处），无法至宝所（佛陀住处），故必须从空入假，修持一切万行（俗谛、假观），为进入宝所的准备，但智𫖮又怕从俗而变质忘本，故才强调中道的中观，即在修空观的真谛理体中，必须兼修六度万行的俗谛假观，但虽修持假观趋入俗谛时，也不离真谛空观，即保持空中有假，假中具空，举一即三，三即一的中道义为主体。

智𫖮为解释三谛的浅深，分为别入通、圆入通、别教、圆入别、圆教等五种而论述。

（一）别入通：又称别接通，即通教接入别教为对象，这类行者们，听“非有漏、非无漏”，即能理解到有漏为俗谛，无漏为真谛，非有漏非无漏为中道，但其所理解的中道，唯知是异于空真谛的理论而已，尚未达到双照的功用。

（二）圆入通：又称圆接通，即通教接入圆教为对象，这类行者，关于真俗二谛的理解同于前者，但对“非有漏、非无漏”，都能了知含具双非双照的妙义。

（三）别教：以“有”为假谛，“空”为真谛，对于真谛，认“非有非空”为中道，所谓“中”乃属“但中”的称谓“理”而已。

（四）圆入别：又称圆接别，即别教趋入圆教的对象，真、俗二谛的理解，同于前者，但其所了解的中道，却是超“但中”而且具足一切佛法的境界。

（五）圆教：即三谛圆融，一即三、三即一的具足无碍互照的圆满。

又将别教再分别隔历三谛、历别三谛、次第三谛等，隔是针对空间的于“横”为主体的彼此隔异，历是以时间的“竖”，为前后次第的尚未融即为主体的论法。所谓横的彼此隔异，乃强调真谛（空）理体中，无假、无中，俗谛中即无空、无中，中谛中、无空、无假的完全隔离。竖的前后次第，是初修持空观成断见思惑，次修假观断尘沙惑，后修中观断无明惑，即修三观断三惑的次第证入为旨趣。圆教也分为圆融三谛、一境三谛、不次第三谛、不思议（不纵不横）三谛，即三谛圆融，不纵不横，一即三、三即一的融通无碍，放在真谛中，具破有、立空、破立绝待的三义，破有是“空”能破“有”的含义，立空是“空”能立“真谛空”，破立绝待是虽云破有，却不单是只破有，立空之中，不单是立空，乃属破有即立空，立空即破有的破立相即，绝待之超然境界！其中的破有属空义，立空属假义，破立绝待即中义，故“空”的一谛中，具空假中的三谛相即。

俗谛（假）也具破空、立有、破立绝待的三义，破空是虽在俗假中，还能破空，立有是俗谛中树立万有的正义，破立绝待是针对破空，立有，仍具互照绝待，乃是说“假”的一谛中，宛然的三谛相即。

又中谛中也具双遮、双照、遮照绝待的三义，双遮是中谛中，具遮空假二边，双照是中谛，能双照空假二边，遮照绝待是双遮双照的相互融即无碍，故中谛的一谛中，就妙契三谛相即的极致。

智𫖮将古来所传的空有二谛，扩展至三谛圆融，且善能运用于实践修道中，更以佛法的浅深予于配置阐明，诚对研究中国佛教的方便贡献不少！

本段参考书：

《法华玄义》卷二下（《大正》三三—七〇四C）

·天台教判的特色

佛教经论，自从魏晋时代以来，就有印度、西域的高僧，不断地将大乘、小乘，同时以多彩多姿的形态传入中国，佛教经论，由这种弘传方式，致使当时的教徒们，未得容易理解其中的奥义，故必须在体系化的整理分别方可应付状况下，才有教判思想教学的产生。

所谓教相判别，乃是针对佛教广泛湛深的教典，予于分类为深浅而整然的组织，更是发挥到理论、信仰、传道三方面兼具的极谈！故对于教相判别的研究，诚为研究中国佛教不可缺少的重要条件！这在智𫖮以前的南北朝时代，就有"南三北七"十大家的教判论问世，即：

南三
- 三时教　有相教·无相教·常住教——虎丘岌师。
- 四时教　有相教·无相教·同归教·常住教——宗爱法师。
- 五时教　有相教·无相教·褒贬抑扬教·同归教·常住教——法云大师。

北七
- 五时教　人天教·有相教·无相教·同归教·常住教——刘虬。
- 二　教　半字教·满字教——菩提流支。
- 四　宗　因缘宗·假名宗·诳相宗·常宗——光统律师。
- 五　宗　因缘宗·假名宗·诳相宗·常宗·法界宗——护身师。
- 六　宗　因缘宗，假名宗·诳相宗·常宗·真宗·圆宗——凛师。
- 两种大乘教　有相大乘·无相大乘——北地禅师。
- 一音教（一音说法·随类异解）——罗什三藏。

关于经典的判释内容，可归纳于时间和空间的两方面，如观察佛陀一代五十年间的说法，以前后次序而配置，即属时间的竖说；将法门的理论浅深，安立经典的位置为空间的横说。例如印度的戒贤论师之三时教，却被唯识宗所继承，乃属时间的竖说。上举十大家的判释，多属以法门浅深形式的横说为原则。

智𫖮所创立的教判论，乃综合横竖两方面所树立的巧妙法门！即将佛陀一代幽玄的教义，以“权”“实”两面而剖析，更从“实”开“权”，又由“权”证“实”的主张“教观一致”，强调直趋宝所的实践为中心，故智𫖮的教判，才被誉为空前绝后的名判！兹将智𫖮教判的特色叙述于次：

（一）五时判的特色：智𫖮认为佛陀一代的化导对象，其根性乃属千差万别的众生，故必须推演至三世的理论，以利益大众为原则，俾一切众生，获得随意真实的安身立命为归宿。是以将佛陀化导的时期分为五段，即华严时、阿含时、方等时、般若时、法华涅槃时，且将化导方式分为顿、渐、秘密、不定的四教，更以教法的内容，分为藏、通、别、圆的四教等而阐明之。

所谓华严时的说法，乃专门针对大乘菩萨作对象，所说的《华严经》，其内容是强调“一真法界”的妙理为华严时。

但当时的听众，无法接受大法，故佛陀遂转机为专谈小乘法门，以钝根众生作对象，宣说四谛、十二因缘、四禅、八定等的诱导教化，称为阿含时。

佛陀不断的继续弘法，让小乘趋向于大乘的机会，且在会中强调圆教的伟大，俾小根机的耻小慕大为方等时。

然修持数十年的诸小乘人，虽曾经过方等会上的种种弹斥，既已心慕大乘，但对于情执还是无法消除，故佛陀不得不更为之淘汰遣除余执，另一面，显扬中道实相的本体，称为般若时。

佛陀的应现于世间，乃希望一切众生，都能趋入法华宝所为目的，放在方等会上的弹斥，般若会上的融会，至讲《法华经》，可以说是根机成熟，犹如长子堪承家业，极力主张开权显实的殊胜妙法，即断无明证中道的无上境界，为法华时。

最后的涅槃时，是佛陀的慈怀备至，体会着后出家及未来世的钝根众生，竟于临终最后的一昼夜当中，特为宣说四教并谈而补充，俾期同证佛道之旨趣。以上是智𫖮为研究佛典者的方便着想，竟费尽了心机而将佛陀五十年间的教说，一一予于义理相同而分类整理，称为天台五时判。

（二）化仪四教：还有为着理论浅深的判释为天台八教判（化仪四教，化法四教）。前述，在智𫖮以前，既有南三北七的十大家，但他们都属教化形式的教判而已！能深一层地针对所化根机的考察，却是从智𫖮才开始的。

关于教判论，由表面上看，好像唯能判别教理的浅深，就认为已完成任务似的，但进一步的考察其内容，却是涉及证道关头的哲理，以转迷启悟为职责的，故凡是佛教的实践行者们，对于教判，确实是非研究不可的重要课程。

所谓化仪四教是顿、渐、秘密、不定。“顿教”是超越直入，针对聪明智慧的堪受大法者，不必用方便引诱，就可直接施于大乘顿超之大法。故关于顿教，智𫖮分为顿教部与顿教相，《华严经》即属华严时的说法，至于顿教相，却通于方等、般若、法华、涅槃时，凡一代时教中，具说顿超法门，如《圆觉经》等都是属顿教之类。智𫖮这种的判法，乃超越古来判例的殊胜。

“渐教”是在华严会上，无法获益的二乘人，佛陀不得不变更化导方式，宣说“苦”“无常”“无我”的法门。

其次的“秘密教”，秘密是不显露的意思，智𫖮所立的秘密教，是因众生的根性各别，虽在同一席上受教，但因听者的根机不同，致使所领悟的也就变为不同，那么，其所证自然而然的不同，或渐、或顿，那就彼此互不相知了！又智顗更认为佛陀的行坐住卧，时时刻刻都无不是以默示成佛之大道，但唯有缘者，乃能于中默契领悟得益，亦称为秘密教。智顗创立秘密教，乃显明佛陀的教法，不只局限于显露的顿、渐、不定而已，这种辅助古来教判论的不足，诚是智顗的卓见。

再次的“不定教”，是于同座恭听佛陀的说法，但由于所了解的获益不同，如闻顿教理，唯获渐教益，或闻渐教理而证顿教益，此乃由宿世的善根的浅深影响而来的。

上述，化仪四教的顿渐为竖之化仪，秘密、不定为横的化仪。再说，顿教的对象是以最上利根者，渐教是钝根的方便引诱，秘密是针对特殊根机的随时证解，不定是属大小并陈的随类获益为目的。

（三）化法四教：关于佛陀一代教法的内容论为化法四教。智顗详细的分为界内、界外，及利钝、浅深的整然组织。即藏、通、圆、别的四教判。

“藏教”是纯然为开示界内钝根的众生，明生灭四谛、十二因缘、事六度、修析空观、断见思惑，得一切智，断除分断生死，证偏真涅槃的过程为藏教。

“通教”是针对三乘共同教义的声闻、缘觉、菩萨，乃前通藏教，后通别教、圆教的教法。且前项的藏教是正教二乘，傍化菩萨为主体，但通教即属三乘共修，实践因缘即空，无生四谛之理，为菩萨的正学，且兼通二乘，俾明无生四谛、修理六度、体空观、断三界见思惑尽，证真谛涅槃，故通教的法门是趋向大乘为中心。

“别教”是界外菩萨独修的特殊法门，所谓“别”是不共二乘的高尚，即教别（独被菩萨）、理则（隔历三谛）、智别（三智次第）、断别（三惑前后）、行别（五行差别，注：戒定慧——圣行［十住入空行，属藏、通两教］，慈悲喜舍——梵行［十住、十回向、入假行］，依理成行——天行［初地以上的中道行，从天行起，就能化他之用]，示同小善——婴儿行［慈用]，示同烦恼——病行［悲用]。之前的藏通二教，虽有“圣行”及少分“梵行”，别教乃次第进修圆行，故不同前、后而独立)、位别（位位不相收)、因别（一因回出，不即二边)、果别（证果别前后）等八种差别行的特殊法门。但别教是针对界外钝根菩萨为对象，期之趋入中道观为目的，故实践修次第三观，以内心进修断无明，外以利他为职责，即由一地一地的上进为别教。

“圆教”是一代教法的极致，纯以圆融原理为基盘，即诸法本来互有，迷悟无别，因果不二，举一全收，真即俗，俗即真，烦恼即菩提，生死即涅槃，当体圆融无碍的圆妙、圆满、圆足、圆顿的最高法门。是以在实践门中，即断而不断、不断而断的最高境界，智𫖮以圆教配置为最上法门的定义，即以“教圆”（中道不偏)、“理圆”（无碍一切法)、“智圆”（种一切种智)、“断圆”（不断而断无明惑)、“行圆”（一行一切行具足)、“位圆”（从初地即具一切功德)、“因圆”（双照二谛、自然流入)、“果圆”（妙觉不思议、不纵不横）的圆融论理为极致（参照《大正藏》第四六卷七二二页)。

上述五时八教的教判论，乃纯系智𫖮自解佛乘的卓见所流露出来的伟大思想！

关于《法华玄义》，由表面上看来，虽是《法华经》的总题解释，但观其全部的内容，可以说是将佛陀的一代说法，尽摄于自家药笼中的“中国佛教概论”，如对于“地论”“摄论”等的批评，《法华经》与《华严经》的比较，或《法华经》初传时代的法华学者们的见解等，都一一的述及，诚属隋朝以前的中国佛教贵重文献之一。因本文限于篇幅，无法详述。

本段参考书：

《法华玄义》卷十（《大正》三三—八〇六页）

2.《法华文句》(《大正》三四———一五○)

智𫖮在陈后主祯明元年（五八七年），于金陵光宅寺，将《法华经》二十八品的词句别文，以特殊的释经方法——“消文四意”的解释，由灌顶记录成书，称为《妙法莲华经文句》，略云《法华文句》。本书和《法华玄义》合并即成为完整的《天台法华经疏》。

智𫖮对于《法华经》二十八品的经文内容，大科分为“本、迹”两门，从《序品》至《安乐行品》的十四品为迹门，《涌出品》至经末的十四品为本门。智𫖮对于这种《法华经》的分科，已将古来传承《法华经》的难能理解的焦点为之解决，更能将《法华经》的含义显现于自心的相互观照，尽其极致，诚是裨益着现代研究《法华经》的方便不少！因古来对于《法华经》的读诵，都是以客观，或是属神话的而接受，但智𫖮即以“观心释”，将《法华经》统一融会于自心内理思索的解脱法（止观禅），且深藏着实践熏修的本质，诚是古今未曾有的解释法，例如：对于见《宝塔品》的多宝塔的涌出大地，古来的解释，都认为是外面的奇迹现象而已，但智𫖮却是发现，多宝塔的出现，即象征着自心的脱离无明烦恼的境界，以与实相真理的多宝塔互照。又“三变土田”的第一变为断除三惑中的枝末烦恼——见思惑，第二变为断除微细的尘沙烦恼，第三变为断除根本的无明烦恼等，都是归纳于自心实践。且至于整个经文的内容，也是配合观心释的主张，针对为使后来学者，对于《法华经》与人生的密切关系的改观为旨趣。这在法华教学史上，智𫖮的功绩，诚属不能抹灭的。

智𫖮独创的经文解释方法，消文四意，即：第一因缘、第二约教、第三本迹、第四观心。

首先的因缘释是：说法者的佛陀，与闻法者的听众，两方的机缘成熟，法会就能成立，即所谓因缘和合的法会，始能获益，换句话说：佛陀深知闻法者的心理，以方便的巧说，俾使听者欢喜，佛陀更为宣扬闻法者的优点好处，俾其生长善根，佛陀更深知一切众生的缺陷劣习，而善能引导其改悔成就轨道，最后佛陀更能俾一切众生，悟入第一义谛的宝所为目的。

第二约教释是：将经文悉以阐明所属偏圆大小的教相地位。

第三本迹释是：依佛陀根本教法的本体迹用，将善垂于一本多迹而归摄于多迹一本的一佛乘为旨趣，以上三种释是依理论的解释。

第四观心释是：将理论归趣于自心的实相心具互照之实践体验，堪称为巧妙极致的解释。

至于全经文，二十八品共六万九千三百八十四字，以两种的分科法，首先是以二十八品，分为序、正、流通的三份说，次即分为两门三份说，前者是将《序品》分为序份，《方便品》至《分别功德品》的前半（共十六品半）为正宗份，其后的十一品半为流通份的三大段。后者是将一经两分，前十四品为迹门，后十四品为本门，更且将本迹两门中，再各分为序、正、流通而解释之。

所谓“迹门”，即显明垂迹化现的释迦佛陀，将从未说的本意，二乘即一乘，权即实的开权显实、会三归一、开会开显的诸法实相归摄于一佛乘的妙说中。

“本门”是佛陀自身的体用，论及诸经尚未谈及的真实意，在菩提树下成道的释迦佛陀，和过去久远的诸佛，同样是为救度一切众生而示现迹用。故智顗为阐明佛陀的伟大，特以“发迹显本”、“开近显远”、“本门开显”而解释，其旨趣乃以破除大众迷执为目的。

智顗解释《法华经》的经文，对于最初的《序品》，首先以五种成就为通序，再以众聚、现瑞、疑念、发问、答问等的五义为别序。

第二《方便品》以下的八品为迹门的正宗份，明“开权显实”之理，该份再分为略开、广开，以《方便品》初为“十如实相”文为略开，其后为广开。广开文，即以三周说法，即“法说”“譬说”“因缘说”的三重，对于上根者即直说“三乘即一乘”、“权实不二”之理，为“法说周”，对中根，即举喻显说该理为“譬说周”，对下根，即说宿世以来的因缘，俾其领会为“因缘周”。更将“法说周”，分为“正说”“领解”“述成”“授记”“众喜”的五段。

关于方便品的后半，即属迹门、广开、法说的正说段，乃显示释迦佛陀，和过去诸佛同道，皆是先以三乘施权，然后才会归于一乘，强调权实不二为旨趣。

智𫖮对于《方便品》的解释，而树立天台教学的中心思想，即以三种方便、十种权实法、显明权实，及在“十如是”文中，叙述“十界”、“佛界”、“杂合”、“约位”等四义，强调迷悟、实相的不二之理，主张“二乘成佛”的重要义，那是值得注意的！

第三《譬喻品》，是显示佛陀的喻意，即将三乘导入一佛乘的妙喻。且于解释中，曾举出吉藏（五四九—六二二年）大师的论议，成为有趣性的妙谈！

第四《信解品》，特为中根的四众，示明长者穷子之喻，以资自心互照，令至速领会三乘即一佛乘，趋入宝所为目的。

其次的《药草喻品》，虽被认定为信解，但还恐部分尚未及彻底，故佛陀再以举药草之喻，以显明生长虽不同的三草二木（三乘、五乘），但却是受同一雨地的润育，以会归一味平等的一佛乘。

对于《化城喻品》，即针对下根的法华覆讲，先为下种结缘，后而调熟，故所谓三乘教，不过是根机的调适方便化作而已，其目的是趋入佛果为究竟的宝所。

《法师品》第十至《安乐行品》第十四的五品，判为迹门正说的法门，属利益未来世的流传，且对于《安乐行品》，即强调实践的行者们，必须谨严于语言、动作、思想的合理化，俾趋入止观慈悲行，期以事理相资，得安身立命的殊胜境界为目的。

智𫖮更将《涌出品》以下的十四品，判为“本门”的开显，其中《药王品》以下的五品，为法华化益流通的殊胜，即《药王品》，也是显示烧身供养的苦行，为激励弘经者实践修持（苦行乘乘）；《妙音》、《观音》两品，是法华三昧的妙用自在，强调奉持者所获得的三昧力用（三昧乘乘）；《陀罗尼品》是以神咒密语为护持而导引入于正道的流通（誓愿流通）。最后《普贤劝发品》，属自行流通，即依普贤菩萨的护持，行者们的自心，自然而然的成就妙行，及强调“四安乐行”的重要为结语，则是“开迹显本”的最好说法！

上述，《法华文句》的特色，不单是对文字的解释，或分科的优点，还是针对古来诸师的评破，如“科文对照”即引出道凭、法瑶等七师之说，对于“无量寿”、“十如实相”等，乃引出光宅等九师之说，以资现代研究《法华经》的学者们，易于知道南北朝时代之法华学者先贤的思想，故《法华文句》亦成为贵重文献的资料。

本节参考书：

《法华文句》（《大正》三四—十五—三六〇）

《法华文句辅正记》（《卍续》精四五）

《法华疏义赞》（同右）

3.《摩诃止观》（《大正》四六——一四〇）

人生一世，不过几十寒暑，其中还脱离不了忧悲苦恼的不如意事，是以佛陀才在其五十年说法中，无时无刻无不强调莫游戏于五欲（财、色、名、食、睡）中讨生活，要我们把握着环境，勿被眼前的娱乐所迷，老老实实地实践着以脱离苦恼束缚为急要法门，是以智𫖮深深地体会到佛陀宣说《法华经》的本怀，将《法华经》的含义演变为实践门的极谈！即所谓“止观”的特殊法门。止观的意思是：摒除诸般妄想，令生正定的智慧，谓之“止”的功用；针对一切对象的审察思惟，以树立正义谓之“观”的殊胜。

智颉对于止观方面的著作，尚未入天台山以前，就有：《四念处》、《禅门要略》、《禅门章》、《禅门口诀》、《小止观》、《修禅六妙门》、《觉意三昧》、《释禅波罗密次第法门》等的名著（前期思想段，已略述及），兹被限于篇幅无法详述，现在唯能将其晚年所说，也可以说是组织最整然的《摩诃止观》（天台三大部之一），略述于次：

《摩诃止观》是智颉在隋开皇十四年（五九四年），讲于荆州玉泉寺，其内容分为五略十广的序次而宣说的。所谓“五略”：即发大心、修大行、感大果、裂大网、归大处。

首先说到发大心，那是强调初发心时，如若心不纯正，则无法进至宝城，故必须阐明邪正，然后斥十种非心，以显说“四谛”、“四弘”、“六即”等。其次的修大行是：摄尽四种三昧的一切法。感大果、裂大网、归大处，是因能修大行的感召，才能证大果，破除自他的疑网，始能进入涅槃的宝城。

至于“十广”是：大意、释名、体相、摄法、偏圆、方便、正修、果报、起教、旨归等。

第一大意，即明于五略之中。

第二释名，乃详述止观的含义，分为“相待”、“绝待”、“会异”、“通三德”的四种，以显示止观的广大。

第三体相，分为教相、眼智、境界、得失。

第四摄法，是在前章所明止观之体，广泛摄持一切法，即事理、解行、因果、自他等网罗一切的显示。

第五偏圆，是第四摄法的加以补述，因为虽然摄尽一切法，但是法自有偏圆，故必须再检讨，而分为“大小”、“半满”、“偏圆”、

“渐顿”、“权实”等几种。

第六方便，是择取“大”、“满”、“圆”、“顿”、“权”为进入正观的途径，但在实践门中，首先必具的条件是二十五方便法的重述。

第七正修，是前所述的种种方便，然后才能证入正修的圆观，故《摩诃止观》的真面目，也就尽摄于此。换句话说：前五章是以教相说明止观，第六的方便，即以实践观法的方便为前提，至第七正修章，正是智顗在天台华顶峰，作头陀苦行的妙证，为当时及未来的学习禅学者们，尽其心血所吐露的微妙法门，成为空前绝后，故凡是研究禅学实践门，则为不得缺少的宝典。兹将其中最受重视的“四种三昧”、“十乘观法”、“一念三千”，略述于次：

· 四种三昧

所谓“四种三昧”，是常坐三昧、常行三昧、半行半坐三昧、非行非坐三昧。首先的是：

（一）常坐三昧：或云“一行三昧”是梵语 Ekavūha–Samādhi 的译语，这是依据《文殊问般若经》等所立，以九十天为一期限，而专意坐禅，口念一佛号，心意集中观照谛审中道法界之理，克期了达迷悟不二、凡圣一如的境界，这是智顗以按期取证的方法，应实践真如观，对照自心，证三谛三观妙境为旨趣。

（二）常行三昧：或云“般舟三昧”，是梵语 Pratyutpanna Buddha–Sammukhavāsthia–Samādhi 的略语，译为“佛立”，这是说：从佛的威力、正定力，以及行者本身功德力的感召，速于定中，能得诸佛降临行者之前，为之灌顶，消灭罪业。这是依《般舟三昧经》所立的。仍是以九十天为期，精进旋绕行道，步步宣称无量寿佛的名号，专意于佛陀的三十二相，以修空、假、中三观为旨趣。如果此三昧成就时，十方诸佛即现于空中，这与上段的常坐三昧法，是站在相反的立场，属唯观无量寿佛的佛陀之念佛观。这种观法，在印度也曾盛极一时，我国庐山慧远（三三四—四一六年）大师，就是依此“般舟三昧法”而创立莲社的。智顗认为不善常坐的行者们，必须依常行的实践法，才能深入妙谛，故特为之摄纳于《摩诃止观》之中。

（三）半行半坐三昧：分为方等三昧、法华三昧两种。

（1）方等三昧是以《大方等陀罗尼经》为依据所立的修法，一期以七天为限，期满，还可以继续七天为一期连续不断的修持。方法是：在修持的七天当中，必须食素，且每日洗浴三次，着净洁衣，端坐如佛像的静坐，宣称：“大秘要遮恶持善真言”的专志持诵思惟，因秘要真言是中道正空理，故诵它念它，就能得到三宝的护持，便能速为消灭魔障等。前段之“常行”，是以念佛为对象，但“方等三昧”是以念咒为旨要。

（2）法华三昧，是梵语 Saddharma–Puṇḍarika–Samadhi 的译语，以三个七·二十一天为一期的严肃行道诵经，且心必谛观中道实相行门。这“法华三昧”的名词，乃出于《法华经》之《妙音菩萨品》与《妙庄严本事品》。修持法：是由南岳慧思（五一五—五七七年）大师开始，其著《法华安乐行义》（《大正》四六—六九七 C）说：“《法华经》者，大乘顿觉，无师自悟，疾成佛道，一切世间，难信法门。”所以智顗强调，凡是新学菩萨们，如欲速成佛道，即须以持戒、忍辱、精进修习禅定，专志学习法华三昧为经纬。

关于“法华三昧”修持法，虽智顗圆寂后的天台教团，也特别受到重视，故唐朝湛然（七一一—七八二年）大师，更作《法华三昧行事运想辅助仪》加以弘扬。降至赵宋时代，由于天台宗的复兴，而“法华三昧”也跟着恢复起来，如四明知礼（九六〇—一〇二八年）大师，则一生中，以修持法华三昧为常课。更在《大藏经·史传部》的记载里；唐、宋、元、明、清的朝代中，专以“法华三昧”为毕生的修持者还不少！

（四）非行非坐三昧：是不分身仪的如何，更不必限定期限的长短，也不论行住坐卧的规定，即是以平常的生活行为就是三昧。这是以注重意识心思，无时无刻的互照心源，而能统摄一切法为旨趣。

综上所述，四种三昧中，前三种，必具有严格规定的方法设施，唯后的“非行非坐”，即不必规定，专依仗自己的智慧力，观察自心不堕于不轨而努力实践为原则，这由表面看来，似乎比前三种容易修持，可是由于过分的方便，除非上根上智者，怕有偏邪堕落的危险，是以智𫖮才强调行者们，如无自信者，还是依前三种法修持，比较妥当，各自慎重！

又在实践修习止观坐禅，还必具五种（食、眠、身、息、心）辅助条件的调和，始能容易深入三昧定。人之身体虽是幻躯，但必须依之修行，方能证道，解脱生死，放在静坐之前，不能食得过饱，如贪食过饱，则气上升，百脉因之不能畅通，且容易被睡魔乘机扰搅，更会成为懈怠而废弃精进。但也不能过于减食饥饿，即身躯会瘦弱，致使意志不能集中，则无法有心去修习止观。因此，过饱、减食，都是障碍修道的。

其次是，睡眠也要调节好，否则精神迷惑，无法认清邪正，故调伏睡眠，也是不能放松的重要条件。

再次的是，实践修习静坐时，必须预先调适身体的所宜，然后才将左脚放置于右脚之上，复将右脚再盘于左腿之上，更把双肩的力气放下，以双手重累相对，然后整然挺动其胸腹，开口吐出浊气，闭口由鼻而纳入清气于丹田，不让身体弯曲，必须挺直，不将头低垂，或过于仰高，舌尖向上腭而闭眼三分，以防外色的干扰，且奠置身体如石柱，才不会致病，故智𫖮才强调凡欲修习实践止观者，祈勿忽略！

又静坐时，还有很重要的是呼吸问题，呼吸必须绵绵得若存若亡，且资助精神安稳为原则，心即专注于一境的不杂念，否则易伤心脏，故智𫖮指导行者们说（《大正》四六—四六六 A）："一者下着安心，二者宽放身体，三者想气，遍毛孔出入，通同无障，若细其心，令息微微然，息调则众患不生，其心易定。"

上述是智𫖮针对为深入三昧，所导引的准备条件所说，但其实际，《摩诃止观》的中心思想，还是以心为对象的"十乘观法"为主体。

·十乘观法

所谓十乘观法，即观不思议境、起慈悲心、巧安止观、破法遍、识通塞、修道品、对治助开、知次位、能安忍、无法爱等。

（一）观不思议境：因人们的一念思想当中，具三千诸法的超越思议分别，才称为不思议的。且其境所含的十种境界，即：阴界入境、烦恼境、病患境、业相境、魔事境、禅定境、诸见境、增上慢境、二乘境、菩萨境等。兹略述于次：

（1）"阴界入境"，阴是指色受想行识的五阴，界是十八界，入是十二入。但现在唯取五阴，更在五阴中，只取识阴，再于识阴中，独采无记的第六意识为所观之境，智𫖮这种选择是在根、尘、识的阴界入中，特选其中之快捷方式为对象。因为凡夫的日常生活，处处都不离五阴的重担，故将眼前所缘而生起的前五识（眼、耳、鼻、舌、身），当为妥善地纳入观境的对象，即能深入圆融无碍的观智，尚且十境中的阴境，是凡夫的根本正报，其他的九种，是随之所生起的余报。

（2）"烦恼境"，是从久远劫来所积聚的业惑，若静坐时显现，即必遂阴境而放弃，集中精神来谛观中道，不让烦恼境延续。

（3）"病患境"，是在实践静坐中，若生起病来，必须至速观察病源而对治。

（4）“业相境”，是指行者们，虽无病患，但还留有过去世所积聚来的善恶业，如在静坐中影现，即善不必喜，恶不须怖，专仗观察力用而成就一心不乱，则业相自然消灭。

（5）“魔事境”，在实践修持，未破惑业当中，容易惹恼天魔等的恐怖，且他们会集中力量来妨害行者的进道，放在实践坐禅当中，必须具备降伏魔境。治魔之法有三，即①是善观而呵弃；②是从头至尾，善能谛观身心共不可得，使魔无法侵入；③是虽用观法，而魔仍不离去之际，必须强制抵抗，或以死为志而统一身心的精进。

一般所谓的天魔，是指欲界最高的他化自在天的魔王及其眷属，但依现代的学说，绝不允许有魔王的存在！然所谓“魔”，即指在静坐中，所影现的种种幻觉、异觉状态等的不如意为魔（Maia），正译为障碍（参照《望月佛教大辞典》（5）—四七二〇 A—C）。

（6）禅定境，在禅定中，虽无魔事，但未达到真观，是因过去的熏习，而依现行的行持力所为，喜好耽着于禅味定缚所致，欲其迅速脱离，即必须依禅定境以为旨趣。

（7）诸见境，种种的邪见，很容易由禅定，或依听闻而发生，因心静即观明朗，易于通达妙悟；或听闻诸法就能晓悟。但另一方面，过于聪辩，还更容易落邪见，故必须以观行而断障，俾速趋入正道为目的。

（8）增上慢境，或云：慢境、增慢境。如能降伏诸见，就能实时息止妄执，但未获证真道之者，认为降伏诸见，就是已证涅槃，即易生起骄慢，而遂废弃精进，因而退道，故行者们，对于慢境，必须特别注意！因历代的修习禅定者，无法破除“增上慢”而堕落者为数不少！

（9）二乘境，能弃除慢心，即过去世所习的一切，由静心中而能显现，但容易耽溺于空寂，而失去进趋大乘宝所的机会！故智𫖮才强调不堕于二乘，以必须努力向上为旨趣。

（10）菩萨境，虽因根机而能息止见慢，且得呈现藏教等菩萨界的心境，但彼等都非宝所的大器，必须修持圆顿观，才能到达宝所（无余涅槃），故虽是菩萨（权教菩萨），还是需要善能观察心境，才不会堕滞于障碍的境界。

上述十境，一一皆是十乘观法中的境界，因观一阴境，即能呈现其他的九境。换言之，一念是能所相辅相成的生起，聚成为十境，但九境却是互发不定，如若生起，乃以十乘观法而修持，使其不生，如获不生起时，就可息止而免除观行。总之，阴境却是时常不停地显现，故行者们，不管生起、不生起的影现，都必须修持谛观，令其纯净为上乘要诀。

再说，称为不思议，即指“妙境”和“妙智”的相望，观是针对能观的妙智。所谓阴境与妙境，绝非别体，由迷情所见，即属阴境，如能以观智所照，即成妙境。且同一物，有时是阴境，或由妙境而演变，但这却是由后来的观察才能知道，这不过是方便的判断而已。不思议的含义，具有“性德”、“修德”、“化他”等的三义：

①性德不思议境，是指修观的行者们，能观照本具的谛理，认明一念心的当体，本具三千法，则一念即三千，三千即一念的理性本具的观法，谓性德境。

②修德不思议境，行者们，在观察性德境时，如生起四性之计，必须迅速观照，脱离四计，而恢复本具的三千。四计是：自生计、他生计、共生计、离生计。

A 自生计：是指自然生起法性理体的三千法。

B 他生计：是认为三千法，由无明所生。

C 共生计：是认为三千法，是法性与无明的自他共生。

D 离生计：是认为三千法，即离法性与无明所生的想法。故在四计中，如生起一计，即是障碍三千实相的妙境，是以行者们，必须脱弃四计（自、他、共、离），始能契合着不思议境，谓修德境。

③化他不思议境，观行者们，自己在实践行持中，脱离四性计，且能及于化他，仍不忘推检三千诸法，令其不偏，俾能顺应众生的根机，谓化他不思议境。

（二）起慈悲心：起慈悲心，或云真正发菩提心。如果是谛观不思议境，而未得到证悟的行者们，却容易起懈怠心，故必自悲愍观察："心佛众生，无差别体"，因迷才会受种种苦，是以须发心精进，上求下化，是真的发菩提心。这是依据：法体是任运相资的同体性，不离三千的妙境，且能离修成念，而生起"无作四弘誓愿"悲愍自己的无始劫来之迷，更能悲怜他人的现昧，这种慈悲观念，是依修观而达成的，由发心而至于妙境。

（三）巧安止观：巧安止观，或云善巧安心，是指向能以法性自安其心，就能将心安住于法性之理而修止观，且以巧妙的方便法，将被无明所迷的心，依寂照德用而安住于法性的殊胜法。换言之，依据前述三千妙理为体，而得常恒寂然为定，更以寂而常照为慧，那即定就是止，慧就是观，则前者是离争执而安住于德；后者是将心常照于理的妙观。

再说，在法性中，因迷惑而起无明业，故必须对无明的不生起为要径，但是，要如何才能使无明的不生起？那就要依赖止观明静的实践，始能安住真心于寂然，故称为善巧安心。

（四）破法遍：实践止观，方能获安心，虽是定理，但观行未成熟的行者们，即是尚未离执的缘故，是以必依融照一切的智慧，而隔别情执，遣尽一切妄执，是为破法遍。换言之，即依一心三观，而破三惑的情执，融照中道与空假二边的一致，以迅速趋入于无生之理为旨趣。

（五）识通塞：识通塞，或云知得失。识是分别了知之谓，适合于理曰通，不适合于理谓塞。换言之，称理至菩提涅槃谓通，堕落生死烦恼谓塞。如行者们，在破法遍中，仍未悟入无生之理，则必须检讨其得失，时时获得护持真如心于六度正轨，以能契合实相观智为目的。

（六）修道品：修道品，或云道品调适。即将三十七道品（四念处、四正勤、四如意、五根、五力、七菩提、八圣道）中，一一调适，如能契合于自己的实践，那就应即采纳，俾其速证道果。但虽是知道法门的通塞，如无法进道法的行者们，即是所修持的法门的不适合，故必须铨择调停而俾道业的精进。

（七）对治助开：在实践行持中，如生起障道，无法开启圆理时，就必须借助道的事行而除去事惑，如以六度对治六蔽等，作为资粮而增加正观的开显而努力。

（八）知次位：修行者们，很容易患着“未得认为已得；未证认为已证”一种境上慢的通病，也因如是而失去功德，故悉知所证的位次，即是最重要的项目。

（九）能安忍：在实践行持观法时，必能渐渐成就“弟子五品位”，同时也就能显彰其功德，故必受大众的尊敬，但另一方面，也容易被受他人的嫉妒，故在顺逆同时而来的环境中，必须安然不动，以期速由“弟子五品位”策进趋入“六根清净位”为旨归。

（十）无法爱：无法爱，或云离法爱，即菩萨执住于十信相似位为法爱。俾能离去住着，以进入“初位真实”为目的。如坚执于十信相似位——六根清净位，虽能获六根的互用，但过于爱执，即属顶堕之险，故必须修持离爱而进入“十住分真即位”。

如能破法爱，就能契入中道，得自然而然地流入“萨婆若（清净）海”，妙证无生忍的安乐。换言之，如能修证到“初住”，即不待指导而自然能进修至无生忍的妙法。

上述十乘观法中，前七项是正道的理观，第八项以下是助道的事行。且其最重要的目标，还是以晋入“初住”的实践观行法为旨归，因能进入“初住”，然后，自然而然就能进至宝所。故可以说：

十乘观法的中心思想，乃是为进修“初住”的实践熏修的妙法。

总之，智𫖮的天台教学，被称为“教观双美”，也就是根据上述整然的教学组织，且秩序而不离实践的“教”“观”互照的特色。

本段参考书：

《摩诃止观》第五—七（《大正》四六—四九——〇〇）

《天台教学史》一四二——四七页

·一念三千

智𫖮在《法华玄义》中，只说“百界千如”，然至讲《摩诃止观》时，就扩大其思想体系，显现一念三千说的最高理论，即由我们日常生活的语言、动作、思想的一举一动中，具足三千种的世间（即前述的百界千如，乘三世间，成为三千世界），但这种论调，绝不是离现实的空想，乃针对人心的念念不断的思惟，称为诸法，这诸法的一一，仍俱一切法，即“心法”、“佛法”、“众生法”的三法同格的互通，配合于三种世间而阐明三千实相为原理。

所谓三种世间是五阴、众生、住处。五阴是由人之宿业的所感，现以依正二报的五阴（色、受、想、行、识）为元素；众生世间乃由五阴所成，而受受的正报众生，由业惑（业——直接、惑——间接），而引“生有”的延续，且由迷悟种种相的差别而显明十界的相成；住处世间，或云器世间、国土世间，即指众生所居住的大地，属依报。

上述三种世间，智𫖮以特殊的见解，论述各具十如是，且对于实践修道体验，成立三千诸法，诠显一念心的当体，一色一香无非中道，而思惟观炼熏修，能成就“法身”、“般若”、“解脱”的三德秘藏。智𫖮更将三千的构造，分以“理具”、“事造”，但其实际却是同一法，因为俾容易了解的方便而假立名称而已。如针对诸法本体，就成“理具”，若以随缘现前的诸法看，即属“事造”，其实，事即理，理即事，心物不二的“一如”现象为特色。故一念三千即具空、假、中的三谛理，至为能造、所造；互为能具、所具，成为首尾一贯的不可思议性具理论的极致。

由此可知，智𫖮是超越原来的思想，符合大乘菩萨的大悲、中道的实践行，强调一念为根据，展开一念具十法界的三千世间的妙法。换言之，谓由饿鬼至佛陀，其一念的所含，森罗万象，皆具实相的本体，故智𫖮才以有形的“世间智”，导使趋入超越世间的“无分别智”——般若智为现前境，而离“有执杂染境”，作为净化世间的目的。这可显明地看出智𫖮大师的伟大以及其用心良苦的精神。

本节参考书：

《摩诃止观》（《大正藏》四六—五四）

五、智𫖮的著作考

智𫖮的著作，最近据日本学者的统计，现存本共有四十六部一百八十八卷，但依章安灌顶所著《天台智者大师别传》（《大正》五〇—一九七 B）说“智者弘法三十余年，未曾蓄章疏”，由此，智𫖮是极少亲自执笔可知。是以关于智𫖮的著作研究，那就有了问题，究竟哪一部是智𫖮亲撰，哪一部是门下弟子的笔录？这在学术上的研究，凡是智𫖮亲自执笔的撰著，当然是最具权威而有价值的。兹为研究方便起见，分为三类叙述于后：

第一是：智𫖮的亲笔部分。

（1）前期时代：依据遵式大师著《天台教观》说：《法华三昧忏仪》、《法界次第》、《方等忏仪》《觉意三昧》等四部共九卷。

（2）后期时代：受隋晋王的依嘱，所著《净名玄义》及《维摩文疏》共三十四卷。

以上诸部，即经过许多现代的学者们考究的结果，认为确是智𫖮亲自执笔的名著。

第二是：门下弟子的笔录部分。

（1）从智𫖮的口授，由其门下弟子们笔录后，经智𫖮监修成册的部类，文责当归智𫖮，这与亲笔具有同等的价值，即有《次第禅门》（具云《释禅波罗密次第法门》）十卷。

（2）同是智𫖮的口授，虽由门人笔录，但未经精致磨刮，致无法呈上与大师鉴定，至智𫖮寂后，始编订成册，如三大部等，即是灌顶大师笔录所成，此类述作，文责当归于灌顶，不能与前节所述的价值等量齐观。因为在此类的著作中，混滥了不少灌顶的私见，所以较为逊色。

第三是：后人的假托部分。

既是后人的著作，为什么还要假冒窃用智𫖮的名义而流传？这考其用意，也许是想借智𫖮的名望，以提高其价值为目的！例如：关于净土教学的《观经疏》、《十疑论》等，都是此类的作品。

如上所述，有关智𫖮的著作，已概略的叙述。兹再将智𫖮圆寂后的第九年所编集的统计，有九部七十二卷，即：

《净名经疏》三十四卷

《觉意三昧》一卷

《六妙门》一卷

《法界次第章》三卷

《小止观》二卷

《法华三昧法》一卷

《次第禅门》十卷·大庄严寺法慎私记

《法华玄义》十卷·国清寺灌顶私记

《圆顿止观》十卷

以上目录中，却未将天台教学中，认为最重要的《法华文句》和《摩诃止观》列入，这也许是，至大业元年间，灌顶的精治本，尚未整理出来的缘故？

直至智𫖮圆寂五六十年以后的《大唐内典录》（《大正》五五—二八四 A）才有如下的记载：

《摩诃止观》十卷·于荆州玉泉寺说·沙门灌顶记

《禅波罗密经》十卷·于金陵瓦官寺说·沙门法慎记

《维摩经疏》三十卷·隋帝请出，并前玄十卷后六卷

《法华玄义》十卷·沙门灌顶笔记

《法华文句》十卷·沙门灌顶笔记

《六妙门》一卷

《觉意三昧》一卷

《小止观》二卷

《法华三昧》一卷

《观心论》一卷

《三观义》一卷

《四教义》一卷

《四悉檀义》一卷

《如来寿量义》一卷

《法界次第章》三卷

《大方等行法》一卷

《般若证相行法》一卷

《请观音行法》一卷

《南岳思禅师传》一卷

以上，共计十九部八十七卷，较前已多出两倍以上。

更至中唐（八〇四年，智𫖮寂后的二百零七年），曾被日僧——最澄（传教），请去日本的有：

（一）法华部分

《妙法莲华经玄义》十卷

《妙法莲华经文句》十卷

《妙法莲华经观音品玄义》二卷

《妙法莲华经观音品义疏》二卷

《妙法莲华经忏法》（“三昧行法”）一卷

（二）止观部分

《摩诃止观》二十卷

（三）禅门部分

《禅门修证》十卷

《禅门章》十卷

《禅门要略》一卷

《修禅六妙法门》一卷

《禅法口诀》一卷

《四念处》 四卷

《观心论》一卷

《小止观》一卷

《觉意三昧》一卷

《杂观行》一卷

《观诵经记》一卷

《金光明忏法》一卷

（四）维摩部分

《维摩经玄疏》 六卷

《维摩经文疏》二十八卷

《四教义》十二卷

（五）杂疏部分

《法界次第》三卷

《金光明经玄义》一卷

《金光明经文句》六卷

《菩萨戒经义记》二卷

《观音经疏》一卷

《观无量寿经疏》一卷

《阿弥陀经疏》一卷

《阿弥陀经抉十疑》一卷

《方便义》一卷

《圆教六即义》一卷

上述一百四十二卷之外，更被日僧圆仁于公元八三八年至我国扬州，再请流入日本的有：

《智者大师修三昧常行法》

《五方便念佛门》

《观心游心口诀记》

《天台大师观心诵经》

《三观义》

《仁王般若经疏》

以上诸部，是被珍藏于日本京都的比叡山延历寺。

然在宋代的文献上，据《山家教典志》（《大正》四九—二五八BC）载：慈云遵式禅师（九六四——〇三二年）于北宋仁宗天圣二年（一〇二四年）奏请入藏的表上，举列了智𫖮的著作，共有二十三部七十六卷。此外，尚未被入藏的另有六部三十三卷，阙本有十七部四十一卷，共计四十六部一百五十卷。较之初唐时代的结集，又多了两倍以上。由此可知，后代的假托作品，确实掺入了不少！但是，不能因此而确定的评论，非智𫖮的亲自著作，就会丧失其价值！然其最重要者，还是考其论述的内容，在教学上，有无价值，及其所说的内容与智𫖮的思想是否符合？更必须审察有无启发后学的作用？应该由多方面来判断，才是最适合的看法。所以著者认为：凡是以智𫖮的名义而流传的作品，都是我们必须研究的对象。

兹再将智𫖮的庞大巨著，被编入《大藏经》的现存本，举出于次，即：

《妙法莲华经玄义》十卷（《大正》三三—六八一·隋开皇十三年·五九三说）

《妙法莲华经文句》十卷（《大正》三四—一·陈祯明元年·五八七说）

《摩诃止观》十卷（《大正》四六—一·隋开皇十四年·五九四说）

《禅波罗密次第法门》十卷（《大正》四六—四七五·陈大建三年·五七一）

《禅门要略》一卷（《卍续》精九九—三五）

《禅门章》一卷（《卍续》精九九—一一），本书据近人研究，认为是唐代伪作。

《禅法口诀》一卷（《大正》四六—五八一）

《修禅六妙法门》一卷（《大正》四六—五四九）

《小止观》一卷（《大正》五六—四六二）

《觉意三昧》一卷（《大正》四六—六二一）

《观心论》一卷（《大正》四六—五八四）

《四念处》四卷（《大正》四六—五五五），本书依《大唐内典录》十（《大正》五五—三三二）——认为是章安的撰作

《维摩经玄疏》六卷（《大正》三八—五一九）

《维摩经文疏》二十八卷（《卍续》精二七—四二九）

《四教义》十二卷（《大正》四六—七二一）

《金光明经玄义》二卷（《大正》三九—一）

《金光明经文句》六卷（《大正》三九—四六）

《观音品玄义》二卷（《大正》三四—八七七）

《观音品义疏》二卷（《大正》三四—九二一）

《观无量寿经疏》一卷（《大正》三七—一八六），本书据日人研究，认为是后人伪作。

《阿弥陀经义记》一卷（《大正》三七—三〇六），本书依孤山智圆大师的研究，评为日人伪作，参照《大正》三七—三五二 C。

《阿弥陀十疑论》一卷（《大正》四七—七七），本书有人说是唐湛然大师所作。

《菩萨戒经义记》二卷（《大正》四〇—五六三）

《法界次第》六卷（《大正》四六—六六四）

《法华三昧忏仪》一卷（《大正》四六—九四九）

《金刚般若疏》一卷（《大正》一二三—七五），本书依近代学者研究，认为伪作。

《仁王经疏》五卷（《大正》三三—二五三）

《请观音经疏》一卷（《大正》三九—九六八）

《三观义》三卷（《卍续》精九九—一）

《五方便念佛门》一卷（《大正》四七—八一），本书被认为是八世纪以后的伪作。

《方等三行法》一卷（《大正》四六—九四三）

《观心食法》一卷（《卍续》精九九—五五）

《观心诵经法记》一卷（《卍续》精九九—五六）

《天台大师发愿文》一卷（《卍续》精九九—五七）

《普贤菩萨发愿文》一卷（《卍续》精九九—五八），本书是否智𫖮之作，还是疑问。

综上所述，智𫖮的著作，据《佛祖统纪》卷二五（《大正》

四九一二五八C）有：一百四十卷（其中缺本，四十一卷），又《大唐内典录》载（《大正》五五一三三二A）还有《如来寿量义》等若干卷，但笔者的身边缺乏是项资料，能查得出的，唯有这三十五部一百三十六卷而已！

本段参考书：

《天台教学史》七二一八九页

六、智𫖮思想对于后代佛教的影响

智𫖮的晚年，虽着力于弘扬《法华经》、《维摩经》，但其一生，对于实践止观的修持也极重视，已如上述。因为了达教理之后，必须要实践止观的坐禅才能证道。智𫖮这种教观双备的教学，后来，深深的影响到三论宗、华严宗、禅宗、净土宗等，但现在限于篇幅，唯能略述于次：

1. 智𫖮对于唐代佛教的影响

智𫖮的止观法门，如四种三昧、十乘观法，尤其是二十五方便，乃是学习坐禅不可缺的准备事项。再说，在实践坐禅的进修过程上，四种三昧是行仪上最重要的条件，又对于心理内容，即依十乘观法而可分析为十境，更是修习禅定不可缺少的条件，否则容易堕落于盲目的暗证，或是走火入魔的危险！故凡是禅宗的初学者，必须先详细研究有关二十五方便的《修习止观坐禅法要》(《大正》四六—四六二）为修习坐禅的枢要。

所谓《修习止观坐禅法要》，略为《天台小止观》，其二十五方便的部分，已早在公元一八七〇年，英译纳入 *Catena of Chinese Buddhist Scriptures*，更至一九五一年，《天台小止观》的全卷，竟译成法国文，标题 *Dhyāna pour les débutants*（*Traité Sup la méditation*)《为初心者的坐禅——止观概论》的单行本，在巴黎出版，这已证明智𫖮的《天台小止观》已被国际学习禅者们注意（参照日本《天台止观之研究》九九页，关口真大著，一九六九年岩波书店)。

智𫖮的《小止观》，更在唐朝时代，已被道宣（五九六—六六七年)、韩国元晓（六一七年生)、贤首法藏（六四三—七一二年)、善导（六六二年寂)、法进（七〇九—七七八年）等大师所引用，尤其禅宗四代祖的道信（五八〇—六五一年）著《楞伽师资记》的坐禅法，及圭峰宗密（七八〇—八四一年）著《坐禅仪》等，都是承袭智𫖮《小止观》为基础而增减的改编而已！

再说，由敦煌发现的《证心论》，依现代学者的研究，证明为禅宗五祖弘忍禅师所著，但弘忍（六〇二—六七五年）是智𫖮（五三八—五九七年）圆寂后才出生的，是以其《证心论》的内容，和智𫖮的《观心论》颇相近似的事实，这还可证明智𫖮的思想影响禅宗的深入了！

又禅宗的神秀（七〇六年寂）所著《观心论》又名《达摩大师破相论》，其内容，竟整然是以智𫖮的"天台止观"的诸法门之观心法为依据，这诚然是禅宗思想史上，值得注目的大事！

再说，永嘉玄觉（六六五—七一三年)，虽是禅宗的名匠，但其所著《禅宗永嘉集》的内容，多是以天台学为主体的学说（参照《天台止观之研究》二三〇页)。

又《宋高僧传》第三（《大正》二〇—七二一 C）飞锡禅师，即以天台法门的“一心三观”为弘扬修禅的基本依据。同书卷十四（《大正》五〇—七九六 B）法慎禅师即强调：“天台止观，包一切经义，……色空两亡，定慧双照，不可得而称也！”

创立华严宗的法藏（六四三—七一二年）大师，对于经典的整理方法，也曾立五教之说，即一小乘教、二初教、三终教、四顿教、五圆教。这是秉承智𫖮的化法四教，加上“顿教”，而成为五教而已！换言之，华严宗的小乘教，即是天台的藏教，第二的始教，包括“空始教”和“相始教”，“空始教”即相当于天台通教，“相始教”是行布历别，乃属天台的别教，“终教”是依“如来藏性”生诸法，这和天台别教的“依一法，显戒定慧之三学”相似，“顿教”是显真相而不融通相，所以相始教、终教、顿教，都属天台的别教。是以历代的华严学者们，都承认五教是受智𫖮四教的影响，确是事实（参照《华严教学之研究》二三八页，坂木幸男博士著，释慧岳译，中华佛教文献编撰社）。

智𫖮的教观双美的教学思想，竟远播及于日本，故在唐代的日本僧侣，如至我国参学，多是以学习天台教观为主体，其中最著名的是：传教最澄（七六七—八二二年），曾于唐贞元二十一年（八〇八年），在天台宗第十代祖师道邃大师座下，学习天台教观，并授大乘菩萨大戒，且学成归国的同时，要求我国官方证明，故当时的台州刺史陆淳，承道邃之请，而予以印证云（《大正》四九—一九〇 A）：

日僧最澄阇黎，身虽异域，性实同源，明敏之姿，道俗所敬，观光于上国，复传教于名贤，邃公法师，总万法于一心，了殊涂于三观，而最澄亲承秘密，不外筌蹄，犹虑他方学者，未能信受其说，所请印记，安可不从。

最澄东归后，遂于京都比叡山，创立日本天台宗大本山——延历寺，敬尊智𫖮为高祖，道邃为开基祖师。

在唐代还有韩国法融、理应、纯英等诸人，都是来我国学习天台教观的。

智𫖮的教观双美教学，在唐时代，已成为凡是研究佛法者，必须先要学习天台理论的途径，故律宗的南山、相部、东塔，尤其鉴真（六八七—七六三年，传戒于日本的祖师）、严峻（七一一—七六九年）律师，或北宗禅的第七代祖师普寂（六五一—七三九年），及临济宗的高僧怀让禅师，或密宗的一行（六八三—七二七年）阿阇黎，或净土宗的承远（七一二—八〇二年）、法照（七四七—一八二一）、守直（六六八—七三八年）等上人，都是以天台教观为修持的基本（参照《天台教学史》二〇七页）。

更有趣的是道教典籍——《道藏》六八九（《云笈七签》五九以下）所载："王真人气诀，幻真先生服内元气诀法、神仙绝谷食气法"等的呼吸调息法，都和智𫖮的《小止观》"二十五方便"相似的地方很多。尤其道教修练中心的存三守一、观身守一的修炼法，更是很明显的受"天台止观"的影响（参照《天台止观之研究》一〇七页）。

本段参考书：

《天台教学史》二〇六—二二六页

2. 智𫖮对于宋代佛教的影响

我国宋代的佛教，虽是禅宗最盛的时期，但智𫖮的天台教学，却也未被当时的各宗学者们所摈弃，认为研究佛教，天台学乃是非通达不可缺少的对象！尤其禅宗的名匠，永明延寿禅师著《万善同归》、《宗镜录》等，都曾强调"禅、净法门"与"天台止观"的思想一致。

在智𫖮思想中的实践门，注重止观的禅学之外，还有四种三昧，其中的“常行三昧法”，即修持称念弥陀圣号，愿从娑婆往生到极乐世界为旨趣。所以，宋代的天台宗徒，多以观行配置实践念佛，诚是特色的禅净双修法门，如遵式（九六四——〇三二年）大师，即教弘天台，志行在西方，且以将天台教观，作为修持净土法门的枢要，所著《往生净土决疑行愿二门》（《大正》四七——四四）：即以强调观行为主旨，而不谈他佛，亦无一字说弥陀，主张：净土之弥陀，则一历耳根，便种大乘成佛的种子，这是以教观实践念佛，即圆教一佛乘，符合智𫖮思想的一念具三千的圆成妙法。

又元照（一〇四八——一一一六年）律师，也依天台教观而提倡唯心净土，主张娑婆入道以观心为主，净土往生以观佛为要，故念弥陀非念心外之他佛，强调顿乃心性之说，虽云十万亿里外之极乐国，实际乃是不离自己心中，这是承遵式之说，而发挥智𫖮《摩诃止观》一念三千论的影响而来的。

上举是属智𫖮思想对他宗派的影响，但对于自己的宗徒们，在宋代也大受影响，最初是对智𫖮著《金光明经玄义》的观心文，晤恩（九一二—九八六年）发生疑问起，曾经前后对抗了四十余年的同门异流论争！

第一：因为智𫖮著《金光明玄义》，流传至宋代时，竟变成为广略两本，晤恩著《金光明玄义发挥记》，坚持主张略本才是智𫖮的真思想，但，义通（九二七—九八八年）却主张广本才是智𫖮的真思想，因而著《金光明玄义赞释》、《金光明文句备急钞》，为之抗辩，知礼（九六〇——〇二八年）也著《释难扶宗记》强调广本真撰说的主张，以辅助义通之说，来相对抗。庆昭（九六三——〇一七年）、智圆（九七六——〇二二年）也合著《辩讹》予以反击等，形成以智𫖮思想为研究中心的趋势。

第二：源清（—九九七年）著《十不二门示珠指》，又曾强调：智𫖮是主张“真心观”，但知礼所著《十不二门指要钞》却主张：“妄心观，两重能所，理具事造，别理随缘”才是智𫖮的根本思想。

第三：孤山智圆（九七六——〇二二年）所著的《阐义钞》，论述“理毒性恶之说”，曾引智𫖮的《请观音疏》（《大正》三九—九六八A）为证，但是，知礼却又批评智圆的所说，尚未达到智𫖮思想的境界！

第四：知礼著《观经疏妙宗钞》，主张“色心双具”说，即“心法，色法”，都具有智𫖮所谓的“一念三千”的旨趣，但在咸润却反对“色法不具三千，唯心法中的色法才具三千，而单独的色法，绝不具有三千”。

本段参考书：

《天台教学史》二五三—二五六页

3. 智𫖮对于元、明、清、民国佛教的影响

我国自南宋以降，因受世相不安的状态下，佛教的各宗也就大受影响，佛教徒都无心于精微的教义研究，唯倾向于不立文字的禅宗，或一句弥陀的净土宗，故智𫖮创立的天台宗也随世态而衰微，是以自南宋至清末六百年间的天台教徒们，唯能保持寺院而维持智𫖮思想之不坠的批注学而已，迄未有新的发挥。

只有元朝的怀则却忠心耿耿地继承智𫖮的思想，而著《天台传佛心印记》（《大正》四六—九三四），以天台教学而解释净土思想。尤其和怀则同门的性澄（一二六五——三四二年），更以西藏的密教，配置于天台学的体系中，展开中国台密的新趋势，这在天台教学史上，乃是别树一帜的新作风。

至明朝的传灯（一五五四——六二七年）大师，却又强调天台

教学，乃是佛教哲学中，最具组织而整然的根本论理，且将其他各宗的教义，都摄入于天台宗之中，实在是值得钦佩的！

又清初的智旭（一五五九——一六五五年）大师，虽然不是天台宗的教徒，但他却是极力弘扬天台教学的名匠。他强调唯识学与天台学，只是性与相的论法不同，犹如波与水，乃事与理的相对说而已！

自从智旭圆寂后的二百五十年间（一六六〇——一八九〇年），却被蒙古传来的红衣喇嘛，占了整个的中国佛教势力，故原来的佛教寺院，只能维持命脉于不断而已！尤其是民国前的道光二十三年（一八四三年），洪秀全打着耶教的旗帜造反，更将寺院破坏，僧侣残杀，佛教经典及佛像被烧毁，佛教几乎陷于被消灭的惨状！

幸得杨仁山（一八三八——一九一一年）居士于民国前三十四年（一八七七年）出使英国时，会晤日僧南条文雄，得他的协助，由日本请回佛典二千余卷，且于民国前二十一年（一八九〇年），在南京设立“金陵刻经处”，又于民国前四年（一九〇八年），创立“只洹精舍”培育僧才，为充实佛教复兴而努力！至民国，获得国父及蒋中正总统的护持，宗教自由，并太虚（一八八九——一九四七年）大师的派遣学僧到日本、锡兰、西藏等地留学，故民国以来的佛教才恢复起来！

至于天台宗，是谛闲（一八五八——一九三二年）大师，于一九一九年，创立“观宗学社”，将智𫖮的思想传承而显扬，遂得将天台学的人才发掘出来，只说香港，共有三百余处的寺院中，其大半即属天台宗。台湾于一九四一年，斌宗上人创立法源寺于新竹为肇始，已有五、六个道场。至于美国等地，都有天台宗的道场，这是证明智𫖮思想，虽经一千四百多年的历程而不衰歇的现象。

但传至日本的智𫖮思想，自最澄（七六七—八二二年）创立比叡山延历寺以来，将智𫖮的天台学发挥到了极致，拥有大学（大正大学、叡山短期大学），及止观院数百之设立，人才辈出，分寺遍于日本全国，且自二十世纪以来，派遣传教使于美国、欧洲等地，弘扬智𫖮的天台教学，期使欧美人士，能早日得到智𫖮之人生哲学的实践受用，由文字般若，而深入止观三昧，以达到安身立命的境界，则人类幸甚！

本段参考书：

《天台教学史》二九三—三五九页

参考书目

《妙法莲华经》，《大藏经》精第九卷，台北，新文丰影印，一九七四年。

《大品般若经》，《大藏经》精第八卷，台北，新文丰影印，一九七四年。

《大般涅槃经》，《大藏经》精第十二卷，台北，新文丰影印，一九七四年。

《菩萨本业璎珞经》，《大藏经》精第二十四卷，台北，新文丰影印，一九七四年。

《大智度论》，《大藏经》精第二十五卷，台北，新文丰影印，一九七四年。

《法华玄义》，《大藏经》精第三十三卷，台北，新文丰影印，一九七四年。

《法华文句》,《大藏经》精第三十四卷，台北，新文丰影印，一九七四年。
《天台宗要论丛书》,《大藏经》精第四十六卷全，台北，新文丰影印，一九七四年。
《维摩经玄疏》,《卍续》精二十七、八卷，一九七二年中国佛教会影印。
《谛闲大师遗集》，台北，佛教出版社影印，一九七四年。
《宝静大师全集》，台北，佛教出版社影印，一九七五年。
《斌宗大师遗集》，台北，碧潭法济寺印行，一九六〇年。
《教观纲宗科释》，民国静修著，一九七一年台湾新营妙法寺佛经流通处印行。
《教观诠要》，民国太虚著，中佛会影印，《太虚全集》第三十册一二七六五页，一九七二年。
《天台教学史》，慧岳编著，中国佛教文献编撰社，一九七四年。

吉藏

李世杰　著

目　录

一、吉藏在中国佛教史上的地位

“空”的思想，是大乘佛教的基本原理，同时也是整个佛教的共同立场；佛教思想与外教思想最大的不同点之一，即是在空，因此，了解“空”，就能了解佛教的奥义所在。

在佛教里对于空的解说，有种种不同的看法与表达的方式：原始佛教由“无我”而表示“空”的思想，部派佛教由“人无我”或“灭谛”（消灭了烦恼的境界）表达“空”的道理，龙树（Nāgārjuna）以“无自性”（无实体）或“中道实相”说明空观思想的内容，无著（Asanga）依“境识俱泯”（客观世界与主观的心识均空）显示“空”的境界，这些，都是空的正统看法与解说（但除小乘“说一切有部”）。

佛教传入了中国，在西晋及东晋初期，空观思想因受了老庄思想的影响，而演变了所谓“格义的佛教”。格义佛教即是用老庄思想而来解释佛教的思想（尤其是对空的解释）。最初发觉格义佛教的不对，而主张佛教自觉运动（以佛教而解释佛教）的人，是东晋的释道安。后来，鸠摩罗什（Kumārajiva）东来，传译了三论（《中论》、《十二门论》、《百论》）及《大品般若》等经论以后，印度的正统空观才输入了中国，而释道安的正确看法也才被证明。罗什以后，僧肇等人的著作问世，更上一层地宣扬了空观的深义，不过，这一时期所宣扬的三论空观思想，仍有一些问题存在，例如：“二谛论”（二谛是真谛与俗谛，真谛是本体界的理体，俗谛是现象界的事象）及“中道论”等问题，似乎仍然都未能合乎龙树的本意和佛教的根本意趣，所以鸠摩罗什到僧朗为止的三论传统，叫做古三论；而到了嘉祥吉藏大师阐明三论的奥义，大成了三论空宗而叫做新三论。吉藏在中国佛教思想史上的功绩，就是奠定了中国空观思想的基础，他的著作《三论玄义》、《大乘玄论》、《二谛章》等，是千古不朽的三论宗宝典，同时也是中国佛教思想史上的名著。天台、华严、禅等纯中国式的佛教宗派，其根本思想，都建立在空观上。

由此可知，吉藏是从“空”的观点，而建立了中国佛教思想基础的高僧，他一方面纠正了两晋南北朝时代佛教空观的误谬，另一面是奠定了一千年来的中国佛教的思想基础，这是他在佛教史上的特点之一。

其次，再从吉藏的思想背景来说，吉藏综合了两晋南北朝时代的各系佛教思想（例如般若、法华、华严、胜鬘、维摩、涅槃、三论等），而以那些思想为阶段，发现了佛教一贯的妙理，写下了他的五十种著作。在这些著作里，叙述两晋南北朝时代各系佛教思想的内容以及各种经论的玄要，所以要研究两晋南北朝佛教的思想，吉藏的著作是具有丰富史料（学派史及思想史）的价值，研究中国佛教的人，非读吉藏的著作不可的理由，即在此。两晋南北朝时代，是中国佛教的吸收消化时期，而隋唐时代是中国佛教的开花结果时期，而在开花时期的先头人物之一的便是吉藏。智者大师（智𫖮）与吉藏虽是前后同一时代的人，但在思想史上（教义上），应该以吉藏的空观思想为先，尔后才有天台三谛圆融思想的基础（三谛是真俗二谛再加上中谛的，而三谛是相即一体，故云三谛圆融）。智𫖮以法华为中心，统一了两晋南北朝的佛教思想；而吉藏却以三论（空）为中心，统一了两晋南北朝时代的佛教思想。智𫖮以五时八教判释佛陀的一代时教；但吉藏并不重视教相形式，所以他以“无判”为判，不过他也不反对判教（判教是佛陀一代时教的分类的意思）。三论宗虽是由吉藏而大成的空宗，但其宗旨，可为各宗派思想的基础，因此从思想史上来说，即使三论宗的传承中断，而三论的思想是永远存在的。建立这一思想出现在中国佛教开花时期的先头人物是吉藏，这是吉藏在中国佛教史上的特点之二。

第三，吉藏是两晋南北朝佛教各系思想的大批评家。他破斥印度外道，批评格义佛教系统的三无义及三宗义，破毘昙（小乘说一切有部派）的执有，又破成实宗的执无，把梁代极其兴盛而被认为是大乘的成实论降级为小乘论，又破成实家及当时大乘师二谛论的各种异说，并且也破当时摄论、涅槃等大乘师的有所得之说，彻底地把当时（南北朝）佛学家的实体观念破除，提醒佛学界的反省，把无限深刻的空观思想奥义吹进了当时的教界，显示佛教的中心思想，因为他是一位博学而伟大的思想家，所以才能如此广泛地批评南北朝时代的佛教思想潮流。他成长在南北朝晚期，受了各派佛教义理的熏陶之后，终于能够把当时的思想，一一加以批评，革新教界，大成三论空宗，所以他是一位大思想家大批评家。关于他破斥各派思想的内容，下文再作分段叙述。

二、吉藏的传记

研究吉藏的传记，最可靠而原始的资料，是唐代道宣写的《续高僧传》。道宣的前半生正好与吉藏的后半生同时，时代非常接近，所以道宣对吉藏的记载，在大体上说，是相当可靠的。

据《续高僧传》卷十一（《大正藏》第五十卷五一三页以下）记述：吉藏俗姓安氏，他的祖先是安息国（波斯，即现在伊朗）人，所以吉藏应该是有着伊朗民族的血统，传记说他“貌像西梵，言寔东华”，因此他的容貌，似乎有西域人的样子。吉藏的祖先，在安息国内，因躲避仇人而移居到南海，在交州、广州一带地区居住，后来才辗转迁居到金陵。所以吉藏的祖先，是在几代以前，由南方海路，移民到中国及安南边境居住，而等迁居到南京以后，吉藏才出生。

要了解吉藏的幼年，先从他的命名因缘说起，这是梁元帝承圣元年的事（公元五五二年），印度高僧真谛三藏，早在几年之前，就从广州起程，想到当时的京师建业（南京）来，但因其时发生了侯景之乱，真谛便逗留在苏、杭一带地方。未几侯景占据京师迎接真谛到台城住着，但是这一年的三月间，侯景失败，仓皇逃去，建业渐渐安定下来，梁元帝便将真谛接到京内，安住在金陵的正观寺里。有一天，有一位姓安的居士带来了一个四岁的小孩，求见真谛三藏，真谛接见安氏父子，并且问起小孩的名字，安居士说：“还没有替他起名字，就请法师为他命名吧。”真谛问小孩说：“你最喜欢什么？”小孩答说：“我最喜欢到吉祥而安乐的地方藏起来。”真谛说：“好吧，我就替你起名叫‘吉藏’吧！”从这一天起，那安家的小孩子，便叫做“吉藏”，他就是本文所叙述的主人翁。

吉藏的父亲，自从与真谛会面之后，得到了开示，在梁元帝承圣二三年（五五三—五五四年）间，在南京兴皇寺出家，法号名“道谅”。当时兴皇寺的教授和尚是“道朗”——即是法朗，因此，道朗与道谅可能是同辈师兄弟。道谅是笃行的僧人，而吉藏却是一个好静而聪明的孩子。所以到了七岁时，也就是梁敬帝泰始元年（五五九年），也在建业的兴皇寺正式出家。

关于道朗之事迹，据传说他是玄始十年（四二一年）写《涅槃经序》，又在永和五年（四三七年），浮陀跋摩翻译《毘婆沙论》时，他是考正义文的人，世称他为河西道朗，所以他与兴皇寺应该无关，年代也不一致。后来的数据，多单称为“朗法师”，而佛教史上道朗、僧朗、法朗常被混同，各种僧传的记载，常犯这种错误。据《续高僧传》卷七看，住在兴皇寺的高僧（三论高僧）法朗，其年代是公元五〇七到五八一年间（《大正藏》五〇—四七七），所以如果依据史学者的考证，这个时候的道朗应该是法朗的误写。吉藏如果是七岁时投入其门下，那么当时法朗应该是四十九岁。僧传记载法朗在永定二年（五五八年）奉敕住兴皇寺，那么吉藏投入他的门下应该是更以后的事，所以吉藏的七岁入门之说很难成立，或者七是十一的误写也说不定，这是《续高僧传》本身所显示的矛盾。

吉藏七岁住入兴皇寺，到陈宣帝太建十三年（五八一年），法朗入灭时为止，整整是二十六年的时间。以他的聪明，再经过朗师多年的教授，专心致志于佛学，当然是大有成就的。他十几岁的时候，就懂得三论的义理，他的《百论疏》中说："余年十四翫之，登弱冠于寺覆述。"从这两句话里，可证明他少年时聪明之一斑（见《大正藏》四二卷二三二页上）。他研究佛学的进度很快，到了十九岁，就能处众覆述各种经论的义理，秀才之名很高。

陈代临海王光大二年（五六八年），吉藏二十岁，按照佛门的仪规，二十岁便须受具足大戒，于是，吉藏在这一年受了具足戒。从此以后，吉藏的声誉一天一天地增高，倾慕他的人士也一天一天的多。有一天，陈朝的桂阳王，到兴皇寺来拜访吉藏，并且请教三论的义旨。吉藏以庄严的仪态，为王讲述破邪显正、真俗二谛、八不中道等三论的奥义，王听了非常佩服，结果使王信奉佛法，而且奉献了很多礼物供养吉藏。

吉藏的学业，不断地与日俱增，在不知不觉中，他在兴皇寺已住了二十多年。到隋文帝开皇十年，他才离寺他去。其时法朗已经圆寂，法朗是圆寂在陈宣帝大建十三年（五八一年），吉藏承受了法朗的衣钵，成为三论宗法统的继承人，而为一代宗师。

法朗圆寂的当年，吉藏尚不过三十三四岁，过了几年，大约是吉藏四十一岁的时候，陈朝亡了，隋文帝杨坚统一了全国。隋文帝开皇十年（五九〇年），也即是吉藏四十一岁的时候，离开兴皇寺。首先东游秦望（即秦邮，在今江苏省），再到禹穴（会稽），到了禹穴时而住持了会稽山的嘉祥寺。吉藏住持嘉祥寺，大约有十年时间，他好像随着隋朝统一全国的国运似的，他的声誉也普及了全国。当时的人为了尊敬他，都称他为"嘉祥"，嘉祥大师的称呼，即由此而起。据道宣的《续高僧传》说，吉藏抵达嘉祥寺之后，其时"禹穴成市，问道千余"，真是所谓人杰而地灵。

吉藏住持嘉祥寺是四十一岁（五八九年），其后大约有十年之间（至五十二岁左右），他的学业完全成熟，他的著作大概就从这段时期开始的，这是他的黄金时期。

到了隋文帝开皇二十年（六〇〇年），杨广（炀帝）晋封为晋王，他在全国建筑了四个大道场，来安置全国释、老二教的徒众，其中有一个慧日寺，是安置佛教徒的。有一天杨广问他的僚属说："慧日寺的住持应该请谁来担任？"他的僚属乃推举了会稽山嘉祥寺的吉藏法师，于是杨广便礼请吉藏来住持慧日寺。吉藏为了要把三论弘传于江北，便接受了杨广的邀请而住持慧日寺。杨广很恭敬吉藏，因此慧日寺的一切开支，都由国家支付，同时，杨广又在长安附近，再建一所大寺，叫做日严寺，也请吉藏住持。三论宗的宗典《三论玄义》，就是他住持慧日寺时撰写的。

吉藏住持日严寺的时候，在京师中，有一个名叫昙献的禅师，他因住持的寺宇太小，于是便想出一个办法，邀请吉藏到该寺讲三论，而乘机募化建寺的经费。吉藏为度众生起见，就答应赴讲，开讲之后，听众一天一天地增加，数日之后，听众万余，而所施的财物，堆集得非常之多，但是吉藏私人并不取一钱一物，全部交给昙献法师，以修建寺宇及济贫之用。吉藏做如此的事情，不止一次。在隋文帝仁寿年间（六〇一——六〇四年），曲池地方，有人发心要建造一座大佛像，在计划中，佛像高十余丈，单是佛像下面的金刚宝座，就有一丈多高，可是那位发心建像的人，仅只将金刚座建好，就无能力再继续进行工事了。吉藏知道了这件事，便亲自到了曲池，而住进了那未完成的大佛像的金刚座下，他住了十多天，所有附近州邑的人，便带了很多金钱来，奉献给吉藏，吉藏用这些钱，将那座大佛像，依照计划施工建造，不久就全部完成了。因此吉藏所做的事，是无所不成的，可见其号召力量之大。

吉藏的声名虽高，但是魔障也随之而来，那即是有人说他"爱狎风流，不拘检束"齐王杨暕听了这个消息，想要考验考验他，于是择定了一日，邀集京师著名的文人学士六十余人，开一个讨论会，而指定吉藏为论主。辩论开始，经过了几次激烈的论战之后，六十多名文士渐渐呈现着披靡之形势，而吉藏却念着一篇非常流利的骈体文章说："以有怯之心，登无畏之座，用木讷之口，释解颐之谈……"一连诵出了几百句之多，见文章之美妙，信手拈来，不作思索，随口而出。齐王终于佩服他的才智，赞叹不已。可是辩论会正该结束时，又来了一个大论敌，就是很有名的"僧粲"，他自称为三国论师（陈、北周、隋三个朝廷之论师），独霸三国论坛。僧粲首先提出了一个相当困难的问题，但吉藏"对引风激，注赡滔然"，使得大家觉得奇怪，连僧粲本人也惊异不置。可是，僧粲并不放手，一连问到了四十多个问题，但却没有一个问题能难得了吉藏，讨论会结束，最后的胜利终归于吉藏，齐王杨暕亲自跪下，归依三宝，礼请吉藏为师，并且将吉祥的拂尘及诸衣物，供养吉藏。据《僧粲传》看，这个讨论会是在大业五年（六〇九年），也即是吉藏六十一岁的时候举行的（《大正藏》五〇—五〇〇下）。

从隋炀帝大业元年（六〇五年）起，吉藏便开始抄写《法华经》（约在吉藏五十六七岁的时候），一直写到大业十二年（六一六年），在这十二年之中，他竟写成了两千部《法华经》。后来，隋朝告终，到了唐高祖（李渊）武德元年（六一八年）间，吉藏每天的功课是著作和拜忏，他造二十五尊佛像，舍房安置，自处卑室，天天礼拜，另外又安置普贤菩萨像，对之坐禅，以观实相之理（真理），同时又造了两千尊大佛像，以备世人迎请供养。

到了唐高祖武德二、三年（六一九—六二〇年）之间，此时吉藏已有七十一二岁了，唐高祖要召见天下的高僧大德，以咨询佛教的义理。于是，京师内的大德高僧们，一致推举吉藏去对答诏问。那是在长安的虔化门外，举行一次谒见典礼，吉藏答对唐高祖的诏问，写了一篇很好的奏对，其中有几句是："唯四民涂炭，乘时极溺，道俗庆赖，仰泽穹旻。"高祖看了吉藏的奏对，非常高兴，立即召见他，对谈很久，不知不觉，说到了傍晚时分，最后高祖赐赏他奖状。

当时是纷乱的南北朝结束了不久的时候，全国地区难免有腐旧恶势力存在，所以唐高祖在全国僧众中，选择了十位高僧大德，以统治僧人，吉藏便是其中的一位。

稍后，皇子元吉晋封为齐王，他对于吉藏也是礼遇特隆，并且特别为吉藏建造一所寺院，名为延兴寺，延请吉藏去住持。

从此以后，吉藏因其年岁老迈，体力逐渐衰弱，屡增疾苦，唐高祖时常派遣宫中御医，来为吉藏诊治，仍然无效。疾病缠绵有三年之久。有一天，吉藏说："今年的五月间，我便要入灭了。"弟子们听了非常悲痛，吉藏说："死有什么好怕，只有生才是可怕，有生必有死，无生即无死……"吉藏为弟子们解说着生死的道理。过了不久，吉藏口述，由弟子笔记，写了一篇辞世的遗表六十个字，向皇帝告辞，其内容是：感谢唐高祖皇帝对于他的爱护，常常赐给他药物，他自己对于国家和君主之关切，而不觉竟是悲恋之至，希望唐高祖皇帝能够久住世间，以救苍生，最后更希望太子及太子妃，要他们担负弘扬佛法的责任。

唐高祖武德六年（六二三年），五月间的某一天，他清晨起来，叫弟子慧朗拿盆温水，沐浴更衣，令侍者烧香，称念佛号，及于斋时，写了一短篇不应怖死论，搁笔奄然而化，春秋七十有五。

吉藏圆寂之后，因为早有遗命，他的遗体，不用棺椁装殓，也不要入土埋葬，而是坐在那预备好的木制座龛内的。吉藏灭度后，唐高祖皇帝立即下诏优恤，并曾敕令于终南山凿石安置，东宫以下诸王公等也都致书慰言，赠赐钱帛，太宗皇帝初为秦王时，也很崇礼吉藏，所以也亲自写一封吊唁，赞叹吉藏之伟大人格及其德化。慧朗将他的遗体移至终南山玉相寺（依敕令而作），凿石埋于北岩。

吉藏一生曾讲三论一百多遍，讲《法华经》三百多遍，讲《大品般若经》、《大智度论》、《华严经》、《维摩经》各数十遍，同时，对于这些经论，都著有玄疏，盛行于世。他在命终时所制《死不怖论》的意思是这样的："略举十门，以为自慰，夫含齿戴发，莫不爱生而畏死，不体会之故也。夫'死'由'生'而来，宜畏于'生'，吾若不生，何由有死？见其初生，即知终死，宜应泣生，不应怖死。"这真是千古的真理。关于吉藏之著作，后文再作一节介绍。

以上所述，是根据道宣《续高僧传》所记吉藏的传记。不过关于其生灭年代，其他史料仍有不同之说，但是本文不涉及考证问题，只记述他的简单事迹如上。兹再列其简单年表如下：

（公元）	（年龄）	（记事）
五四九（梁太清三年）	一岁	生于金陵由真谛命名为吉藏
五五五（梁绍泰元年）	七岁	出家
五五七（陈永定元年）	九岁	（梁亡，陈兴）
五六九（陈太建元年）	二十一岁	受具足戒
五八九（隋开皇九年）	四十一岁	（陈亡）
五九一（隋开皇十一年）	四十三岁	住嘉祥寺住慧日寺
五九七（隋开皇十七年）	四十九岁	奉疏于智者大师
五九八（隋开皇十八年）	五十岁	入长安日严寺（一说为翌年）
六〇一（隋仁寿元年）	五十三岁	
六〇五（隋大业元年）	五十七岁	
六〇九（隋大业五年）	六十一岁	与僧粲讨论
六一八（唐武德元年）	七十岁	住实际寺
六一九（唐武德二年）	七十一岁	住会昌寺

六二〇（唐武德三年）	七十二岁	被选为十大德之一
六二三（唐武德六年）	七十五岁	于实际寺（延兴寺？）入灭

上面的年表，是金仓圆照博士以《续高僧传》为基础，并参考其他数据所写成的（见其《三论玄义译注》二〇一——二〇三页，日本昭和十八年十一月，岩波书店出版），所以内容与本文所载年代稍有不同，现在只为读者的参考而附记加上，所以一切考证从略。

三、吉藏的佛教分类观

站在佛教某一部经论的立场，将佛陀所说一代的教法，作一浅深的次第，来划分佛陀一代时教的教相，这叫做“判教”（判释教相的意思）。有了判教之后，成立某一经或某一论为最优越，来主张自宗的殊胜，建立一个教派的（包括其教义、实修及传统），这叫做立宗，而判教是立宗的前提。

关于佛教的判教问题，基本上有两种看法，一种是认为不须有判教的设施，即不必分别诸经类别，不须建立教相浅深优劣，而把各种佛法，归宿于同一至理即可，菩提流支（Bodhiruci）的一音教（佛陀一音并陈，备小乘及大乘）及三论宗的判教即属于此类的看法。另一种是认为需要将佛陀各种教法加以分类，并须建立浅深优劣之次第，以建立各自之宗旨为一宗，例如法相宗的三时教，天台的五时八教判，华严的五教十宗判等，均属于此类的看法。兹列表解如下：

- 判教
  - 不立判教
    - 一音教
      - 菩提流支＝一音中备大小乘
      - 鸠摩罗什＝佛为除众病，唯说无所得一法
      - （出于清凉之华严玄论）
    - 三论教
  - 立判教
    - 法相宗＝三时教
    - 天台宗＝五时八教判
    - 华严宗＝五教十宗判
    - 其他＝化制二教判等

吉藏在他的《大乘玄论》第四卷里说："诸大乘经，都是为要显道而说的，'道'既无二，教有什么不同呢？但是'入'有多门，所以有诸部的差别。"他又在《三论玄义》里说："大小乘经，同明一道，以'无得'正观为宗。"无所得是佛教诸宗的精要，并不是三论宗的专有，所以三论宗即使不存在，无所得的宗旨还是存在的，但是三论宗以无所得为宗旨，所以佛教各宗，都有三论宗的一面，从这一点看，无论大小乘，都有三论宗的要素存在，这因为破邪显正是佛教各宗的共同点。由此可知，无所得是佛教的大根本，亦即是"无我"为佛教的根本精神，佛教与外道之根本不同，也就在此——"无我"（无所得）。

如就法门体看，诸经同一，并无优劣可谈，但在应病与药方面看，即有诸经诸论各种的不同，这是度众生的方法的不同，并不是"法"的本身有所高下的区别。因此而有各宗判教的意义存在。于是三论宗（即吉藏）也建立了二藏三轮的判教，以为方便。

在显道方便上，可分"声闻藏"及"菩萨藏"二藏。声闻是自

利的圣者，菩萨是判他的大人格。缘觉（知缘起法的独悟者）及佛（自觉觉他圆满大人格者）不禀教，所以唯由禀教之声闻、菩萨而分二藏（二类之法）。声闻藏是小乘藏，菩萨藏是大乘藏，前者是“半字”（小乘法义未圆满，只是一半），后者是“满字”（圆满之法义）。声闻、菩萨从人立名，大小乘从“法”立名，半、满字从“义”立名（以上出于吉藏的《净名玄论》第七）。兹再表解如下：

二藏
- 声闻藏（人）——小乘（法）——半字（义）（不了义）
- 菩萨藏（人）——大乘（法）——满字（义）（了义）

二藏的经证，是依《大品般若经》、《法华经》和《涅槃经》；论证是以《大智度论》、《地持论》和《正观论》（《三论玄义》所说）为依据。使用这经论二证的二藏判的人，是吉藏承自兴皇的“僧诠”和摄岭的“法朗”的，但最初使用这二藏及半、满之判教的人，是“菩提流支”。

三轮是“三转法轮”，即“根本法轮”（华严）、“枝末法轮”（阿含等经）和“摄末归本法轮”（法华）（出自《法华游意》）。初是一乘教（唯一佛乘之教），二是三乘教（声闻、缘觉、菩萨），三是会三归一（会三乘归一乘），表解如下：

三轮
- 根本法轮——华严——一乘教
- 枝末法轮——阿含等——三乘教
- 摄末归本法轮——法华——会三归一教

《般若》、《净名》诸经，也可说属于枝末法轮（在回入机看），但从直入机看，《般若》等经也有同根本法轮之义，而《涅槃经》是归宗，即归本教。

三论立宗，有“总”“别”二门，在总相门看：如来（佛陀）一代的说法，自从阿含至涅槃，唯说“毕竟空”之理而无余道，这叫做“一道清净”或“一相一味”，即如来一代圣教，所说皆是般若法。次从“别相门”看，一切教法，均依《法华》、《般若》二经，吉藏著《法华义疏》十二卷，以备为判释门，又著《法华玄论》十卷，以作判教门，并作《统略》六卷，以备为“观道门”，是其法华立宗。其次，吉藏在三论方面，著注疏三十一卷，以申“破”“显”实相，是其般若立宗。《法华》、《般若》二经均说“实相空理”，所以其法体无别，但在“机”上，有“直往”（《般若》）及“回入”（《法华》）二类，所以《般若》与《法华》二经有别，即《法华》是为了回入之机而再说著《般若》的，二藏三轮之判教，实由此般若立宗与法华立宗之差别而起，所以依《大品般若》而立二藏判教，依《法华经》而立三转法轮的判教。上面所说，可表解如下：

总别二门
- 总相门——一相一味，大小无别
- 别相门
  - 般若立宗——直往之机——二藏判——横
  - 法华立宗——回入之机——三轮判——竖

四、吉藏的破邪显正

破邪显正，是吉藏教义的中心所在。佛教各宗，都要破“有所得”之“见”（成见或执见），但诸宗，在破邪之外，而另立“显正”，例如：俱舍宗破“人法有我说”而立“人空法有说”，成实宗破“法体恒有说”而立“过去未来无体说”或“人法二空说”，法相宗破“外境实有说”而立“唯识无境说”，天台、华严破法相宗之“有为缘起说”及“五性各别说”而立“无为缘起说”及“一乘皆成佛说”等，都是如此。这样的破邪，因为能破者又另立一个自己的理论为正说，而其“正说”又会变成被破的对象，无异授人以柄，这犹如以药治病时，病虽因药而愈，但是药又发生了副作用的道理是一样的。所以别宗的破邪，往往反成为非真实的破邪，同时也成为非真实的显正，毕竟不过是一种戏论而已，这是三论宗的看法。

吉藏的破邪显正，与其他诸宗不同，他认为“破邪”即是“显正”，不需另立一个“正”的东西，这是继承印度龙树否定的宗旨的。“邪”是指“有所得”之“见”，而达到无所得之境即是破邪，邪破了即是显正，换句话说无所得即为显正。“正”是“正理”，即是诸法实相之理，诸法实相的正理是无所得的。

“正”有“体正”与“用正”二义，“体正”是实相之理体，所谓“理体”，理体应该是离诸情执、绝诸名字、言语道断、心行处灭，这就是无所得，所以不再显正。不过，为欲契合于“无所得”的理体起见，所以在无名相中，建立名相，而说“真俗二谛”，这是诠显“无所得”之理的“言教”，这真俗二谛的言教，叫做“用正”。关于用正的真俗二谛的问题，后文再作解说。

吉藏所破的对象，有四种，一是破外教（批评外教），二是破“毘昙”（小乘“有部”）之“执有”，三是破“成实宗”的“偏空”，四是破大乘“有所得”之执。关于这四破的内容，后文再分节叙述。

吉藏破内外大小乘，毫无依据可执，因为，我们的心，如有内外之执，情有“大”“小”可寄，则堕在偏邪而失于正理，若能冥灭大小内外，戏论即灭，正观则生，竟无轮回之苦可受，这是三论乃至整个佛教的旨归。不过，这里有一个问题，即是如果“是”“非”“邪”“正”都灭，何以建立篇章称为破邪显正？《三论玄义》解答说：有“非”有“是”，此则为邪，无“是”无“非”，乃名为正，所以命篇辨破邪显正。可是，既有“邪”可破，有“正”可显，岂不是心存取舍！何谓无依？答说：“为息于邪，强名为正，在邪既息，则正亦不留，故心无所著……”。如此说，岂不是堕落空见吗？不，《中论》说：“大圣说空法，为离诸见故，若复见有空，诸佛所不化”，如水能灭火，今水还出火，用什么能消灭它呢？断见（断灭，虚无之见）及常见（常住不变之我见）为火，空能灭之，假如再执着“空”即无药可灭。执着“空病”，是不能服“有药”的，因为服“有药”，又会滞于“有”。说“有”即“执有”，说“无”便“执无”，如此之流，无从教化，因其“心”有所“执”故。有“执”即不能解脱。

据《三论玄义》看，破显有四门，如下：

第一句＝破不收＝单破＝所说之理，如违佛教，就单破而不采用它。

第二句＝收不破＝单收＝所说之教，如能为入理之门者，皆收之而不舍。

第三句＝亦破亦收＝双亦＝能迷之一切情执，皆拂之而不取，所迷之教，如不违理，一切皆取之而不舍。

第四句＝不破不收＝双非＝本来真理是站在取舍之外的，所以是不破不收，站在不破不收之真理而破收，故其“破”是不破之破，其“收”亦为不收之收。

以上四句是《三论玄义》的破收，如据《大乘玄论》看，要达到“破无所舍”，“收无所取”，不破不收，无舍无取，才能熄灭诸“见”，所以三论的“破”是不破而破，释论的“收”是不收而收。上述四句，虽分配于外道小乘（第一句），三论（第二句），有所得大乘（第三句）和真理（第四句）四种情形，但吉藏的意思，可说是总谈破显凡有四门的意思，并不局限于专属的对配。总之，所谓单破、单收，只是方便上的一番方法，其究竟的意思，是在于：凡有情执者，不管是外道或佛说，皆所不取，而如能弃舍情执而能为入理之门者，不管外道或佛说，皆取之而不舍，这叫做不破之破，不收之收。所以佛法是应该合乎真理，离于情执的。

次就“显正”而言，“正”义虽多，略标二种，一明“人”方面的“正”（人正），二显“法”方面的“正”（法正）。从“人正”而言，当时群难竞起，有人怀疑“龙树”不是正师，但《楞伽经》说：“于我灭度后，南天大国（印度）中，有大心比丘，名龙树菩萨，住初欢喜地（菩萨修行阶段十地中之第一地），为人说大乘佛法，能破‘有’‘无’见，往生赡养国”。《摩诃摩耶经》里也说到阿难答摩耶说：“佛灭度后七百年，有一比丘，名曰龙树，善巧说法，燃正法炬，灭邪见幢”。由此可知，龙树的事，是佛有预言的，而“法胜”（“说一切有部”的学者）及“诃梨跋摩”，无经所印，所以要知道，龙树所说是正法，这叫做人正。

次就“法正”而言，《三论玄义》说：“我们的心，存有

‘内’‘外’之差别，我们的情执，有‘大’‘小’可寄托，那是堕落于偏邪，失于正理的。既失正理，则正观不生，若正观不生，则，‘断见’（执无）‘常见’（执有）之心不灭，若断常不灭，则恒轮回受苦。以‘内’‘外’并冥，‘大’‘小’俱寂，始名正理。悟此正理，则发生正观。正观若生，则戏论消灭，戏论消灭，则不受轮回之苦，三论大宗，其意如此”。该论（《三论玄义》）又云：“断见与常见寂灭的话，即能离开‘有’‘无’二边，并不是有‘有’，有‘无’，叫做‘有’，而无‘有’，无‘无’叫做‘无’，而是本对‘有’病，所以说‘无’，‘有’的病若除，‘空’药亦废，则知圣道，未曾‘有’‘无’。再说，并不是有‘两是’（是有，是无），也不是有‘两非’（非有、非无），而是本非‘二是’，故有双非，‘二是’既忘，‘双非’亦息，故知非‘是’，亦复非‘非’……夫有‘非’，有‘是’，此则为邪，无‘是’无‘非’，乃名为‘正’……为息于邪，强名为正。”由此可知本无可言的“正”的意思。

“正”有“体正”、“用正”二种，已如前述。非真非俗，诸法实相（万有本来的真理），言忘虑绝，名之为体：绝诸偏邪，名之为正，故言体正。所言用者，体绝名言，物无由悟（物无可悟之由），虽非“有”“无”，强说“真”“俗”，故名为“用”。此“真”之与“俗”，亦不偏邪，名之为正，故名“用正”。

因缘假有，名之为“俗”，但此假有，不是“定有”，不是“定无”，远离二边，故名为“正”，“俗有”既然如此，“真无”亦复如是，“假无”非定有非定无，远离二边，故名为正。

“正”有三种，如下：

正
- 对偏正＝对偏病，名之为正（对待于偏病之正）。
- 尽偏正＝尽净于偏，名之为正。
- 绝待正＝偏病既去，正亦不留。但不知何以美之，强叹为正。

五、吉藏批评外教

印度的外道（外教）有正统婆罗门教及反正统派的诸教，其类别繁多，但可总摄为四种：一是邪因邪果，二是无因有果，三是有因无果，四是无因无果。第一邪因邪果，吉藏在其《中论疏》里，举有八种，但在其《三论玄义》里，唯举大自在天一种，其余七种皆从省之。大自在天外道与梵天外道，犹似同一，犹似不同。自在天之思想，因时代的推移而有变换，最初是三目八臂，乘白马，持拂子之人格神，此神能造万物，万物若灭，归还本天（大自在天），此天若嗔，四生皆苦，此天若乐，六道咸乐。这个思想，后来变成吠檀多哲学。如据唯识论看，此天虽仍有人格之存在，但却有“实体”、“常住”、“遍满”、“能生诸法”四心，这是理体性的看法。但此自在天，亦有三身说，即：大自在天是“法身”（真理身），那罗延天是“报身”（圆满果报之人格），住在“色究竟天”之“梵天”是“化身”（教化生物类之应化身）云。

吉藏破此自在天之说云：天非物因，物非天果，凡物皆由其各类而生，如：人由人生，竹由竹生，一个“天”能生万物，有因果相违之失，故为邪因邪果。

《中论》举有八种邪因邪果，即是：第一是“和合生”，这是胜论派（Vaisesika）之见解，据胜论看，心物都是“实有”的，这“心”“物”与“我”和合时，即成个人的差别。第二是“由时生”，这是“时计外道”，即：春来万物生，秋来万物枯，万物皆由“时”之法则所支配而生。第三是“世性生”，这是“数论外道”之说。数论立二十五谛，由于叫做“冥性”的自体（Prakrti）而含其余二十三谛（万有），即：“神我”（Purusa）被自性冥谛所瞒而发展为二十三谛，吾人如能了悟此理，神我乃能脱离自性之瞒蒙而独立，此即是涅槃。“神我”在佛教看来，是一种“实体”的“我”，而主张“无我”的佛教的根本思想，当然不容许这种“神我”的思想。第四种是“变动生”，云：宇宙有一种“变”之势力，以使万有发展为差别性之存在。其他还有“自然生”（无因生）、“微尘生”、“方生”（四方生）和“空生”（由空生风，由风生火，由火生暖，由暖生水，由水生冻，由冻而成坚地，地生五谷，五谷生命，命终而归虚空），这些，均是邪因邪果之说。

第二的无因有果，是一种法尔本然之差别说，可是，心物一切现象，有果必有其因，三世业感不能拨无。天然界乃至人事界之一切现象，均有其因，既其有果，何得无因，如其无因，何独有果，所以无因有果是邪说。

第三的有因无果，是现在未来二世相望之邪说，而前面的无因有果是过去未来二世相望之邪说。吾人应承认“业力相续说”，业力既能相续，何得为有因无果？有因无果是“断见”之说，既有现在，何得无后世（未来），植物、动物不是均有未来之存在吗？

第四的无因无果是否认一切因果存在之说，亦即是否认业报之说，印度古代六师外道中的“末伽梨瞿舍罗”（Makkhali gosāla）和“阿耆多翅舍钦婆利”（Ajita Kesakambali），乃是属于无因无果之说的人。

上面所述四种邪说，都是不懂佛教“业”的道理而产生的偏见，如果知道佛教所述的“业”的种类、性质、力用、时效及共效，即无上面之四种偏见。

业的种类有“思业”（意业）及“思已业”（身语二业）二大类，思业是心内欲作某某事之思惟；思已业是思惟已决定而发生为身体及语言上之行为。身业及语业，均有“表业”及“无表业”两种内容，表业是表示出来的行为，无表业是没有表示出来的内在的潜势力。其次业的性质，可分善、恶、无记（非善非恶，不能记载为善或恶之性质者）三种，身语意三业，均有此善恶无记三种性质。业的力用，可分“引业”、“满业”两种，引业是能引人类或畜类等总体果报之业（一业引一生），满业是引吾人形态之大小美丑乃至心内智愚不肖等诸有差别果报之业。吾人表业虽灭，但“无表业”仍会相续，业体借烦恼之缘而引起来世之五蕴，即：人死时，人的五蕴虽灭，但同时又能引起地狱等其他之五蕴，如此，人与地狱等五蕴之间，有不可分离之因果关系，而其关系，是不一不异的，犹如昨日之吾身体与今日之吾身体，有不一不异之关系，以使吾人感到昨日之行为引起今日之烧痛。再从业的时间效用而言，业有顺现业（现生造业，现世受果）、顺生业（现生造业，次生受果）、顺后业（现生造业，次后生受果）和顺不定业（现生造业，果报时期不定）四种。如从业的空间效用看，业有“共业”、“不共业”二种，共业是人类共同的业报的世界（人类共同的业），不共业是每个人不同的身心的业报世界（各人不同的业）。世界是由于吾人各种共业、不共业及表业、无表业等业力所形成的。

但在于兹，有一个问题，即：精神的作用怎么会引起物质的身体果报呢？据三论的宗旨看来，本来，宇宙是非物非心的，所以也能变为心，也能变为物，这个非心非物的理体，由“缘”而现象为心或物，以心为主时，即云唯心，以物为主时，即云唯物，而心物本来同一性，心的当体即是物，物的当体即是心，所以物质发生精神，由精神引起物质，是很有可能的力用，何况由业力而引起种种精神作用及种种物体现象，是绝对有可能的道理，只是过去的业力被现在的身体所障碍而变为潜在势力，以待将来才发挥其力用。这个时候，使其势力不变者，是为烦恼，即：烦恼能蓄存业力，所以过去业报消尽时，同时又会现出其从来的势力而引起他果。业力的相续，虽是一种假定，犹如自然科学的“能”的假定，但此假定对于现实世界的因果说明是有效果的。

由于上面所述“业”的道理，即可破斥邪因邪果等四种错误的见解。

六、吉藏破小乘“有部”之思想

吉藏斥小乘说一切有部，先述有部之宗义，然后破斥。小乘阿毘昙之部类虽然很多，举其大者，则在于发现“有”，而以得道为要。吉藏于其《三论玄义》里，指毘昙宗（小乘有部宗）不对之点有十门：第一是乖“至道”，第二是扶“众见”，第三是违“大教”，第四是守“小筌”，第五是迷“自宗”，第六是无“本信”，第七是有“偏执”，第八是非“学本”，第九是弊“真言”，第十是丧“圆旨”。今分述如下：

（一）究竟的境界（至道），其状，体绝百非，理超四句，若欲由言说表达，即失其真相，如欲知道它，则反成愚，如以“至道”为“有”，即乖其性，若以“至道”为“无”，即伤其“体”，此境（至道）辍辩说之音，冥灭眼力之照，释迦掩室，维摩居士杜口（默然不语），怎么可以以“有”为“道”呢？

（二）毘昙是“见有”而并不是“见道”，“见有”者，名为有见，并不是见道。《法华经·方便品》说：“如入邪见稠林，若有若无等，依止此诸见，具足六十二种邪见。”《中论》第一《观六种品》也说：“浅智见诸法，若有若无等，是则不能见，灭见安稳法。”（意思是说：智识浅的人，见一切诸法，不是认为“有”便是认为“无”等，这种执有执无的人，是不能看到消灭了各种执见的绝对寂静的涅槃——解脱——之法的。）如此，毘昙是错了。

（三）《思益经》云：“于未来世，有恶比丘，说有相法，得成圣道。”所以有相法是邪说，违背大教，需要破它。

（四）毘昙之徒，固执小宗，不趣大道，守筌丧实，以“流”为“源”，以“指”为“月”，忘却道源，所以要破它。

（五）诸圣弟子，有所述作，本为通达经典，而《阿含》经文，有亲说“无相”之处，所以“善吉”（须菩提）乃观法空而悟道，舍利弗乃入空定而受佛之赞叹，今阿毘昙人，但明“见有”，可说是自迷本宗的。

（六）阿毘昙是十八部（印度部派佛教）内之萨婆多部（说一切有部），但“大”（大乘）为“小”（小乘）之本，执小乘之流，闻大乘而不信，故应破之。“大”为“小”本之事，见《文殊师利问经》下卷，读下述一偈，即可知之：“十八（十八个部派）及本二（上座、大众根本二部），皆从大乘出，无是亦无非，我说未来起。”

（七）《大集经》二十二云：“虽有五部，并不妨如来法界及大涅槃。”阿毘昙人，保执自宗，排斥他说，便违法界，拒大涅槃，是很不对的。

（八）欲知四缘的因果道理，应学毘昙，但学毘昙学久了会变成邪见。若言四缘生诸法，谁复生四缘，若四缘更从他生，则他复从他，如是无穷。若其四缘，自然而有，不从他生者，万物亦应不由四缘，当堕无因，故从毘昙的见解看，则成无穷，“穷”即无因（穷之即无因），故无论由此二门的那一个看，他们（毘昙人）都是不信正当的因果的，故久学毘昙，会变成邪见。

（九）寻大小乘二经，皆明见“空”成圣，而阿毘昙谓，观“有”得道，故隐覆真言。

（十）毘昙之流，虽知“俗有”，不悟“真空”，亦迷“俗有”，是故真俗二俱并丧（衷圆旨）。

七、吉藏评《成实论》为小乘

印度“诃梨跋摩”（Harivarman）著的《成实论》（鸠摩罗什译为中文），究竟是属于大乘的论书？抑是小乘之论？关于这个问题，学者之间，仍有论争之余地。近代的学者，还有人认为《成实论》是大乘之论书，梁代以前的中国佛学家，大都以《成实论》为大乘之论，因为它所说的“空”是离“有”“无”二边的中道，同时，最后连其“空心”亦要灭掉，故究竟境界的灭谛，是大乘的思想，只是《成实论》的论述体裁，还是承袭着印度部派佛教之形式的，可是，吉藏乃始终把《成实论》判为是小乘之论。据《三论玄义》看，吉藏排斥《成实》，分“立义”与“破斥”，“立义”简述《成实论》成立之由来及其宗旨，“破斥”则由十义来证实它，所谓十义如下：

第一是“旧序证”。鸠摩罗什译成《成实论》之后，命僧叡讲之。僧叡于什公寂后，录什师之遗言，制论序，其序中云："其论云：色香味触是'实'，地水火风是'假'，精巧有余，明实不足。究竟是小乘内的'实'而已。比于大乘，犹如萤耀之于龙烛，或有人言，此论阐明灭谛，与大乘同，但罗什叹曰：'秦人之无深识，怎么到了这个样子呢？'"罗什既然以此论为小乘，后学岂可辜负前匠。

第二是"依论征"。《成实》归敬偈句云："诸比丘异论，种种佛皆听（许），故我欲正论，三藏内实义。"三藏是小乘（指《阿含经》），这是《法华经》及《大智度论》所说的，所释三藏实义的《成实论》，当然也是小乘，如以《成实》为大乘，其过乃在于门人，非诃梨跋摩之咎。

第三是"无大文"。本来，作论皆引佛言，如龙树释大乘，还引大乘经，诃梨解小乘经，唯以小乘为证。二百二品，并探四阿含，十六卷文，竟无方等（杂大乘），由此可知，《成实》是小乘。

第四是"有条例"。为什么"大乘"可兼"小乘"，而"小乘"不可兼"大乘"呢？答曰：义有条例，不应相滥。佛经有二，一者小乘，二者方等（大乘）。若明大乘，必兼辨小乘，若辨小乘，不兼明大乘，故大乘经初，有小乘象，小乘经首，无菩萨僧。云"大"能包"小"，"小"不含"大"，佛经既然如此，在"论"也是这样。大乘之论，兼明小乘，小乘之论，不兼明大。若弟子之论（《成实》），探大释小，如来之经（小乘经），义理也是这个样子。则巨（大）细互兼，何名大小？

第五是"迷本宗"。问：《成实论》盛说"生"（众生）"法"二空，这不是与《大品经》明四谛平等，义既无异？答：四阿含中亦有"二空"，这不能说是探大乘释小乘。佛说的四《阿含》既是小乘，怎么可以说"身子"（舍利弗）的毘昙是探大释小呢？

第六是"分大小"。大小乘均辨二空，但二空不同，分略明四种不同如下：

（1）小乘是析法明空（分析上之空），而大乘是本性空寂之空。

（2）小乘但明三界（欲界、色界、无色界）内人法二空，故其空义短，但大乘明三界内外人法并空，故其空义即长。

（3）小乘但明于空，未说不空，而大乘乃明空亦辨不空，故《涅槃经》云："空者一切生死，不空者谓大涅槃。"

（4）小乘名为但空，谓但住于空，菩萨名不可得空，空亦不可得也。

故知：虽明二空，空义不同，故分大小乘。

第七是"格优降"。小乘之空为浅，大乘之空为深，《成实》所明，但是声闻空，并不是大士（菩萨）所得的。

第八是"无'相即'"。声闻证空，不能即空观有，即有观空，故无"相即"（相即是二而不二，不二而二的状态）。《成实》所说，亦无相即，若明相即，应"空""有"并观。若空有并观，与大乘何别？《智度论》云："小乘内，不明生死即毕竟空，唯大乘乃说。"

第九是"伤'解行'"。从《涅槃经》看，小乘行人入于空观，不见布施及施果报，故云破戒，破大乘解，故云邪见，而《成实论》乃明白地说：不见布施，是"实"法空，而且以此看法为宗极，如想做大乘行人，就不应该起此小心。

第十是"检世人"。从"人"方面看，（1）诃梨跋摩的师资，即鸠摩罗陀及其弟子诃梨跋摩，均是小乘的学者。（2）齐文宣王虽每以大乘经论为履道之标志，正法之枢键，但后辈人弃本崇末，故王乃请诸师抄此《成实论》，命"周颙"作一批判性序文，这为的是恐后辈人专弘小乘之论，废弃大乘，所以出于此举的。后来，至于梁武帝时，乃盛弘大乘，排斥成实众师。由此可知，《成实论》是小乘教。

以上所述十点，是吉藏判定《成实论》为小乘论的理由。

八、吉藏破大乘有所得之见

吉藏又破“慧观”五时之判教，并斥执大乘有所得之见。慧观把佛陀一代教，分为五时，即：初时顿教（华严）与后五时渐教及偏方不定教，可表解如下：

- 顿教————《华严经》
- 渐教
  - 初时教——有相教——小乘诸经——三乘别教
  - 二时教——无相教——《般若》等经——三乘通教
  - 三时教——抑扬教——《维摩》、《思益》等经——三乘通教
  - 四时教——同归教——《法华经》
  - 五时教——常住教——《涅槃经》
- 偏方不定教————《金光明》、《胜鬘》等经

顿教是如来成道最初顿说之教法，渐教是经由一定之经论，渐次化育之教法，此中，有相教是三乘有相之教法，无相教是无相大乘之法门。为声闻人说四谛（苦集灭道），为缘觉人说十二因缘（无明至老死），为菩萨说六度（布施、持戒、忍辱、精进、禅定、智慧），行因各别，得果不同，故云三乘别教。般若教通化三机，故云三乘通教。抑扬教是以大乘而弹斥褒贬小乘之教法，同归教是深明大乘深义，三乘同归一乘之教法，常住教是如来临灭所说佛性常

住、常乐我净、一切皆成佛之教法，因之，《涅槃经》是渐教之至极，真实了义之妙典。不定教是偏方不定，不与一代化仪，唯趋一机一缘之教法。教虽五时，究竟不出二谛。

吉藏说：如依经论看，唯有二藏（声闻、菩萨），而无五时。五时之教，非但无文，亦复害理，即：三乘同见四谛而得道（毘昙之看法），但会“一灭谛”，方乃成圣（《成实》之说），同契无生（不生不灭），然后隔凡（大乘宗之说），所以初教亦“通”，何以言“别”？又，般若不属二乘，但属菩萨，何以言般若是大乘通教？本来，般若有二种，一是摩诃般若（大品般若），这是菩萨所得，而不属二乘，但如以实相之境为般若，则三乘（声闻、缘觉、菩萨）同观、慧观不辨别二种之说，便谓三乘通教。又，《大品般若》呵二乘为痴狗，《维摩》贬声闻为败根，挫小既齐，扬大不二（不异），何得以《大品》为通教，《维摩》为抑扬？又，世亲（印度人，第四世纪人）释《法华》初分，有七处佛性之文，解《后寿量品》，辨三身（法身、报身、应化身）之说，斯乃究竟无余，不应谓为不了之教（慧观以《法华》为不了义之教，未明常住故）。最后，涅槃的常住教，其“常”与“无常”，皆是对治用门，若论涅槃，其“体”绝百非，“理”超四句（一异、常无常、俱不俱、有非有），而旧宗的人（尤其是慧观），但得“用门”，未识其“体”，故亦失旨。

次从破斥教理之执而言，《三论玄义》引《般若》、《涅槃》诸经云：“道理为有大乘？为无大乘？如其有大，则是‘有见’，若言无大，何所立耶？又，若实有大乘者，名‘有所得’，有所得者，为魔眷属，非佛弟子，大乘之宗，永断生死，名为‘断见’，涅槃是常，即是‘常见’，乃为‘断’‘常’，何‘大’之有？”这是破“有所得”之见。

次难二谛之各种异说，迷失二谛者，有三家：一是毘昙家，二是学大乘者，三是今世之说（指梁陈当时的各种二谛说）。毘昙执“定性之有”，迷于假有，故失世谛，又不知宛然假有是无所有，复失一真空。学大乘者，执“空”而不知“假有”，故失世谛，世谛既失，真谛亦失。

梁陈时代的大乘师，尤其是成实家，对于二谛的本质（本体）的问题，约有五种看法，可表解如下：

第一说＝以世谛为体{世谛＝本—体；真谛＝末—用}一切皆由世谛出发

第二说＝以真谛为体{真谛＝本—体；世谛＝末—用}一切由真谛出发

第三说＝真俗二谛互为体用＝一体两用＝色心为一体两面

第四说＝由无名无相的中道而建设二谛＝中道二谛本不二

第五说＝真俗二谛，其体不同{假有＝世谛之体；假有之无相＝真谛之体}

第一说至第四说，是“一体说”，第五说是“异体说”。诸此见解，皆由对于“色”“空”关系的看法不同而来的学说。三论宗对此诸说批评说：第一说及第二说，其结果均失二谛之义（变成一谛），第三的互为说，其义别之一体，它究竟是世谛抑是真谛？或另有一体，均不详明。第四之中道说，其中道是在二谛中或在其外？而且所立之无名无相中道，不是倒会堕落于二谛之中吗？第五的异体说，其二谛既然各有其体，则互相反，不是不能成立相即义吗？

上举五说之中，第一第二两说，究竟不能成二谛义，而后三说之中，第一的互为说，是庄严寺“僧旻”之说，其次的中道说是开善寺“智藏”之说，最后的异体说是龙光寺“僧绰”之说（僧绰是智藏的徒弟）。今就此三说的“即”而言，僧旻的互为说叫做“不异即”，智藏的中道说叫做“即是即”，而僧绰的异体说，叫做“不离即”，三即的意思如下：

不异即＝世谛（名相）与真谛（无名相）的“体”不异，唯是名义不同，故云不异即。

即是即＝将二谛统一于中道，而中道与二谛的关系，是二而不二，不二而二，故云即是即。

不离即＝二谛之体虽是不同，但在其间，却有不离之关系，故云不离即。

右列三即之中，异体说（不离即）乃本来即违反相即义，结果，有议论价值者，唯有“互为说”及“中道说”二说，但吉藏批评说：互为说无中道观，未达到究竟，而且其二谛之间虽有相即，但有“名相”与“无名相”之分别，是不可的。又，其“体一”“义异”，仍将名义置于真谛（法性）之外，故此说非理也。其次，吉藏对于成实家的中道说，亦设有“竖”“横”二难，以批评它，竖难是说：所谓“色”即是“空”，其“色”的发生是与“空”同时而起？或“色”前有“空”？若未起时已有“即色”之“空”，其“空”乃是本有、常住，而“色”是始生、无常，何有相即之理。横难是说：“色”与“空”有否界限？若有界限即异体，无界限则一体，如果是异体乃无相即，一体乃无二谛，因之，二谛的关系，非“不异即”，非“即是即”，非“不离即”，而是非一非异，非四句所能论。

成实大乘师的二谛相即论，仍有取一舍一，二物相对的观念存在，换言之，是对象性的实体论，故被吉藏所破，而以破邪为显正是三论宗的宗旨。

九、吉藏的二谛论

真俗二谛，是三论宗的中心教义所在。三论家的二谛说，是站在毕竟空的立场，建立“缘起”的二谛，以破成实家的“性实”(实体)、“境理”(对象性的认识)和“中假师”(执假名的人)的错误的。

毕竟空可分四门说明，第一，毕竟空为“有”病而设，“有病”若息，空药应除，非另有“空”之存在。第二，毕竟空是现象的第一义，而一般人灭世谛，是不得“空”之本义的。第三，“道”非空非不空，“空”“不空”均是假名，应超越“空”“不空”，始得中道，毕竟空亦为中道之半面观。第四，“因缘有”即是“毕竟空”，毕竟空即是因缘有，人听因缘有即失毕竟空，一闻毕竟空即失因缘有，是不知空义也。

吉藏站在如此之空义，由因缘相待的方法，说明二谛无碍自在，由此，可以使人进入中道境界。成实家的“有”与“空”，皆堕落于“实体观”，实体观的二谛，叫做“境理”的二谛，而因缘相对的二谛（缘起的二谛），叫做“言教”的二谛。言教二谛的根据，在于龙树的《中论》“三谛偈”，即：因缘所生法是世谛，我说即是空是真谛，亦名是假名是真俗二谛均为方便假说的意思，亦是中道义是由方便说以显中道义的意思。由此二谛观，可脱离成实家实体观的二谛，而在“解”“行”上，又能发挥无限的进展。吉藏始终由二谛以说明无自性（无实体）的因缘有，毫无所碍。这是一种“澈于空的现象绝对论”，而其方法乃始终由于否定（破）和“相待”（关系的存在）的态度，以显无可言的中道实相，此为其思想特质之一。

印度空观系统立“真谛空，俗谛有”之思想，唯识系统立“真谛有，俗谛空”之思想，所谓“清辨”“护法”“空”“有”之诤，即在于兹。

如从“所约”而言，二谛有“约境”（理）之二谛与“约教”之二谛二种，而“教”与“理”，本来不离，即“理”是“教”之“所诠”，“教”是“理”之“能诠”，故在三论宗内，有“约理”而说二谛者，又有“约教”而说二谛者，例如“清辨”、“智光”、“罗什”等乃作“约理”之二谛说，但“僧诠”、“法朗”、“吉藏”等新三论的人，认为“约理”之二谛说，容易堕落于“有所得”之“见”，故由“约教”二谛以破“有所得”之固执，如不破之，恐佛法正理难显，但却亦不能固执二谛为教，因为，正道未曾真俗，为众生故作“真”“俗”名说，“理见”“教见”两俱不可，不过，如能得到真意的话，“境（理）”与“教”均无妨，以“真”“俗”通“理”，故名为“教”，真俗生智，即名为“境”。如来说二谛，故二谛为“教”，如来照二谛，即二谛为“境”，然二谛未曾“境”“教”，适时而用之。三论宗的二谛，并不必限于二谛，但约教二谛为三论宗破有所得所常用之方法，故可谓“约教”二谛是三论宗二谛说之特色所在，同时也是吉藏二谛说之特质所在。

“约教”的二谛，更开为四重，以破迷执，以显究竟的境界，据吉藏的《大乘玄论》第一卷看，四重二谛的内容如下：

第一重 { 有——俗谛
空——真谛 }

这是破毘昙“实有”“实空”的二谛。但“有”依“空”故“有”，故非“实有”，“空”依“有”故“空”，故非“实空”。

第二重 { “空”“有”——俗谛
非有非空———真谛

这是破成实师“假有”“假空”之二谛，即“假有”“假空”均是“俗”，有空不二，故“非有”“非空”是“真”。

第三重 { 二（空有）不二（非有非空）——俗谛
非二非不二————————————真谛

这是破中国大乘师依他分别为“俗”，依他无生分别无相不二为“真”之见解，即：“二”“不二”之分别均是“俗”，而“非二”“非不二”（二而不二，不二而二）才是“真”。

第四重 { 前三重二谛—————俗谛
非非不有，非非不空——真谛

这是破大乘师以三性（遍计所执性＝主观上的错见的东西，依他起性＝现象界的因缘法，圆成实性＝圆满的理性即真如）为“俗”，以“三无性”（相无性＝一切法无实我无实法，生无性＝一切法无自然性即依他幻法故，胜义无性　第一义的真如也并不是有一个实体的东西）为“真”之见解。即前三重均是言语上之戏论，而言语道断，心行处灭之境界才是“真”。

总之，如能得到二谛的精神，唯有第一重之二谛观即可，可是，大家对于“言教”会起“执着”，故立四重来破斥。

既然要用“约教”二谛为佳，那末，为什么印度的“清辨”、

“智光”会用“约理”而说二谛呢？这是因为他们要对付当时“护法”、“戒贤”所立“约理”二谛所设施的，这是一种“对缘假说”，即：吾人所见现象世界，是“有”的，但此“有”是“因缘所成”法，并没有其“自性”（实体），所以是“当体即空”（现象本身就是空，即是不坏现象事物之空），而“空亦复空”（连“空”的观念也要空掉，即也没有叫做“空”的东西存在），这是超越我们的思想分别的，所以“俗谛”虽是“有”，“真谛”只好说是“空”。

但据“护法”、“戒贤”看，三性虽是“有”，可是，偏计所执是“俗谛”，而“依他起性”与“圆成实性”是“真谛”，“俗”是“空”，“真”才是真正的“有”，这些，都是观点的不同所引起的不同看法，即从“真谛”看，万有是假的，是主观上的情见的“有”，故在“真谛”上看，一切皆空，万有的“假”（因缘无自性）即是表示真谛上之“空”，所以“俗”的“有”是“真”的“空”，这是“中观派”（印度空观系统的大乘学派的看法），但据“瑜伽派”（印度唯识哲学的大乘学派）看，“假”的“有”是本来没有的，真正的“有”是超越了“假”的依他和圆成，“空”是空掉情见的“有”，并不是连“法”都要空掉，故不应堕落“恶取空”。

印度中观派评瑜伽派之“有”是堕落于“自性执”的，但瑜伽派评中观派的“空”是堕落于“恶取空”的，其实，龙树并没有堕落于恶取空，弥勒、无著、世亲也没有堕落于自性执，而中观、瑜伽两派，在学说上，均有其长短，而双方都有“相破”“相成”之点，这是贤首大师之评言，由于“破”而能补充对方之缺点，同时，由于相破而能使对方之成立，这叫做相破相成。为成“有”故破于“有”，为成“空”故破于“空”，所以相破反是相成。同一佛法有种种说，是应病施药而已，而同中有异，异中有同，才是佛法的妙味。“有”是“空”之“有”，故“有”非“有”，“空”是“有”的“空”，故“空”非“空”，“非有”故“即有”而谈“空”，“非空”

故“即空”而谈“有”。诸佛说法，常依二谛，其意在兹（无碍正观）。

如据吉藏的《二谛义》下卷看，“相即”有三种：一是“横相即”，二是“竖相即”，三是“得与失相即”，内容如下

横相即	“空”是“有”之“空”，“有”是“空”之“有”。 “空”是“有”之“空”，故指“有”为“空”。 “有”是“空”之“有”，故指“空”为“有”。 指“有”为“空”，是“空”即“有”。 指“空”为“有”，是“有”即“空”。
竖相即	二是不二之二，不二是二之不二。二是不二之二，故指不二为二（二是指二谛）。 不二是二之不二，故指二为不二，指不二为二，二即不二。指二为不二，不二即二。
得失相即	“得”是了悟，“失”是迷惑（烦恼）。“得”与“失”，其体无二，了悟时，“失”还成“得”，惑时，“得”还成“失”，故“得”是“失”之“得”，“失”是“得”之“失”。“得”是“失”之“得”，故指“失”为“得”。“失”是“得”之“失”，故指“得”为“失”。指“失”为“得”是“得”即“失”，指“得”为“失”是“失”即“得”。

吉藏由此三种“相即”而说明“空”“有”，二谛以及迷悟之关联（相对性之原理）。吾人由此三种相即之吟味而可悟入“中道”之境界。中道之境界究竟如何？请阅下节，即可明了。

十、吉藏的中道论

吾人为欲了解吉藏的中道论起见，首先要了解龙树八不中道的意思，然后才容易了解吉藏的八不中道的说明，同时，也才能够彻底了解吉藏的中道的意思，因之，先述龙树八不中道的意思如下：

由否定的论理，以示究竟的真理境界，是龙树的方法。龙树由破“八”为破一切，由破一切而显第一义，是其八不中道的目的。八不是不生、不灭、不常、不断、不一、不异、不来和不去。证此八不，即能明一切不，明一切不即能达到毕竟空，达毕竟空即能知道宛然有之中道。

论证中道，有“事”“理”二证。从现象事实看，《中论》乃举出谷喻，以示八不中道的境界，即：本来，所谓“生”，是曾“无”而今“新生”的意思，可是，离前谷种，即无今“新生”之谷，故此谷种，从前已有，非今新生，是故不生。虽云不生，谷之存在，古往今来，永存不灭，是故不灭。又，以前的谷，并不是现在的谷，后后非前前，故曰不常。虽说不常，谷之相续，年年不断，连绵相续，故云不断。又，谷芽非谷花，谷花非谷芽，果实花芽，各不相同，故云不一。虽说不一，离开谷种，即无芽茎花实，其中应有不异的性质。又，谷之芽茎花果，系由谷自己之变现，非从外而来，故云不来。如从谷中，欲觅出芽茎花果，终于不可得，不来不出即不去。以上是八不的事证。

更从“理证”方面看，《中论》说有四不生偈，即“诸法不自生，亦不从他生，不共不无因，是故知无生”，就是这个。万法非“自生”，亦非“他生”。“自有”不得谓“生”，“生”者不得谓“自有”，光是单独的东西自己，是不能够生任何东西的。“自”不能“生”，“他”也不能生任何东西，因为自他是相对待的，“自”的“生”不能成立，“他”的“生”也不能成立，万法无自性故无自他之对立，无“自”“他”故无自生亦无他生，“自有”如不能成立，“他有”亦不成立，无自即无他故。既无自他之因素，怎能有“共生”，万有虽是“不自生”“不他生”“不共生”，同时又非“无因生”，因为“无因生”是不符合因果律的。由此四个不生的道理，即知万法本来是“不生”，既然不生，何“灭”之有，不生不灭，故云“中”或云“空”，其他“常”“断”“一”“异”“来”“去”六个，也是“不”的，即：世相流转故不断，诸行无常故不常，万象是诸法，故非一，诸相不可得，故非异，三世不可得，前后不可得，所以说不来不去。《中论·观业品》云：“诸业本不生，以无定性故，诸业本不灭，以其不生故”，《中论》云：“先有则不生，先无亦不生，有无亦不生，谁当有生者”，万象的究极，终于觅不出生相及灭相，《中论·去来品》云：“已去无有去，未去亦无去，离已去未去，去时亦无去”，去来是动相，动相须以时间空间为条件，但应有物质物体之变化，方有时间及空间，可是，如果没有“物”，则时空变化亦无，《中论·观时品》云：“因物故有时，离物何有时，物尚无所有，何况当有时”，物之本体不可得故空间即幻有，时间亦然。吾人如无一异倒见，即无物体空间之有。万象无自性而不可得故空，毕竟空而宛然有的境界是中道，中道境界无法形容，故《论》云：“诸法实相（中）者，心行言语断，无生亦无灭，寂灭如涅槃”，宇宙实相，正是这个境界，这叫做“中”。龙树以否定的论理，用谷喻及四不生偈来证明此境。

吉藏站在上述龙树的立场，更由他（吉藏）自己一套的看法，来说明八不中道的意思如下：

吉藏说：八不是正观的旨归，大乘经之心骨，定佛法之偏正，表示“得”“失”之根源，迷于兹，八万法藏冥若夜游，悟于兹，十二部经（整个佛经）如对白日。二慧（实慧与方便慧）由真俗二谛而发，二谛因八不而正。又以不悟八不，即不识二谛，不识二谛即二慧不生，这是《三论玄义》所说的。

八不是为八种人所说的，即：为阐提（无佛性之恶人）说不生不灭，而对揆无因果之邪见者，说不灭，以破其“灭无”之“见”，对于如婴儿之见解者（认为人虽死还会生为人者），说不生，以破其“生”之执。又，为声闻说不断不常，即：对于畏怖生死而急欲断绝（欲死）者，说不断，以破其“断”之执，对于欲往无为常住之涅槃者，说不常，以破其“常住”之执。其次，为外道而说不一不异，即：对于执“我”与“五阴”为一体者，说不一，以破其“一”之执，而对于执“我”与“五阴”为别物者（例如数论派与胜论派），说不异，以破其执。最后，为独觉（缘觉）及初心菩萨，说不来不去，即：此二人我法之执仍未完全消尽，故认为有“来”“出”之实法，而今，八不乃由不来不出，以破此执。

上面所述，可表解如下：

为阐提说｛不生——对治婴儿
　　　　　不灭——对治邪见

为声闻说｛不断——对治怖畏生死而急欲断绝者
　　　　　不常——对治欲往无为常住涅槃者

为外道说｛不一——对治计“我”“阴”为一者
　　　　　不异——对治计“我”“阴”为异者

为独觉及初心菩萨——说不来不出——对治有来有去之执者＝（至果为来，从三界出为出）

八不是表示一切不，即：吾人迷执虽是无量无边，但究其根源，不出此八事，所以生灭一异断常去来是表示一切的迷见。对于一切法，加上“不”字，以作否定性的看法，而作破执之用。吾人之主观，讲有执有，说无执无，生灭乃至去来，都是执见。打破八执，即：否定了一切执着时，中道境界即显，所以八不即是中道，不要认为八不之外另有“中道”，中道也并不是另外一种什么实体的东西，只是八不（一切不）即是中道，破邪即是显正，因为有“所立”之执，又会堕落偏见，只是把无可名的究竟境界，强名为中道而已，这种“无所得”、“无所立”即是一切法的见解，乃是三论宗或吉藏思想的特质所在，同时，也是印度空观哲学的究竟意趣。

关于中道的解释，佛教各宗，均有其教义的说明，但各宗所说中道，概为破执之外，另立有一个东西似的中道，故从吉藏看来，那些中道，可说是“有所得”之中道。据《三论玄义》看，有四种中道，即：外道所说之“中”，毘昙所说之“中”，《成实论》所说之“中”和大乘学者所说之“中”。

数论师以泥团非瓶非非瓶为“中”，胜论师以声不名大，不名小为“中”，勒沙婆（尼乾，即耆那教古师）以光非暗非明为“中”，此三师均以两非为“中”，而未知真实所以为中之理由。毘昙学者释中，有“事中”、“理中”两种，“事中”是：无漏大王（禅定的一种）不在边地，即不在欲界与非想地（而是在于其中间）的意思，“理中”是苦谛、集谛之理、不断不常的意思。成实学者以离“有”离“无”为“圣中道”，而其论师云：中道有世谛中道、真谛中道与非真非俗中道三种。大乘学者（指摄大乘论师）以非安立谛，不着生死，不住涅槃为“中”。

三论宗以“无住”为“体中”（合门），而“体中”中开为两用（开门），即真谛与俗谛。又，三论宗中的“中假师”乃以“非有”“非无”为“中”，“而有”“而无”为“假”，但这并不能说是正当的见解（仍有“执假”、“执中”之对立）。

上面所述，可表解如下：

- 外道之中道
  - 数论师＝以泥团非瓶非非瓶为“中”
  - 胜论师＝以声不名大不名小为“中”
  - 勒沙婆＝以光非暗非明为“中”
- 毘昙之中道
  - 事中＝无漏大王不在欲界及非想地为“中”
  - 理中＝苦集之理不断不常为“中”
- 成实之中道（以离有离无为中）
  - 世谛中道
    - “因成假”乃不一不异故中道
    - “相续假”乃不常不断故中道
    - “相待假”乃不真不虚故中道
  - 真谛中道
    - 真谛虽无名相，但仍假立名字，无相真谛与名字真谛之间，有非有非无之关系，故云中道。
  - 非真非俗中道
    - 俗谛之有非“实有”
    - 真谛之无非“定无”，非有非无即中。

  例如由五阴（色受想行识）而有人是因成假，前念灭后念起，两念连接是相续假，一切事相的相对存在是相待假。一切事物由因缘，由前后相续，由相待而暂时存在，叫做“假”。
- 大乘之中道＝以非安立谛（不着生死，不住涅槃）为中。
- 三论宗之中道
  - 义本者＝以无住为体中（合门）{真谛、俗谛} 开门
  - 中假师＝以非有非无为“中”，而有而无为“假”。

吉藏于其《中论疏》里，由五句三中，以明一念不生之八不中道，如下：

五句：
- 实生实灭——单俗
- 不生不灭——单真
- 假生假灭——世谛中道
- 假不生假不灭——真谛中道
- 非生灭非不生灭——二谛合明中道

（后三句为“三中”）

第一句，认有“实”之生灭，所以是单俗的偏见。第二句执有“实”之不生不灭，所以是单真之偏见。第三句是相即于生灭之不生不灭，所以假生假灭，这是以世谛为主所说的中道。第四句认为：生灭既然是“假”，不生不灭亦是“假”，这是以真谛为主所说的中道。第五句是合真俗所说之中道。宇宙的实相，非生灭，非不生灭，不容有生灭之念，亦不容有“不生灭”之念，毕竟离言说，绝念虑，言语道断，心行处灭的境界，才是中道的境界。

上面五句，是就“生灭”而说的，其他的断常、一异、去来，亦可作同样之方法，以表示“中”的境界。五句之“中”，亦为表示“中”的一种方式（形式），究竟亦不可执此形式。所以吉藏乃于其《中论疏》、《大乘玄论》及《三论玄义》里，说着“三中”及“四中”，以示此境界，可表解对照如下：

	《中论疏》	《大乘玄论》	《三论玄义》	
三中	对偏中	对偏中	对偏中	四中
三中	尽偏中	对邪中	尽偏中	四中
三中	绝对中	实义中	绝对中	四中
			成假中	四中

所谓“中道”，并不是有一个叫做“中道”的东西，只是把泯灭偏见的状态，叫做“中道”而已，只是为治偏见而说“中”的。吾人意识上的见解，概有一种偏见，为治此偏病所治之药，叫做“中道”，这叫做“对偏中”。偏见如灭，即是中道（偏见消尽即是中道），这叫做“尽偏中”或“对邪中”（对治了偏见之邪，即是中道）。药是治病所用的，病若愈，药亦无，病若止，即无中道之存在，如执于“中”，亦成为“偏”，吾人之认识、思想，多有妄执，都是不完全的，而超越了吾人意识的绝对境界，叫做“绝对中”或“绝待中”，《大乘玄论》把这个意思叫做“实义中”，即：绝对中是实义的。偏病既除，“中”亦不立，非中非偏，强名为“中”。然而，因为对症而施与种种药，叫做“成假中”，即：将此绝对中，设名真俗二谛，说：真谛是空，俗谛是有，这是于无名相中，假说名相，欲以对治执“有”及执“空”的，由真谛的“空”以破“有”，由俗谛的“有”以破“空”，这叫做“成假中”。成假中是利他性的假施设，这里面，有“单”“复”“疏”“密”“横”“竖”等义，所以《三论玄义》说：

“成假中”是“有”“无”为“假”，非有非无为“中”，由“非有”“非无”，故说“有”“无”，如此之“中”，为成假，故云“成假中”。正道未曾“有”“无”，为化众生，假说“有”“无”，故以非“有”“无”为“中”，“有”“无”为“假”。“成假中”有“单”“复”“疏”“密”“横”“竖”等义，具如中假义说，如说“有”为“单假”，“非有”为“单中”，无义亦然。“有”“无”为“复假”，“非有”“非无”为“复中”，“有”“无”为“疏假”，“非有”“非无”为“疏中”，不有有为“密假”，有不有为“密中”，“疏”即是“横”，“密”即是“竖”也。

据《三论玄义》看，吉藏说有下面四种“中”：

一中＝中道的实相，无二的清净道

- 二中
  - 真谛中＝“无”亦非偏无之无
  - 俗谛中＝“有”亦非偏有之有
- 三中
  - 真谛中（如前）
  - 俗谛中（如前）
  - 非真非俗中（不偏真谛，不偏俗谛之中）
- 四中
  - 对偏中＝对偏病所说之“中”
  - 尽偏中＝偏见消尽时之“中”
  - 绝对中＝偏见已去，“中”亦无
  - 成假中＝有无为假，非有非无为中，由非有非无而说有无，这是成于假之中，正道未曾有无，为化众生，假说有无，故以非有非无为“中”，而以有无为“假”。

吉藏为欲拂除吾人妄执而说“中道”，故其对一字一句之说明，亦有种种解释，所谓四种释义，就是这个。《二谛章》、《大乘玄论》及《三论玄义》所说之四种释义的关系，可作如下之对照：

《三论玄义》	《二谛章》	《大乘玄论》
依名释义	依名释义	横论显发
就理教释义	因缘释义	竖论表理
就互相释义	显道释义	依名释义
无方释义	无方释义	

依名释义是依字义而解释之方法，例如以“实”为“中”，以“正”为“中”是也（见《三论玄义》）。就理教释义是以言教为显真

理之释义（显道释义）。本来，“理”是无名相的，但为欲使众生知道此理，却亦不得不立名相，但名相是不完全的，故由其反面以释“中”，例如“中者不中也”是。由不中以释中，不可凝滞于“中”，要泯亡“中”的观念，才会表现出真正的“中”，故由“不中”以释“中”。就互相释义是从“横”的立场，将“偏”与“中”并行而互相解释的方法（横论显发），即：以“偏”为“中”义，“偏”以“中”为义，“偏”“中”互相显发其理，故《二谛章》乃以此为“因缘释义”，前的理教释义是在“竖”的立场而论显其理，而此乃是横论的显发。无方释义是无一定方式的释法，即：“中”是宇宙的真相，任何一物一法，均可谓是“中”，心、物、身、日月星辰、山河大地，一切事物，均是“中”的状态。

吉藏为使人不停滞于言教，为令人无不契合于真理起见，设立种种释义，是他特有的方法。

十一、吉藏的心识观及其佛身佛土观

吉藏所立，是三论空观哲学的宗派，故其宇宙观及其人生观，不偏于“心”，亦不偏于“物”，而是站在实相论的立场的。可是，龙树虽是属于实相论系统的人，但他也有业力论的缘起观，并有“三界所有，皆心所作”（《智度论》）之思想，至于其“十八空论”，他（龙树）也提倡有赖耶缘起及如来藏缘起之思想（他以赖耶缘起为方便，如藏缘起为真实），不过，龙树的业力论及其心识观，其根本原理，皆在于“空论”，这是龙树与小乘及其他心识说所不同的地方。

至于中国，从罗什至道朗，只有由心感业之说，但自僧诠以下，即新三论时代，真如缘起的经论，多已翻译，终于形成地论、摄论的新宗旨，佛教大势，始趋于其如缘起说，因此，三论宗于其对外应付上，亦不得不采入缘起新说，所以吉藏乃于其《胜鬘宝窟》里，说及真如缘起之思想。吉藏对于染净缘起，作如下四句分别：

（1）约缘不约佛性。只由六七妄缘，不由如来藏（佛与众生一如的藏实），而因果自招感有（非由藏实而有）（小乘之说）。

（2）约佛性不约缘。染净之起，只由藏实，不言从缘而有（《楞伽经》之说）。

（3）亦约缘亦约佛性。佛性与心和合（不一不异）而缘起（《楞伽经》之说）。

（4）不约缘不约佛性。实相之外无缘，故无染净可起，以无佛为能度，无众生为所度（《金刚般若论》）。又，烦恼妄想中，无一法可减，清净法中，无一法可增，泯上三门归乎一绝（佛地论之说）。

吉藏之缘起说，依前四句中之第三句而立，其说与起信论之说，大体相同，其第七识“末那识”译为“无解识”，第八阿梨耶识译为“藏识”（真妄和合识），但如将其“真”的部分抽出而立一识时，叫做“阿摩罗识”（无垢识　第九识），这是相当于《胜鬘经》的“自性清净心”。

如来藏说是一种唯心说，这与“空”的实相论，有何关联？唯心说会不会破坏“空宗”本来的宗旨？关于这个问题，可作一融会的看法，即：八识是我们所建立的看法，既然是建立，即是“对缘假说”，而在第一义谛（第一义悉坛）上，宇宙的本体，非心亦非物，实绝四句，超越百非，只是暂时对“缘”，将“法”取入于“心”一面，而叫做自性清净心或阿梨耶识而已，毕竟，唯心说乃无过是“对治悉檀门”所说的法。心识境物，皆无自性，均无所得，这一点是共同的原理，故在实相论性的空观说，加上缘起论性的“心识说”，也是无妨的，同时也不会影响空宗的原理，到底，“空”与“心”的究竟境界，是同一体的。

次就佛身而言，如来之体，本不可得，但据《大智度论》看，佛陀有二身，即真身与应身，真身是法性身，应身是父母所生身，前是本体身，后是人类身，可表列如下：

二身
- 真身——法性身——法身——本体身
- 应身——父母所生身——肉身——人类身

据罗什看，佛身有下面三种：

佛身
- 法化生身（金刚身）= 例如释迦身（其身非烦恼所生）
- 五分法身 = 佛陀的功德（戒、定、慧、解脱及解脱知见）
- 实相身 = 法身佛

第二的五分法身，并不是另有一身体之佛，故与龙树的二身论一致。古三论的佛身是二身说，但至于吉藏时，地论与摄论兴隆，故其佛陀论也变为法、报、应三身说或自性身、他受用身、自受用身、变化身四身说之流行。于是，吉藏也立三身说。吉藏的《法华玄论》里，说有三身，即：法身、舍那身和释迦身，其名称有如下数种：

三身
- 法　身——法身——法身——佛所见身
- 舍那身——报身——应身——菩萨所见身
- 释迦身——化身——化身——二乘凡夫所见身

《梵网经》《金刚般若论》《摄大乘论》《涅槃日喻品》

其次，就佛土而言，吉藏于其《大乘玄论》第五卷里，分别有四种净土如下：

（1）凡圣同居土。如弥勒出时，凡圣共在净土内住。

（2）大小同住土。如罗汉、辟支（独觉）、大力菩萨舍三界分段身（生死身）、生三界外净土是也。

（3）独菩萨所在土。菩萨超过二乘时，其居土亦异，如七宝世界，纯菩萨也。

（4）诸佛独居土。如《仁王经》云：三贤十圣住果报，唯佛一人居净土。

据《大乘玄论》第五卷看，法身净土，以“中道”为“体”，亦是报佛净土（以七珍为体），亦是化身净土（以应色为体），通而为论，皆以中道为体。成实论师认为佛无净土，但应众生报，以化主为言，故言净土耳。可是，吉藏还是以中道为法身净土之体。

一切众生，本来是佛，六道群生，本自寂灭，无迷无悟，有什么成佛不成佛呢！然而，假名门中，即可论迷悟及成佛不成佛，故在于兹，不无成佛之迟速，不无根机之利钝。利根者一念而成佛，钝根者须经三只长劫始能成佛。但于一念中摄三只之行，三只之长亦不出一念之短。经历三祇故钝根终亦积万行而得一念成佛，一念成佛故不缺万行而速疾成佛。“道”为众生本来所有，唯被客尘烦恼所覆而流转生死。由万行而除烦恼时，本有觉体即显，此云“始觉”之佛，这就是成佛。始觉本觉一体，悟是对迷之悟，无迷即无悟，迷悟毕竟是假名门之设施，亦即相对之世界，但迷悟本来寂灭，是为无得正观之世界。

十二、吉藏的著作

依据古来各种经典目录看，吉藏的著作约有五十种之多，不过其中有的已经散失，有的真伪未决，有的同本异名，这些如欲决定其真伪或著作之年代前后等问题，须经很详尽的考证，才能确定。他的现存著作，约有二十六部，均收录于《卍字续藏》中，如今列其各种著作及其注疏如下：

《三论玄义》	二卷或一卷	《大乘玄论》	五卷
《二谛章》	三卷	《中论疏》	二十卷或十卷
《十二门论疏》	六卷或三卷	《百论疏》	九卷或三卷
《大品经游意》	一卷	《大品经义疏》	十卷
《金刚经义疏》	四卷	《仁王经疏》	六卷
《胜鬘经宝窟》	六卷	《华严经游意》	一卷
《净名玄论》	八卷	《维摩经游意》	一卷
《维摩经义疏》	六卷	《维摩经略疏》	五卷
《金光明经疏》	一卷	《弥勒经游意》	一卷
《无量寿经义疏》	一卷	《观无量寿经义疏》	一卷
《法华经玄论》	十卷	《法华经游意》	二卷或一卷
《法华经义疏》	十二卷	《法华经统略》	六卷
《法华论疏》	三卷	《涅槃经游意》	一卷

上列著作中，《三论玄义》、《大乘玄论》及《二谛章》，可说是大师（吉藏）最具代表性之著作，尤其《三论玄义》是三论宗最基本的教科书，尊之为“佛教原论”亦不为过。此书将三论的宗旨和大纲，写得简洁、明了，而发挥了般若思想的精髓，毫无遗漏。三论宗的教义，主要就是指这部《三论玄义》。此书不唯是一种中观佛教（空观佛教）的入门书，同时，亦可谓是站在空观立场的一种佛教概论，并且此书又有历史数据的价值，同时也是吉藏本身的思想体系的表现。

现在先介绍《三论玄义》的内容，然后对于《大乘玄论》、《二谛章》乃至其他各种经论再作一简单的介绍，以作了解吉藏著作的大要。

（一）《三论玄义》：本书内容，将全体分为“通序大归”和“别释众品”二大部门。通常是把“经论相资”以下为“别释众品”。通序大归所描写的内容即是“破邪显正”，如下：

通序大归

（1）破邪

①摧外道（参阅本篇五《吉藏批评外教》）

②折毘昙（参阅本篇六《吉藏破小乘“有部”之思想》）

③排成实（参阅本篇七《吉藏评〈成实论〉为小乘》）

④呵大执（参阅本篇八《吉藏破大乘有所得之见》）

（2）显正

①明人正（参阅本篇四《吉藏的破邪显正》）

②显法正（参阅本篇四《吉藏的破邪显正》）

三论的要义，是在于《三论玄义》前半（第一部门）的破邪显正，而后半（第二部门）的“别释众品”是各种问题的补充。吉藏的《三论玄义》，可说是以三论为中心的一种“佛学概论”，而其中心思想，是在于“龙树”的《中论》，其“二谛观”“中道观”，是贯通全篇的中心思想所在。第一部门和第二部门的中间，有“经论相资”与“能所绞络”二项，此二项是两大部门的过渡性问题的描写，故其归属不明（可谓是两大部门的桥梁）。

在“经论相资”中表示说：种种经论是为治众生的种种颠倒而设施的，诸法无所有而如是有，既有众生，故有诸佛，既有诸佛，便有教门：众生失道，故诸佛说经，菩萨为众生迷经而造论，“经”以二智（权智、实智）为能说，二谛（真俗二谛）为所说，“论”以二慧（权慧、实慧）为能说，“言教”为所说，所以经论，各有“能”“所”。

在“能所绞络”里面，论著下面四项之互相关系：(1)“经”之“能说”（如来之权实二智），(2) 其所说之真俗二谛，(3)“论”之“能说”（菩萨二慧），(4) 其所说之言教。“经”之“能”（能说），为“论”之所（所说），“经”之“所”，为“论”之“能”，“论”之“能”，为“经”之“所”，“论”之“所”，为“经”之“能”。以上四句，是表示经论互有能说所说之关系，而四句归二句，即：“能资”（经之能所）和“所资”（论之能所），又，一能一所终归“无”一句。但：能非定能，所非定所，非能非所，非经非论，非佛非菩萨，不知何以名之，强名“中实”，四句究竟归于“中道实相”一句。

后半部门的“别释众品”的内容有十一项，如下：

(1) 明造论缘起。此由描写印度部派佛教分裂史而欲阐明：龙树、提婆是为破此部派迷执而造《中论》、《百论》。

(2) 明诸部通别义。吉藏判断说：《中论》是大乘论，《中论》及《百论》是大乘通论，《智度论》是大乘别论，而大小乘均有“通论”“别论”各种论藏。

（3）明众论立名不同。《大智度论》从所释之“经”立名，《中论》从“理实”立名，《中论》从“言教”立名，《百论》从“偈”而称。

（4）明众论旨归。诸经虽均以无得正观为宗，但如约“用”来看，《智度论》以二慧（实慧＝般若道，方便慧＝方便道）为宗，《中论》以二谛为宗，《百论》以二智（权智、实智）为宗，《中论》以境智为宗（大分深义是实相之境，由实相境，发生般若，万行得成，即是境智之义）。其中，《中论》二谛是佛法之根本。

（5）明四论破申不同。“破”是“破邪”，“申”是“显正”。三论通破通申，《智度论》别破般若之迷，别申般若（智慧）之教。《百论》正破外教，旁破内教，《中论》及《中论》乃正破内教傍破外教。

（6）别释三论。何以不取四论而采用三论为所依呢？吉藏举八种理由而释之：①三论各具三义（破邪、显正、言教）故，②三论具合，方备三义，即：《中论》显“理”，《百论》破邪，《十二门》名为“言教”，以三义相成故，③《中论》是广论，《百论》为次论，《中论》为略论，三合而具三品故，④《中论》是但偈论，《百论》是但长行论，《中论》是亦长行亦偈论，三部共相成故，⑤三论同是大乘通论故，⑥三论同显不二实相故，⑦三论同是四依（三贤四善根、预流果及一来果、不还果、阿罗汉人）菩萨所造故，⑧三论同是像法时代及末法时代所作，但欲纲维大法故。

（7）论三论之通别。这是论定三论各自的特质及其各自存在之理由的。《百论》遍破众邪并申众教（通论之广），《中论》但破大小二迷，通申大小（大小乘）二教，不破世间教，亦不申世间教（通论之次），而《中论》乃破执大之迷，申大乘之教，故为通论之略，是为三论不同之倾向。

（8）明四论用“假”（教化手段）之不同。“假”有四种：①因缘假（如“空”“有”二谛，“有”不自有，因“空”故“有”，“空”不自空，因“有”故“空”，故空有是因缘假义），②随缘假（如随三乘根性，说三乘教门），③对缘假（如对治“常”说“无常”，对治“无常”而说“常”），④就缘假（外人执有诸法，诸佛菩萨，就彼推求，检诸法究竟不可得是也）。《智度论》多用“因缘假”以释“经”，《中论》、《中论》多用“就缘假”，《百论》多用“对缘假”，是四论用“假”之不同点。

（9）明四论“对缘”之不同。这是从“人”的方面而考察四论著者著作之动机的。“提婆”破各种邪师九十六种，撰集当时之言，以为《百论》，龙树潜惟着笔，探取外情，破病申经，而造《中论》。外道小乘不敢与龙树交言，提婆为弟子之身分，故外道敢与他交言。

（10）明三论所破之缘，有利钝之不同。众生得悟，有四种不同，即①有一种根缘，闻《百论》始舍罪福，终破“空”“有”，当此言下，得悟无生（绝对），②有诸外道，虽听提婆所破之理，但仍未能得悟，后来出家禀受佛经才得悟入，这是中根人，③有诸外道，听提婆之言，仍不能悟，翻经更起迷，为《中论》所破，方得悟，此下根人也，④有诸外道，听提婆之言乃至寻《中论》仍未得解，后因十二门观玄略，方乃得悟。

（11）别释《中论》的名题。此门由广略、次第、制立、通别、发尽、别释、不同之七项而加以复杂的考察，而最后乃认为“中”的根本，是以“无住”为正义。七项如下：

- 广略门
  - 广＝中观论
  - 略＝中论

- 次第门
  - 能化次第
    - “中”为诸佛菩萨所得之道，故前明中。
    - 由此道发正观、佛宣为经，菩萨宣为论。
  - 所化次第＝教徒由“论”识“中”，由“中”发“观”。

制立门：
- 佛菩萨由“自行”“化他”以摄一切（中观二字是自行“论”，是化他，故但标三字）。
- 化于众生，必具于三：一是所悟之理，二由理发观，三由观宣论，故但明三。以“中”对“观”（境智之名），以“观”对“论”，为“行”“说”之称，故但三名。

通别门：
- 通门＝三字皆“中”皆“观”皆“论”。
- 别门＝理实不偏是“中”，智之达照是“观”，言教是“论”。

互发尽门＝有“中”发“观”，由“观”发“中”，缘尽于观，观尽于缘。

别释三字门＝有四种释义及四中（参阅本篇十《吉藏的中道论》）。

释中不同＝有外道、毘昙、成实和大乘四种中（参阅本篇十《吉藏的中道论》）。

以上为《三论玄义》的内容介绍。

（二）《大乘玄论》：五卷。此书是站在般若及三论，破南北朝代的大乘有所得之说，而论述了无所得大乘宗旨的一种“大乘佛教概论”之书。内容分为八门，一是“二谛义”，二是“八不义”，三是“佛性义”，四是“一乘义”，五是“涅槃义”，六是“二智义”，七是“教迹义”，八是“论迹义”。二谛义中再分为十段，（1）是标大意，（2）是释名，（3）是立名，（4）是有无，（5）是二谛体，（6）是中道，（7）是相即，（8）是摄法，（9）是辨教，（10）是同异（以上为第一卷）。八不义分为六段，（1）是大意，（2）是三种中道，（3）是智慧中道，（4）是杂问难问，（5）是单复中假义，（6）是料简不有有（以上为第二卷）。佛性义分为十段：（1）大意，（2）异释，（3）寻经，（4）简正因，（5）释名，（6）本有始有，（7）内外有无，（8）见性，（9）会教，（10）料简。一乘义分为三段：（1）释名，（2）出体，（3）同异。涅槃义分为三段：（1）释名，（2）辨体，（3）八倒（以上为第三卷）。二智义分为十二段：（1）翻名，

（2）释名，（3）释道，（4）境智，（5）同异，（6）长短，（7）六智，（8）开合，（9）断伏，（10）摄智，（11）常无常，（12）得失（以上第四卷）。教迹义分为三段：（1）释教，（2）感应，（3）净土。论迹义分为五段：（1）破申大意，（2）四论宗旨，（3）经论能所，（4）中观论名，（5）论缘起。此书引用很多大乘经论，自由自在，以明真实的大乘佛教，他所说的八不、二谛、中道等教义，是站在般若、三论"空观思想"的一个大组织，同时，本书是研究南北朝佛教教理上的宝贵文献，不可缺乏之思想史料也。

（三）《二谛章》：三卷。吉藏详述三论教义中最枢要的二谛义之书，上卷写"大意"，中卷"释名"，下卷分五段：一是"相即义"，二是"物体"，三是"绝名"，四是"摄法"，而五是"同异"。

（四）《中论疏》：详名为《中观论疏》。吉藏认为《中论》一部的根本宗旨，是在于显现"三谛中道"（即世谛中道、真谛中道和非真非俗中道）。从注疏的方法与三谛中道（三种中道）的关系而言，《观因缘品》以下各品，对于《中论》一部的主题，是站在"释中"之关系的，即：所显之理，虽是一个"三谛中道"，但能显之教，即：所破之病非一，故有众品，因之，相即于各品之论议，而欲阐明三谛中道之义，乃是吉藏对于《中论》的注疏的方法。吉藏对于八不偈的解释，特别尽力，即："观因缘品品名释"及"八不偈释"，是吉藏《中论疏》对于《中论》解释的"总论"，亦即是吉藏中观哲学的概论，而其他各品，是八不偈三谛中道的逐次释。

（五）《十二门论疏》：吉藏于隋大业四年（六〇八年）六月讲。此书是龙树《中论》的注疏。他于《观因缘品》的开头，就叙述本论的性质、特征，并与《中论》对比，而述本论存在的意义及价值，然后，依照本论顺序，忠实解释《中论》，而在全体上，很切实地阐明了龙树的大乘空观思想。本书附有"僧叡"之序疏。

（六）《百论疏》：吉藏著《百论疏》九卷，将《百论》（提婆造）

十品内容分为三章，可表解如下：

舍罪福品——申佛渐舍之教——第一章

破神——明人空——┐
破一品 ┐
破异品 ┘——破一异见 ┐
破情品 ┐
破尘品 ┘——破情尘见 ├ 破诸法无常见 ┐
破因有果品 ┐
破因无果品 ┘ 破有果无果见 ┘ ├ 明法空 ├ 破邪归正 第二章
破常品——破诸法常住见 ┘ ┘

破空品——破空见——第三章

第一舍罪福品乃显现佛道的要谛，第二品以下是其实相的内容，最后于破空一品，表示三论宗义的特质，以对付当时长安摄论、十地、地持等三师的唯识系宗义，即：将其三无性亦破除，为三论之立场，是为吉藏在本书里所表现的特点。

（七）《大品经游意》：一卷。这是《摩诃般若波罗密经》（罗什译，二十七卷）之绪论。内容分为五章，(1) 释名，(2) 辨宗体，(3) 会教，(4) 波若部侻，(5) 明缘起。释名中，分为摩诃、波若、波罗密、修多罗与序五节。在辨宗体里面，分为明体、明宗、简因果、辨寿命长短与明远近五节。此书列出南北朝成论师、涅槃师等很多不同的学说，一一加以批评，站在大乘无所得宗的立场，以述其自说，因之，本书虽是短篇，但却为研究南北朝佛教诸说的好资料。

（八）《大品经义》疏：十卷。这是《摩诃般若波罗密经》二十七卷的注释书。第一卷叙述玄意，分为 (1) 释经题，(2) 序说经意，(3) 明部傥多少，(4) 辨开合，(5) 明前后，(6) 辨经宗，(7) 明显密，(8) 辨教，(9) 明传译九章。第二卷以下乃依文解释。开卷经题下，记载："胡吉藏法师撰，开皇十五年（五九五年）正月二十日记"。

（九）《金刚经义疏》：四卷。初分玄意十重：(1) 说经意，(2) 明般若之多少，(3) 辨开合，(4) 述摩诃般若与本经之前后问题，(5) 记诸说之后，以辨菩萨大愿大行（因）与如来之无为法身（果）为经之宗，(6) 辨经名，(7) 述传释，(8) 明应验，(9) 释章段（序分分通别，正宗分立广略，流通分分为二），(10) 正释经文。正宗分为利根人广说般若，为中下根人略说般若，前者尽缘而明生法二空，后者尽观以破观空之人，广说分为三门，(1) 明般若体门，(2) 信受般若之门，(3) 般若功德门。略说乃以释疑解难为次第，开为十五章。

（十）《仁王经疏》：六卷。详名为《仁王般若经疏》，《仁王般若经》之注疏。入经文注疏之前，先立：(1) 释名，(2) 明经体，(3) 明经宗，(4) 辨经用，(5) 明教相，然后入经文之解释。

（十一）《法华经玄论》：十卷。本书由六门，站在三论的立场而释《法华》之玄义。所谓六门是 (1) 弘经方法，(2) 大意，(3) 释名，(4) 立宗，(5) 决疑，(6) 随文释义。本论博引详密，系为了解南北朝时代诸师法华学说及其他诸说之贵重文献之一（虽是片鳞性）。本书可谓是吉藏初期之著作。

（十二）《法华经游意》：二卷。此书是《法华经》的玄谈，内容分为十门而概说《法华经》的义理，即：第一大意门是叙述佛说此经的因缘，第二旨归门是论述《法华经》所说教义的旨归所在，第三释名题门是详释《法华》的经题，第四辨教意门是阐明此经以显无言之道为教意，于是明示无所得之见解而排斥渐教的判教，第五显密门是阐述此经属于显密的何方，第六三一义门是于三乘一乘论议中，阐述了著者三车家的立场的，第七功用门是说明受持、流传此经的功德，第八弘经门是阐明末世弘经的一段，第九部党门是叙述此经翻译之事，第十缘起门是阐明讲诵此经的沿革。此书是隋开皇晚年以后之著作。

（十三）《法华经义疏》：十二卷。此书是站在三论宗的立场而注释《法华》经文的。此书亦引用很多经论及诸大法师之说，故在《法华》研究上，是不可缺乏的文献，本书亦为吉藏较为后期之著作。

（十四）《法华经统略》：六卷。此书系吉藏晚年之作，内容有旧本所无而今新叙者，又有废旧说而用新说者，又有旧本所述不详明而今显明者等，可谓吉藏《法华疏》中的白眉。《序品》以下，还是逐品批注，但在到处提出有当时所流行的南北各种不同之说，并且亦尽力显扬三论宗旨。现传本缺《药草喻品》、《授记品》和《化城喻品》。

（十五）《法华论疏》：三卷。这是一本印度世亲《法华论》的注释书。吉藏站在三论宗的立场，强调《法华》一乘之宗旨，以破南北朝时代诸师对于《法华》之各种谬见。

（十六）《华严经游意》：一卷。简名为《华严游意》。此书系吉藏站在三论宗的立场而论述了华严教学的佛身、佛土、因果等问题的有趣之书。他由化主、化处、教门、徒众四方面而解说上述之问题。关于舍那佛与释迦佛之关系，南方论师主张二佛一致说，北方论师主张二佛不同说，而吉藏乃从三论教学而立两者（二佛）不一不异及本迹不二之说。

（十七）《胜鬘经宝窟》：六卷。在中国《胜鬘经》注疏中，本书为最详密之批注。全书分为十五章，前十三章为正说法，后二章为劝信护法，又，前十三章中，初三章为起说之方便，次十章乃是真正的说段。

（十八）《净名玄论》：八卷。此为《维摩经》要义的开释书，属于吉藏晚年之作。内容分大段三科而论述，第一释名题（(1) 总释名，(2) 论众经同异，(3) 别论此经），第二论宗旨（总定宗旨，别释二智），第三论会处（释会处，明净土）。

（十九）《维摩经游意》：一卷。本书并不是《维摩经》的句解，而是从各方面观察《维摩经》的一种经论，内容可说是《净名玄论》的缩小简略本，由四项而成立，一是定浅深，二是释名题，三是辨宗旨，四是论会处。吉藏认为《维摩经》是方等的中心，无余的极说，故在判教上，《维摩》是属于二重四门中的第三门，这是一“定浅深”的意思。二释名题是说明不二及经名的内容。三辨宗旨乃以权实二智为本经之宗旨。四论会处是说明二处四会的情形。本书是《维摩经义疏》的绪论（亦即是玄义）。

（二十）《维摩经义疏》：六卷。本书是《维摩经》注释。看了《维摩经游意》之后，看本书即可了解《维摩经》的整个内容。本书是吉藏的《维摩》广疏。

（廿一）《维摩经略疏》：五卷。《维摩经义疏》是经文的句解，而本书是达意性（了义性）的注释（每一品都有概论性的说明）。本书是《义疏》以后的著作。

（廿二）《无量寿经义疏》：一卷。《无量寿经》的注释。序赞西方净土，次说此经之“宗”有二，一是修法藏因而感净土果，二是修众生因而劝往生彼土，次释经题，然后述教相（将一代说法分为“次第教”及“偏方教”），而此经是偏方教（谈一乘因，盛说菩提业故）。吉藏虽是空宗的学者，但临终亦劝人念佛，欢喜圆寂云。

（廿三）《观无量寿经义疏》：一卷。《观无量寿经》的注释书。内容分六门：一序，二简明名，三辨宗体，四论因果，五明净土，六论缘起。以净土因果为体，往生为宗，而在往生因行上，以菩提心为主，余善为缘。在弥陀迹门上，极乐是报土，而在本门上，是应现土。此经之意，在于通念五种（佛、徒众、国土、时节、教门），并不是但念佛云。

（廿四）《金光明经疏》：一卷。《金光明经》四卷（昙无谶译）之注释书。智者大师以《金光明经》为方等部所摄，但吉藏认为本经是究竟大乘菩萨藏所摄，顿教所收。这可能是吉藏六十岁左右之作。

（廿五）《弥勒经游意》：一卷。根据三论宗义，以罗什译之《弥勒大成佛经》为中心，将弥勒诸经之异同，一一细心检点之书。内容是：序、释名、经宗体、因果、出世久远、成道、三会人数之多少，与释迦同时涅槃，教之大小及其诸问题等。

（廿六）《涅槃经游意》：一卷。全篇分为大意、宗旨、释名、辨体、明用、料简等六章，而述《涅槃经》的思想。吉藏以"无所得"为《涅槃经》之宗旨，即：经云"无得者名大涅槃"。其他说及《涅槃经》内的种种问题。

参考书目

《三论宗纲要》，前田慧云著，东京，丙午出版社刊行，一九二〇年。

《三论玄义》，吉藏撰，金仓圆照译注，东京，岩波书店第三版印行，一九四三年。

《中国佛教史讲话》下卷，境野黄洋著（三论宗一——一一五页），东京共立社出版（初版），一九二九年。

《大乘玄论》五卷，吉藏撰（收录于《大藏经＝大正藏》第四十五册），台北，新文丰出版公司影印，一九七四年。
《二谛章》三卷，吉藏撰（收录于《大藏经＝大正藏》第四十五册），新文丰影印，一九七四年。
《中论疏》二十卷，吉藏撰（收录于《大藏经＝大正藏》第四十二册），新文丰影印，一九七四年。
《十二门论疏》六卷，吉藏撰（收录于《大藏经＝大正藏》第四十二册），新文丰影印，一九七四年。
《百论疏》九卷，吉藏撰（收录于《大藏经＝大正藏》第四十二册），新文丰影印，一九七四年。
《高僧传二集》，唐道宣撰，台湾印经处二版印行，一九七〇年，台北。

杜顺

李世杰　著

目　录

一、绪言

杜顺是中国佛教华严宗的初祖，因此，华严宗离不开杜顺，同时，杜顺也离不开华严宗。这因为，杜顺是在华严的世界里长大的。华严宗之所以离不开杜顺，是表示杜顺对于智俨、法藏、澄观和宗密给予很大的思想影响的意思，所以本篇的题目虽云“杜顺”，但在杜顺思想的发展过程中，不得不述及智俨、法藏、澄观和宗密等四人之思想。从华严初祖杜顺至五祖宗密这五个时代思想的发展，乃是整个华严宗的内容。

在东晋南北朝时代研究《华严经》的方式，多半是理论性的、讲经式的。反对如此的风气，站在宗教实修的立场，以信仰、观行的态度来体会《华严经》的宗旨，以一心法界的悟入而活用《华严经》的玄旨的人，是华严宗的初祖“杜顺”（法顺）。故与其说杜顺是华严的理论家，毋宁说他是华严的实行家。华严是佛教最高的哲学宗派，为什么“杜顺”会变成佛教的实行家呢？这是他的环境、背景所使然的。杜顺的出生地是雍州万年县，我们从《高僧传》看，雍州地方产生了许多实践、实修的高僧，即智则、通达、法显、慧诞、智教、昙遂、普济、法旷、会通、法诚、空藏等，都是雍州地方的佛法实行家，也都是修观行的人，在如此环境之中，会产生杜顺的宗教观，是必然的道理。所以他由于读诵《华严经》，而获得华严力而显神异（神通）的结果。另一方面，当时的华严齐会，渗透于一般人民，而对《华严经》生起深厚的信仰，故杜顺的宗教观是站在如此的社会背景的基础上而产生的，隋唐新佛教的精华——华严宗，究竟由于杜顺而成立。

二、杜顺的传记

杜顺禅师，姓“杜”，讳“法顺”，陈武帝永定元年（公元五五七年），诞生于离长安不远的陕西省雍州万年，年十八，弃俗出家，投礼因圣寺僧珍禅师之门，受持定业，通达禅风，故其学佛之始即以实修方面为出发点，同时，步趋师风，专修观行。

杜顺为人，笃性绵密，情富博爱，操从牛马，颇得其妙，通达驱虫、治水之术，排除神树鬼庙之建，更斥迷信，游历郡国，劝人念佛，著述五悔之文，赞咏净土，排除空谈，提倡实修实行，为人说法即不弄浮华言词，谆谆指示真理，情志虚远，不拘物情，粗衣淡饭，只为“道”而精进，因之，朝野僧俗，慕其德行，尊崇者不计其数，名达帝室，初受隋文帝之敬重，后受唐太宗之信任，终于受赐“帝心尊者”之号。圆寂于唐贞观十四年（六四〇年），世寿八十有四岁，葬于樊川之北原，虽经岁月，肉色不变，遗体时发出香气云云。

世人称杜顺为文殊菩萨（按：佛教指有“大道心者”之称谓菩萨）化身（见于《五教止观》及《佛祖统纪》），文殊乃掌司《华严经》法界之观智，如欲悟入华严法界者，非依此菩萨不可，盖在《华严经》中，修因契果，生解分以下，或依人入证成得分，例如入法界品的智识之初，皆由文殊之智慧而悟入华严法界观的。

杜顺矫正过往研究《华严经》流俗于学究之弊，乃亲自实践华严观，讲“悟入一心法界”之道，以为其宗旨，故称其为文殊化身，即在于兹，其膺为华严宗初祖，亦在于斯。近代学者有人以杜顺之传记不列于《华严传》，并且考证其《五教止观》及其《法界观门》之内容而猜测：杜顺非华严宗初祖，但此猜测，究竟还是猜测，其著作内容之考证，还是半面的看法，尚且还有反证之说，故其考证，究竟未能推翻杜顺为初祖说。另一方面，《华严传》不列入其传记，可能是贤祖尊崇杜顺为文殊垂迹，故不列入其僧传，亦未可知。圭峰宗密之作《注华严法界观门》曾云：“姓杜，名法顺，唐初时行化神异极多，传中有证，验知是文殊菩萨应现身也，是华严新旧两疏，初之祖师，俨尊者为二祖，康藏国师为三祖”云，由此可证知杜顺是华严宗之初祖无疑。

《注法界观门》又说：杜顺住终南山，但依《续高僧传》卷二十五说：杜顺寂于南郊义善寺，而无记载居住终南山之事，此事可作两种看法，一是：南郊义善寺可能在于终南山中也说不定；二乃杜顺多住终南山而老年期才移锡南郊也说不定？不过，面授的弟子智俨是住终南山至相寺的，从这一点看，杜顺住过终南山，似无可疑。

杜顺现存的著作，还有如下两部：

(1)《五教止观》 一卷

(2)《法界观门》 一卷

智俨所著《华严一乘十玄门》也是师承杜顺之说而撰述的。其他虽说还有《十门实相观》一卷、《会诸宗别见颂》一卷及《五悔文》一卷之书，但现都不传，故无从稽考。唯《法界观门》为杜顺之作，已为学界所公认，故无问题，而《五教止观》有两种否定的看法，一种是以《五教止观》为“法藏”之作品，而不是杜顺之作，而《游心法界记》（法藏作）一卷是其再修正者。另一种是认为《五教止观》是在“法藏”以后，“澄观”以前所制作，因为此书是表示小、始、终、顿、圆的五教，而且是相当于《游心法界记》的五门，故应于法藏以后才能成立，而且其中用语，采用有玄奘译的阿赖耶识三境（独影、带质、性境）之译语，故其年代应在玄奘以后。但此考证仍未能提出积极、绝对的证明，故在华严史上，一般仍以《五教止观》为杜顺之作。因此，在本文论述上，还是以《五教止观》为杜顺之著作来阐述其“佛教观”，同时，由《法界观门》之内容来描写杜顺之宇宙观（世界观）。下面先述杜顺的宇宙观，然后再来详述其佛教观（《五教止观》的内容），由此两种著作，即可了解杜顺的思想。

本章（杜顺的传记）的主要参考书如下：

《高僧传二集》，唐道宣撰（第三十四卷，九三六—九三九页，台湾印经处印）

《注华严法界观门》一卷，唐宗密注（《大藏经》第四十五册，六八四—六九二页，新文丰）

三、杜顺的宇宙观

1. 一心法界的思想

“一心法界”是《华严经》的中心思想，同时也是华严宗哲学的原理所在，当然也是杜顺华严思想的根本立场。杜顺的法界观是颇负盛名的，其《法界观门》，典籍虽简，但其思想体系的独创及其精华，终于使此一小册成为华严宗最根本的圣典，智俨、法藏、澄观、宗密等华严诸祖的华严思想，均由此书而启发，是值得留意的。

法界观是宇宙观或世界观的意思，但此宇宙观是“一心法界”的宇宙观。何谓“法界”？什么叫做“一心”？这是华严哲学的原理论，所以是很重要的问题。今先述“法界”，然后说明“一心”的意思。

“法界”是“法”的世界,“法”是“规范”或“任持”的意思，规范对于我们有所示教，所以“法”会使我们发生智慧。“任持”是它本身持有一种“本质”，而其本质持有一些特质（特色），此特质会变成我们开悟的机缘。如此的“规范”、“任持”叫做“法”。“法”的种类很多，有七十五法、百法、八万四千法和无量之法，而且种种“法”之间，有统一、有组织，而形成“全一”的世界。这个主客一体的宇宙，叫做一心法界。法界不出一心，一心即是全宇宙，法界即是一心，《华严经》与华严宗所谈的，都是这个一心。

“心”的本性，本来不可得。“心”是世界生命的本质，它有“作用点”，但无“实体”可捉，虽无“实体”，但有一种活动性（变化性）的作用点，这个作用点，是无面积、无立体的无限微细的“点”，是等于“无”的“点”。但绝对“无”是绝对的“有”，质言之，“心”是“有”“无”相即的作用点，因之，“心”是“即事”、“即物”，相即相入而无碍的万象本身之存在。换句话说，具体的万象本身即是“心”的本质。万象即是心，叫做“一心”。华严世界的根本原理，尽在此“一心”。

“一心”的本质，可谓是“空”的一种“自觉作用”，“空”有甚深的自觉作用，而种种境界（世界）是“空”的各种自己限制（自己限定）的世界，亦即是“空”经由“自觉作用”的各种具体表现。那么，“空”与“自觉作用”（一心的根本形态），其关系究竟如何?

“空”并不是事物的否定，而是否定事物的“实体”的意思。否定了事物的实体之后，万象乃无过是如是如是（究竟的真理状态）的因缘法，这叫做缘起自性空。缘起自性空是指“无自性的因缘法”。“无自性”是“无实体”，无实体是没有固定不变的东西的意思，也就是无常法的意思，而无常法是现象性的流动的生命本身的意思，流动的生命本身，是最究竟的因缘法。“因”是主要的原因，“缘”是助因成果的条件，因和缘是相对性的，“因”本身有“无尽”的因缘，“缘”本身也有“无尽”的因缘，这个无尽发展，相关相连的法界的作用，乃是宇宙的实况。在此无尽缘起的根源里，有一种相即性的原理在作用，即：“一即一切，一切即一”，就是这个意思。“一”是平等性，“一切”是差别性。平等性是全体性，差别性是个别性，而每一事物，都有这个全体性与差别性。在物理的空间及物理的时间的原则之下，一切事物，似乎不能够相即相入，因为，有“质碍”的关系，但如将时空（时间空间）的物理界限撤销，站在“空”的立场，由于无形像的“心”来活动之时，即能呈现出一多相即，大小相融的微妙境界，即：一夜之梦，飞行百年，一尺之镜，见千里影，一毛孔中，能容三千世界，乃是表示这个“一心”作用的具体显现。

一心的本质，非有非无，同时又能变成“有”“无”，因为，心有超越性，所以“非有”，但心又有内在性，所以“非无”，这个状态，只好说是一种“中道”的种子，而此中道的“体”，是以“空”为立场（超越立场的立场）的一种“觉体”。“空”有“觉性”，是表示“因缘法”有觉性的意思，因缘法即是现实万象的本质，因缘法有觉性，乃是表示万象有觉性的意思，而万象有觉性是表示“自觉作用”的“普遍性”，同时也是表示吾人意识的自觉作用并不是单纯的主观性，而是具有无尽的客观性的，因此，吾人主观上的智慧，其根源非在于客观法界的甚深“实在”（Reality）界不可，由此可知：智慧与实在（主观上的“智”与客观界的“理”），即：主观与客观，是一法的两面观，所以智慧即是实在，实在即是智慧，主客及心物，均融会在一起，我把这个立场，叫做“一心”，一切现象，均由此“一心”而发展。此境在天台、华严，叫做一即一切，一切即一的“妙心”或“一心”，此义甚深，非思惟所能及，所以叫做“妙”，华严以喻得名，叫做“海印”，世界犹如大海的一心所显现，是为“一心”的根本原理。不过，所云“一心”，并不是有一个实体似的东西，只是说明实相世界的一种统一方法而已。

站在根源的“一心”境界看，万法无自性，心与物，不即不离，不一不异，但“心”能显现一切色，犹如善巧的画师，可是善巧的画师艺术虽妙也不能画出人们的本心，一切万象，其性亦然，如是如是显出一切色而各各不相知。可是，万象即是一心，心佛及众生，是三无差别，唯是一心转。能转的一心，是一真（一心）法界的一个具体化的精神现象，因此，吾人一个人的“心”，也是一真法界的分显心，换言之，是具足了全体性的个人心，所以究竟能够圆融无碍。

诸法本无作用，亦无有体性，所以各各不相知，但妄心分别有，其实无所有，一切万法，但有假言说，这是《华严经·明难品》所指示的万象究竟的状态。一切皆无性是离开“有”“无”的中道境界，而各各不相知是表示现象界各自绝对特质（异质性）的意思。这个“无性”而且又是“绝对特性”的世界，是“有”“无”，相即，一切如如，真空妙有的一心法界的境界，此境只可说是绝对的“一心”。在这真理（一心）之下，心（主观）及物（客观），各有其体、相、用，都在发挥着它的特性（个别性）及其全体性，故云：一即一切，一切即一，差别即是平等，平等即是差别，圆融无碍。心物万法，均在发挥其本来面目（实相）。由此妙心而生万物，因之，烦恼与菩提（觉），超越与内在，主观与客观，必然性与自由性，均能相即相入无碍，华严事事无碍的世界，是从此“一心的哲学”而开展的，杜顺的伟大法界观念也是站在这个立场而展开他三重观法的。

2. 真空观

杜顺的《法界观门》一卷，就是建立了华严哲学的基本圣典，其被尊为华严宗初祖，即因有《法界观门》的名著得来的。此外另有“一乘十玄”之思想，此从智俨所撰《一乘十玄门》云：“承杜顺和尚说”一语，即可了解。换句话说，《一乘十玄门》虽是智俨的著作，但其思想却由杜顺和尚而来，所以华严中心教义的“十玄门”思想，也是来自杜顺，殆可肯定。兹阐明杜顺《法界观门》的思想如次：

从《法界观门》以观，杜顺华严哲学的组织，分为三重，一是真空观，二是理事无碍观，三是周遍含容观。最后的周遍含容观即是杜顺的法界观，同时也是十玄门的基础理论之所在，亦即是事事无碍法界。华严法界缘起的法门，如约所入之理而观，乃有四种法界，这是由一心法界的义相而分的。四种法界是事法界（现象界）、理法界（本体界）、理事无碍法界（现象本体相即界）和事事无碍法界（现象圆融界）。杜顺的真空观法界是相当于“理法界”；理事无碍观的法界是相当于“理事无碍法界”，周遍含容观的法界是相当于“事事无碍法界”。其不谈“事法界”，乃因“事法界”属历别难陈，一一事相皆可成观，故略而不谈，此见于澄观著《法界玄镜》（杜顺《法界观门》的注释书）里所说的。

事法界是我们日常所经验的事象世界，而此事象世界的一一事象，均可为三观所依之“体”，三观所依体虽是千差万别，但可分为十对内容，以包含一切诸法（参照《法界玄镜》），这是法界缘起或十玄缘起所依之体事。十对体事的内容如下：

（1）教义一对。“教”是能诠的言教，“义”是所诠的义理。

（2）理事一对。“理”是常恒不变的理体，“事”是缘起变迁的事象。

（3）境智一对。“境”是所观的对境，“智”是能观之智。

（4）行位一对。“行”是实践修行，“位”是依行所得的进趣阶位。

（5）因果一对。到佛果以前的种种修行为“因”，达到佛果的境界叫做“果”。

（6）依正一对。“依”是依报，即是有情所依处的国土，“正”是正报，即是住于依报国土的佛、菩萨及一切生物类。

（7）体用一对。“体”是不变的体性，“用”是随应外物的化用（力用）。

(8) 人法一对。“人”是能知能观之主体，“法”是所知所观的客体。

(9) 逆顺一对。“逆”是逆本性之作用（逆法教化），“顺”是顺本性之作用（顺法教化）。

(10) 感应一对。“应”是随应不同根机的种种应化，“感”是感得应理之当机众生。

上列十对是华严圆宗特有的施设，十对各随五教（小、始、终、顿、圆），有深浅之差别，义门很多。于是，在一一事物之上，可论到事事无碍之义，所以每一事物，各有十对，同时相应，无碍圆融，这是事法界的当相。

真空观的法界，是相当于理法界（本体界）的，这里面分为十门（理事无碍观与周遍含容观也各分为十门，所以三重观合起来，一共有三十的观门）。真空观是般若（智慧=空慧）的世界观，般若的世界观是“空”的世界观，而此“空”是“色即是空，空即是色”的“空”，并不是“虚无”的“空”，所以叫做“真空”。这是杜顺对于“心”的过程所作第一重世界观。真空观法，有四句十门，可表解如下：

- 四句
  - 会色归空观（四门）
    - 色不即空，以即空故
    - 色不即空，以即空故
    - 色不即空，以即空故
    - 色即是空
  - 明空即色观（四门）
    - 空不即色，以空即色故
    - 空不即色，以空即色故
    - 空不即色，以空即色故
    - 空即是色
  - 色空无碍观（一门）
  - 泯绝无寄观（一门）

上列四句之中，前二句各有四门（合起来八门），后两句各一门（合起来为两门），总共有十门。

会色归空是把“色”归于“空”的意思，这分为四段，前三段说“色不是空，以即空故”，然后才下“色即是空”的结论。“色”有“实色（实体、实质的色）”和“幻色（转为观念上之色）”两种，“空”也有“断空”（虚无的空）与“真空”（“空”与“有”打成一片之空）两种。第一句“色不即空”是说：“实色”并不是“断空”，因为“实色”的“有”与“虚无”的“空”是不能一致的，互相矛盾的，但般若的“即空”并不是虚无的空，而是色举体即是空，这叫做“即空”或“真空”。《法界玄镜》将这个第一句的意思，说得很详细，即：拣离“色”明“空”及“断灭空”，“离色”是说：“空”在“色”外，所谓“色外”复有两种，一是“对色明空”（如墙处不空，墙外是空，即是此理），二是“灭色明空”（如穿井，除土出空，要须灭色），今正拣此第二，故《中论》云：先有而后无，是即为断灭，然外道、二乘（声闻、缘觉）皆有断灭，外道断灭，归于太虚，二乘断灭归于涅槃（灰身灭智）。“不即”是在“断空”方面讲的，“即空”是在“当体即空”方面讲的，真空故非断灭，所以“色即是空”。

会色归空观的第二句（“色不即空”），是说：实色与真空不能一致。青黄之相，非是真空之理，故云“不即空”。青黄无体，莫不皆空，故云即空。无体之空，非即青黄，故云“不即空”。依澄观的注释，引《十地经》之“有”“不二”“不尽”以拣三乱意空，即：以“有”而拣“断灭空”，以“不二”而拣“异色明空”，以“不尽”而拣“空为有”。“空”若是“物”，则有尽灭，若有尽灭，则有生起，但法空相，不生不灭，怎么会是“有”？青黄之相，尚非真空，要须无性，怎可以“空”为“有”，要“真空”才是“空”

(即空）的本义。

会色归空观的第三句（“色不即空”）是说：“幻色”与“断空”亦不能一致。“空”中无“色”，所以“色”不“即空”，离“色”无“体”，“空”中无“色”，但“色”非“空”，故“色不即空”，要“不即”“不离”方为真空。“空”中既然无“色”，何得有“空”与“色”之相对，会色无体，故说即空。色外无空，色去不留空，空非有边住，实色实空相对，故云不即，色无空无，以真空故色不即空。

会色归空观的第四句（“色即是空”）是说：凡是色法，必不异真空，以诸色法必“无性”（无自性=无实体）故，所以“色”即是“空”，其他一切诸法亦然，“相即”而无碍。“色”是因缘法，故无自性，依他法无自性，所以是真空圆成（这是“澄观”的解释）。空非色相，无遍计故，缘生无性是依他法，无性真理是圆成，所以真空是该彻性相的。一切法均是真空，此云“色即是空”。现象界所依“体事”，无不即空，皆须以“法”拣“情”，显即事归理。“实色”“实空”是互相矛盾的，要达到“幻色”与“真空”，换句话说，舍掉“实色”与“断空”，把“真空”（包含“空”与“有”之统一境叫做真空）与观念性的“幻色”（经过“空”之“色”），使其一致，才能够发现“般若”的“色即是空”。

以上所述，是“会色归空观”的内容。

第二段（第二句）的“明空即色观”，是把“色即是空”倒过来说，叫做“空即是色”的理论。“色”既然是“空”，“空”当然是“色”，这叫做“明空即色”。明空即色观亦有四门（如前之表），其中，前三句以“法”拣“情”（迷执），而第四句乃正显“法理”。

明空即色观的第一句是“空不即色，以空即色故”。“断空”（虚无的空）不是“色（物体、形质）”，所以非色，但真空必不异色，所以是“即色”，要由真空即色，才能使“断空”不“即色”

（这些与前段同样，都有拣即离、拣乱意、拣形显三义），此在澄观批注，言之甚详。

明空即色观的第二句也是“空不即色，以空即色故”。空理非青黄，所以“空”不是“色”，但非青黄之真空，必不异青黄，所以“空即是色”，空即是色故实空非实青黄。

明空即色观的第三句也是“空不即色，以空即色故”，“空”是“所依”而非能依，所以“不是色”。必与能依作所依，才是“色”。“色”之所依，非余所依，故不离色，这不即不离叫做双结，故本文云：“由不即色故即是色也”。

明空即色观的第四句是“空即是色”。凡是真空，必不异色，此“法”无我，又非断灭，故空即是色，一切法亦如是，相即而无碍，这是“般若”的真空。

第三段的“色空无碍观”是阐明“空”与“色”之无碍关系。“色”本身举体完全不异“空”，完全是“尽色之空”故，即色不尽而空现，“空”本身举体完全不异色，完全是“尽空之色”故，“即空”“即色”而“空”不隐，所以菩萨观“色”无不见“空”，观“空”莫非见“色”，无障无碍，而是一味之“法”。澄观批注云：“色”是“有”中之别称，而“通”乃有“空”“有”二门，“空”有二义，一是“空”，二是“非空”，“有”亦有“有”、“非有”二义，空中言“空”，是以“空”必“尽有”故，言“非空”，是“无空相”而不碍“有”的意思，“有”中言“有”，是“有”必“尽空”故，“非有”是离“有相”而又不碍“空”的意思。今明“色”“空”无碍中，初明“色”不碍“空”，取“空”上“尽色”之义，次明“空”不碍“色”，乃取“色”上“尽空”之义，而其不相碍是举体全是之义，“色”不碍“空”，所以“色”不尽，尽色之空故而空现，以“空”不碍“色”故“空即是色”，而是“尽色”之“空”故“空”不隐。总之，色举体即空，即色不尽，以“即空”故“空”

便现，反过来说，“空”举体为“色”，故“空即是色”，以上是“色”“空”无碍，相即之理。

第四段是泯绝无寄观。所谓“真空”，不可言“即色”，不可言“不即色”，亦不可言“即空”或“不即空”，一切法皆不可（否定的论理），不可亦不可（连否定亦要否定），此语亦不受（连不可言说的这句话亦不受，若受不可说言，也是一种“有受”），有受则就有念，“有念”皆是心言之迹，故应回绝无寄。应离“有”“无”二边，同时中道亦不存，“心”“境”（客观世界）两亡，亡绝无寄，般若则现。若生心动念，皆不体会真理。言语道断故非言所及，心行处灭故非解所到，此境叫做“行境”。生心动念即乖法体，而失正念故。“心”与“境”冥，“智”与“神”会，亡言虚怀，要冥心遣智，才能达到此境，此境非“解境”，唯“行”才能到达，故云“行境”。

上面所述真空观四段之中，初二段八门，是拣“情”显“解”，第三段一门是“解”终而趣“行”，而第四段一门，是正成“行”的“体”。若不明前“解”，无以蹑成此“行”，此行若不解，无以成其“正解”。“行”由“解”而成，但“行”起，“解”则绝。以上真空观乃相当于澄观四法界中的“理法界”（本体界），亦即是般若空始教的思想，于是，杜顺就奠定了五教中“空始教”的思想基础。

3. 理事无碍观

理事无碍观是杜顺法界三重观里面的第二观，此亦分为十门，如下：

“融”（相遍对）	1.“理”遍于“事”门＝“理”不可分，故遍通于一切“事”，不是分通，而是全遍。 2.“事”遍于“理”门＝“事”是幻色，“理”无分限，“事”有分限，但“事”无“实体”，究竟与“理”全同，一尘不坏而遍法界。
“顺”（相成对）	3.依“理”成“事”门＝从无自性的“理”而缘起无自性之“事”。如波揽水以成动，真如随缘故。 4.“事”能显“理”门＝由于有“事”，才会现出“理”（事顺理）。如波相虚而令“水体”露现。
“逆”（相害对）	5.以“理”夺“事”门＝“事”灭而显“理”时，“事”则隐（理逆事）。如水夺波，波无不尽。 6.“事”能隐“理”门＝“理”随缘而成“事”时，“理”则隐（事逆理）。如水成波时，“动”显“静”隐。
（相即对）各自“泯”（亡）	7.真理即事门＝“理”不在“事”之外，无自性的“理”本身即是“事”。如水即波。 8.事法即理门＝举体皆“事”，“事”本身即是“理”，犹如波浪本身即是水，故事法即是真理。
二相“存”（相非对）	9.真理非事门＝“即事”之“理”并不是“事”，“真”与“妄”不同故，犹如波之水并不是波，“动”“湿”不同故。不管“事”如何，“理”乃恒存。 10.事法非理门＝“相”与“性”不同，全理之事，事恒非理，如全水之波，波恒非水，“动义”非“湿义”故，虽云举体全理，但事相宛然存在。

“理”是“理体”（本体），“事”是“事法”（现象）。本体界与现象界，虽是有严格的分别，但“理”与“事”之间，却有“不二”之关系，这个“不二”之关系，叫做“即”。“体”的“不二”叫做“相即”；“用”（作用）的“不二”叫做“相入”；“相即”“相入”是华严哲学的究竟义理。“无碍”是“不二而二，二而不二”的意思。

“一”能显“多”，“多”乃归“一”，而“一”即是“多”，“多”即是“一”，“一”“多”相即（本体上看）相入（在用上看）而无碍，杜顺为要显出此真理起见，先由“理事无碍观”说起，然后说及第三重的事事无碍观（周遍含容观），因之，四法界之分限，十玄缘起之义理，均可谓由杜顺之《法界观门》为依据，此所以能成为华严宗之初祖，同时，也是华严哲学的第一位先觉者。

杜顺的真空观，究竟还是讲了一个“理”（空），由此“空”再展开其真理的动态、变化，乃是他的理事无碍的世界观。“理”与“事”之间，究竟有“相即”“无碍”之道理，把这个道理，分为十门，以述其内容，乃是理事无碍观的结构。

上列十门之中，第一门的“理”遍于“事”固无问题，但第二门的“事”遍于“理”，不无疑问。即：“理”既然全体遍一尘，何故非小？又，一尘如全帀于“理”，何故非大？“尘”是小，“理”是大，“小”怎么能遍于“大”？又，“大”怎么能遍“小”？关于这个问题，《法界观门》曾答云：理事相望，各非一异，故得全收而不怀本位。杜顺说：“理”望“事”有四句，即：(1) 真理与事非异故真理全体在一事中，(2) 真理与事非一故理性恒无边际，(3) 以“非一”是“非异”故无边理性全在一尘，(4) 以“非异”即是“非一”故一尘理性无有分限。次以“事”望“理”亦有四句，即：(1)“事法”与“理”非异故一尘全帀于理性，(2)“事法”与“理”非一故不坏于一尘，(3) 以“非一”即“非异”故一小尘帀无边真理，(4)“非异”即“非一”故帀无边而尘不大云。抑又有疑者，即：无边理性全遍一尘时，外诸事处为有理性？究为无理性？若尘外有理，则非全体遍一尘，若尘外无“理”，则非全体遍一切事，义甚相违，应作如何解？杜顺答说：以一理性融故，多事无碍故，乃得全在内而全在外，无障无碍，是故各有四句，即：就“理”四句而言，(1) 理性全体在一切事中时，不碍全体在一尘处，所以“在外”即“在内”。(2) 全体在一尘中时，不碍全体在余事处，所以“在内”即“在外”。(3) 无二之性，各全在一切中，故亦在内亦在外。(4) 无二之性非一切，故非内非外。前三句明一切法“非异”，后一句明一切法“非一”，非一非异故称内外无碍。其次，就“事”四句而言，即：(1) 一事全帀于“理”时，不碍一切事法亦全帀，故“在内”即“在外”。(2) 一切事法各帀于“理”时，不碍一尘亦全帀，所以“在外”即“在内”。(3) 诸事法同时各匝，所以全在内亦全在外，无有障碍。(4) 诸事法各不坏（各各自存其特性），彼此相望，非内亦非外云。

总之，上述十义，是同一缘起（一心法界之缘起），如约“理”望“事”，则有“成”、有“坏”、有“即”、有“离”，由“事”望“理”乃有“显”、有“一”、有“异”，“逆”“顺”自在，无障无碍，同时顿起，令“观”明现，这叫做“理事圆融无碍观”。有“成”是“依理成事门”，有“坏”是“真理夺事门”，有“即”是“真理即事门”，有“离”是“真理非事门”，有“显”是“事能显理门”，有“隐”是“事能隐理门”，有“一”是“事法即理门”，有“异”是“事法非理门”。“逆”“顺”是“理”“事”相望，各有二顺二逆的意思，“自在”是欲成即成，欲坏即坏，欲显即显，欲隐即隐等意思。“无碍”是“成”不碍“坏”；“坏”不碍“成”等意思。“成”时即“坏”时等，叫做“同时”，五对十门无前后，故云“顿起”。“不即”“不离”是缘起相，“相遍”“相即”是“事理不相碍义”。“相遍”与“相违”，“不即”与“即”，均是相对待而相反相成的。“真空”“妙有”各有四义，约“理”望“事”乃有真空四义，约“事”望“理”即有“妙有四义”，可表解如下：

真空四义：
- 废己成他义＝依理成事门
- 泯他显己义＝真理夺事门
- 自他俱存义＝真理非事门
- 自他俱泯义＝真理即事门

妙有四义：
- 显他自尽义＝事能显理门
- 自显隐他义＝事能隐理门
- 自他俱存义＝事法非理门
- 自他俱泯义＝事法即理门

以上是澄观对于理事无碍观的最后一节（结言）之批注。四法界中的“理事无碍法界”乃相当于杜顺的“理事无碍观”，这是华严五教中“终教”的分齐，所以杜顺是四法界说的初祖。

4. 周遍含容观

周遍含容观是杜顺思想的精彩极致，同时也是华严事事无碍观的第一个独创之说。第一重的真空观还是站在“理”（空）的立场而观察一切的，所以于“泯事”方面的说法比较多。第二重的理事无碍观乃将其“理”（空）使其活动，而令其有缘起之“事”；而来到第三重则一一之事既然均为“理”之表现，那末“事”与“事”之间即能现出无碍、相融之关系，不必靠“理”（空）来做圆融相即无碍的媒介，因为“理”（本体）与“事”（现象）既然是相即一体，事与事也当然能够相即圆融，即：离开了现象（事）之外，并没有另外一个叫做“理”（空）的存在！所谓“理”或“空”也不过是言说上的方便假施设而已！“事”本身即有绝对之价值，一色一香皆是中道，此境即是事事无碍的世界，杜顺把它叫做周遍含容的世界。“事”如“理”，“理”如“事”，“理”如虚空，无不周遍，无不含容（包含），“事”亦如“理”无不周遍无不含容，偏、摄无碍。“摄”是含容义。“无碍”有二义，一是“遍”不碍“摄”，二是“摄”不碍“遍”，事事能摄遍，交参无碍而得大自在。

周遍含容观也分为十门，兹举如下：

（1）理如事门（“遍”仍倾向于“理”，但“如”乃彻于具体的“事”）

（2）事如理门（“遍”仍除不掉理事相对，但“如”乃表示事事无碍的绝对之意）

（3）“事”含“事”“理”门

（4）通局无碍门（以下七门均表示包含理事的事事无碍观）

（5）广狭无碍门

（6）遍容无碍门

（7）摄入无碍门

（8）交涉无碍门

（9）相在无碍门

（10）普融无碍门

以下说明上列十门的意思：

第一，理如事门是说：“理”的动态即变成“事”，全理为事，所以“事”外无“理”。理如事是如“事”之“现”，如“事”之“局”，如“事”之“差别”，如“事”之“大”、“小”、“一”、“多”等的意思。又，真理如事之“虚”，以“虚”名为实体，“虚”即是“实”叫做“无别事”，所以“全理”是“事”，见“事”即见“理”。

第二，事如理门是说：“事”如“理”之遍通的意思，不唯如此，“事”又如于“理”，无相、无碍、非内、非外等的意思。一切事法与“理”非异，所以“事”随“理”而圆遍，一尘普遍法界、法界全体遍诸法时，此一微尘亦如理性全在一切法中，如一微尘一切事法亦然。此第二门与第一门兼有“理事无碍义”，两门合起来，乃有事事无碍义。

第三，事含事理门是说：一一之事，皆含有“事”与“理”，一一事中，含全法界，故“事”与“事”之间，有“融即”之关系，一尘之中，显现一切法，“融即”即是周遍含容观意思。这个事理融通的事，非一非异，故成四句，如下：

含容 { 一中之一（一入于一）
一中之一切（一切入于一之中）

周遍 { 一切中之一（一入于一切之中）
一切中之一切（一切入于一切之中）

第四，通局无碍门。一切事法与“理”非一即非异，所以事法不离一切处而全遍十方一切尘内，由于“非异即非一”故全遍十方而不动一位，即远、即近、即遍、即住而无障无碍。“通”是“遍”，“局”是“不遍”，与“理”非一故“局”，非异故“通”，“遍”即是“通”，“住”即是“局”。非一非异，即遍即住而无碍，叫做通局无碍。

第五，广狭无碍门。“事”与“理”非一即非异故不坏一尘而能广容十方刹海，由非异即非一故广容十方法界而微尘不大，一尘之事，即广即狭，即大即小，无障无碍。“小”不坏“小”自己而以“狭”本身即能周遍于一切，“一”之中能容入“多”而且“一”仍不坏。第四门由“周遍”而说，第五门乃针“含容”而言。此二门是同时性的、互相性的，有前必有后。十玄的广狭自在无碍门，乃由之而成立。

第六，遍容无碍门。一尘望于一切，普遍即是广容，所以遍在一切中时，还摄彼一切法全住于自己的“一”之中，反过来说，广容即是普遍，故令此一尘还即遍在自己里面的一切差别法中，故此一尘，“自”遍“他”时即“他”遍“自”，能“容”能“入”，同时遍摄无碍。此境相当于十玄的“一多相容门”。

第七，摄入无碍门。“入他”即是“摄他”，“一切”全入“一”中时，“一”还在“自”一切之内而同时无碍。“摄他”即是“入他”，故“一法”全在“一切”中时，还令“一切”恒在“一”之内而同时无碍。“能摄”“所摄”互相交参。一多相入相摄无碍。

第八，交涉无碍门。此交涉门有四句：

“一”摄“一切”，“一”入“一切”。

“一切”摄“一”，“一切”入“一”。

“一”摄“一”法，“一”入“一”法。

“一切”摄“一切”，“一切”入“一切”。

“一”与“多”俱为能摄能入，故云“交涉”。能摄所摄，互能相入。“能”即“所”，“所”即“能”，能所互能成立。

第九，相在无碍门。一切望一，亦有“入”有“摄”，亦有四句如下：

摄一入一

摄一切入一

摄一入一切

摄一切入一切

第八门的“一摄一法、一入一法”，乃唯明“自一”随对“他一”，“自一”摄“他一”时，亦入“他一”而已！但今第九门则不然，即：第一句的“摄一入一”，是“一切”随摄“一法”将入“一法”的意思，约十镜来说：总以九镜为能摄，而第一句及九镜摄第一“一镜”而入第二的“一镜”之中。第二句的“摄一切入一”是九镜皆摄九镜而入一镜中。第三句“摄一入一切”是九镜各摄一镜遍入九镜之中。第四句“摄一切入一切”是九镜皆摄九镜而各入九镜之中。摄将随一入彼“一”中，复摄彼“一”在此“多”中，叫做“相在”。由此互摄互在，故有帝网重重之义。“入”的情形亦与“摄”的情形相同，有一镜与九镜之四句分别。

第十，普融无碍门。“一切”及“一”，普皆同时，更互相望，一一具前两重四句，普融无碍，此第十门是总融前九。第八门一望一切，第九门一切望一，第十门具第八第九，第七门一切摄一中收。前九门不出“一”“多”。“理如事”是以“一”为“多”，“事如理”是以“多”为“一”，二、四乃如理之“遍”，三、五乃如理之“包”（二即二而不二），四乃不二而二（以不坏相故），六乃双含一多容遍无碍，七乃摄入自在，八乃含“一”“多”交涉，九乃含摄入自在，十乃融成一致，所以第十门乃相当于“同时具足相应门”，这十门与十玄之关系，请阅后文“智俨的思想”，设有对照表。

将杜顺之周遍含容观的事事无碍之互相关系，表解如下：

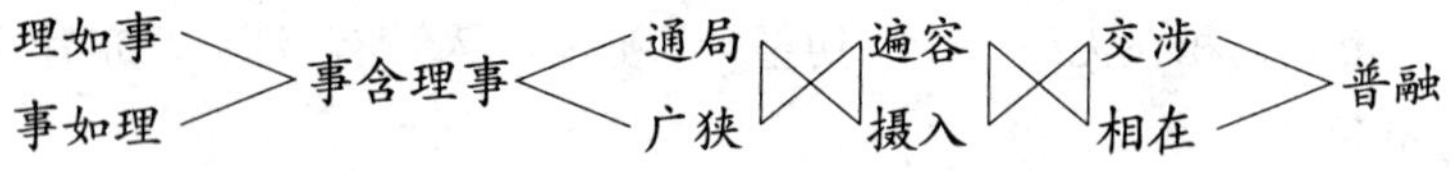

法界观的最后说：令圆明显现，称行境界，无障无碍。意思是说：若圆明在心，依“解”生“行”，“行”起“解”绝，虽“绝”而“现”，“解”“行”双修，修而无修（自然而然之修，已无“修”之执着），此乃不唯周遍一门，实亦三观齐致，如能常行实践，怕何障不消，何法能碍！

本章（杜顺的宇宙观）的主要参考书如下：

《华严哲学要义》李世杰著（《哲学论文集》第四辑，三五—三九页，商务印）

《中国佛教之研究》常盘大定著（杜顺之法界观）

《华严法界玄镜》二卷唐澄观述（《大藏经》第四十五册，六七二—六八三页）

四、杜顺的佛法观

《华严五教止观》，是杜顺的佛法观，或佛教观（亦可谓华严五教判之始。所谓教判是站在某一经论的立场以判佛陀一代说法的一种佛教分类，亦即是教相的判释），智俨、法藏等华严宗的历代祖师，无不受此影响，而作判教论，所以站在判教的立场看，杜顺亦当为华严宗之初祖而无愧。

《华严五教止观》，是行人修道，去邪入正的止观法门，内容如下：

（一）“法”有“我”无门＝小乘教

（二）“生”即“无生”门＝大乘始教

（三）“事”“理”圆融门＝大乘终教

（四）“语”“观”双绝门＝大乘顿教

（五）华严三昧门＝一乘圆教

第一、“法”有“我”无门是认定万法之“有”而否定主观之“我”（“我”是固定不变的主体）。这是站在小乘教的立场，主要乃说“五停心”中的“界差别观”，以破“着我”（我执）。五停心观是小乘修道阶段中贤位的修法之一（出于《俱舍论·贤圣品》），其内容如下：

（1）不净观（观身不净，以止息贪婪）

（2）慈悲观（观众生而起慈悲心，以治嗔恚）

（3）缘起观（因缘观。观十二因缘，以治愚痴）

（4）界分别观（六界观。观身心为地水火风空识六界之因缘和合，以治"我"见）

（5）数息观（数出入息，以治心之散乱）

杜顺对于一一之法，均以"名"、"事"、"体"、"相"、"用"、"因"的六重而观之。"界"是"别"，即："法"之"差别"有十八种，叫做十八界，故对于十八界（眼耳鼻舌身意六根，色声香味触法六尘及眼耳鼻舌身意六识，合起来叫做十八界以包括一切诸法）亦说此六重之观。这种观法，完全是一种"析空观"（把诸法分析为"空"）的观法。今就十八界中六识界的"眼识"而言，以"言"而说"眼识"，谓之"名"，由"名"所诠者（即：一念相应如幻的东西）谓之"事"，以言诠不能及之"如来藏（众生与佛一体的东西＝包含有佛性）"谓之"体"，清净圆满谓之"相"，于"境"（认识的对象）的了知谓之"用"，阿赖耶识（藏识＝第八识）中的眼识的种子谓之"因"。根、尘、识诸法，均以藏识为体，一切是"识"的显现，这个地方，有大乘的解释法。

观十八界，断诸烦恼者，得离"我""我所"（外界六尘等总相），不过，此境"人我"虽去，"法执"（万有诸法之执）仍存。小乘教所修者，个人的我虽灭，但仍执众缘为"实"，所以说，"法"有"我"无门。

第二，"生"即"无生"门，是"人""法"二空的观法，这是大乘始教对于"法"所作无我之观法。先简去"名相"："智人唯见色法，不见名相"，这个意思是说：迷的人所看的，都是"名"与"相"，而有智慧的人所看的是"法"，这个"法"即是"色法"。次入无生门云：于事中真妄齐致，意识分别不"如法"，所谓

“真”“妄”是眼识所得，故名“真”，意识缘故为“妄”，真妄悬差，故证“法”而无“人”。这个为“法”无分别故。“法”虽无分别，若竟分别，即是有了分别，非求法也。色法既尔，心法亦然，如色无异，故经云：“五识所得境当体如来藏”，这是表示真观智的主客一体的世界，此为入初门的方便，契自位之妙门。

其次，诸法皆空的观法，有“无生观”与“无相观”两种。无生观是由于“法”的“无自性”而空掉“生”的立场，云：“法无自性，相由故生，‘生’非实有，是则为空，故曰无生……因缘故有，无性故空，无性即因缘，因缘即无性。”《中论》云：“以有‘空’义故一切法得成，若一切法不空，则无道无果。”这个意思是说：要由于“空”才能成就一切法，假如不是“空”，一切东西已经固定不变，故无成长、发展、修成果位等可言，故由“空”始能成立一切法。其次的“无相观”是“相”即“无相”的意思，“法”离于“相”，无所缘故。一切法皆空，无有“相”，“空”无有“分别”，所以“无性法”亦无，如此的观法，即能离情执。要有“空”才能成“观”，若不空，即是颠倒，颠倒不能成“观”，如此的“观”，能治“执法”之大病，“法”实“非有”，妄见为有，要以无分别的空，始能成立究竟的“观”，诸法皆空，相无不尽，是为大乘始教的法无我（人法二空）观，这是生即无生门的义理。

第三，“事”“理”圆融门。这是大乘终教的观法。此门所引经论，有《楞伽》、《胜鬘》、《起信》等典籍。心生灭门是“事”，心真如门是“理”。“空”“有”二见，圆融自在。缘起之法，似有即空，空即不空，复还成有，“有”“空”无二，圆融无碍。空是不碍有之空，“即空”而“常有”，“有”是不碍“空”之“有”，“即有”而“常空”。“有”即“不有”，离有边有，空即不空离无边空，以“有即空”而“不有”故名“止”，以“空即有”而“不空”故名“观”，“空”“有”全收，不二而二，故亦止亦观，“空”“有”互夺，二而不二，故非止非观。“慈悲”导“智慧”而不住“空”，空即有而不失空故，“智慧”导“慈悲”而不滞“有”，以不住“空”之大悲故。恒随“有”以摄“众生”，以不摄生，以不滞有之大智故。生非生，灭非灭，以“有”即“空”故不住生死，以“空”即“有”故不住涅槃，“空”“有”两存，故亦住生死亦住涅槃（解脱），以“空”“有”相夺，两不存故不住生死不住涅槃，犹如“水”“波”之一异，非一非异。“有”“无”无“二”而“二”，二而不二，双离两失，顿绝百非，见心无寄，所以叫做“观”（这是事理圆融之观）。

第四，语观双绝门。这是顿教的观门（《维摩经》的入不二法门属于此观）。“语”即“如”故不异“法”，无言的观行也是如此，“空”“有”圆融，“语”“观”双绝，连“观行”本身亦应离开（不停滞于“观行”，不执着“观行”的意思）。进入“无言”、“无观”的绝对境（不二境界）为此门之观法。维摩居士以“默然无语”而表示绝对境界，文殊菩萨以“善哉、善哉，默然无言，是真入不二法门”而赞叹！也是表示绝对的境界。说法的究意归于无言，但无言中有大说法，言说、观行、无说、无观均是“法”。要超越“言”与“无言”，言即无言，无言即言，是为语观双绝门的观法。

第五，华严三昧门。这是华严圆教最究竟的观法，其所说的内容，即是法界缘起的实相。

观一事而入法界的方法，有三段的过程，一是征令见尽（追求诸法但名，以令人达到亡言绝解之境），二是示法令思（内容分为“剥颠倒心”与“示法断执”二节，即：剥夺颠倒之妄心，然后令人觉悟“法”之“如实”）。三是显法离言绝解（内容分为“遮情”、“表德”二门，遮情乃以四句而否定“缘起”，表德乃以四句而肯定之）。在“遮”“表”圆融无碍处而见缘起之法，特由《华严经》而证显此理，杜顺为之发扬而光大其说。

兹再就杜顺《五教止观法门》的内容略加详述如下：

"色"等诸"事"，本来就是"真实"而亡诠（离言说）的，所以妄心不可及，是故见眼耳等事即入法界缘起中，因为，一切是"无实体"、"无自性"的，无自性故得成幻有，性相浑融，全收一际，所以见法即入大缘起法界中，而入法界缘起，有征令见尽等三种方便。第三显法离言绝解的"遮情"，有四句：(1) 非"有"(诸法空故，无自性故)，(2) 非"无"(即有故非无)，(3) 非"亦有亦无"("空""有"圆融，一际无二相故)，(4) 非"非有非无"(不碍两存，盖缘起之法，空有互夺，同时成也)。空有互融，法"空"夺"有"尽，唯"空"而非"有"，"有"夺"空"尽，唯"有"而非"空"，相夺同时，两相双泯。以上为遮情门的内容。其次，表德门亦有四句：(1) 是"有"(幻有不无故)，(2) 是"无"(无性即空故)，(3) 是"亦有亦无"(不碍两存故)，(4) 是"非有非无"(互夺双泯故)。

诸法以缘起故"有"、以缘起故"无"、以缘起故"亦有亦无"、以缘起故"非有非无"，乃至一不一、亦一亦不一、非一非不一、多不多、亦多亦不多、非多非不多，如是多，多是一，亦是多亦是一、非是一非是多，"即""不即"四句，也属如此。遮表圆融无碍，皆由缘起自在故，若能如是，才能见到缘起法，圆融一际的特殊。

"法"无自性而不碍相存，若不无性，缘起不成，无自性故缘起，缘起故无自性，无"性"为不可分别，而随其"大""小"，"性"无不圆，一切亦即全性为身，全"彼"为"此"，"即性"而不碍"幻有"，一具众多，彼此全体相收，而不碍彼此差别，彼中有此，此中有彼，法同法性，入诸法故。

一即一切，一切即一，一即多，多即一，一入一切，一切入一，如帝释天，帝网皆以宝成，光明影像，涉入重重无尽，一珠中同时顿现，无尽缘起，是为法界缘起之妙法。

上述五观法，乃由浅入深之修道法门，同时也是入华严三昧的过程。其组织的成就，即是由杜顺的五教立场，再以分为观法内容的。

本章（杜顺的佛法观）的主要参考书如下：

《华严五教止观》一卷，隋杜顺说（《大藏经》第四十五册，五〇九一五一三页）

《华严思想史》高峰了州著（一四七——五〇页）

五、杜顺思想的传承

1. 智俨的思想

传承杜顺的真髓，能尽力于振兴华严宗的人，是至相大师“智俨”。他的传记，载于《华严传》、《续高僧传》。他从智正大师学习《华严经》，再礼光统律师学律及《华严》，以吸收地论宗的学风，著有下述各书：

《华严经搜玄记》（《华严经》的解释）九卷

《华严经孔目章》四卷　补说《搜玄记》之书

《五十要问答》二卷

《一乘十玄门》一卷（说十玄缘起之法）

智俨承初祖杜顺之意，略定华严宗的纲领，依判教的方式而解释《华严经》，就杜顺观行上，双备教理、教观，研宏一宗之组织。他始住至相寺，后人云华寺。于唐高宗总章元年（六六八年）十月二十九日，圆寂于清净寺时年六十七岁。智俨的系谱如下：

华严宗——————————————杜顺——————智俨——贤首
地论宗——慧光、道冯、灵裕、静渊——智正——
摄论宗——真谛、慧旷、法常——————————
——义湘（新罗人）
——道成
——薄尘

继承杜顺《法界观门》的思想，发挥事事无碍的精神者，当首推智严的《华严一乘十玄门》。杜顺《法界观门》的第三重“周遍含容观”与智俨的《一乘十玄门》是有密切之关系的，兹将两者之关系略述如下表：

《法界观门》	一乘十玄门
理如事门 事如理门 事含理事无碍门（微细相容安立门）	诸藏纯杂具德门
通局无碍门	诸法相即自在门
广狭无碍门（广狭门）	十世隔法异成门
遍容无碍门	相即、广狭二门
摄入无碍门（相即、相入门）	一多相容不同门
交涉无碍门	秘密隐显俱成门
相在无碍门	因陀罗网境界门
普融无碍门	同时俱足相应门

一乘缘起，是自体法界，一即一切，无过不离，无法不同。《华严》大经，通明法界缘起，不外乎“自体”之“因”与“果”。

“因”乃方便缘修，体穷位满，即是普贤，“果”乃自体究竟，寂灭圆果，即是十佛境界。约“教”自体而言，可分“举譬”及“约法”，以辨缘起。举“譬”可分“异体门”及“同体门”。异体门中，约“相”而言，以十数以明“一中多”，“多中一”，此中均含“尽”“无尽”两义，即：“十”中“一”即是“尽”，“一”中“十”乃是“无尽”。再约理而言，即是“一即多”“多即一”，现象界之事，虽多即一，虽一即多，但“一”“多”相即相入而无碍。同体门的情形，亦与异体门相同，有“一”中“多”，“多”中“一”，“一”即“多”，“多”即“一”，并有“尽”“不尽”二义，上面所述，可表解如下：

- 体
  - 异体门
    - 约相（一中多，多中一）＝有“尽”、“不尽”
    - 约理（一即多，多即一）＝有“本有”“始有”（本有是“空”，始有是见佛性）
  - 同体门
    - 约相（一中多，多中一）＝亦尽，亦不尽（尽＝如虚空，不尽＝摄法）
    - 约理（一即多，多即一）＝亦尽，亦不尽

次就约“法”以会理而言，有十门：

（一）同时俱足相应门（约“相应”无先后）

（二）因陀罗网境界门（约譬）

（三）秘密隐显俱成门（约缘）

（四）微细相容安立门（约相）

（五）十世隔法异成门（约世）

（六）诸藏纯杂具德门（约行）

（七）一多相容不同门（约理）

（八）诸法相即自在门（约用）

（九）唯心回转善成门（约心）

（十）托事显法生解门（约智）

上列十门的每一门，皆具“十门体”，所谓十门体的内容如下：

（1）教义（“教”是通相、别相、三乘五乘之教）

（2）理事（三乘教认为“事”与“理”不同，而华严宗认为“事即是理”）

（3）解行（三乘认为“解”与“行”不同，但此宗认“解”即“行”，“行”即“解”）

（4）因果（修相为因，契穷为果）

（5）人法（明“人”即明“法”）

（6）分齐境位（参而不杂，各住分位）

（7）法智师弟（开发为师，相成即弟子）

（8）主伴依正（举一为主，余即为伴，“主”是“正”，“伴”是“依”）

（9）逆顺体用（这是“成”“坏”义）

（10）随生根欲性（随缘常应，“常”“灭”同时相应）

十门体普周法界，故成无尽义。十玄门的意思如下：

①同时具足相应门。教义、理事等同时具足，这是缘起实德、法性海印三昧力用使其然的。因果同时，一切法皆一时成，若有一法不成，一切亦不成，如似初步若到，一切步皆到，一步不到，一切步不到，故虽成等正觉（佛果位），却不舍初发心，乃一即是多，多即是一的缘故。即举一法，一切法皆具足的表示。

②因陀罗网境界门。此约“譬说”，亦具教义等十门。帝释殿帝网之相，犹如众镜相照，众镜之影，现于一镜中，如是影中复现众影，重重现影，成其无尽复无尽之状态，所以经中云：于一微尘中，各示无量无边佛，于中说法，于一微尘中，现无量佛国乃至众

多世界，尘尘如是，无尽复无尽，这是法界缘起，重重无尽之理，随智差别故举一为主，余则为伴，如帝网一珠，映现一切珠，而在其中，又不失因果先后次第，而体无增无减，故经云：众生成佛尽，佛界不增，众生界亦不减，若无一众生成佛，众生界亦不增，佛界亦不减也。

③秘密隐显俱成门。此约“缘起”说，亦具教义等十门。“隐”是如《涅槃经》所说的“半字”，“显”是“满字”，又如《月喻品》所云：此方见半，他方见满，但月亮本身，实无亏盈，随缘所见，故有增减。月亮本身，是常半常满，隐显无别，半满无异时的，故如来于一念中八相成道，生时即是灭时，同时俱成“故云秘密”（隐显体无前后故）。

④微细相容安立门。此约“相”而说。如一微尘是其小相，无量佛国是其大相，而“大”“小”相容而安立，不乱不杂，不增不减，诸门一时具显不相妨碍。

⑤十世隔法异成门。此约“三世”。过去世中有过去、现在、未来，现世中亦有过、现、未三世，未来中亦有过、现、未三世，合起来有九世，但三世为一念，合前九世为十世，而十世以因缘力故“相即”“相入”而不失三世，如以五指为拳而不失指，十世虽同时而不失十世之别。长劫入短劫，有劫入无劫，无劫入有劫，过去是未来，未来是过去，十世相即相入而不失先后长短之相，故云“隔法异成”。

⑥诸藏纯杂具德门。此约“六度”说。如就施门（布施）而说，一切万法皆名“施”，是为“纯”，但施门具诸忍辱，持戒等行，故名为“杂”，“纯”与“杂”不相妨碍，故名“具德”。又如“一念”为“纯”，“万行”为“杂”，而一念具足万行，乃是纯杂具德。“一”是“纯”，“多”是“杂”，这是由“行”所看的相即相入的无碍观。

⑦一多相容不同门。此是约“理”之说。“一”入“多”，“多”

入“一”，叫做“相容”，但“体”无先后而不失一多之相，故云“不同”，这是缘起的实德。一入一切，一切入一而不杂乱。

⑧诸法相即自在门。此约“用”。此就三世圆融无碍而说相即无尽。法界体性无尽，先后因果不失，而又相即相入，故云初发心时，便成正觉，一摄一切，一切摄一，初摄后，后摄初，一行一切行，三生、三世只在一念，一念具足一切，海水一滴，具百川味，一念成佛，会缘以入实性，无多少故，行行圆满，取最后念，名为成佛，因果相即，同时相应。

⑨唯心回转善成门。此约“心”说。一切诸法，皆是如来藏清净真心（佛性）所建立，顺转名为涅槃，逆转名为生死，三界虚妄，唯一心作，一切净染，离心更无别法，以缘起自在力故华严七处九会皆不离寂灭道场，不来相而来，不见相而见（《维摩经》之说），乃表示此心自在缘起之妙用也。

⑩托事显法生解门。此约“智”说。“事”即是“法”，托事以显法，异事显于异理法，以“事”即“法”故。随举一事，摄法无尽。此中因果，乃是一乘说之相即相入之因果。一切事象，皆表示有其真理（法）。

次就智俨的判教而言，《一乘十玄门》是于“能诠”之“教”，就“自体相”而辨缘起的，但在《搜玄记》乃就“所诠”之“义”以明分齐，而导致于兹的东西，是判教思想。智俨站在慧光以渐、顿、圆的判教立场，于其《一乘十玄门》而解释小乘、三乘、一乘之思想，而在圆教一乘的《华严经》而指出同别二教的立场。根据《搜玄记》看，可由三种立场来解释渐顿圆三教于圆教一乘的体系之中，第一，由“渐”的立场看，“渐”生“信”，“顿”成“行”，“圆”成“体用”，这是据“方便修相对治缘起自类因行”而说的，第二，是约“实际缘起自体因行”而说的，即：由于示“顿”而修，示“渐”而彰为物，于“圆”而示果德之圆备，第一是向上的阶段，第二是向下的秩序，“对治”对“实际”，“自类”对“自体”，两者均以“因行”为立场。第三是：“穷实法界，不增不减，无障碍缘起自体甚深秘密果道”为立场的圆、顿、渐之顺序体系（约果道），《一乘十玄门》的因果二门的思想，是建立于这三教判之上的。

智俨似乎把《华严经》摄在“顿”“圆”二教，他认为由此而可了解《华严经》的同别二教之立场。智俨的同教，是同于三乘的立场而有“通”的意思，通别二教是《一乘十玄门》的“通相”“别相”的意思，这个“通相”或“通宗”，是对待着三乘别相的一乘的立场，这是教即义同时相应的意思，即：如此绝对的意思的同时相应本身即是别教。杜顺的通相，是包含同教意义的一乘，以对待别相三乘的，但智俨的同教是从别教分别的同于三乘之一乘。

从《搜玄记》以观，智俨是站在顿圆性立场以作同教的意思，此于其法华立场可得而知，于是顿教乃从圆教分离，变成采取着对待于一乘之三乘。一乘与三乘之分别，根本是由于依海印定而起之普眼的所知，与后得法住智所说的（《孔目章》四），这一点，在真如论上，表示得最明了。据《孔目章》看，一乘真如有“别教门”与“同教门”之分别，三乘真如有“顿教门”与“渐教门”之分别。顿教门由《维摩经·不二法门品》之立场而解释，渐教门再分为“终教门”、“始教门”和“世间所知门”三门，终教门又分始终二门，即：“始门”是《不二法门品》的三十二菩萨的不二，“终门”乃配于文殊之不二。始教门亦分始终二门，即：始门是《百法明门论》，终门是由于《维摩经·弟子品》“金刚般若经对法论”而解释。世间所知门亦分始终二门，即：始门是人天善根及愚法二乘之立场，终门是“诸法但名”之立场。在这组织上，《维摩经》的立场最重要，尤其是顿教的立场，乃由维摩的默然而解释，而渐教的始终二教，大体上，亦可由《维摩经》而得到理解。智俨的佛法观，由成佛说而可分为人天、声闻、缘觉、始终渐教、顿教和一乘，但其内容，到了法藏时，才于其《五教章》里面，始作有系统的阐述，由此，杜顺的思想亦愈显露而告明朗化。

智俨的华严经观，由信解行证的因果，普贤法界的因果，修起与说起，缘起与性起而分别其内容，他将《明难品》至《小相品》之修成因果，及《普贤》、《性起》二品的自体因果二类而解释全经八会的结构（见《搜玄记》）。“修成”是于“自体”而成立的，缘修离“缘”乃不得成立，但“性起”却无“缘”亦无缺损。三乘缘起依存于“缘”之聚散，而一乘缘起是超越三乘之依缘，所以是“性起”。如以“缘”而观，一切均是缘，如以“性”而观，一切均是“性”，如此的因果，是开显法界理实的缘起的立场，这就是因果缘起理实的意思，且是智俨“华严经观”的中心思想。

智俨的缘起说组织，亦有其心识论的基础，而此基础是根据《地论》、《摄论》的思想而开展的，但法藏的心识观是由新唯识的心识观再加以华严化的（见于其《十重唯识观》）。又，智俨论缘起的成立，分析有“因缘六义”，即：“念念灭”是“空有力不待缘”，“俱有”是“空有力待缘”，“随逐至治际”是“有无力待缘”，“决定”是“有有力不待缘”，“观因缘”是“空无力待缘”，“引显自果”是“有有力待缘”，此六义乃基于《瑜伽论》的“因七相”及《摄大乘论》的种子六义而立论。在“空”“有”上看，因体本身即是缘起的果法，而此因体是无自性，同时是有力的，又，在能生的意义上看，因体是“有”，在果法的“因”看来，却有“无”之意思，如此六义缘起的普遍意思，乃表现为具体的六相而形成为缘起之个别法相。此因缘六义到了法藏时，即变为其《五教章》的因门缘起六义法，而其六相观就变成为法藏《五教章》的六相说而附带于十玄缘起说的后面，这些内容，请阅后面法藏的“别教一乘教理论”即可明了。在这一点看，智俨的华严经观、十玄门、因缘六义、六相说、性起说乃至判教方面，都直接对法藏给与很大的影响（尤其是“十玄门”及“性起说”方面)，也就是杜顺思想的再传承。

本节(智俨的思想)的主要参考书如下：

《华严一乘十玄门》一卷杜顺说，智俨撰(《大藏经》第四十五册，五一四—五一八页)

《搜玄记》十卷唐智俨述(《大藏经》第三十五册，一三——〇六页)

《孔目章》四卷唐智俨集(《大藏经》第四十五册，五三六—五八九页)

《华严思想史》高峰了州著(一六二——八六页)

《华严大系》汤次了荣著(《教史篇》)

2. 法藏的思想

·法藏的判教论

(一)前言：继承华严二祖智俨的衣钵，大成华严宗，是贤首大师——“法藏”。他俗姓“康”，其祖先原住“康居国”(在今新疆)。生于唐太宗贞观十七年(六四三年)十一月，博识梵文，后随其亲来长安，学懂汉文，利智绝伦，十七岁出家，入太白山，研究佛典，深慕俨大师德风，日夜随侍。二十六岁时，其师智俨圆寂，智俨临终云：“绍隆佛法，其唯是人”，是知为能荷担大法之法器。曾列玄奘译场，及实叉难陀所译《八十华严》时，法藏任为笔受。讲述《华严经》三十余遍，关于“空”“有”之争的问题，他乃叙述日照三藏所传，评论戒贤、智光之论旨，立“空”“有”不二之说，在唯心缘起论方面，乃将妄识缘起，真妄和合缘起及净心缘起三大缘起，统一为“法界缘起说”，所谓佛教之缘起说乃告大成。法藏是一大哲学家、宗教家和教育家，对于二祖的华严通释，更进一步建立了不共的华严别教观。其《华严五教章》乃是华严立教分宗的根本圣典，华严宗由是而完大成。法藏之事迹，载于《贤首传》、《宋高僧传》、《佛祖通载》、《释氏稽古略》、《佛祖统纪》等书。唐睿宗先天元年（七一二年），法藏以七十岁而圆寂于西京大荐福寺，生前的别号为“国一法师”或“香象大师”，所谓“法藏”是其讳，“贤首”乃是其字。上受武则天的归依、尊敬，下受人民的归仰（为民祈雨等奇迹颇多），当时的宗风大扬，学德光被一世，遗法流传后代，故华严宗又称贤首宗。法藏的主要著作如下：

《华严五教章》	四卷（开教立宗之华严宗典）	
《华严经探玄记》	二十卷（六十《华严经》的注解）	
《华严经文义纲目》	一卷	要义性的《华严经》解
《华严经旨归》	一卷	
《华严问答》	二卷	
《华严杂章门》	一卷	
《华严游心法界记》	一卷	
《华严策林》	一卷	
《义海百门》（一名为《华严法界义海》）	一卷	
《华严三昧章》（又云《发菩提心章》）	一卷	
《妄尽还源观》	一卷	
《华严经传记》（一名为《纂灵记》）	五卷	
《普贤观行法门》	一卷	
《华严经明法品立三宝章》	二卷	
《开脉义记》（依《八十华严》）	一卷	

其他，现在不传，或内容所属不明，或作者不确定者，尚有十九种，不便一一列出。

法藏的判教，可分为两大部门，一为随他意门的判教，一为随自意门的判教。

第一，随他意门判教旨在引导别的宗派，暂秘自家的真意，响应别家之说，随宜方便所施设的判教，“权教”“实教”之判（出自《十二门论宗致义记》及《心经略疏》），四宗之释（出自法藏的《起信论义记》上卷之说，即随相法执宗，真空无相宗，唯识法相宗和如来藏缘起宗），是属于这一部门的判释。所谓四宗，即：小乘诸部属于随相法执宗，《般若》等经及中观等论属于真空无相宗，解《深密》等经文及瑜伽等论属于唯识法相宗，而《楞伽》、《密严》等经及起信、宝性等论属于如来藏缘起宗。四宗之中，（1）随事执相说是小乘诸师所立，（2）会事显理说是龙树、提婆所立，（3）依理起事说是无著、世亲所立，（4）理事融通无碍说是马鸣、坚慧所立。这四宗，并无前后时间差别，于诸经论中，亦有交参之处，这是法藏的看法。

第二，随自意门判教，是开显自宗的真实意思，根据《华严经》而表示自宗不共之洪范，宣言立教分宗之法门。此门亦可分为三种判教：一是绝对门的“同别二教判”，二是相对门的（相待门的）“五教十宗判”，三是“待绝合论门”的“本末二教判”。绝待门的同别二教判是站在绝对的见地，以佛一代的说法，均为“海印定”中的法门，欲由《华严经》来包括佛一代的说法的。相对门的判教（五教十宗判）是于佛一代教法中，施设浅深之次第，称扬《华严经》为“一乘圆教”，而贬斥余经为三乘之方便教，尊《华严经》为最高地位的看法。待绝合论的“本末二教判”是一方面从绝对的见地，由华严摄收佛一代教法，另一方面又从相对的见地，立浅深之别，而表示着华严特胜义的看法。

上面所述华严宗的判教，可表解如下：

- 华严宗的判教
  - 随他意门
    - “权”“实”的判释
    - 四宗的判释
  - 随自意门
    - 绝对门——同别二教判
    - 相对门——五教十宗判
    - 待绝合论门——本末二教判

（二）同别二教判：佛自证的境界，远超吾人思虑，言说不能及，这叫做“性海果分不可说”。可是，佛陀慈悲，应人根器，在无相中，现出万象；于无言中，说出言教，在觉树之下，开演了一乘无尽缘起的玄义，化度普贤等大机，这叫做“缘起因分可说”。在缘起因分可说的情形之下，生出各种义门，演成无量教法，对于直往顿入的上根者，说出无尽圆融的法门，这叫做“别教一乘”，而对于中下二根者，说出三（三乘）一（一乘）合同之法门，引人进入圆教，这叫做“同教一乘”。

兹先就“同别二教”的名义而言。据《华严五教章》看，关于别教的“别”的解释，有“相对门”和“绝对门”二种释法。如从相对门来说，“别”是“别异义”，即：华严无尽的一乘与三乘教“别异”，故云“别教”。其别异之相，虽是颇多，但可分为十异，实时异、处异、主异、众异、所依异、说异、位异、行异、法门异和事异。但此别异，是对机之别异，并不是“自相”有“别异”，而是随机论“别”的。次从绝对门来说，“别”是“不共义”，即：三乘即一乘，一乘之外无三乘，唯一圆教而绝待不共。二门之中，平常是以相对门之解释为本义。

其次，“同教”的名义，也有种种义，即：有“寄同义”（将一乘法寄托于三乘而说）、“回向义”（回向三乘教而使同于一乘教）、“融同义”（融会三乘与一乘而同一不二）、“交同义”（三乘一乘互相交参)、“通同义”、“应同义”等。总之，三一共同，是“同”的意思。

别教一乘是“真显门”，同教一乘是“寄显门”，而真显寄显两门，皆是海印定中所现的性起法门，所以三乘一乘，乃至一乘无尽（别教一乘）的教法，都摄在华严教中。在一乘圆教的华严中，何以有寄显之说？其理有三：(1) 中下根者不能了解一乘无尽之义，故须寄托于三乘而显无尽义，(2) 由于如来的善巧方便，施设前后次第，以引三乘之机，回入一乘，(3) 本来小乘三乘等差别，是由于机情的偏执所分的，而在华严经典里，如无“小”、“三”等法，乃无法使三乘等人入一乘，故须立寄显之说，但此“同教”，是海印定内的法门，所以叫做“定内同教”，名虽同三乘，但义理是无尽的一乘教。另一方面，世尊出定后，至鹿野苑，从阿含乃至法华、涅槃的末教之中，也有三一和合之说，这叫做“定外同教”。

“定外同教”与“定内同教”义趣不同，即：前是三乘差别的分际（众生拘执自得之法为究竟），不能够体会无尽圆融之理，后是由于如来的善巧方便，根本的一法，随顺机情而流露为枝末的教法，所以华严的同教是“向下门的同教”，而法华会三归一是“向上门的同教”（至于结果才进入华严一乘的境界）。定外同教是约“机”所说，定内同教是约“法”所说，两者都是深入一乘别教的方便法门。

上面所说，可表解如下：

- 海印定中性起法门
  - 别教一乘（直显门）
  - 同教一乘（寄显门）
    - 定内同教（约法）——向下门
    - 定外同教（约机）——向上门

次由同别二教的体义看，别教里面，有“分相门”与“该摄门”之别，同教里面，有“分诸乘”与“融本末”两门。分相门是把三乘一乘相对，判定其本末权实，认为三乘之外，另有一乘教之存在，别教的名词，乃由兹而来。该摄门是认为：一乘之外，别无三乘，以一乘圆教而该摄三乘教。分相门是由相对的方法而显别教甚深的义理的，该摄门乃以绝对的方法而表示法体的广大，两者关系，不一不异。“分诸乘”是随诸乘之差别而表示三一和合相，以明其同教之体。“融本末”是把无量乘的法门，都认为是从根本一乘而流出，以论其“体”之“一”，融合其本末的。分诸乘是随“机”的别义门，融本末是“法体”的融通门。

上面所述同别二教的体义，可表解如下：

- 同别二教之体义
  - 别教
    - 分相门（一三相对）——相对的看法
    - 该摄门（一乘摄三乘）——绝对的看法
  - 同教
    - 分诸乘（随机之别而明同教之体）
    - 融本末（由根本一乘而融合本末）

同别二教，各开两门，网罗三乘一乘，最后论到三乘一乘的不一不异，把佛陀一代时教，摄在同别二教的范畴，再把同别二教归纳于无碍的一乘圆教，将一切法门，结摄于华严的大教海，这是特殊之“绝对的判教”宗旨。

（三）五教十宗判：五教十宗是华严相待的判教，这是“法藏”所独创的。五教由“能诠”的法义所分，十宗约“所铨”的理趣而分。前是教学上的分类（依断障得果等差别而立），后是宗旨上的分类（依所宗之理趣）。五教是愚法小乘教、大乘始教、大乘终教、大乘顿教和一乘圆教。五教的大意如下：

（1）愚法小乘教。此指阿含、婆沙、俱舍等小乘的教法。此教唯知“人空”之理，而不知“法空”义，对于“法空”尚愚，故云愚法小乘，这是被大乘所贬斥的根机浅劣的二乘人（声闻、缘觉）所受之法。

（2）大乘始教。大乘中初门之教。始入大乘者所受之教，故云“始教”或“初教”。此教教义浅薄，仍未通达大乘实义，所以是“权教”。此教里面，分为“空始教”和“相始教”。《般若》、《中论》等经论所说真空无相之理，唯破“有所得”之执而说一切皆空一边之理，而未说及真如具有万德的不空方面，亦即是未说大乘深妙之理，所以是“空始教”。《深密》、《瑜伽》、《唯识》等经论，虽是广说五位百法及诸法性相，但其性相隔历，事象不融，不知真如随缘之德，立五性各别，不谈一切皆成佛，所以此教（相始教）仍属于权教性的。

（3）大乘终教。是大乘渐教中的终极教义，《楞伽》、《胜鬘》、《宝性》等经论所说真如缘起之法门，是属此教。此乃对于根机成熟者所施的教法，所以叫做“熟教”，并且也谈到大乘的实义，所以又称“实教”。真如平等之“理”与差别之“事”，相即相入，理外无事，事外无理，一切皆成佛。此教与始教相比，较为高深，故名终教。但此教未谈事事无碍，未明主伴圆明之说，故不能为圆教。又，此教未绝次第阶位，故亦不能为顿教，只好叫做“大乘终教”。

（4）大乘顿教。不经阶位次第，速疾顿悟之教。前两教是依言诠所谈的大乘渐教，而此乃一念不生，本来即佛，绝离言诠思虑，“解”“行”顿成，理性“真理”顿显，故云顿教。《维摩经》是属于此类的经典。

（5）一乘圆教。这是《华严经》所说的法门。此教说事事无碍，究诸法体性，谈主伴无尽，阐明果相之圆满，故云“圆教”。前四教是方便教，此教是一乘真实教。由此圆教再开为同别二教，已如前述。

五教之中，始教与终教，其信解行法，均依“言”而显“理”，并且其立位渐次，由微而显著，故名渐教，渐熟非顿故。然而，《维摩》等经，绝言显理，不立阶位，理性、解行，顿显顿成，故名顿教。渐教、顿教均属三乘教，声闻、缘觉、菩萨三乘人所得之法故。第一教是小乘教，圆教是一乘教，而第二教至第五教是大乘教。上面所述，可表解如下：

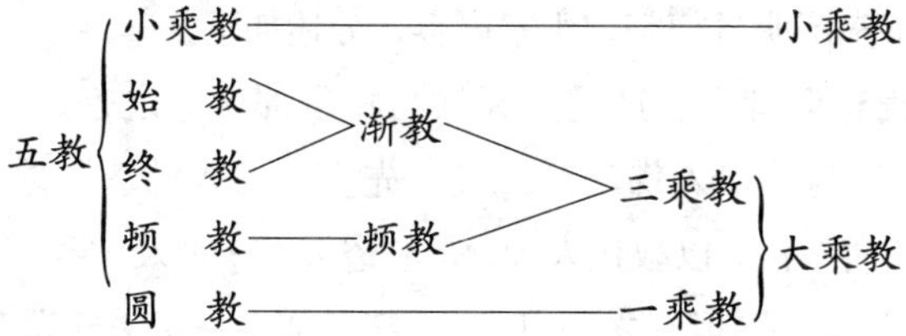

所谓一乘三乘，有三种不同，一是唯以五教中第五圆教为一乘，而其他为三乘，这叫做“后一一乘之三一”。二是以五教中顿圆二教为一乘，其余为三乘，这叫做“后二一乘之三一”。三是以五教中终顿圆三教为一乘，而余为三乘，这叫做“后三一乘之三一”。“后一一乘之三一”，由于有没有说及一即一切，一切即一之事事无碍而分。而说及事事无碍者，五教中唯有第五的圆教，故唯以第五之圆教为一乘，而其余均为三乘。其次，“后二一乘之三一”是由于断惑不断惑而分的，五教中之顿圆二教乃本来成佛，不断惑故为一乘，而其余均断惑故为三乘。又，“后三一乘之三一”是由于成佛不成佛而分，即五教中之终顿圆三教，谈一切皆成佛故属于一乘，小始二教乃不谈此故为三乘。上面之表，是以圆教为一乘之看法。

《华严》一经，具此五教之理，故将一代圣教分为五教。杜顺于其《五教止观》创立五教之判，二祖智俨亦于其《孔目章》中约五教而明诸法，法藏亦承五教之旨而详述其内容于其《五教章》及

《探玄记》，而大成华严宗之判教体系，尤其是他的“十宗”配于五教之关系，完全是法藏的思想独创。故杜顺之思想，传至法藏，更益见其光彩。

五教所诠义理，多彩多姿，同时，众生“所尊”、“所崇”、“所主”亦各不相同。“宗”有“尊”、“崇”、“主”三义。法藏将众生之“宗”，分为十种，即：我法俱有宗，法有我无宗，法无去来宗，现通假实宗，俗妄真实宗，诸法但名宗，一切皆空宗，真德不空宗，相想俱绝宗和圆明具德宗。十宗内容，分述如下：

(1) 我法俱有宗。这是人天乘与犊子部所立之宗。人天乘有“已入佛法”与“未入佛法”二类。先言“已入佛法”之人天乘。佛说五戒十善等法，以教化人天，是顺俗情而未说及“我”空之理，所以是“我”“法”俱有之法门。又，犊子部将一切法分为三聚（有为聚、无为聚及非二聚＝非即非离蕴我）及五法藏（过去、现在、未来、无为及不可说藏＝“非即蕴”“非离蕴”之“我”），如下表：

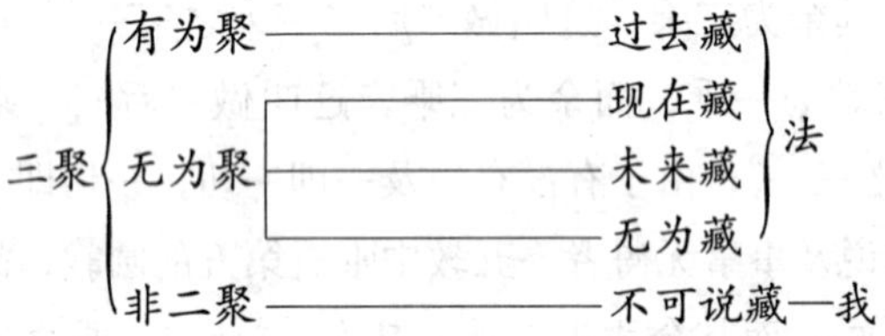

此部（犊子部）的“法”与“我”，均是“实有”。吾人死后，仍存有一种非“即蕴”、非“离蕴”之“我”，以作善恶因果报应之主人，若无此“我”，因果不得一贯。此部认为：所谓“诸法无我”，是指没有“即蕴”及“离蕴”的“我”的意思，并不是没有“非即非离蕴我”的意思，所以三世诸法及主观的“我”，应该是实有的。其他，法上、贤胄、正量、密林等上座部派，也是属于这一宗的部派。

(2）法有我无宗。本来、主观的“我”是没有的，但万法的存在是有的，这叫做“法有”“我无”宗，即：印度的说一切有部、雪山部、多闻部等部派，属于这一宗。“说一切有部”认为：三世诸法若非实有，吾人心识之现起则无可依托之“根”及“境”，若无“根”“境”，心识亦无从现起，无所依托之体故。又，万物若非实有，因果之理即不能成立，从“无”不能生“有”故，诸法必从“有”而生“有”，所以诸法是实有的。另一方面，所谓“我空”是说：人的存在，是五蕴的积集，离开五蕴，就没有“我”，所以“我”是五蕴假和合的东西，“即蕴”的“实我”，“离蕴”的“实我”都没有，同时，“非即非离蕴我”也没有，如以此“我”为“实有”，它究竟是“实物”？抑“假物”？若为实物，即异于蕴，若为假物，即不异蕴，异蕴乃违背五蕴之理，不异蕴乃应是假物而非实我，所以犊子部的“非即非离蕴我”是将五蕴和合的假我误认为“实我”而来之情执而已，究竟亦为一种“法执”。

(3）法无去来宗。过去及未来之“体”“用”均无，唯现在及无为法是“有”的，这是大众部的看法。佛经中虽说诸法于过去及未来是“有”，但这是为欲防遮众生拨无因果之邪见所说的。万物的“曾有”为过去，“当有”为未来，但这并不是说：过去未来之体实有。过未之体，如为实有，为什么只现在才会有“作用”呢？“过”“未”怎么不会作用呢？现在有作用，过未无作用，是表示：现在有体，过未无体。

(4）现通假实宗。这是“说假部”所立之宗旨。此部认为：过未当然是无体，但在现在有为法中，“五蕴”是“实”，“十二处十八界”是“假”。因为，五蕴本身，并不是“根”“境”相对，不分“所依”“所缘”，直接以一切物质为“色”，以一切领纳之“心”为“受”，乃至以一切“心王”为“识”，所以是“实”，而六根六境是相对的假法，并不直接举示诸法，相对而非绝对，所以是“假”，十八界亦假。一切事象，随应诸法，看情形，假实不定，《成实论》等经部别师，亦属此类之看法。

（5）俗妄真实宗。乃“说出世部”等部派所立之宗旨。此部认为：世俗法是虚妄，出世法是真实，因为，世俗法由颠倒而生，出世法非由颠倒生（所以是“真”），换言之，世谛是“妄”，真谛是“真”，故云“俗妄”“真实”。但此现在法的“俗妄真实”，是就现在五蕴之法而言？或就现在“蕴”“处”“界”三科诸法通盘而言？这却不清楚！对此问题，古来有二说，一是说：俗妄真实是唯于现在五蕴而言，即：在现在五蕴法上，俗谛法是虚假，所以是“妄”，真谛法是离系，所以是“实”，这比前第四宗，成就次第渐胜之义。二是说：俗妄真实是于现在法中，总通于三科而言的，即：在三科上，俗谛是假，真谛是真，并不是约三科而说其假实，而是在蕴等个别的二谛而立假实或真妄的，故亦有次第渐胜义。

（6）诸法但名宗。此乃“一说部”所立之宗旨。一切诸法，唯有假名，都无实体。有“世间”必有“出世间”之相对法。世间既然是虚妄，出世间亦无实体，只为相对法。第五宗唯遣世间有漏法，但此宗空掉“有漏”“无漏”及真俗二谛一切诸法，这是小乘中的至极教。证观以第五第六两宗为“分通大乘”，但“法藏”却唯以此第六宗为分通大乘而说“此通初教之始”。

（7）一切皆空宗。这是五教中的空始教。在无相大乘里，不论有漏无漏，均是“空”。诸法但名宗是“析空”之“空”，而此空（第七宗）是“即空”的空，《般若经》及三论之空，系属此类。一切诸法，“生”即“无生”，悉皆真空。

（8）真德不空宗。这是五教中的终教。谓：一切诸法，唯是真如，真如具足无量性功德，诸法皆由真如而起，而“事”“理”无碍。《胜鬘》、《楞伽》、《起信》、《宝性》、《佛性》等经论，是属此类。

(9) 相想俱绝宗。五教中之大乘顿教。“相”是所缘的境相，“想”是能缘的心想，即：客观的对象（对境）与主观的能取泯亡，一念不生即佛，绝离一切言说，理性顿显，为此宗之境界，《维摩经》是属此类（语观双绝）的经教。

(10) 圆明具德宗。这是五教中的圆教。圆满显出法界自体所具德用之无尽缘起，主伴具足，圆融自在，故云圆明具德。《华严经》所说义理，是属此类。

上述五教与十宗之关系，可表解如下：

五教	愚法小乘教	我法俱有宗、法有我无宗 法无去来宗、现通假实宗 俗妄真实宗、诸法但名宗	十宗
	大乘始教	……一切皆空宗	
	大乘终教	……真德不空宗	
	大乘顿教	……相想俱绝宗	
	大乘圆教	……圆明具德宗	

（四）本末二教判：佛所说的法门，可分为两大类，一是直说佛自证境界的法门；二是随逐众生根机所说之法门，前者可谓是众教根源称法界之法门，所以叫做“称性的本教”或“称法之本教”，后者乃是随众生根机而从本教所流出的枝末之教，所以叫做“逐机末教”。称性本教是“别教一乘”的法门，亦即是指《华严经》的教法，而逐机末教是三乘、小乘之法门，亦即是其余诸经所说的教法。

从《十地经》以观，称性的本教是佛成道第二七日，于菩提树下所说的顿说教法，这是为普贤大机所说的根本法轮。本来，受法者有二类，一是能够接受圆融无碍的“普法”之机，叫做“普机”，二是不堪接受普法的二乘、三乘人，叫做“别机”。今称性本教是为了普机所说的圆融无碍，相即相入，自由自在之甚深法门。

约“化法”而三一相对时，《法华经》却也有一分属于“别教”之义，但它在约“化仪”而对辨本末时，除了华严之外，并没有什么叫做“本教”的东西，故从华严宗看，究竟《法华经》也不出“末教”之分际。

本末的判教，可说是约“时处”之寄显说，即：约时处之同异而分佛陀一代时教，并不是史实的分别，却是寄托于垂迹之化仪而表示着佛陀一代时教之本末深浅的。

逐机之末教，有二类，一是同在第二七日于菩提道场外所说的，叫做“同时异处之逐机末教”，二是第二七日以后在异处所说的，叫做“异时异处之逐机末教”。

同时异处的逐机末教，又有二类，即：三乘教与小乘教就是这个。三乘教与一乘教相望之同时异处之说，已于《密迹力士经》所说，而小乘教与一乘教相望之同时异处说，已于《弥沙塞律》和《普曜经》里说过。又，有“异时异处之逐机末教”之事，是于《法华》、《四分》、《智度》、《萨婆多》等经论所说的。

其次，就同时异处之说法而言，第二七日说法，是超越空间性的菩提树下，同时也是超越时间性之第二七日，所以世尊不动觉树而遍升六天，遍在一切处，如江上一月，三舟共观之理。念劫融即，一刹那即是永远，一即一切，一切即一，舍利弗等大弟子，虽列会座，但仍不识无尽圆融之法，佛自证的海印定境界，高深玄妙，诚不可思议也。

本段（法藏的判教论）的主要参考书如下：

《华严五教章》四卷唐法藏述（《大藏经》第四十五册，四七七—五〇七页）

《华严学纲要》斋藤唯信著（《教判篇》）

《华严五教章讲义》汤次了荣著（《分教开宗》第四）

·法藏的华严哲学要义

（一）现象绝对论（现象圆融论）：《华严经》是海印定中一时炳现的法门。“海印”是以譬喻而表示释迦大觉的内容论，释迦的大觉，是物我一如，天地与我同根，万物与我一体的境界，借用《大乘起信论》的话来说：始觉究竟，唯一本觉，是即大觉，这个大觉的当体，叫做“一心”。在这绝对的一心中，所有时间性和空间性的一切无量无尽的现象，都能够印现出来，如大海上的风波止息，天边的众星无一不现。在释迦大觉的心中，一切万有，无不印现。《华严经》的内容，是描写着佛所印现的实相境界的。

佛海印定中的境界，微妙不可思议，一即一切，一切即一，相即相入，圆融无碍。理事无碍观，尚存有“理体”或“真如”的存在，以对现象界的事象，故其观点，是本体与现象对立的圆融观，但至于“事事无碍观”，竟不须借用“本体”（例如“真如”的东西）以说诸法圆融，而是只用现象一一的事相本身，即可观察其相即相入的诸法无碍的，因此，毫无实体的存在。当然，“真如”或“理体”，也并不是“实体”的，可是，在心理上，至少很容易使人不知不觉堕落于“实体”的观念，因之，彻消理体的观念（例如真如），直接以现象的当体为究竟的实相，以谈圆融无碍的境界。这是事事无碍观的特质所在，因此作者把这个意思，叫做“现象绝对论”或“现象圆融论”。由此，始能契合缘起自性空的大乘空观哲学的基本立场，所以华严是由“真空”而显现的“妙有”的世界，而十玄门是表示着妙有无碍之“相”的。由此十玄门而可了知宇宙一切诸法的真相，这是玄中之玄，妙中之妙的宇宙人生的究竟实相。关于《一乘十玄门》的内容，已见前述“智俨的思想”，而“法藏”

于其《华严五教章》的第四卷中，也承袭其师（智俨）一乘十玄门之说，但法藏于其《探玄记》中，将智俨十玄门之说，改了两门，变成“新十玄”（智俨的十玄门为“古十玄”）。“古十玄”的“诸藏纯杂具德门”在新十玄就变成“广狭自在无碍门”，古十玄的“唯心回转善成门”在新十玄即变成为“主伴圆明具德门”。为什么要如此的改变呢？先就诸藏纯杂具德门而言，如以“一理”为“纯”，以万行为“杂”的话，即变成只是“理事无碍义”，如此乃恐滥及“理事无碍法界”之义而失去现象圆融论（事事无碍）之义，故更改如上。又，唯心回转善成门是表示诸法无碍的理由之一，并不是表示无碍之“相”，故另立主伴圆明具德门，以示无碍之“用”。

兹将新旧两种十玄，对照如下：

（古十玄）	（新十玄）
同时具足相应门	同时具足相应门（约总）
一多相容不同门	广狭自在无碍门（约空）
诸法相即自在门	一多相容不同门（约用）
因陀罗网境界门	诸法相即自在门（约体）
微细相容安立门	隐秘显了俱成门（约缘）
秘密隐显俱成门	微细相容安立门（约相）
诸藏纯杂具德门	因陀罗网境界门（约喻）
十世隔法异成门	托事显法生解门（约智）
唯心回转善成门	十世隔法异成门（约时）
托事显法生解门	主伴圆明具德门（约境）

以“原理”性的看法，简述法藏“新十玄”的意思如下：

（1）全体性原理。一切万有，贯彻时间空间，成为一体的缘起关联，故于一法上，具足一切法，圆融自在，犹如大海一滴之水，含百川味，这是海印三昧同时炳现的法界妙相。华严把这个原理，叫做“同时具足相应门”，由现代话来说，这是一种全体性的原理，即：一切诸法，任举一法，皆具一切性，三世诸法，同时具足相应，互相摄收，相即相入，一即一切，一切即一，都具有整个宇宙的全体性。

(2) 超空间性原理。在物理的世界，都有一种“空间性”的系缚，物体空间有质碍，小不能容大，固体无透入性，大小不能相入无碍，但在事事无碍的法界中，大小能够兼容相入而无碍，如“一尺之镜，见千里影”。这个情形，不唯是无形的世界如此，就是有形有相的具体世界里面，也是如此。吾人如能站在“空”的立场，“法界一心”的立场来看，此事乃容易了解，这并不是神秘或奇迹，而是法界法尔的妙用妙体。一切诸法，能入一尘而不失其本位，“狭”能容“广”而自在无碍，这叫做“广狭自在无碍门”。这是一尘一法的力用普遍于一切而无有限际的意思，这是超越物体空间的质碍的境界，所以叫做“超空间性原理”。

(3) 相入性原理。从作用方面看，真理有一个特性，即：一切诸法，都靠着它的力用，而能成为“一”中容“多”，“多”中摄“一”，相容无碍之境界，如“一室千灯，光光涉入”，各自光线，不被障碍而能涉入于其他光线之中，而又不失其自用（自光）。一多之体，各不相同，但力用交彻，互相容入，毫无所碍，这叫做“一多相容不同门”。

(4) 相即性原理。由“体”方面看，一切诸法，有“空”与“有”互为相即。一切之体，有“相即”之理，如“金与金色，不相舍离”，举体相即，废己同他。一即一切故“体”同而不坏差别相，一切即一故不坏差别相而“体”一，一即是多，多即是一，全体性故一，差别性故多，多中有一，一中有多，多即一，一即多，其他“色”与“空”，“有”与“无”，“生”与“死”，涅槃与菩提等等，都是相即而无碍，这叫做“诸法相即自在门”。相即性原理是大乘佛教思想的基本原则之一。

（5）无尽性原理。诸法的相即相入，不只是一重，而是二重三重乃至重重无尽的，如悬挂于忉利天帝释宫的罗网，其网目无量无数，而在每一网目，都严饰有“明珠”，无数明珠，互映灿烂，在每一珠内，印现无尽无数之珠影，这是无尽奥妙的现象，故云：“两镜互照，传曜相写。”这是“因陀罗网境界门”的世界，亦即是无尽性原理的境界。

（6）各存性原理。所谓一多相容，并不是破坏诸法当相而把它缩小的意思，而是所含之大，不坏大相，所容之多，不改“多”之本来面目，自相宛然，同时齐显的意思，这叫做“安立”。例如：一微尘是小相，国土是大相，大小之相，同时齐显，能够互相容受，虽是兼容相即而无碍，但万法各自自相不坏，自体确存，炳然安立，故喻云：“瑠璃之瓶，盛多芥子，”《华严经·舍那品》云：“一毛孔中，无量佛刹，庄严清净，旷然安立。”万众皆有各自之绝对存在性，有其各自之绝对性，这是约“相”所看的事事无碍观。此门叫做“微细相容安立门”。

（7）表里性原理。一切现象，皆有表里关系，“表”是“显”，“里”是“隐”，表里是一体具德的现象。隐不离显，显不离隐，隐显同时，如“秋空片月，晦明相并”之状，隐显相即相入而无碍，此门叫做“隐秘显了俱成门”，这是约“缘”所看的事事无碍观。

（8）具体性原理。最深渊的真理，却表现于最平凡的现实事象。事事无碍的道理，并不是抽象的理论，而是最具体的事实，“擎拳竖臂，触目皆道”，故云“托事显法”，这个托事显法生解门是约“智”所看的事事无碍观。

（9）超时间性原理。时间的长短，圆融相即相入，叫做“十世隔法异成门”。过去世有过、现、未。现在与未来世中亦有过、现、未。三世各具三世，加上摄九世的一念，故云十世，十世有分别，故云“隔法”。十世隔法互为相即相入而又不失前后长短之差别相，故云“异成”。时间的长短及其顺序，互能容入，如“一夕之梦，翱翔百年”。短的时间中，能容入长的时间，长劫入短劫，相融无碍，因为时间是无自性的，故能互相融入而无碍，这叫做超时间性的原理，这也是佛海印定中所表现的无碍相之一。

（10）主伴性原理。在无尽缘起的世界里面，一尘生时，万法从之而生，任举一法，均是全法界。一切万象，是一法的全面，而成为主伴之关系，如“北辰所居，众星皆拱”的体系。如以一法（任何一法）为主，他法即成为“伴”，主伴之间，有种种法则，人有人的体系，物有物的体系，万法各有其各自圆明结果，而各各体系，又能互融而无碍，这是缘起事相的结果观，此门约“境”，叫做“主伴圆明具德门”。

十玄缘起的事事无碍法门，是依据六相圆融的教门而立说的。《华严经·十地品》中的“六相说”，是法界缘起，圆融无碍的最有力之经证，至相大师（智俨），阅经至兹，豁然大悟一乘的玄旨，“法藏”于其《五教章》里，更详述此六相之道理。

从《华严五教章》以观，六相是总相（一含多德故）、别相（多德非一故，“别”依止“总”，满彼“总”故）、同相（多义不相违，同成一义故）、异相（多义相望，各各异故）、成相（由此诸义，缘起成故）和坏相（诸义各住自法，不移动故）。

如举喻以屋舍而言，“屋舍”是“总相”，梁柱瓦石是“别相”，而梁柱瓦石等和合，形成屋舍，互不相违，同为“屋舍”之“缘”，是“同相”。然而，梁柱瓦石等，各有各自之形类，互相差别，是“异相”，梁柱瓦石等，各为“缘”而成屋舍，是“成相”，屋舍虽成，但各住自法不移动（不变），是“坏相”。总别一对，是“能成所成对”，即：所成屋舍是“总”，望“总”而立梁柱等名是“别”，而“同”“异”是于“别”中互相对望，即：“别”之多德互相和合，成力均齐，叫做“同相”，而“别”之多德其形相各不相同，叫做“异相”。

如由“体”“义”而分别六相，总别一对，是就“体”而立的，而同异、成坏二对，乃就“义”而立，其中，同异一对是就“义相”而立，成坏一对，是就“义用”而立。

如就“体”“相”“用”而分别六相，总别一对是就“体”而立，同异一对是就“相”而立，成坏一对，是就“用”而立，这些是据“胜”为论的看法，不过，万物究竟，无不具体相用，而其体相用，各有二相，圆融无碍，所以一切万法乃圆融无碍。上述六相关系，可表解如下：

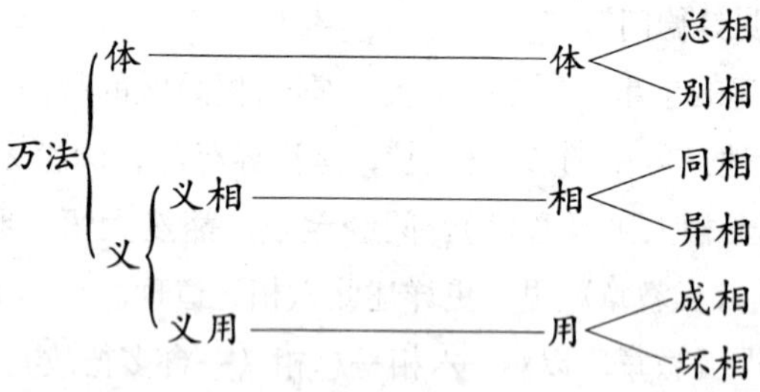

六相之中，总相、同相与成相，是属于圆融门，别相、异相与坏相，是属于行布门。圆融不碍行布，行布不碍圆融，相即相入，所以总相即别相，别相即总相，同异、成坏各种二相亦然，都是相即相入的。六相圆融，所以万物无不圆妙，由六相之范畴，可看出万有之事事无碍，此即所谓六相圆融论。

（二）无碍原因论：宇宙万有，怎么会形成上述的事事无碍呢？事事无碍的原因，究竟是在何处？法藏的《探玄记》第一卷里，举出有十种理由，以示无碍的原因，十种原因如下：

(1) 缘起相由故（相对性）

(2) 法性融通故（一体性或普遍性）

(3) 唯心所现故（唯心性）

(4) 如幻不实故（非实体性而是现象性）

(5) 大小无定故（无固定性）

(6) 无限因生故（无尽的原因）

(7) 果德圆极故（性果至圆）

(8) 胜通自在故（绝对自由的神通力）

(9) 三昧大用故（禅定的大用）

(10) 难思解脱故（不可思议的悟境所现故）

上列中，第一的“缘起相由”，再分十义，以说诸法之无尽圆融。所谓十义是：诸缘各异义、互遍相资义、俱存无碍义、异体相入义、异体相即义、体用双融义、同体相入义、同体相即义、俱融无碍义和同异圆满义。兹分述缘起相由十义如下：

①诸缘各异义。这是表示事物的差别性。万物的体用各不相同，例如色法有形、有质碍，而心法无形，但有虑知之作用，山川草木，花红柳绿等，各有其特质，均在发挥其特性。

②互遍相资义。这是表示事物的普遍性。千差万别的一切诸法，皆有互相密接之关系，互为因，互为缘，自他相资相待，任何一物，皆普遍于其他诸物，一遍于多，多资于一，形成无尽的缘起。

③俱存无碍义。差别性与普遍性，同时具足而无碍。差别即无差别，无差别即差别，两种不同特质，能够俱存而无碍。

④异体相入义。万物的发生，有“有力”、“无力”两义，自己有力时，他即无力，他有力时，自己乃无力，而此自他的有力无力，互能相容相入而无碍。“自”归于“他”，“他”归于“自”，一尘土中，摄尽须弥，一滴水中，摄尽大海，异体之物，能够相入。

⑤异体相即义。就“体”而言，万物各有“空”、“有”二义，而甲乙之间，互相相即，这个空有的相即无碍，叫做异体相即。

⑥体用双融义。自他的有力无力（用）与甲乙的空有二义（体），亦能相即无碍，即：以“用”摄“体”，“用”外更无“体”，故能相入，以“体”摄“用”，“体”外无“用”，故能相即，这个“用”（相入）与“体”（相即）又能相即（相融），自在无碍。

⑦同体相入义。不唯是甲乙两个不同事物能够相入相即无碍，单就唯一事物而言，亦有相入义。任何一物一法，均有具足诸法之本性，一粒微砂，含藏万有，所具之德与能具之体（同体间），相入无碍。

⑧同体相即义。在同体之中，亦有“空”“有”之相即。一切诸法，皆具无量性德，如镜面能映出无尽映像，如无镜面之映像性能，即使有许多对面之形体，亦不能映出映像，镜像是属于镜本身之性能所现出的。有此自体之性能，放在同体间，亦有相即。

⑨俱融无碍义。异体、同体均有相即相入两义，而此同体相即不碍相入，相入不碍相即，互容无碍。

⑩同异圆满义。异体、同体既然相即相入无碍，那么，宇宙一切万物，悉皆圆融不可思议（事事无碍）。

总之，缘起的本法，有“诸缘各异”及“互遍相资”二义，而诸缘各异是异体门，互遍相资是同体门，异体、同体均有相即相入义，异体有“体用双融义”，同体有“俱融无碍义”，“体用双融”与“俱融无碍”又归于“同异圆满义”，这个关系，可表解如下：

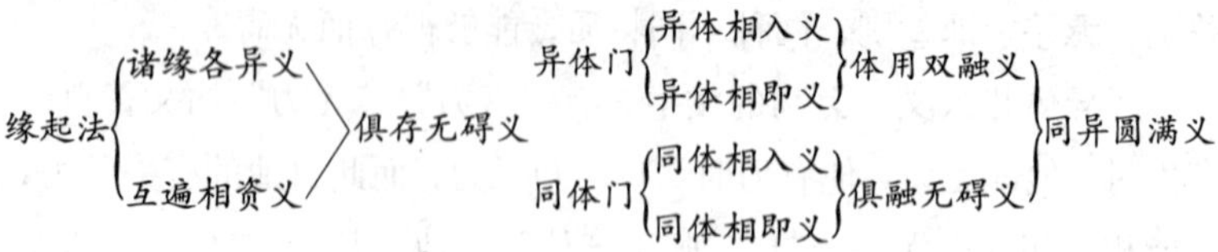

《探玄记》立如上十义，以明事事无碍之原因。如此，法界万有，其究竟乃同一缘起（一心缘起）而圆融无碍。万物之体，有“空”“有”二义，万法之用，有“有力”“无力”二义，而形成复杂的“相即”、“相入”之关系。并且不是以“实体”（理）与“现象”（事）之关系而立论，乃是直接以事象本身的性具或性起而论其圆融无碍的，所以叫做“事事无碍论”（现象圆融论）。

《华严五教章》所说的“缘起因门六义法”，也是一种无碍缘起的原因论。六义是空有力不待缘、空有力待缘、空无力待缘。有有力不待缘、有有力待缘与有无力待缘。“空”“有”的对立是约“体”所看，“有力”“无力”的对立是约“用”所看，而“待缘”“不待缘”是从“发动”方面所看的对立。这三种对立是法界缘起之“因”，同时也是法界缘起的相对法，因门六义的体系，可表解如下：

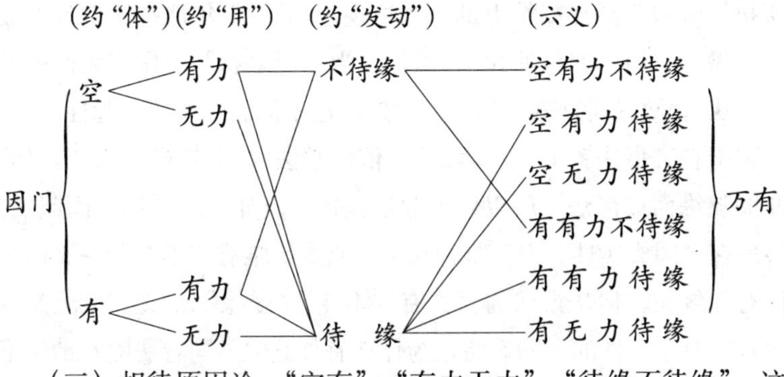

（三）相待原因论：“空有”、“有力无力”、“待缘不待缘”，这三种对立，是相对法，故属于“依他起性”的范畴。据《华严五教章》看，万有的性质，究竟可分依他起性、圆成实性（真如）和遍计所执性，这叫做“三性”。真如有“不变”、“随缘”二义，依他有“似有”、“无性”二义，所执有“情有”、“理无”二义。由

“不变”“无性”“理无”三义而成立三性无异义，由“随缘”“似有”“情有”亦成立三性无异义，这两种三性（六义），举一全收，真妄互融，三性一际，性无障碍。三性中的依他起性，它虽是相对性的世界，但其相对，究竟亦不出三性一际的根本立场，故其究竟，亦得互融无碍，换言之，“相对”是“绝对”的具体内容，亦可谓“相对”是“绝对”的具体表现。这个相即无碍的根本立场，才是“相对”的究竟处，所以《五教章》的“三性同异义”是阐明“相对”的原因，同时是十玄缘起的前提，亦即是“迷界对立的发生论”。兹再加以简述此哲理内容如下：

唯识宗所立“三性”与“华严宗”所立“三性”，其意义稍有不同，以“遍计所执性”言：唯识的“能遍计”唯限于第六识及第七识，而华严的“能遍计”是通于有漏诸八识。其次，唯识的“所遍计”唯限于“色”“心”的依他法，但华严的“所遍计”是包括“真如”及“色心”诸法。又，在“遍计所执”上，唯识的“遍计所执”唯限于浮在妄情上的“当情现之相”，但华严把能遍计的妄心叫做“有体的遍计所执”，而把“当情现之相”叫做“无体的遍计所执”，故其所观遍计所执，两宗看法不同。在“依他起性”上，唯识唯在“事法”上立“因缘”（依他起法），但华严认为“真如”亦能随缘而成诸法，所以依他起法是依“真如”之“他”而起的。最后在“圆成实性”上，唯识认为“真如”唯有“不变”一义而不许有随缘义，但华严认为真如有“不变”“随缘”二义。以上是性相两宗对于三性的不同看法，为什么有如此之不同看法呢？请阅下面三性六义之华严理论，即知其奥妙所在，这也是万有相对性的究竟原因，宇宙由此“相对”而发生万有。

万有有三性，其中，“圆成实”有“不变”、“随缘”三义，“依他起”有“似有”、“无性”二义，“遍计”有“执有”、“理无”二义而成六义。发生相对的原因，尽在此六义。六义归于三性，三性中的每一性，都是相对性的原理，即：圆成实有不变，随缘的相对，依他起有“似有”、“无性”之相对，遍计有“情有”、“理无”之相对，不变、无性、理无叫做“本三性”，随缘、似有、情有叫做“末三性”，而此“本三性”与“末三性”亦形成对立，但“无性”与“理无”都是“真如”。“本三性”的“三性”是同一无差别，“末三性”也是真如所随缘出来的现象，所以“末三性”也是同一无差别。“本三性”是表示一切诸法即真如，“末三性”是表示真如即一切诸法，所以“本三性”与“末三性”究竟也是相即一体的。如此，三性、六义、本末两三性都是相对性的根本立场，所以相对性世界的原理，完全在于“三性六义”。相对性世界的原理体系，可表解如下：

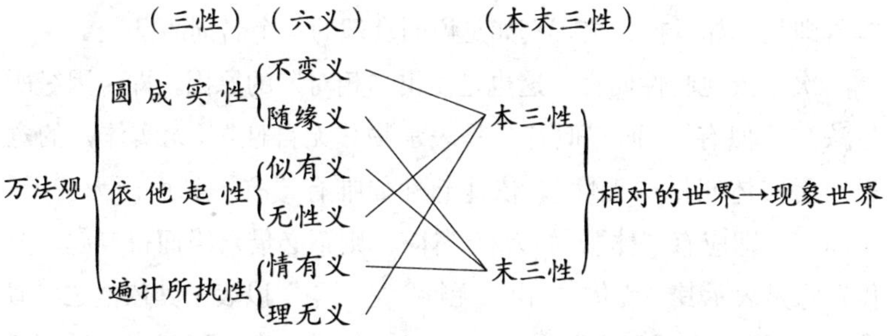

真如的不变是表示“体”的“常住”，随缘是表示：随着缘而会变成色心诸法的意思，在外表看，此二义似乎是相反的，但其究竟，此二义亦有相成义，即：真如如无随缘义，物心万境不得现起，如明镜之体虽是明净常住，但却能呈现出映像，万像虽显，镜体乃不失其明净不变之体，换言之，有此不变之体，才能随缘现象，须依不变之理，始能显现随缘之义，又依随缘义，始能表现不变之理，如无随缘，亦无不变可谈，如无不变，亦无随缘可显，不变、随缘

两义在真如一体中，其义虽别，但两者却相依、相待而显真如的性质，故此两者（不变、随缘），究竟是相成的，由相反而表示相成，由相成而表示相反，相对性的世界，其究竟的情形，亦不出这相反、相成的相即立场，因此，相对是由随缘义而成立的，但相对亦不出绝对，相成与相反既能相即，那末，相对与绝对，也是相即性的，即：相对即是绝对，绝对即是相对，不变与随缘相即。“不变”是“常”，“随缘”是“无常”，由“常”以表示反面的“无常”，由“无常”以表其反面的“常”，因此，常中有无常义，无常中有常义，无常是不异于常之无常，常是不异于无常之常，如此才是真的常，真的无常。“相对”本身，是由真如中的不变、随缘二义的对立而来的，但真如并不是一个实体的任何东西，也不是离开了现实事象之外另有一个东西，而是表示诸法本身即是实相的意思而已，事物本身即是真如，换言之，真如是说明真理的一个名词而已。

次就依他起性而言，这也是发出“相对”的原因，即：因缘所生法是“似有”，而“似有”是表示物“无自性”（无实体）的意思，无实体叫做“无性”。依他起性如唯有“有”一面而无“无”一面，它即应有“体”，如为有“体”，则不必借众缘而得自起，要借众缘是表示其“无体”。由“无性”之“空”以表示其依他之“似有”，由依他之“似有”以表示其“无性”之“空”，所以“似有”（有）与“无性”（空）也是相反相成的相即性之存在！故在现象界看，“相对”是由“似有”与“无性”之对立而来的，而相对的世界是由“似有”而开展。“有”是“空”的“有”，“空”是“有”的“空”，这才是“空”“有”的究竟的看法，“空”“有”的相对，也是“相对性”的究竟原因之一。

最后的遍计所执性的“情有”“理无”是迷悟两界的对立。妄情似乎是“有”，但在真理是“无”，情有即理无，理无乃成情有，这是迷界相对发生的原理。三性是相对世界的原理，而“相对”是由一真法界（一心）而来。

本段（法藏的华严哲学要义）的主要参考书如下：

《华严哲学要义》李世杰著（《哲学论文集》第四辑内）

《原始华严哲学之研究》铃木宗忠著（第二，法藏的华严哲学与智俨的华严哲学）

《华严五教章》法藏述（《义理分齐》第十）

《探玄记》二十卷法藏述（《大藏经》第三十五册，一〇七一—四九二页）

《华严学纲要》斋藤唯信著（《教理篇》）

·法藏的修道论

在“法藏”的修道论里，应该论述的问题是：有众生的根性，修道的阶段，修行的时间及其所依身，断烦恼的次第和佛身佛土五种内容，兹分述如下：

（一）众生的根性：众生机性差别的问题，同别二教的看法，各不相同。在别教看，一切有情无情（生物类），均有成佛之因性，但在同教则不然，即：从方便意看，五教中的小、始、终、顿四教，虽亦得称为“同教一乘”，但这四教，自有其机性差别之处，如下：

小乘教认为：众生唯有一类，且具有成佛之佛性，但其佛性的性质，是修得的，乃无常的佛性，并不是如来藏常住性德之佛性，故不能发挥无碍大用，不能尽未来际现色身于十方世界，成就正觉以利众生。即：修得之佛果消尽时，即灰身入寂，与二乘不异。

始教大乘乃立五性各别，认为众生有五种之别，即：声闻定性、缘觉定性、菩萨定性、不定种性和无性（无佛性）之五种有情。菩萨定性与不定种性，却有成佛之性，而其余三性，即不能证佛果菩提，此谓之“三无二有”。关于五种性之事，有三种不同之说，一是法尔的五性各别，二是暂时的五性各别，三是分位的五性各别。

法尔的五性各别是：五种种性，本来法尔，不加人为的修习，而固有于吾人第八识中，即：能够开证佛果菩提的无漏种子，先天存在于第八识者，叫做“菩萨定性”；只能开缘觉之证的无漏种子，存在于第八识中，叫做“缘觉定性”；只开声闻之证的种子存在于第八识中者，叫做“声闻定性”；或具声闻、缘觉二种子，或具缘觉、菩萨二种子，或具声闻、菩萨二种子，或具三乘种子等，不一定者，叫做“不定性”，而完全不具三乘无漏种子者，叫做“无性有情”。这五种性，本来法尔固定（一定），所以无性有情者，怎样修习，都不能开证佛果菩提，同时这也不能得声闻、缘觉之证，这叫做“法尔的五性各别”，五性之因，均由先天固定不变故。

暂时的五性各别是说：本来并没有法尔的五性之别，而是一切众生皆有佛性的，唯因有人全未修行，叫做“无性有情”，三乘行中，唯修六度者，叫做“菩萨定性”，唯修缘觉行者，叫做“缘觉定性”，唯修声闻行者，叫做“声闻定性”，三乘并修者，叫做“不定种性”。五性之别，系由后天的修行而决定的。

分位的五性各别是说：五性之别，非法尔而有，亦非唯由修行之有无而分，乃是由于修行的位置而立的，即：完全未修行的凡愚位，叫做“无性有情”，在三乘修行中，未至可成种子之十信位中间，叫做“不定种性”，不定性人再进一步，至于成种性者，名为三性定性，其中，修六度而至于十信位者，叫做“菩萨定性”，修四谛观而至于软顶位者，叫做“声闻定性”，观十二因缘而至于成种性位者，叫做“缘觉定性”。

五性各别有三说之中，始教大乘乃立法尔五性各别说，因为始教大乘把种性，立在有为生灭的无常法中，所以不能够平等一味而通于一切有情，同时，有情第八识中，有自他差别之不同种子故。

其次，终教不立五性各别，而谈一切有情皆有佛性，因为“法”名涅槃，不可坏，不可戏论，而法性名“本分种”，如黄石中有金性，一切世间法中，皆有涅槃性。始教的“种子”是现象有为生灭的“事种”，因之，变成五性各别，但终教系就本体无为不生灭的真如而立种性，故遍通于一切众生皆有佛性。不生灭的真如，其体性遍通于有情非情，但佛性是就真如体所具备的本觉性智而立，故此体在众生，乃名佛性，在非情中，乃名法性。

顿教泯灭差别的现象（约体绝相或泯相显实），一切归于唯一真如（一法界大总相体），故无种性差别，只是将唯一真如强名为“种性”。

小、始、终、顿四教，都说有“机性差别”，这是同教一乘之说，而别教一乘所说乃与小乘及三乘大不相同，即：三乘教所说的佛性，是唯约能开佛果菩提之证悟的“因种”而言，而且其因种是唯限于有情界的，但在此别教，因果无二，依正融通，其因种乃通于有情及非情，而不唯是因种，连果德亦具足，因为，一切诸法是同一缘起，相即相入，无碍自在故。这是别教因种说的特点。

（二）修道的阶段：华严修道的阶位，有同教与别教之分别，在同教里面，有小、始、终、顿、圆五教之阶位。小乘教的修道，分为方便位（五停心观乃至世第一法七阶）、见道位（四谛十六行相中的前十五心）、修道位（第十六心以后，将断尽三界修惑之位）、究竟位（断尽了三界见、修二惑的称阿罗汉位）四种。

始教里面，有“回心教”与“直进教”之别，回心教是为欲引诱愚法小乘者，回入大乘所说之教法；直进教是直接为可受大乘法门者所说之教法。回心教的修道阶位，有方便、见道、修道、无学四位说，又有乾地、性地、八人地、见地、薄地、离欲地、已辨地、辟支地、菩萨地、佛地等十地说（此中，前八地是二乘位，第九是菩萨位，第十是佛果位）。直进教说有菩萨五十一位说（十信、十住、十行、十回向、十地及佛果）。关于菩萨的不退，也有三说（因为菩萨根机不同，故立三种），即：七住不退（《璎珞经·贤圣学品》之说)、十回向不退(《佛性论》第一卷之说)和初地不退(《瑜伽论》第四十七卷之说)。华严宗依下中上三种根机而立此三说。

终教立四十一位(除十信),因为十信唯是"行",未得不退,故不为"位"。

顿教谈一念不生即佛,离行位差别相,故不立阶位。

别教的修道,在"寄显门"乃立阶位差别,而在"直显门"即不立阶位,认为一位即一切位(即:"因"是普贤一因,"果"是遮那一果,并且因果不二)。《五教章》下卷,设三科如下:

三科	约寄位显	明寄显门之意
	约"报"明"位"	示三生成佛之旨
	约"行"明"位"	明直显门之意

寄位是寄十信三贤等位次,而显圆教行位的意思,这里面,分为二门,一是"次第行布门",二是"圆融相摄门"。一是由浅而深,由十信次第而至等觉妙觉之阶位,二是不作次第差别,得一位即得一切位之相摄行位,例如信满一位即成佛,位位相即,因果无二。初信亦可成佛,但立位乃由退不退而定,故应十信满心方可为位,故云信满成佛。圆融、行布二门,究竟融通,不坏前后而能相即,相即而不违前后。

其次,约报明位是说:论成佛虽有种种义,然在别教,其极速乃无念成佛,而其极迟亦应经三生,三生是见闻、解行、证入,其意思如下:

见闻生=观见听闻别教之法,熏成当来将证佛果菩提之种子,这个中间,叫做见闻生。

解行生=前生闻别教一乘之法,熏成种子,而于今生,得一乘之圆解,修习圆行,这个中间,叫做解行生。

证入生＝由于前面之见闻解行而证得佛果菩提。

总之，第一生见闻别教一乘之法门，第二生闻圆解修圆行，第三生证得无上妙果，叫做三生成佛义。但关于这第三生的证入，是与第二生隔世？或不隔世而于第二解行生之身就证得圆满之大果？这有两种看法，认为与第二生隔世，叫做三世隔生之三生成佛（《舍那品》所说善财童子的证入就是这个），而不隔世直证大果，叫做法门分位之三生成佛（《舍那品》所说普庄严童子的证入）。又如《小相品》所说兜率天子的证入，其见闻解行是隔生，而其解行证入是不隔生。

第三，约行明位有二分，一是自分，二是胜进分，自分是依据其当位，胜进分是趋向于后位。一切行位，皆具此二分，而一行一切行，融通无碍，故于十信满心，即具其他诸位，一时成佛。

别教一乘，虽或约寄位，或约报，或约行而明位，但其实是无位无差别，位分相即相入，无碍自在，这是华严与前四教所说不同之处。

（三）修行的时间及其所依身：小乘教、始教、终教均说有时间问题，即：据小乘看，声闻人极速者以三生而得罗汉果，其极迟者须经六十小劫而得果，独觉人极速者四生，极迟者须经一百大劫而得果，菩萨乃须经三僧只百大劫修六度，始能得果（阿僧只劫是八十增减大劫的五十二个十倍数）。始教的菩萨，也须经三僧只百大劫才能成佛，但此数法与小乘教不同，这里是无数（十大数中的第一数）的约三倍叫做三阿僧只劫，而于第一阿僧只劫而至十回向位，第二阿僧只劫至第七地，第三阿僧只劫得佛果。

终教的菩萨，亦须修三僧只劫始能成佛，但终教的三僧只劫，定数的三僧只之外，还有不定的三僧只，以劝三乘人向一乘。顿教不说修行的时节，一念不生即佛故。

别教一乘乃一念即多劫，多劫即一念，念劫圆融相即，长短相入，所以成佛的时节也不一定。

其次，修行的所依身有二种，一是分段身，二是变易身。分段身是身有形段，命有分限，感过去善恶业因的吾人现实的身体。变易身是前变后易，微细难知难了，唯由悲愿力而改转身命，妙用自在之微妙身。

小乘教唯依分段身而修（就是佛世尊的实报身也是分段身），始教在寄显门，乃七地以前依分段身而修，八地以上，即依变易身而修，而在实报身，乃十地金刚无间道以前，唯依分段身而修（留烦恼种来度众生的缘故，这叫做润生摄化）。终教的地前三贤位，依分段身而修，初地以上，乃依变易身而修。顿教一切绝言，故不说明二种生死之依身。圆教唯依分段身而至十地（因此圆教但究分段身之因位，故不分生死粗细之相）。

（四）断烦恼的次第：断惑（灭烦恼）为修道要领之一，故应知其次第。小乘教于“世第一法”的“无间道”而入“见道”（修断迷理的烦恼的阶段），断三界“见惑”（迷理之烦恼），得“预流果”（圣者的流类之果位），次断欲界“修惑”（迷事之烦恼）九品中的前六品而得“一来果”（再来欲界出生一次之果位），再全断欲界九品修惑而得“不还果”（不会再来欲界出生之果位），然后全断上二界（色界、无色界）之修惑而得“罗汉果”（超出三界，永断轮回生死之果位），这是小乘教的次第证（当然小乘教中亦有超越证而不按照上面之次第者）。

始教将“惑”（烦恼）分为烦恼障（会轮回生死之惑）和所知障（智识上之障）二种。二乘人于见道之初，全断分别起（后天性）之烦恼障，而于修道中断尽俱生起（先天性）之烦恼障。菩萨乘亦将烦恼、所知二障分为分别、俱生二种，并于此二种上面。再立“现行”（现象界）、“种子”（生果功能的因性）、“习气”（由烦恼的熏习所流下来的气分＝即烦恼之迹）之断别，于地前（十地以前）、地上（十地上），或“伏”（伏烦恼）或“断”（断烦恼），作一详细之分别。

终教认为：声闻人只能伏烦恼障，而不能断烦恼障，同时也不能断所知障，更不能伏所知障，因为仍有微细之根本无明故。终教不分分别、俱生之别，因为此教在初地上，不分见、修惑二惑，一具而断，故无分别、俱生之别。终教之菩萨，于发心住（十住之初）已得不退位，不堕二乘地，具有智力，能够自在断烦恼障，但为度众生起见，故留润生，留一点烦恼种子而不断（才能再生度众）。不过在习惯上，终教亦顺应始教之例，而立断惑阶段如下：

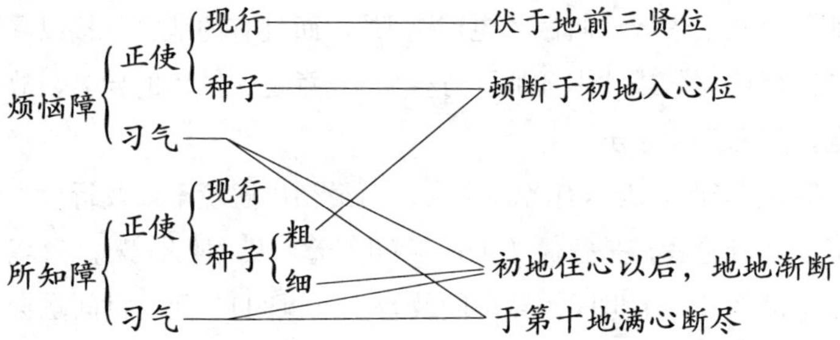

顿教是离言绝想之法门，故不分断惑品类，所以在能断上，亦无各种差别。

以上四教是同教一乘之断惑次第，在别教一乘里，另有别的不同义趣，即：一切所障之法，一即一切，一切即一，圆融无碍，而其能障之惑，亦相即相入，一多相即，圆融无碍，故无分成烦恼、所知二障，或分别、俱生或现行种子习气等差别之必要，因此，一断一切断，一证一切证，无所局限。不过，据《华严经》看，断惑的分齐，大体可分下面四种：

约证＝于十地中，断一切障惑。

约位＝十住以上，断一切惑障。

约行＝于十信终心，断一切障惑。

约实＝一切惑障，本来清净，故无可断。

关于观行方面，法藏著有《游心法界观》一卷，《妄尽还源观》一卷，《普贤观》一卷，《唯识观》(出于《探玄记》第十三以下)，《华严世界观》一卷等书，以述观行法门，而在此中，除了唯识观之外，其他都是杜顺《法界观门》或《五教止观》思想的祖述及其观行思想的发展，换言之，杜顺的观行法到了“法藏”时更加圆熟。

佛身佛土论：华严的教主，是十身具足的毘卢遮那法身佛，由此理想的佛身，以显十表无尽。这个法身佛，《六十华严》略称“卢舍那”，《八十华严》叫做“毘卢遮那”，而且有的地方直接以释迦为“毘卢遮那”或“卢舍那”，这些，究竟是一佛体的异名，故在究竟，并无三身可分。

《六十华严》表示有各种十身，而最初以解境十佛及行境十佛为华严佛身论者，是智俨（见于其《孔目章》及《搜玄记》)。解境十佛融三世间（众生世间、器世间及智正觉世间)，而三世间融会无碍，以佛智所光照的境界，总束为佛身（一切现象，皆是佛体)。行境十佛是由于因位的行力而具足种种福德的“修因契果之佛”。解境表示“智”，行境表示“德”(此局限于智正觉世间)。智俨以行境十佛为主，法藏以解境十佛为主（显法界无尽缘起之奥义)。从“体”看，解境与行境，两者不二。卢舍那是光明遍照之佛。融三世间的十身具足法身佛并不是“理佛”，而是“事佛”(法身即是具体的万象，亦即是事事无碍的妙佛)。解境十佛是众生身、国土身、业报身、声闻身、缘觉身、菩萨身、如来身、知身、法身和虚空身。行境十佛是菩提身（成正觉佛)、愿身（愿佛)、化身（涅槃佛)、力持佛（住持佛)、相好庄严身（业报佛)、威势身（心佛)、意生身（随乐佛)、福德身（三昧佛)、法身（法界佛）和智身（本性佛）。

次就佛土而言，小乘的佛土是凡圣同居土（释迦佛所住），大乘始教的佛土是自受用报身所居土（理想界的净土，菩萨亦见不到，唯佛与佛的境界），终教建立无胜庄严世界（三界外的净土，释迦实报身之净土），顿教不说明有形的国土（唯有“无相离念”的法身土），同教肯定净土，认为秽土即净土，悟即净，迷则秽，但别教一乘不满意秽净不二之说明，而建立别教特有之佛土，即：净土本身是超越吾人之感觉的，故《五教章》云：国土海圆融自在是不可说，而因分可说的方面，世界海乃有三类，一是“莲华藏世界海”（具足主伴，通因陀罗等十佛境界），二是“十重世界海”（世界性、世界海乃至世界相，即人民至轮王世界），三是“无量杂类世界”（无量种种形世界）。

一重的莲华藏世界，是同教的分齐，十莲华藏世界乃是别教一乘的净刹。莲华具种种德，“藏”乃含藏义，“海”是表示“深广”、“具德”二义。莲华藏世界并不是净秽不二的一相孤门的净土，而是主伴具足，通于因陀罗网重重无尽的国土，一切诸教诸佛国土，皆属于莲华藏世界。十重世界是三千界外的世界，即：娑婆世界是有限的国土，今表示无边，叫做三千界外，兹有十重世界，次第广大无边。杂类世界是指无量的世界存在，而其一一世界亦无量无边，有种种形，无穷无尽。华藏世界是“本”（中心），其他二世界是“末”（枝末），但其“体”三类相同，杂类即是华藏，十重亦即是华藏，“边”即“无边”，“无边”即“边”。

杂类世界是“见闻生”所感见的国土，十重世界是“解行生”所感见的净土，莲华藏世界是“证入得果”所感见的妙刹。“类”虽有三，但其“体”乃一。从行布差别门看，十方世界森然存在，而从“圆融相即门”看，十方世界皆是华藏世界，又如从“主伴圆融门”看，华严是主，其余是伴，主与伴，圆融相即，诸土皆是华藏。从“因陀罗网境界门”看，尘尘皆具无量国土，一一国土皆具无量刹海而成帝网世界。十莲华藏世界是华严理想的净土。悟入自己的心性乃是体会法界的真理，“因智”“果智”合一，主客一体，生佛一如，悟此理者，修此圆行（一即一切，一行一切行）者，就能体会华藏世界的境界。

本段（法藏的修道论）的主要参考书如下：

《华严五教章》法藏述（《诸教所诠差别》第九）

《华严学纲要》斋藤唯信著（《实践篇》）

六、澄观华严思想的特质

杜顺的“相即”“相入”“圆融无碍”的思想及其观行，经由智俨教学的基础，传至于法藏时，已完成了华严宗的思想体系，所以又说：华严宗即是贤首宗。

可是，华严宗到了四祖澄观时，因其时代的潮流及澄观本身的实修性格所致，其华严思想，另有新的发展，兹先叙澄观的传记，后叙其华严思想的特质。

清凉大师讳“澄观”，姓夏侯氏，唐开元二十六年（七三八年）诞生于越州会稽山阴，寿一百零二岁，唐第十四主文宗开成四年（八三九年）圆寂（《佛祖统纪》、《佛祖通载》、《编年通论》之说），如据宋《高僧传》第五卷看，是说：春秋七十余年，然以后说者居多。澄观博学多才，通达佛教各宗及汉学、梵文学。从醴律师学相部律，从“昙一”学南山律，从金陵“玄壁”学三论，在瓦官寺学《起信》、《涅槃》；从“湛然”学《天台止观》、《法华》，《维摩》等经疏；从牛头山“惟忠”，径山“道钦”等人学南宗禅；从“慧云禅师”学北宗禅，从“慧苑”的高足“法诜”学华严宗。后来，澄观住五台山大华严寺，讲《华严经》并制其疏［兴元元年（七八四年）正月起］，经过四年，完成二十卷，后来受弟子之请，细释经疏，著《随疏演义钞》四十卷，后世把这些合成为八十卷，叫做《华严大疏钞》。澄观在这些大作方面，极力破斥慧苑之说，发挥“法藏”的真义，挽回宗风。唐经（《八十华严》）的《大疏钞》和晋经（《六十华严》）的《探玄记》，是华严两译大经疏的双璧。澄观又帮助《四十华严》的翻译（罽宾般若三藏译），时人崇为文殊化身。他依《八十华严经》所释的《华严经玄谈》九卷，暗中破斥慧苑之错误。他提倡“教”“禅”一致之宗风，认为五教中的顿教是禅宗，并传不空三藏之法义而倡“显密合称”，又说及性恶说以融会天台湛然大师之思想，同时，作“性”“相”决判（抉择）而提高华严，主倡“事理无碍”为其特点。他的著述很多，修行严格（有其十种誓愿为其生活之规范），其一代化益，经过九朝七帝的师范，诚是盖世一大宗师也。其主要著作，除上述之外，还有《华严经纲要》三卷，《华严经略策》一卷，《三圣圆融观门》一卷，《入法界品十八问答》一卷，《法界玄镜》一卷，《普贤行愿品别行疏》（《四十华严》经释）六卷，《五蕴观》一卷，《十二因缘观》一卷，《华严心要》一卷等书。

在判教方面，澄观的思想有两点特质，一是“性相决判”的思想，二是同别二教论的看法。先从“性相决判”方面而言，“法藏”是出生于玄奘、慈恩的“唯识学”风靡一世之后的人，所以他对法相宗的问题，是应如何将唯识说，摄取于自己的哲学体系中，来建立华严哲学，故他乃将唯识三性说，利用于真妄交彻的理论，并将五重唯识观，利用于他的十重唯识观，以组织其观心的体系，但法藏本身，是始终站在无自性的空观思想，来摄取法相唯识，并且发挥了华严哲学的伟大为旨趣！故他对于唯识，是采取着“性相融会”的立场的。可是，在澄观活跃的时代，却是法相宗已经衰退，而禅宗、天台宗，逐渐恢复得势，故澄观在此时代背景之下，自然会积极主张“法性宗”的优位及其真理性，作性相十异之比较，立在“性相决判”的立场，作为对付唯识思想，是其思想特质之一。相宗与性宗之十异（出于《华严纲要》及《玄谈》）如下：

第一异：
- 相宗＝三乘真实，一乘方便。
- 性宗＝三乘方便，一乘真实。

第二异：
- 相宗＝五性各别是了义，一性皆成佛是未了义。
- 性宗＝五乘各别是方便，一性皆成佛是真实。

第三异：
- 相宗＝万法从阿赖耶识而生
- 性宗＝无明与真如和合而缘起诸法

第四异：
- 相宗＝真如凝然，不作诸法。
- 性宗＝真如有不变随缘二义，由随缘而作诸法。

第五异：
- 相宗＝遍计是空，依圆是有，有为无为各别。
- 性宗＝依他的无性即是圆成实性，遍计是空。

第六异：
- 相宗＝众生界不减（有“无佛种”者），佛界不增。
- 性宗＝生佛二界，不增不减（一理平等，生佛不二故）。

第七异：
- 相宗＝俗谛空，真谛有，空有各别。
- 性宗＝真谛是即有的空，俗谛是即空的有，真空妙有故。

第八异：
- 相宗＝生住异灭四相，前后异时（有时间前后）。
- 性宗＝四相一时，具在一刹那，生灭相即。

第九异：
- 相宗＝“智”与“惑”，“心”与“理”各别。
- 性宗＝智外无惑，智与真如不二。

第十异
- 相宗＝如来四智，自他受用，皆由种子而生，都是有为无漏
- 性宗＝色心即是法性，佛之色心，皆无为常住（非四相所迁）。

澄观站在《起信论》的第一义谛的“一心”为根本，并由实践的立场而把握“无心”之“心”，“能”“所”两亡，为其唯心说之解释，且站在法性宗的立场，展开其根本思想，来针对唯识说。他会重视《起信论》的“一心”，并由理事无碍而说明事事无碍，其外在的原因，乃是受了禅的实践影响的，而其内在的原因，即属由于他自己的优越思想性格而来的，即一心即是法界，心体离念，唯一圆觉，形夺双亡，离“觉”“所觉”，以心传心，顿证法界，为其教禅一致的顿圆合一的“一心说”。无住的心体，灵知不昧，心心作佛一心即佛心，一尘皆佛国。他由此灵知不昧之立场以评南北二禅，即：“知”即“心体”，灵知非“了别”，亦非瞥起，而是众妙之门，契会佛境的真心，非同木石。他由于斥“了别”而谴南宗之病，更否定瞥起而破北宗之“见”，并于灵知而融合北宗之离念与南宗之无念。他以“心”为“总相”，悟之于佛而成“净缘起”，迷之于众生而现“染缘起”。缘起虽有净、染，但心体不异，故如来不断性恶，阐提（无佛性者）不断性善，这是接近于天台性具说的思想的，不过，澄观也与李通玄同样，认为根本无明“无体”而不动，所以“妄体本真”而有“根本不动智”，故可谓唯心的根源是清净性的，这与天台的性恶说稍有不同。从真如不变的方面看，一心的“体”是“心性”，从随缘而展开为现实世界的方面看，叫做“心”。但此“不变”是“随缘的不变”，并不是完全否定了“相对”的另外一个“绝对”，而是于“相对”本身来发现“绝对”的，即：“相对”即是“绝对”，由此，凡夫乃能证入佛境界，唯心观的究竟，在于“离念”、“无念”，无念而念、念而无念，这是澄观心性说的

特质之所在，他由此立场而判决“性宗”为优越的思想。

澄观在教学的立场，也以圆教的事事无碍的“一心”为最高境界，可是在实践上，澄观乃以真如实观而解释一心，由理事无碍而趣入法界真理为其重点。法藏把“一心”解消于事事无碍中，而澄观倒转到主体的方面，由理事无碍而立证事事无碍，这个方法（重视理事无碍）倒使一般人容易了解一真法界的义趣，所以华严思想对宋学所发生之影响，与其说是由于法藏的华严，毋宁说是乃由于澄观和宗密的华严。法藏由事事无碍而了解理事无碍，而澄观乃由理事无碍而了解事事无碍，这是华严思想史上的一个转向，也是澄观华严思想的特质之一。

其次，关于同别二教的问题，法藏于其十重唯识观里面，把第二、三、四配于始教，第五、六、七门为终教，但第六门的“摄相归性门”通于顿教，而第八、九、十门是“不共”的圆教，但，“不共”是别教的意思，法藏与澄观的判教的不同点，是在于“同别二教”的解释的不同，即：澄观认为圆教有二种，一是同教，二是别教，而“别”乃是“不共”，与“实”，与“顿”不共故。同教是“同顿”、“同实”的意思，今显此“别”，故云“不共”。以“同教”为“同顿”“同实”，即：同于顿教，同于终教，叫做“同教”。

澄观在五教论乃以始教为“事相”之立场，将顿教放在始终二教中间，而终圆二教乃是站在理性的立场的。他将法藏十宗判的第七“一切皆空宗”改为“三性空有宗”，把第八的“真德不空宗”改为“真空绝相宗”，第九“相想俱绝宗”改为“空有无碍宗”。第八宗与第九宗是将“终”“顿”的次序转换的。第七宗限定于“相始教”之立场，而将“空始教”摄在第八宗而合一于顿教。法藏由于分“空”“不空”而融会性相，澄观乃将“空”同于“理”而决判性相，把终教的“理事无碍”放在顿教的“理”上面（上位），而将空始教合于顿教（理的立场）而与相始教之“事”相对待。如此，第七宗是法相宗，第八宗是无相宗，第九宗第十宗均为“法性宗”，而与法相宗分别。因此，他的判教论的问题，是法性宗的“终”“圆”二教的分别，及“顿教”摄禅宗的教禅一致的倾向，是为其终顿圆三教的同教论的看法。

其次，真妄交彻论，亦为澄观思想主要特质之一。真妄是佛教修道论的根本问题之一。法相宗把“真”与“妄”认为是两样的东西，但法性宗以真妄交彻为本义，这是澄观一贯的主张。关于真妄论的“始”“终”问题，澄观结论说：“真妄两亡，方说真妄，真妄交彻，定无始终”。(《演义钞》第二十卷）成立真妄交彻的理由有五义，(1）真妄二法同一心故（一心一贯真妄，故成真妄交彻），(2）妄揽真成无别妄故（真如随缘成一切法，故真彻于妄，无妄则无真，真妄虽是对立，但又交彻），(3）真妄名异体无二故（“名”虽“异”，“体”无二，故能交彻），(4）真外有妄理不遍故（不能“真”外有“妄”，“真”是彻于“妄”的），(5）因妄外有真妄无依故（妄彻于真）。真妄虽是经常交彻，但仍不坏真妄之相，则该妄之真，真非真而湛寂，彻于真之妄，妄非妄而云兴。(出于《演义钞》第一卷）相对而能交彻，交彻而不失相对。在众生凡夫心中能见佛心，正是真妄交彻的究竟目的，法相宗要达到成佛的路程是很远的，但法性宗说：“初发心时，便成正觉。”这是现实化的佛教，容易了解，容易实修的佛教，即心即佛的禅宗思想，其根据亦在于兹。

形成四法界说及发挥性起说，亦为澄观思想的主要特质之一。法界说有二法界、三法界、四法界、五法界、十法界等等看法，而澄观建立四法界以建立其法界缘起说是其特点之一。其次，在性起说方面来看，智俨是根据《华严经·性起品》的思想，并受了禅宗等影响而形成了他的性起思想的，法藏也受了智俨的理论根据而组织其性起说，但澄观于注释《如来出现品》时，论述其性起思想，他于其《华严经疏》第四十九卷里，说明“性”云：“性有二义，一种性义，因所起故，二法性义，若真若应皆此生故。”种性义是“因”所起的地方。法藏是站在“果上现”的立场而说“法”的。而澄观是立在“因位”，以“性起趣入”为立场。他于其《演义钞》第七十九卷云：性起有二义，一“从缘无性”为性起，二“法性随缘”为性起，而缘起即性起（体性本身的显现），缘起有“净”“染”二种，以“染”夺“净”是属于众生，所以是缘起，以“净”夺“染”，是属于诸佛，所以是性起，这是澄观性起说的要点。澄观性起说，展开在真妄交彻之基础上面，所以是理事无碍性的，由“事”而“理”，由“因”而趣向于“果”的，法藏的性起说是站在事事无碍的果上现的立场的，而澄观是站在理事无碍的立场，以“心性”的立场所看的性起观，这一点颇有受禅宗的影响及当时社会的宗教要求的一种表现。澄观如此的性起说，由宗密所继承。

最后，澄观的观法原则，大体亦与法藏相同，站在“观法即教相”的立场，想直接把握真理而阐明了“心要观”或“三圣圆融观”，不过，澄观的观法，是带有浓厚的禅宗的色彩，是其特点之一而已。

本章（澄观华严思想的特质）的主要参考书如下：

《中国华严思想史之研究》镰田茂雄著

《华严思想史》高峰了州著（第十七章）

《华严经玄谈》九卷，唐澄观著

《华严经疏》六十卷，唐澄观撰（《大藏经》第三十五册）

七、宗密思想的特质

1. 宗密思想的立场

继承杜顺师业，担任弘宗的伟人，是华严宗五祖宗密禅师。他住圭峰草堂寺，又称定慧禅师。俗姓何，果州（四川省）西充人，少年通达儒书，先就“荷泽”学南宗禅，后倾《圆觉经》，深达其义。三十一岁，才得到清凉大师（澄观）的《华严大疏钞》，精读吟味，大有所得，然后专学华严。不过，他的宗脉虽是华严，但却发挥《圆觉经》义理，作广略二疏，撰各种疏钞，并著《普贤行愿品疏》。他的著作之中，最有名的是《原人论》一卷和《禅源诸诠集都序》四卷。他主张“教禅一致”，并作诸教批判论《原人论》，认为《圆觉经》为分同华严，由华严以统一三教（儒道释），这是他的经历和时代影响使然的（当时禅宗隆盛，又有韩愈上奏《谏迎佛骨表》而批难佛教之事发生，所以宗密乃一方面著《禅源诸诠集都序》而与禅宗提携，另一方面则著《原人论》来批判儒道二教及佛教各系之思想，然后站在“真心”的立场，以统一各教各宗，把华严思想放在最高之地位）。宗密由华严来统一整个佛教乃至外教，这是他的功绩。他在武宗会昌元年（八四一年）圆寂。后来有会昌的排佛，续有五代（九〇七—九五九年）的兵乱，佛教的教宗衰颓，华严宗脉也就于兹中断。宗密的著作，除上述之外，还有《新华严合经论》四十卷，《注法界观门》一卷，《华严心要注》一卷，《答真妄颂》一卷，及《圆觉经》各种疏与及其道场修证仪等书。

依宗密的看法，在判教上，《圆觉经》以“如来藏缘起宗”为立场，而包含有“顿”“圆”二教的立场。“顿”有“逐机”与“化仪”之分别，即：《华严》的一部分与《圆觉》、《胜鬘》、《如来藏》等二十余部经，是“逐机”之“顿”，而《华严经》及《十地论》是“化仪之顿”。逐机是逐机而说，故不分初后，但化仪是成道后对上根一时顿说之因果该彻的圆顿教（纯圆教之顿），故将圆教的立场，别开而以第五为“圆融具德宗”（指事事无碍之《华严经》）。可是《圆觉经》与《华严经》的相同点是在何处呢？答说：两经均显一真法界之体，而在观行上又成一多无碍之义的关系的。在果相看，《圆觉》即是华严的立场，如由因性来看，乃不外乎如来藏之立场。宗密将如来藏分为二义，一是“众生相尽”，二是“法身缘起”的立场，这是由如来藏的“法身”与“在缠”二义而开的，《圆觉经》以前门为宗而兼后义，而其在缠因性的立场即是“如来藏终教位”，法身果上的立场乃指着“性起圆教位”。在逐机的意思上面，顿教并不是果相（这一点，可从圆教分开），但在泯绝的意义上，圆觉也不单是因性（这一点，可从终教分开）。

宗密继承澄观“一心”的宗旨，解释五教的立场，并组织法藏的“十重唯识说”，即：小乘是“假说的一心”，始教是“异熟赖耶的一心”，终教是“如来藏的一心”，顿教是“泯绝染净的一心”，而圆教是“总该万有的一心”。他一面虽继承五教的判教，另一面又把终顿认为通于圆教而呈现出教禅一致之思想根源。其同别二教乃由新的性起、缘起思想而解释，即：别教一乘是性起门的立场，同教一乘是缘起门的立场，把澄观的“全拣”与“全收”，用“机”与“法”而开显，而此二门交彻不二的地方即是圆教的立场。

性起是法界性全体“起”而成为一切诸法的意思，即：真性湛然，灵明的全体即用，故法尔而成立万法。缘起分为“染”与“净”。染缘起分为“无始根本”与“展转枝末”，前者再分为“迷真”与“执妄”，后者分为“惑”“业”“苦”三种。净缘起分为“分净”与“圆净”，由“分净”而解释声闻、缘觉、菩萨三乘立场，由“圆净”而分为“顿悟”与“渐修”，渐修再分为“离过”与“成德”。顿悟是对待“无始根本”，渐修是对待“展转枝末”。由此，可翻染缘起为净缘起而合于性起。染净是缘起的对立，而染净融会，合于法界性时，则唯有性起，这是《华严经》所说的立场。

宗密把澄观的因门可说，以无分别智而入理法界的五门，认为：(1) 能入所入历然是法相宗的证道（大乘始教），(2) 能所无二是法性宗的证道（大乘终教），(3) 能所俱泯是大乘顿教的证道（“泯”有“五夺”与“本心顿现”二义），而入无障碍法界乃是事事无碍法界，但此事事无碍法界包含有事法界及理事无碍法界。如由能所二入而示，乃有如前五门，但今非专见“理”之立场，故阙 (3) 能所俱泯及 (4) 存泯无碍二义，直接连于 (5) 举一全收，而成三门。始终顿三教，是理法界的“入”的立场，而圆教乃表示有事事无碍法界之“入”，而且由后者（圆教）的事事无碍法界，而包含事法界及理事无碍法界，这一点，是有超出顿教而直接入终教的意思的。宗密由此“理”之究极的泯绝而直接，认为是同于果海离念，或果分不可说，于是顿圆合一，终圆或顿圆二教关系为主要的问题。宗密由此一心之立场而辨教禅一致。

2.《原人论》的思想

宗密于其《圆觉经大疏》里，把儒道释三教的思想特质结言说：儒教说“五常”，道家谈“自然”，佛教说“因缘”，其他在其所著的经疏里，谈及儒道释三教观之处不少，但最彻底的批判着三教浅深特质的书，是那有名的《原人论》。《原人论》的内容，分为五段，第一段是总序，内容说诸教大旨，三教的统一及本论的组织，第二段是儒道二教的批判（说儒道二教的要旨及其批判），第三段是对于佛教诸宗的批判（诸宗分类，人天教、小乘教、大乘法相教、大乘破相教及四教之总括），第四段是一乘显性教的阐明（华严的立场），第五段是诸教的会通（由一乘显性教而统一诸教）。

据儒道二教看，万物的根源由“虚无”的大道（自然）而生，于是生出“元气”，由元气生天、地、人三才，再生万物。人事全是天命，儒教认为人死后“魂”归于天，道教说归于“虚无”，儒道二教虽说虚无之大道及修身齐家之事，但不说及“缘起”与人生之根本义，是其所短，其批评儒道二教的大道说、自然说、元气说及鬼神说有如下：

第一，批评大道说云：万物如由虚无的大道而生，那么，大道乃变成生死、贤愚、吉凶、祸福之本，基本应该是不变的，大道会变成善恶丑陋等，是不对的。次就自然说而言，如说万物由自然而生，那末，一切的发生，就不必由因缘而来，可是无因无缘怎么会生万有万事呢？次就元气说而言，无知觉、无思虑的“元气”，怎么会发生有知觉、有思虑的生物类及人类呢？如说由自然而生万有，则不待教育因缘而可获得解脱乃至成圣，这是不合理的。再就鬼神说而言，庄子以人之生为“气”之集，死乃“气”之散，如由“气”之集散而论生死，那末鬼神究为何物？如说人死后变成鬼神，死了无数之人，应该有无数的鬼神给我们看，但其实却不然，佛教说人死后六道轮回，所以不会有无数的鬼神挤在此界而没有地方放（会轮回到彼此各地的缘故）。最后就天命说而言，一切都是天命的话，富贵、吉凶、祸福皆是天命，人的一切的努力无用，世上不公平的事，均应由天负责。如有如此不公平的性质，就不能称为天。总之，奉大道、自然、元气、天命之说的儒道二教，只是限于现世而谈人生的根本而已，故不能究明永远的人的根源。

第二，宗密批评佛教诸宗说：人天教只是为了初发心者说看三世业报及善恶因果而已，而未能谈到造业者是谁，受果报的主人是谁的问题。如以五官感觉为造业主，或以喜怒哀乐等精神感觉为主人，或以自已的身心全体为造业主，那么，生前的身心与死后的身心不同，造者与受者不同是不合理的。学人天教的人，虽信业报因缘，但却未能究明人的本源，是其缺点。

第三，就批评小乘教而言，小乘教虽由“色”“心”二法而说明我们身心的根本，但其“心”只是“六识”，“色”也只是四大所成，对于身心相续的根本，未能作一彻底的究明。

第四，就批评大乘法相教及大乘破相教而言，唯识宗虽立阿赖耶识为吾人生死之根本，但却未能表达一乘显性之深义，所以仍是权教，未到真实显了之境界。大乘破相教虽破法相之执，亦破识本身之“有”而立“空”义为其究竟境界，但如此“空”者是谁？同时道德行为的责任应归于谁？如以心境均为空而无实法，那末以何为根源而显出种种迷妄境界？破相教只破执相迷情，而未能显出真实灵明的真性（心性），所以法相与破相两教，仍是大乘的初门，尚未达到最高深妙境界。

第五，就批评真实一乘显性教看，吾人本来有本觉的真心，而本觉的真心，无始无终，不变而清净，故云佛性或如来藏，这与荷泽神会的“灵知不昧之一心”完全相同。吾人虽有无始以来之真心，但却被妄想所蔽，不自觉知，故如来怜愍众生，赐下方便，说“空”之道理，再进一步，说及灵妙清净之真心，使人悟入，若离妄想，佛智即显，《华严经》喻说：一尘含大千经卷，一尘指众生，经卷指佛智，众生皆具佛智。吾人如知本来是佛，其行乃变成佛行，其心即契合佛心，如回到本源本觉的真心，即能打破无始以来之凡愚迷妄，迷的众生与悟的佛，完全是同一真心之表现，完全不外乎真如法性，这个实乘微妙的法门乃是原人的本源。

最后的会通本末是诸教的综合统一。一乘显性教是“本”，破相教、法相教、小乘教、儒道二教是“末”。“末”是到达于“本”的过程，倒过来说，从一真理（本）而逐次展开为“末”，本末融会，不只是佛教的四宗，而连儒道二教也被包括于佛教的大统一之中。

从破相教的会通而言，《起信论》的阿黎耶识有“觉”“不觉”二义，不生灭的真心（觉）与生灭的妄相（不觉），不一不异，但破相教唯取其生灭的妄相，认为它是“空”，可是，般若、三论并不是否定了不生不灭的真心的，如此会通，破相教也是契合于一乘显性教的真理的。

法相教在表面上，虽是说着不觉的方面占多，但仔细看，并不无不生灭的真心（觉义）方面，因为法相宗也有性唯识（真如）的义理，所以法相宗也能够会通于一乘显性教。小乘教以三毒为原人本源的惑心，而其所说，相当于《起信论》的执取相及计名字相，故在究竟，亦溯源于“觉”义，能到达于真心。小乘教的“惑”增长时，终于行杀人等罪而堕三恶道，反之，如行六度等善，乃能生于人道，终能达到“觉”的真心境界，所以人天教也能会通于一乘显性教。人天教的教说，相当于《起信论》的起业相及业系苦相。其次，儒道二教以“气”为根本，受天地之气而受人间之体质，“气”先备四大，次发达为六根，然后备五蕴，次第发达，形成六识、七识、八识、身心具足，而形成为“人”。人由“业”而形成贵贱、苦乐等各种差别，在现世看，这些差别，以人力乃似无可转变（天命说），但在佛教看来，各种差别相，是由于三世因果，业感缘起而来的，因果既有三世，吾人对未来有行善、改良的余地，由吾人意志而可开拓吾人将来之命运。儒道二教所说的“气”，逐渐推究时，即可达到“混一”之“元气”，再把“元气”推究到本源时，即可到达于真实唯一的灵心（真心），所以儒道二教亦能会通于一乘显性的境界。总之，“末”是“本”的一部分之“理”。宗密站在《起信论》的思想为其武器（三细六尘说），融会诸教，而欲成佛者，应弃末还本，这是绝对自由的世界，将此灵心、真性，看做佛身乃是法身佛；把它看做无漏净智，乃是报身佛；很自然、自由，应时应处而出现于人间时，叫做化身佛。

宗密《原人论》的目标，是在于批判儒道两教，及佛教诸宗而欲究明佛教的真源的。在中国学术思想史看，他将佛教的心识论，导入于中国思想，将佛教主体的心性思想，打进于中国哲学史上，这是他的功绩之一。其次，他一方面主张佛教的优越性，同时又对于儒道两教，保留一席地位，这是开拓了后来三教融合说之基础的，是为其功绩之二。他的思想，对于宋明时代的“宇宙即是心”的理学思想，亦有很大的影响力。

3. 教禅一致说

教宗与禅宗，究竟合得来？合不来？宗密举出十条理由，以证教禅应该是一致的，所谓十条理由如下：

（一）师有本末，凭本印末故（教禅一致系历代祖师所说）。

（二）禅有诸宗，互相违阻故（禅宗诸派，主张各异）。

（三）经如绳墨，楷定邪正故（定禅之邪正标准，在于经论）。

（四）经有权实，须依了义故（经的假实，应依佛意）。

（五）量有三种，勘契须同故（由因明三量看，有“经”之必要）。

（六）疑有多般，须具通决故（经能答复禅宗之疑问或批难）。

（七）法义不同，善须辨识故（由“法”与“义”看，教禅应该一致)。

(八)心通性相,名同义别故(心有四种,其义各别)。

(九)悟修顿渐,言似违反故(顿与渐,究竟不矛盾)。

(十)师授方便,须识药病故(真正的禅,应备顿悟及渐悟,互助互资)。

由此可知,教与禅应该一致,而宗密乃由“教”之三宗以配“禅”之三宗,是其教禅一致的体系。

三教是“将识破境教”(法相宗=唯识佛教),“破相显性教”(三论宗=空观佛教)和“真心即性教”(华严宗=如来藏佛教)。禅的三宗是“息妄修心宗”(北宗),“泯绝无寄宗”(牛头宗)和“直显心性宗”(洪州宗、荷泽宗)。三教三宗可作如下之对配:

(教)三教	将识破境教	息妄修心宗	三宗(禅)
	密意破相显性教	泯绝无寄宗	
	显示真心即性教	直显心性宗	

如将《原人论》的五教与《禅源诸诠集都序》的三教对配的话,可表解如下:

	《原人论》		《禅源诸诠集都序》	
五教	人天教	人天因果教	密意依性说相教	三教
	小乘教	断惑灭苦教		
	大乘法相教	将识破境教		
	大乘破相教		密意破相显性教	
	一乘显性教		显示真心即性教	

唯识佛教的阿赖耶识是妄识,无不是自性清净心,空观佛教认

为一切皆空，未能显示绝对的理心（真心），所以立有真心（理心）的如来藏佛教（显性教）是胜于唯识（法相教）、空观（破相教）二教的，这是宗密的看法，同时也是华严宗的思想。关于“相宗”与“性宗”的比较问题，已由澄观而辨明，而今宗密于其《禅源诸诠集都序》里立十异，以作“空宗”与“性宗”的不同点，同时认为“性宗”殊胜，是其看法的特点，由此，宗密认为“真心即性教”（华严宗）胜于“破相教”（三论宗＝空观佛教），所谓空宗与性宗的十点不同如下：

第一异
- 空宗＝法即是差别相（俗谛），以无为、无灭为真谛。
- 性宗＝法是一真之性（真谛），以种种差别为俗谛。

第二异
- 空宗＝诸法的本源是“性”（空寂）
- 性宗＝诸法的本源是“心”（常知）

第三异
- 空宗＝以诸法无性为性
- 性宗＝以灵明不空之体为性

第四异
- 空宗＝分别是“知”（浅），无分别是“智”（深）。
- 性宗＝以证理的妙慧为智，以该理智及通凡圣之灵性为“知”。

第五异
- 空宗＝有我是妄，无我是真
- 性宗＝无我是妄，有我是真（直明本体，显有）。

第六异
- 空宗＝遮诠（有遮无表）＝不生不灭，不垢不净，无因无果，非凡非圣等。
- 性宗＝（有遮有表）＝知见觉性，灵鉴光明，朗朗昭昭，惺惺寂寂，并遮诠。

第七异
- 空宗＝标名
- 性宗＝认体

第八异
- 空宗＝立二谛
- 性宗＝立三谛

第九异 { 空宗＝遍、依是有，圆是空，三法皆无性（空）。
性宗＝遍计是情有理无，依他是相有性无，圆成是情无理有，三性皆空有。 }

第十异 { 空宗＝佛以“空”为德，无色声五阴。
性宗＝佛之自体，有常乐我净十身十智之功德，而无尽本有。 }

次就禅三宗的内容而言，息妄修心宗是南侁、北秀、保唐、宣什之思想，即：众生虽是本具佛性，但被无始无明所覆而不能见佛，故应拂拭烦恼，远离愦闹，住闲静处，调息调身，心注一境（精神统一），才能见性，北宗禅及天台止观属于此类。

泯绝无寄宗是否定万有，以空寂为宗旨的宗派，石头、牛头系统属于此宗，即：凡圣等法皆如梦幻，都无所有而空寂，在平等法界中，佛及众生皆是假名，凡是有所作皆是迷妄，有一类希求无事之儒道人士亦参于此禅。

直显心性宗依“真性”而立，即：一切行为、言语皆是真性全体的表现，对此真性之把握不同而分为洪州宗与荷泽宗。真性非凡非圣，非善非恶，而体即用，平等即成差别。洪州宗认为：吾人能语能言，能行为，是由于本来的佛性而发出的，并不是起心修道而成佛，而是天真自然，任运自在而得解脱的。荷泽宗认为：妄念本寂，尘境本空，灵知不昧，而此空寂之“知”即是汝的真性，心本自知，并不是藉缘而生，亦非依境而起，而“知之一字，为众妙之门”，以无念为宗，得无念知见，为荷泽宗之宗旨，如此乃能断除罪业，增加悲智与功行。

“息妄修心宗”不着外境，凝视内心，这个看法与“境无识有”的“将识破境教”形成相应。神会攻击北宗，是破其凝心的方法，并不否定禅法本身，同时，神秀亦可谓是得五祖弘忍之印可的，北宗的渐修亦有其意义。

“泯绝无寄宗”乃相当于破相显性教。佛密意对于特殊机根众生假说为“空”，而不将真性的存在表现出来，即：强调“绝对的否定”（空）而不说出妙有（绝对肯定），印度的般若、中观、中国的三论宗及华严五教中的空始教属于此类。华严（尤其是法藏）从更高的立场综合清辩的“空”与护法的“有”，主张“空有相成”（妙有真空有“极相违义”与“极相顺义”二义）。但泯绝无寄宗强调否定（空）的方面，故与破相教形成相应。

“直显心性宗”乃直指众生本具的空寂真心即真性，故与显示真心即与性教相应，即：宗密认为《华严经·出现品》的《众生本具如来智慧》一文，乃是指灵知心即是真性，华严性起思想的实践开展即成为洪州宗，而无念之知，灵知不昧之一心，乃与荷泽禅相应。当时的禅家，不知“清净”有“离垢清净”与“自性清净”两类，所以有人认为禅门的即心即佛是邪道（这是唯知离垢清净的一面的）。反之，有人认为：日常心是道，所以作恶亦是佛道，不必守戒行善，这也是不对的。宗密由自性清净而确立顿悟，由离垢清净而渐修，由顿悟渐修而达证悟与修行之目的，他对自性清净论者（南宗）即强调要渐修，对北宗（离垢清净论者）乃强调要顿悟，由此而融会南北二宗之禅风。

以上所述为宗密教禅一致论的大纲。法相、三论、华严三宗，是隋代到初唐时代的学问宗，当然法相宗有五重唯识观，三论宗也有般若空观，华严宗也有妄尽还源观或三圣圆融观等观法，但在究竟，这些三宗，还是哲学性的，从学问性的佛教发展为实践性的禅宗（修宗），是时代的潮流，所以宗密提倡教禅并行，是历史上的必然的结果，同时，他的教禅一致论对于后代的综合性的佛教思想，给予很大的影响，宋代延寿的《宗镜录》的思想，明代智旭的综合佛教思想等，都是受有宗密的思想所辐射而成。

本章（宗密思想的特质）的主要参考书如下：

《宗密教学之思想史的研究》镰田茂雄著

《原人论》、《禅源诸诠集都序》宗密著

八、结言

上面所述，已知杜顺、智俨、法藏、澄观和宗密五个人的思想，同时，华严宗的要义也由本文的叙述而得明了。杜顺是华严宗的初祖，他的人格，经由智俨而直接感化到宗密，成为华严宗思想的发祥地。在文献上看，杜顺《法界观门》的周遍含容观，直接变成智俨《一乘十玄门》的事事无碍观，而法藏的《发菩提心章》是组织了杜顺的《法界观门》的，同时，法藏的《游心法界记》乃是祖述杜顺《五教止观》之书。智俨、法藏、澄观的判教思想，无不受到杜顺《五教止观》的影响，澄观的《法界玄镜》及宗密的《注法界观门》等，都是阐明杜顺思想之书。

其次，在思想上看，杜顺的"相即""相入"的思想，一即一切，一切即一的思想，一心法界的思想，乃至其法界观的风格，都直接经由智俨，流入于法藏的华严哲学体系中，澄观的理事无碍观是杜顺《法界观门》的"理事无碍观"的发展，其四法界或一真法界的思想也是来自《法界观门》的思想的开展，宗密会提倡教禅一致，虽是受有时代的影响，但在另一方面，也间接受有杜顺禅师的实践风格的，由此可知：华严二祖至五祖的思想及其人格，都是杜顺思想及其人格的感化而开展出来的华严体系。

杜顺的存在，可比为华严宗的一株大树的“根干”，智俨是这一株树的“枝叶”，而法藏是这株树的灿烂满开的“花朵”，澄观和宗密是这株树的“结实”。华严宗虽是由法藏而告大成，但在中国佛教史上，对于后唐、宋、元、明直接给予华严思想的影响力的人，还是澄观和宗密，所以说，澄观和宗密是华严宗的“结实”（尤其是在实践方面），宗密乃由华严而欲统一整个佛教并欲包摄儒、道二教在内，这是中国佛教思想史上的一大成就，所以佛教传来中国后，而有华严宗的建立，与天台宗同为中国文化的一部分，而此大成就的根源，当然要归功于杜顺的思想及其人格。由此可见，杜顺在华严宗史，乃至中国佛教史上，是如何伟大的存在！为撰述“杜顺”的成就，不得不述及华严宗诸祖思想的理由，即在于兹。

参考书目

原始资料

《华严法界玄镜》二卷，唐澄观述，《大藏经》第四十五册，一九七四年，台北，新文丰影印。

《华严五教止观》一卷，隋杜顺说，《大藏经》第四十五册。

《华严一乘十玄门》一卷，杜顺说，唐智俨撰，《大藏经》第四十五册，台北，新文丰影印。

《华严五十要问答》二卷，唐智俨集，《大藏经》第四十五册。
《孔目章》四卷，唐智俨集，《大藏经》第四十五册。
《华严五教章》四卷，唐法藏述，《大藏经》第四十五册。
《华严经旨归》一卷，唐法藏述，《大藏经》第四十五册。
《华严游心法界记》一卷，唐法藏撰，《大藏经》第四十五册。
《华严发菩提心章》一卷，唐法藏撰，《大藏经》第四十五册。
《三圣圆融观门》一卷，唐澄观述，《大藏经》第四十五册。
《注华严法界观门》一卷，唐宗密注，《大藏经》第四十五册。
《原人论》一卷，唐宗密述，《大藏经》第四十五册。
《搜玄记》十卷，唐智俨述，《大藏经》第三十五册，台北，新文丰影印，一九七四年。
《探玄记》二十卷，唐法藏述，《大藏经》第三十五册。
《华严经文义纲目》一卷，唐法藏撰，《大藏经》第三十五册。
《华严经疏》六十卷，唐澄观撰，《大藏经》第三十五册。
《华严经随疏演义钞》九十卷，唐澄观述，《大藏经》第三十六册，台北，新文丰影印，一九七四年。
《华严经略策》一卷，唐澄观述，《大藏经》第三十六册。
《妄尽还源观》一卷，唐法藏述，《大藏经》第四十五册。
《华严经玄谈》九卷，唐澄观著，《八十华严》之纲要书。

近代学术著作

《华严大系》（日文），汤次了荣著，京都，龙谷大学出版，一九二七年。
《原始华严哲学之研究》（日文），铃木宗忠著，东京，大东出版社，一九三四。
《华严学纲要》（日文），斋藤唯信著，东京，丙午社出版，一九二〇年。
《华严五教章讲义》(日文)，汤次了荣著，东京，诚文堂出版，一九三五年。
《华严思想史》(日文)，高峰了州著，京都，兴教书院出版，一九四二年。
《中国佛教之研究》(日文)，常盘大定著，东京，春秋社出版，一九三八年。
《华严思想》(日文)，中村元编集，京都，法藏馆出版，一九六〇年。
《华严教学成立史》(日文)，石井教道著，东京，“石井教道博士遗稿刊行会”出版，一九六四年。
《中国华严思想史之研究》(日文)，镰田茂雄著，东京，财团法人东京大学出版会出版，一九六五年。
《华严教学之研究》(中文)，坂本幸男著，释慧岳译，台北新店，中华佛教文献编撰社出版，一九七一年。
《宗密教学之思想史的研究》(日文)，镰田茂雄著，东京，东京大学出版会出版，一九七五年。

王通

沈秋雄　著

目　录

一、叙言

隋、唐之际，我国有一部很特别的儒学著作，引起后世学者广泛的注意和争论，那便是《中说》，一称《文中子》。学者对于此书的评价极为悬殊，誉之者说："其间极有格言，荀、扬道不到处。"（宋程颐《程子全书》）又说："孟子而下知尊孔子者曰荀、扬，扬本黄、老，荀杂申、商，唯通为近正。"（明宋濂《诸子辨》）把此书的地位抬高到《荀子》和《法言》以上；毁之者说："其书中以佛为圣人，以无至无迹为道，以五典潛、五礼错为至治。"（清姚际恒《古今伪书考》）因而认为此书"舛错悖戾"，最好是把它烧掉，免得贻祸人间。这两家的见解，南辕北辙，相去不啻千里。由今看来，恐怕都有些失之过激，不是平情之论。

考《中说》一书，分《王道》、《天地》、《事君》、《周公》、《问易》、《礼乐》、《述史》、《魏相》、《立命》、《关朗》等十篇，以一篇为一卷，共十卷。每篇之内，多记文中子和他的门人问答的话语，体例完全模仿《论语》。甚至每篇节取首章的两个字为篇名，也沿袭《论语》的旧例。而书中文中子讲话的口气，也肖似《论语》里孔子的口气，可以很清楚地看出故意模仿的痕迹。至于全书的思想，大抵以儒家为宗，其中如言道则神往周、孔，论政则心驰尧、舜，谈到个人的伦理实践及出处进退，则主张执守中道，居仁由义，并据以为评骘人物的标准；谈到文学，则主张须能"上明三纲、下达五常”（《天地》），特别强调文学在伦理教化上的功用。凡此皆与儒家思想相合。且据书中所言，文中子又有《玄经》、《续书》、《续诗》之作，那简直更是自拟于孔子。其事虽近于僭妄，但是文中子衷心向往儒道，平生以仲尼的志业自任，这却是十分明显的。众所周知，儒家的学说自孟、荀而后，在汉朝曾一度受到朝野的尊重，降至魏、晋之际，战祸相寻，人心厌乱，于是玄学大兴；其后释迦出世之教渐盛，上自帝王将相，下至在野胜流，皆以讲论佛法相尚。我们可以说：终魏、晋、六朝至于唐初，思想界的主流是道家和佛学，人人尽骛于虚玄灭寂，求取精神上的慰藉，以期逃避现实的污浊混乱，而儒家的思想乃不绝如缕。在这样一个险恶的时代，《中说》的作者毅然树起儒学的大旗，标榜王道，倡行仁义和礼乐，使儒学稍稍得以复兴，也可以算是豪杰之士了。只是其书一味模仿《论语》，流于泥古不化，东施效颦之讥，恐不能辞，仲尼大圣，匹夫而为百世师，是儒道的最高标准。《论语》里的话头，或从原则上提示，或作随机之指点，从这里，我们体认了一个圆满的伟大人格。我们生于后世，如深契其说，认为确当不可移易，可以结合现实社会的许多新的问题，把孔子的思想作进一步的阐发，使儒家的学说恒具新义。若泥执其迹，一定要模仿《论语》或其他经传，也来写成一部体例相同的著作，那已经是落于下乘了。即使口气模仿得十分逼肖，也徒然惹人生厌而已。程颐把文中子与荀子、扬雄作比较，以为《中说》中有些话语是荀、扬所不能道，这未免把《中说》看得太高了。

至于姚际恒因为《中说》把佛看作圣人，把无至无迹当做大道，因而批评此书“舛错悖戾”，那是站在狭隘的儒家立场说话，基本上是一种门户的偏见，更无足取。平心而言，《中说》产生于释、道两家思想盛行之时，不免有些观念受到当世显学的影响，这是很可以理解的。而释、道二教，从正面去了解，也自有其价值，承认其价值，甚至进而汲收其精华以为我用，正足以显示儒家广大的包涵精神，不足为病。

《中说》一书，《旧唐书·经籍志》及《新唐书·艺文志》都题作王通所撰，根据阮逸的序，则为王通门人薛收、姚义所纂集。后人以其书中所记的事情，颇有和史实不合的，因而纷纷致疑，认为其书系出诸伪托。今考杜淹所著《文中子世家》，列叙王通所著诸书，其中并无《中说》；而《文苑英华》卷七三六载王通之孙王勃所写的《续书序》，文中说："经始汉、魏，迄于有晋，择其典物宜于教者，续书为百二十篇，而广大悉备，当时门人千百数，董、薛之徒，并受其义。遭代丧乱，未行于时，历年永久，稍见残缺。家君钦若丕烈，图终休绪，乃例六经，次礼乐，叙中说，明易赞，永惟保守前训，大克敷教后人。"据此，则《中说》一书乃是王通之子王福畤（即王勃之父）所缀集。《新唐书》、《旧唐书》以为王通所撰，固然有问题，而阮逸以为是薛收、姚义所编纂，恐怕也是错的。至于书中所载史事之乖舛，如李德林与王通年代不相及，《中说》书中有"子在长安，杨素、苏夔、李德林请见"（《王道》）等语，这些记载确实有问题。所以如此，也许是王福畤为了表彰先人的德业，夸张地记了许多不实的话语，竟至与史事相刺谬而不及检点，《邵氏闻见后录》载司马光评《中说》之语说："予观其书，窃疑唐室既兴，凝（案：王通弟）与福畤辈并依时事从而附益之也。"言之颇为合情入理，故余嘉锡《四库提要辨证》以其说为定论。不过，尽管《中说》一书可能出于王通后人之手，而且其中还可能有不少夸饰的话，但书中也一定保留了许多王通论道讲学的绪论，朱子说："《中说》一书，如子弟记他言行，也煞有好处。虽云其书是后人假托，不会假得许多，须真有个人坯模如此，方装点得成假。"（《朱子语类》）这该是很通达的见解。本文介绍王通和他的学术，虽明知《中说》非王通自著，仍以《中说》为主要依据，即基于是项理由。这是作者首先要声明的第一点。

王通其人，于《隋书》、《新唐书》、《旧唐书》皆无传，附见在新旧《唐书》的《王绩传》、《王勃传》和《王质传》中，但叙述都很简略，根据这些资料，我们只知道他是隋末大儒，曾经聚徒讲学，并有续经之作，死后，门人私谥曰文中子，其余的都不很清楚。本文叙述他的世系及生平，主要是依据王通的门人杜淹所撰的《文中子世家》，并旁参薛收的《文中子碑铭》、皮日休的《文中子碑》、司空图的《文中子碑》和司马光的《文中子补传》。这是作者首先要声明的第二点。

二、王通之世系及生平

王通，字仲淹，先世居于祁（山西省祁县东南），后来迁至绛州龙门（山西河津），下距王通诞生，已经在龙门住了四代。

王通的先世，可以上溯到汉朝的王霸，霸字孺仲，遭逢王莽篡汉，隐居不仕；十八代祖是王殷，在东汉当过云中太守，曾以《春秋》及《周易》两部经教授于乡里；十四代祖是王述，曾著成《春秋义统》一书；九代祖是王宇，遭逢晋室愍、怀之难，移家江左；八代祖是王罕，在慕容氏底下当过上谷太守；七代祖是王秀，以文学有名；六代祖是王玄则，曾经在南朝的宋当过太仆及国子博士，究心道德，博考经籍，江左称为“王先生”，著有《时变论》六篇，阐论风俗推移的道理；五代祖是王焕，著有《五经决录》五篇，推明圣贤著述的用意；高祖是王虬，曾在北魏当过并州刺史，著《政大论》八篇，叙述帝王之道；曾祖是王彦，曾当过同州刺史，著《政小论》八篇，叙述王霸之业；祖父是王杰，曾当过济州刺史，著《皇极谠论》九篇，发挥三才去就的道理；父亲是王隆，传先世之业，居家教授，门人有千余人之多，在隋文帝开皇初一度为国子博士，著有《兴衰要论》七篇，指陈六代的得失。

王通有兄弟四人，通于排行居第二，长兄为芮城府君，曾任芮城令；三弟名凝，字叔恬，仕唐至监察御史；四弟名绩，字无功，新旧《唐书》都有他的传。王绩好酒，著有《醉乡记》，以寄托他的理想世界，作意和陶渊明的《桃花源记》相似，他心中所向往的人物是嵇康、阮籍、刘伶和陶渊明，对于孔孟之道并不很景仰，甚至常加讥讽，这一点和他的哥哥似乎站在敌对的立场，这是很可注意的怪现象。王绩在初唐是位相当有个性的诗人，当时的诗风不脱齐、梁的余习，充满了脂粉气味，王绩独能摆脱宫体诗的窠臼，十足地表现了他自己独特的生活和情感，弥足珍贵。他的诗文大部分收在《东皋子集》里。幼弟名静，由王通的弟子薛收取字叫保名，见《中说·礼乐》。

王通有二子，长子叫福郊，次子叫福畤。福畤有五子，第三子是王勃，诗文俱佳，是初唐四杰之一。

王通生于隋文帝开皇四年（公元五八四年），自幼才智过人。当他初生时，他的父亲特地为他算卦，结果得了“坤之师”，他的祖父认为这是“素王之卦”，“必能通天下之志”，就替他取名为通。王通幼时无常师，曾经受《书》于东海李育，学《诗》于会稽夏琠，问《礼》于河东关子明（此据杜淹《文中子世家》。但据后人所考，关子明与王通年代不相及，此条当是杜淹误记），正《乐》于北平霍汲，考《易》于族父仲华。冥心孤往，转益多师，于六艺无所不通。到了仁寿三年，王通二十岁，慨然有济助苍生之志，于是西游长安，见隋文帝，进奏《太平十二策》，把古今的事相互参证，推明进王致霸的方略，极得文帝的赏识，可惜为当朝公卿所泥阻，不获实行。王通于是作《东征之歌》，返归故乡，其后朝廷屡次征召，王通都辞不应命，在家从事“修《诗》《书》”、“正《礼》《乐》”、“修《元经》”、“赞《易》道”的工作，九年而大功告成。此时远来受教的人络绎不绝于途，人数多至千余，其中较著名的有河南董常、太山姚义、京兆杜淹、赵郡李靖、南阳程元、扶风窦威、河东薛收、中山贾琼、清河房玄龄、巨鹿魏征、太原温大雅、颍川陈叔达等，(此据《文中子世家》。后人颇以新旧《唐书》李靖、房玄龄、魏征诸人的传无一语及王通，又王绩《游北山赋》自注列载王通门人姓名，亦无李靖、房玄龄、魏征、陈叔达等人，因此认为此数人不在弟子之列，待考。)其中不少人在贞观之际是有名将相。由于王通之聚徒讲学，河汾之间，民风因而归于醇厚。大业十三年（六一七年），王通寝疾，七日而卒，享寿三十四岁，门人以《易经·坤卦象传》有“黄裳元吉，文在中也”之言，私谥曰“文中子”。所著书有《礼论》二十五篇、《乐论》二十篇、《续书》一百五十篇、《续诗》三百六十篇、《元经》五十篇、《赞易》七十篇，今皆不传。(今传《元经》，题为隋王通撰，薛收传，阮逸注，晁公武《郡斋读书记》及陈振孙《直斋书录解题》以《崇文总目》及《旧唐书·经籍志》、《新唐书·艺文志》皆不载，认为其书系由后人伪托，非王通原书，其说颇合理，今从之。)

三、学术思想简介

王通处在乱亡相继的时候，对于当代成为显学的佛、道思想，虽然颇能容忍，曾经以老庄、释迦与仲尼对举（《中说·周公》），甚至礼佛为圣人（同上），而他的论政，崇尚无为而治，尤其可以看出受道家的影响相当深，但是王通基本上是一个儒家的拥护者和发扬者，这点由他修《元经》、《续书》、《续诗》、《赞易》暨正《礼》《乐》，欲以继承仲尼的志业可以觇知。除此而外，在《中说》一书中，也可以看出他对周、孔之道的推崇和向往，他曾说："卓哉周、孔之道，其神之所为乎！顺之则吉，逆之则凶。"（《王道》）又说："千载而下，有申周公之事者，吾不得而见；千载而下，有绍宣尼之业者，吾不得让也。"（《天地》）类似的话语，在书中随处可见，皆足以显示王通基本上是一个儒家。至于他对道、佛的容忍及某部分思想的有限度采纳，除了说明时代思潮的大力以外，同时可以看出王通思想的广度。以下即分为政治观、伦理观、文学观等三个小节，分别叙述王通的学术思想。

1. 政治观

中国学术思想史上的三个主要潮流，是儒、释、道二教，其中道家讲求个人之逍遥，佛教向往寂灭之乐土。二者于个人心性之修养，或有不同的看法，但是对于现实社会的漠视则初无二致，至少我们可以说：道、释二教皆不以安顿眼前的现实社会为第一义。至于儒家，则“极高明而道中庸”，凡所称论，都以生民为依归，建立教化，敷设制度，要把现实社会安排整顿得更合理，更适于人民生活，不于眼下世界之外，别求虚无飘渺之境界。所以儒家肯定伦理关系，肯定现实政治，这是它的平实之处。王通在政治思想方面，可以归纳为三点，即尊王贱霸、修德治民和民贵君轻，这些都是儒家在政治方面的重要主张。当年孔子修《春秋》，严于名分，往往以一字为褒贬，主要用意在于明夷夏之辨，而崇王道或务霸力，即诸夏及夷狄之所由判。王通仿《春秋》而作《元经》，基本上也还是存着这样的用心，所以他说：“《春秋》、《元经》于王道，是轻重之权衡，曲直之绳墨也。”（《事君》）另有一回，李密与王通讨论用兵之道，王通说：“礼信仁义，则吾论之；孤虚诈力，吾不与也。”（《天地》）又有一回，楚公问用师之道，王通回答他说：“行之以仁义。”（《问易》）行王道，则标榜礼信仁义；行霸道，则不免于推重孤虚诈力；由通此言，也足以看出他尊王贱霸的主张。

同时，在南北朝那个纷乱扰攘的时代，王通对于北魏太和的政治极为赞美，他曾说：“魏孝文可与兴化。”（《天地》）又说：“中国之道不坠，孝文之力也。”（《周公》）又说：“太和之主近雅矣。”（《问易》）可谓于魏孝文帝推许极高。这是因为南北对峙之际，江南风气浮靡败坏，释、道避世之说，弥漫朝野。而北方的魏孝文帝虽是异族，独能尊崇儒术。他改姓氏，正衣冠，置官制，修刑法，定语言，立氏族，行均田，凡所作为，悉以中国文化为依归，可以说他虽是个“夷狄之君”，却能用“诸夏之道”。王通特别称美他，也还是本着《春秋》“夷夏之辨”的微意，因为《春秋》的所谓夷与夏，原是一种文化水平的判定，而不是狭隘的种族主义的表现。

王通心目中的理想政治在于达成一个无为而自然的社会。他说：

“古者圣王在上，田里相距，鸡犬相闻，人至老死不相往来，盖自足也。是以至治之世，五典潜，五礼措，五服不彰，人知饮食，不知盖藏，人知群居，不知爱敬，上如标枝，下如野鹿，何哉？盖上无为、下自足也。”（《立命》）从这段文字看来，王通所向往的，是一个返璞归真、无争无为的类似初民生活的形态，与老子《道德经》所揭橥的初无二致。我们固然可以说这是王通受到老、庄思想影响的地方，但是王通认为要达到这样的一个理想社会，必须以仁义礼乐为径涂，因此特别强调仁义礼乐的重要，这一点却是本乎儒家，而和老、庄大异其趣。本来“以德治民”是儒家的重要主张，王通对于“以德治民”尤其再三致意，他说：“仁义，其教之本乎！先王以是继道德而兴礼乐也。”（《礼乐》）古人对于政治与教化的分别不严，王通说仁义是教化的根本，也就无异说仁义是政治的根本。又有一回，温大雅问为政之道，王通回答说：“仁以行之，宽以居之，深识礼乐之情。”（《述史》）由通此言，尤其足以看出他的“以德治民”的主张。至于以仁义与礼乐对举，那是因为仁义是礼乐的内在依据，而礼乐则是仁义的外在节文，徒然标榜仁义而无具体的礼乐制度将之客观化，则仁义将成空泛而浮荡的话头；有礼乐制度而不以仁义为内在依据，此礼乐制度只是虚伪而僭窃的存在。所以王通又说：“五行不相沴，则王者可以制礼矣；四灵为畜，则王者可以作乐矣。”（《王道》）如此看来，尽管王通提出了一个无为而治的理想社会，但那只是一个“乌托邦”，事实上是可望而不可即的，现实的政治将永远只是在朝此“乌托邦”迈进的过程中，走着永远走不完的道路，而在此过程中所须秉持的治理原则却是仁义礼乐。因此，王通虽然似乎是以仁义礼乐为手段，却无异于以仁义礼乐为终极目标。这是他调和儒家和道家的地方，而究其实际，仍然是以儒家为主体，这是很明显的。

王通对于“民贵君轻”古义尤其反复申说。他很赞成霍光的

“废帝举帝”，认为大臣为了“康天下”，可以“废昏举明”(《事君》)，这种民本思想，和孟子的“闻诛一夫纣”的思想，可以说一脉相承。王通的政治哲学既视百姓为主体，视国君为客体，站在这个立场，他不惜承认异族的政权。在他的《元经》里，尊异族的元魏为帝，他为此解释说：“乱离斯瘼，吾谁与归，天地有奉，生民有庇，即吾君也。”(《述史》)隋朝承南北兵争之余，文帝不及生聚，炀帝则只知游乐，生民困苦，不啻倒悬。王通说这话，内心该是很沉痛的。

由于王通主张“民贵君轻”，所以他特别强调国君当广谘民意，他说：“议其尽天下之心乎？其黄帝有合宫之听，尧有衢室之问，舜有总章之访，皆议之谓也。大哉乎！并天下之谋，兼天下之智而理得矣。”(《问易》)政治上所有措施，取决于众议，那么国君之在上，何异虚设，我们若举此作为王通反对专制之证，也未尝不可。

2. 伦理观

西方人以伦理学指有关道德的科学，有关道德的科学中国也有，仅表现的形态略有不同，大致言之，我国重实践，西方重思辨，这是彼此的分野。但这并不意味着中国缺乏思辨的伦理学，以道德行为的发生言之，中国先秦儒家即有两种不同的看法，一派认为人性本善，人之有道德行为，只是本性的自然流露而已，这等于为道德行为找出先天的根据，使道德行为不仅成为可能，而且在正常的情况下，必然呈现，这是孟子一派的看法；另一派人则认为人性本恶，道德行为的成为可能，纯是由于后天教育的功能，这是荀子一派的看法。这两派学者的意见尽管不同，但就他们所处理的问题而论，应属于思辨的伦理学无疑。王通在这个问题上的看法，是继承孟子性善之说，他曾说：“我未见欲仁好义而不得者也。如不得，斯无性者也。”(《魏相》)既然以仁义为必然可以践行，认为“欲仁好义而不得，斯无性者也”，可见他这个“性”是具备仁义之德的善性。又有一回，他的学生董常赞叹颜回的“三月不违仁”，王通说：“仁亦不远，姑虑而行之，尔无苟羡焉。”（《立命》）仁义本具于我之自身，“我欲仁，斯仁至矣”，所以说：“仁亦不远”。然则对于人性的见解，王通和孟子为同调，那是很显明的。

王通所认为的理想人格是“圣人”，“圣人”与天地合德，于人无所不和，于事无所不通，王通说：“天生之，地长之，圣人成之，故天地立，而易行乎其中矣。”（《魏相》）这也就是说圣人能助成天地化育的大功。像这种理想人格的极致，历史上大约只有周公和孔子可以当之。有一回，王通游孔子之庙，出而歌曰：“大哉乎！君君臣臣，父父子子，兄兄弟弟，夫夫妇妇，夫子之力也。其与太极合德，神道并行乎！”（《王道》）他处又说：“周公之道，曲而当，私而恕，其穷理尽性以至命乎！”（《周公》）对于周公和孔子的赞美无以复加，可以视作理想人格的极致无疑，当即王通所谓“圣人”。

从理论上说，理想人格的极致，人人可以企及，所以人人可以为圣人。然而事实上，要达到圣人境界却也不是易事，以仲尼天纵之资质，尚且要到七十岁才能从心所欲而不逾矩，足以说明成圣过程是何等的艰难。以一般人而言，求为圣人而不可得，能作一个君子，也就不错了，如何才能算是一个君子，王通以为要成为一个君子，最起码的要求是能行“恕道”，那就是“为人子者，以其父之心为心；为人弟者，以其兄之心为心；推而达于天下。”（《天地》）此外，作为一个君子，还要能“过而不文，犯而不校，有功而不伐”（《天地》）、“固穷”（《事君》）、“舍利取义”（《周公》）、“切而不指，勤而不怨，曲而不谄，直而有礼”（《问易》）、“知命而畏之”（同上）、“知微知章，知柔知刚”（《礼乐》）、“知时”（《魏相》）、“无诺责，无财怨，无专利，无苟说，无伐善，无弃人，无畜憾”（同上）、“有慈，有俭，不为天下先”（同上）、“先择而后交”（同上）、“不责人所不及，不强人所不能，不苦人所不好”（同上）、“见利争让，闻义争为，有不善争改”（同上）、“服人之心，不服人之言；服人之言，不服人之身”（《立命》）。据此看来，我们修养自己的人品，即使达不到圣人的境界，能成为一个君子，也算是有道德的人了。这是人人可以做到的，所以王通于此再三致意。

在社会伦常方面，王通也颇能把握儒学的要点，认为当循修身、齐家、治国、平天下的程序，而维系三纲五常于不坠。所以他的弟弟王绩好饮酒，一饮五斗，作《五斗先生传》以见志，王通就很不以为然，责备他“纵心败矩”（《事君》），坏乱人伦。又如汉朝的京房习灾变之事，往往用占卦决断日用行事，流于异端；晋朝的郭璞也喜欢阴阳算术，举措乖异，不合人情；凡此皆对于人伦之道有妨害，故王通指责他们是“古之乱常人”（《礼乐》）。王通平常讲学，也以人伦之教为首要，他的高弟董常说：“夫子自奉归晋宅，居汾阳，然后三才五常各得其所。”（《王道》）由此可以觇知王通教化的一斑。所谓三才，指的是天道、地道和人道；所谓五常，指的是仁、义、礼、智、信，这是儒家经常讲的，其中尤以仁为最重要，王通称为“五常之始”（《述史》），所以王通不轻易以仁许人。这里另一方面的理由是：仁之一字，当它与义、礼、智、信四德并举，作为五常之一时，它是诸德的一端；但当仁单独被称引时，往往视之为众德之全，这种用法自《论语》时已如此，王通说到仁字，也常常有这种用法。至于王通闲居时，举手投足，舒缓自然；事奉长辈，态度恭敬；接引晚辈，容貌温和；自奉极为俭朴，却乐于助人；不相形，不祷疾；不卜非义，行动有常；怀抱治理天下的长才及大志，却能如此平易近人，因此能成化于乡里。《礼记·大学》说：“君子不出家而成教于国。”在王通的身上，我们又看到了一个显著的例证。而中国人讲伦理学，不只空谈理论，尤其着重实践，王通也是一个很好的例子。

3. 文学观

如众所周知，我国文学在六朝时代是唯美文学特别风行的时期。本来，我国诗文发展到了曹氏父子，已经渐渐从本色美进而讲求艺术美，文辞自此渐以艳丽为尚；到了晋朝的张协、潘岳和陆机等作家，诗文日益求工，更加刻意地讲究声律和色泽。这种风气愈演愈盛，形成不可遏止的潮流。尤其南朝国家偏安江左，朝野人士，耽于逸乐，往往以文词相夸；再加上江南物质丰厚，风景秀媚，感动于内心而表现于文辞，也带着华靡的风格；这些都助长了唯美文学的发展。于是“文尚骈丽，诗尚排偶”，整个六朝的文坛都呈现了华丽轻艳的特色，成为唯美文学的鼎盛时期，不仅作家在创作的时候朝着这个方向走，文选家选文及文评家评论诗文，也都或多或少地受了这种潮流的影响。

在这种风气下创造出来的作品，普遍的缺点是轻质而重文，过分地追求形式的完美，而没有足够分量的思想情感来配合，于是风格流于靡弱。尤其演变到了后来，成了徒有美丽的躯壳而缺乏真实的生命。这种现象引起了有识之士的忧虑，隋初的学者李谔在《上文帝论文体轻薄书》里，就曾经攻击六朝文的“遗理存异，寻虚逐微”。

到了王通，由于他是载道文学的支持者，所以由攻击六朝文更进而批评六朝的文人。他说：“文士之行可见：谢灵运小人哉，其文傲，君子则谨；沈休文小人哉，其文冶，君子则典；鲍照、江淹，古之狷者也，其文急以怨；吴筠、孔珪，古之狂者也，其文怪以怒；谢庄、王融，古之纤人也，其文碎；徐陵、庾信，古之夸人也，其文诞。”（《事君》）此外，王通又批评刘孝绰兄弟是“鄙人”，说他们的文章失之于“淫”；批评湘东王兄弟是“贪人”，说他们的文章失之于“繁”；批评谢朓是“浅人”，说他的文章失之于“捷”；批评江揔是“诡人”，说他的文章失之于“虚”。以上诸人尽管各有所蔽，缺点不一，而在王通看来，都是小则丧身、大则乱国的“不利人”。不良的文学艺术，直接可以败坏社会风气，间接可以动摇国本，王通对六朝文人这样无情的鞭挞，大约是看到了这一点吧！

在六朝文人之中，独有颜延之、王俭、任昉受到王通的尊敬，王通认为他们三人“有君子之心，其文约以则。”（《事君》）王通又说：“君子哉陈思王也，其文深以典。”（同上）据此看来，王通对于六朝文人所不能满意的，是他们的傲、冶、碎、诞、淫、繁、捷、虚，以及急而怨、怪而怒。如能做到“约以则”或“深以典”，还是为王通所称赞的。《事君》又载房玄龄问文，王通答以“古之文也约以达，今之文也繁以塞。”也表示了同样的意见。可见王通认为诗文必须精炼、畅达、典重、含蓄而有法度，这是他对于文学形式的意见。

至于文学内容方面，王通说：“学者博诵云乎哉，必也贯乎道；文者苟作云乎哉，必也济乎义。”（《天地》）又说：“言文而不及理，是天下无文也。”（《王道》）又说：“古之史也辩道，今之史也耀文。”（《事君》）文史可以相通，由此可知王通认为文学内容必须“贯道”、“辩道”或“说理”，同时必须有正面的教化作用。这种见解，是本于传统儒家的，如《诗经》本是古代诗歌的总集，为纯文学的作品，孔子把它采作教本，用以教学生，已经赋予伦理教化的作用，所以孔子说：“《诗》，可以兴，可以观，可以群，可以怨，迩之事父，远之事君，多识于鸟兽草木之名。”（《论语·阳货》）到了后来的《毛传》解释《诗经》，更是纯粹从政治及教化的观点出发。王通有《续诗》之作，考其用心，也是站在辅助教化的立场。他屡次劝他的门人读《续诗》，他说《续诗》“可以讽，可以达，可以荡，可以独处。出则悌，入则孝，多见治乱之情。”（《天地》）这话多么逼肖孔子的口吻。他回答门人之问，又说《续诗》有四名五志，“何谓四名，一曰化，天子所以风天下也；二曰政，蕃臣所以移其俗也；三曰颂，以成功告于神明也；四曰叹，以陈诲立诫于家也；凡此四者，或美焉，或勉焉，或伤焉，或恶焉，或诫焉，是谓五志。”（《事君》）这话又与《诗大序》意思大同；王通于他处又说：“诗以正性。”（《魏相》）从这些话看来，他同传统儒家一样，特别强调文学的教化功能，因此主张文学内容必须雅正，那是很可以理解的。此外，有一回，李伯药跑来跟王通讨论诗，李伯药从应璩、刘桢说到沈约、谢灵运，从四声八病说到刚柔清浊，滔滔不绝，讲了许多，结果王通一句话也不理他。李伯药讨了个没趣，就去跟王通的高弟薛收请教缘故，薛收说：“吾尝闻夫子之论《诗》矣，上明三纲，下达五常，于是征存亡，辩得失，故小人歌之以贡其俗，君子赋之以见其志，圣人采之以观其变，今子营营驰骋乎末流，是夫子之所痛也，不答则有由矣。”（《天地》）薛收这一番话，尤其把王通的道统的文学观，发挥得淋漓尽致，值得我们注意。这样的见解，在当时虽然不很被重视，却影响唐代的文人不小，这点留待下节再予叙述。

四、王通思想对后世的影响

王通学术思想对于后世的影响，可分两方面说明：一是政治伦理思想方面的影响，一是道统文学观念方面的影响。前者比较隐微，没有具体实例可指证；后者却是彰明较著，可以直接指出。就前者而论，王通生际六朝乱亡之余，对于战争及暴虐政治所带给人民的痛苦和迫害，感受很深刻，所以在《中说》一书里，一再提出“民贵君轻”的主张，希望多少刺激时君，有一些爱民的开明措施。他也曾经去谒见隋文帝，希望能推行其说，可惜被当权的公卿所泥阻，不能一展长才。后来炀帝即位，几次征召他，他都推辞而不奉诏，大概他也看出隋朝是没有什么希望了。可是他对于王道政治，对于仁义礼乐，对于三纲五常，是那么一再谆谆告语，不厌其烦，也许他期待一个新朝来收拾残局，解救百姓于倒悬的痛苦。在《中说》一书，不时可以看到他对于一个开明的一统政府的向往，譬如当他的高弟董常死时，他整天哭个不止，门人问他为何如此悲伤，他说：“吾悲夫天之不相道也，之子殁，吾亦将殁矣。明王虽兴，无以定礼乐矣。”（《问易》）他又曾赞美杜如晦，说他“若逢其明主，于万民其犹天乎！”（同上）这些话都很可寻味。可惜王通在大业十三年也死了，不及见唐室之兴。

李唐建国以后，制度大备，奠定数百年的基业，其建国规模，有数点超越前代之处，其中包含民本思想与制度之创导及实践，和任贤纳谏之真诚及开国风范之树立，这两点，如前所说，都是王通所极为强调的，我们不敢说唐室制度之建立，系完全采纳了王通的主张，但是在若干程度上受了王通思想的影响，想是可以说的。而且杜淹《文中子世家》载王通的及门弟子，其中有李靖、房玄龄及陈叔达诸人，这其中或许有牵攀的嫌疑，不尽可信，然“贞观时将相虽不尽属通之门人，而通门人中也未尝无至公辅者。”（余嘉锡《四库提要辨证》卷十）这些学生在参与商定制度时，不免要提出老师的主张，影响了现实政治，这也该是合情合理的推测。

在文学方面，唐代的古文运动是我国文学史上的一件大事。这项古文运动，陈振孙以为起于陈子昂（见《直斋书录解题》卷十六），董逌以为起于元结（见《广川书跋·摩崖碑》），胡应麟以为起于李华、萧颖士（见《少室山房笔丛·九流绪论》卷中），赵翼以为起于姚察、独孤及（见《二十二史札记》卷九及卷二十），事实上，应该上推一百多年。早在北魏的苏绰，已经仿拟《尚书》作《大诰》了，而隋朝李谔、王通的攻击六朝文及提倡道统文学，尤其为唐代的古文运动铺好了道路。在初唐时，四杰虽然沿袭六朝的余风，在作品中还不能完全避免夸辞耀藻的习气，但在观念中，都已经有了觉醒，如王勃的《上吏部裴侍郎启》和杨炯的《王勃集序》，便都提出了改革文学的主张，反对六朝的淫巧文。但是由于李谔和王通等只是提出理论，本身没有什么创作，王勃、杨炯诸人虽然也提倡道统文学，但是他们在创作方面不能充分实践自己的理论，所以古文运动还不能充分展开。后来又经过了陈子昂、卢藏用、萧颖士、李华、独孤及、元结、梁肃、李观、柳冕等人的继续大力发扬，到了韩愈，在理论上是集大成，而且韩愈本身是古文大家，能以创作来实践他的理论，有体有用，再加上他的一些朋友和学生的声气相应，于是古文运动才如火如荼地展开，蔚成奇采。我们只要把韩愈的古文理论检查一下，就可以发现它们是渊源有自的，譬如韩愈在《送陈秀才彤序》文中说："学所以为道，文所以为理"，很明显地，这是本乎王通的"学者博诵云乎哉，必也贯乎道；文者苟作云乎哉，必也济乎义"。（已见前引）其他的理论也基本上是承袭了王通的说法，而加乎细密。这里就不再细说了。

参考书目

《文中子中说》十卷，旧题王通撰，阮逸注，台北，世界书局《四部刊要》本，一九七〇年一月再版。

《中说》十卷，旧题王通撰，阮逸注，台北，台湾中华书局《四部备要》本，一九六九年二月二版。

《文中子考信录》，汪吟龙著，台北，台湾商务印书馆印行，一九七三年四月一版，共一一九页，附录六页。

《四库提要辨证》卷十，余嘉锡撰，台北，艺文印书馆印行，一九六九年三月三版。

《伪书通考》，张心澄撰，台北，鼎文书局印行，一九七三年十月初版，七六四页至七七四页。

《中国政治思想史》，萧公权著，台北，华冈出版有限公司印行，四〇四页至四〇六页。

《中国文学批评史》，郭绍虞著，台北，明伦出版社印行，一九七〇年十一月初版，九二页至九五页。

《陈亮集》，陈亮撰，台北，河洛出版社印行，一九七六年三月初版，一六八页至一七〇页，又一九二页至一九四页。

新旧《唐书》

陈成真：《文中子新考》，台北，《大陆杂志》三十六卷一期，一九六八年一月十五日出版，二三页至二六页。

玄奘

彭楚珩　著

典文

目　录

一、篇首小传

1. 绪言

人世间曾有一句话说："风云际会"。而佛家则常说："万法唯缘。"即一事之起，表面上似乎是偶然的遇合，而实际上却是一种前缘夙定。如以我国历史上的一位大思想家、大宗教家，著名千古的高僧玄奘而言，他的成就，固然是由于他自己的努力，然而，如果没有他生前身后，以及周遭的随缘遇合，他是无法完成其丰功伟业的。

例如：玄奘出生于隋文帝仁寿二年（公元六〇二年），而文帝（杨坚）便是一位振兴佛教的实践者。又如他生长于盛唐之初，而唐太宗和高宗两位皇帝，以及那个女皇帝武则天，也都是笃信佛教的。在玄奘的及身之际，偏偏就有一位文学造诣极好的道宣和尚，为之"酌文润色"。他身死之后，还有高徒窥基、圆测等几位佛教大师，为之祖述缵承，大加弘扬，否则的话，后世人们对于他的景仰孺慕，亦不至于如此之极！

玄奘确实是我国历史上一位伟大的思想家，自从他懂得人事的时候起，一直到他逝世之日止，几乎无时无刻不在运用他的思想，因而，他的德业，也就是运用思想的成果。所以，他的一生经历，确是光辉灿烂，多彩多姿的。他诞生于隋文帝仁寿二年（六〇二年），而死于唐高宗麟德元年（六六四年）二月初五日的午夜，世寿是六十三岁。

2. 祖系

玄奘是他出家以后的法名。他的俗家姓陈，俗名祎，为陈留郡缑氏县（在河南省偃师市）人氏，少年之时，居于山西缑氏县故治之游仙乡控鹤里凤凰谷，距北魏孝文帝所建立的少林寺，并不很远，也就是在今河南省洛阳市的附近。

玄奘的祖父为陈康，在南北朝的时代，是北齐的国子博士，后来又曾做过礼部侍郎。曾祖陈山，曾任曹魏（曹丕）的征东将军，南阳郡开国公的荣职。高祖陈湛，亦曾任曹魏的清河郡太守（河北清河）。

如果根据他的宗族谱系，再往上推的话，他的远祖，竟是汉朝太丘令的陈仲弓。后世子孙才迁到河南洛阳附近的缑氏县。所以，玄奘的族系门阀，正是当时所崇尚的名门望族。

3. 生父陈惠

玄奘的生父陈惠，在隋朝的时候，曾任江陵县令（相当于现在的县长），隋朝亡了，便弃官归隐，绝不与闻世事。他不仅书读得很好，更是一表人才，高高的体态，挺胸阔步，总是精神抖擞的。尤其是那一双眼睛，竟是其清如水，其明如镜，而射出两道光芒来。再加上两道浓眉，覆盖于那毫光照耀的眼睛上，更是显得有威可畏，有仪可象的。

所以，在史乘上都将他比之于东汉时的郭有道（郭泰），“赋性恬简、不求仕进，而潜心于典籍，因而饱览六经”。玄奘就承受了这样的遗传，从少至老，总是显现出一副威严庄重的气象来，不由得人们不去尊敬他。

4. 长兄陈素

玄奘的若祖若宗，对于他的影响力，并不能算是很大的，而影响最大的，却是他的长兄陈素——长捷法师。陈素的相貌及性情，也同样地接受生父陈惠的遗传，够得上称为仪表出众的人物。他很早就已出家为僧，号长捷法师，据说也是“风神朗俊，体态魁杰，有类于父，而好内外学”的。他便住在洛阳城的净土寺里，最善于讲说佛理，常能引人入胜。

玄奘在十岁的时候，他父亲陈惠死了，这给予他的打击实在是太大了，但也使他领略到“世事无常”的启示。于是，他的长兄陈素——长捷法师，便将他带到洛阳净土寺里，过着清净生活，时间经过三年之久。这是玄奘学佛的启蒙时期，关系后来的成就，自然是相当巨大的。

5. 出家

玄奘到了十三岁的那一年——隋炀帝大业十年（六一四年），隋帝下诏，准许在洛阳附近，度二十七人出家为僧，经大理寺卿郑善果，就洛阳净土寺中，选定了陈祎，要度他为僧，起法名为玄奘。从此以后，他便着上了僧装，经过五十多年的努力，便建立了在我国的思想史上、文化史上、佛教史上万世不朽的伟绩，而照耀于史册。

隋朝末年，天下大乱，洛阳饥荒，玄奘随着乃兄长捷法师，离去洛阳，进抵长安，住在长安的庄严寺里，以听取道基法师讲授佛经。二十一岁时，又复偕兄从长安经子午谷（陕西秦岭山中）以入四川，住于成都的定慧寺，才受了具足大戒，而取得一个完全僧伽的资格。

6. 国内之旅

玄奘自从受了具足大戒以后，即离去其兄长捷法师处，从成都出发，沿长江而出三峡，抵荆州（湖北江陵县），以入湘境，复折转而至苏皖各地。再北莅赵州（河北赵县）、相州（河南安阳）等处。在二十三岁的那一年——唐高祖武德七年（六二四年），又复返回长安。年初弱冠，而足迹几遍全国，以听取各方对佛教教义之讲授。玄奘的此一行动，有谓系取得长兄的同意，有谓其兄并未同意，而是不辞而别的。姑无论如何，这一行动总是极其高明的，以秦岭的峻拔、长江的浩瀚，均足以给予他莫大的启发，这种高瞻远瞩的想法，又非凡人之所能及了。但是，他的国内之旅，仍不足以满其炽烈的求知欲望，于是乃有西行求法的筹划。所以，他便学习印度语文，以备将来入印求法之需，并曾上奏朝廷，准其西去印度，求取佛经。

7. 西行

唯以当时为唐代建国之初，不许人民私与外国交往，故玄奘请求西行的奏章，竟被搁置。他迫不得已，乃于唐太宗贞观元年（六二七年），混在长安“随丰出关就食”的饥民群中，偷偷的跑到了瓜州（甘肃敦煌）。历尽千辛万苦，而至于高昌国境（新疆吐鲁番），高昌王曲文泰想邀他留住国内，为之弘教，他却坚拒不许，曲乃送其入于突厥，会晤突厥的叶护可汗。

玄奘取道西突厥以至印度，这是以前和后来从没有人走过的。他绕道西伯利亚的南端，经俄属土耳基思坦，循着阿富汗而至印度；多绕了不少路程。他为什么要这样的走呢？因为当时突厥以西的各个部落，都是臣服于叶护可汗的，如能经叶护可汗的介绍资遣，便都可以顺利通行而毫无阻碍。这又是高人一等的想法了。

于是，他踰越铁门，历睹货罗国、渡缚刍国，而至活国，以入于北印度。复经中印度诸国，而入摩羯陀国的那烂陀寺，参见戒贤大师。途中整整地经过了三年，在印停留了一十四年，遍历印度，参学佛教教义，而抵于大成。

8. 回国译经

玄奘于唐太宗贞观十七年（六四三年）起程归国，贞观十九年正月二十四日入于长安。

他行装甫卸，即着手译经，至其逝世之时为止——唐高宗麟德元年（六六四年）二月初五日，共译佛典经论凡七十四部，都为一千三百三十八卷，计时一十九年，平均每年译讫七十卷。而最后两年，译述更勤，每年几为一百七十卷。译经之业，自开始至其逝世前，仅停止一个多月的时间而已。

唐高宗永徽三年之时（六五二年），玄奘曾奏请于长安南部十二里处建筑高塔，以安置由印取回的佛教经典，免于丧失，兼防火灾。此塔为七级浮图，计全高为一百九十四尺，塔基每边为八十四尺，成一正四方形。全塔结构，权衡适宜，极为宏壮。塔的南面，建立两碑：一为唐太宗御制之《大唐三藏圣教序》，另一为唐高宗之《述圣记》，并为名书法家褚遂良的手笔。唐时称此塔为“慈恩寺浮图”，亦即玄奘的纪念遗物之一。

9. 述后记

从玄奘而后，因其译述印度文化思想典籍为数如此之巨，开前此之所未有，遂使我国原有的秦汉文化，发生了很大的变动。近世以来，学人们佥谓宋明理学之兴起，实受此印度佛教思想之冲击而产生的影响成果，且使此成果更为成熟，更为充实，更为光辉灿烂，而照耀于举世人们之前，虽历万古而常新。

由此以观：唐代佛学的发扬，实为宋明理学的先驱，因而，玄奘大规模的译述工作，便成了介绍印度思想最为有力的壮举，值得我们的推崇与效法。

玄奘这种伟大的行径，鸿猷硕荩，便铸成了我们的楷模，促使我国再来一度文化复兴运动，愿能于此而奠其基础。是则本书之作，就不仅是为玄奘个人行迹的叙述，而将有助于复兴我国文化的伟大工作了。

二、时代背景

玄奘能有上述伟大的成就，自然会有其时代的背景与之相激相荡，以为其“万法随缘起”的一种助缘。

1. 关于时

于是，我们便应先行择定一个时间上的基准，追溯上去，将各朝各代，各王各帝，对于佛教的视遇，以及所发生的有关事项，作一简述。所遇之时，或有否泰不同，则影响的优劣互异。然而，无论其影响如何，对于伟人哲士的行为，总是有一种推进力量存在着。

关于这一个基准时间，我们择定以玄奘出家为僧之年为准，那便是隋炀帝大业八年（六一二年），这一年，玄奘仅为十一岁。

从这一年起，上距佛教教义的初入——东汉明帝永平十年（六七年），已达五百五十余年。在这一段漫长的期间，佛教兴衰迭乘，自在意中；帝王的抑扬尊贬，也会是大有歧异的。这些史实，均足以给予玄奘莫大的冲击作用，而使之不得不西行求法，以作为根本上的解决。

2. 佛教之传入

佛教教义，最初传入我国，大家都以汉明帝永平十年，“夜梦金人，飞行殿庭”说为嚆矢。但近代学人，颇有疑其为虚构，不足取信。实则，在汉时之王景，就曾作有《金人论》一文。金人之在当时，自是确有其事，所以汉明帝因夜梦金人，而遣使西行求法，亦有其可以取信之处。

但是，这终究是托为肇始之说，因为佛教的传入，尚有早于这时以前的说法。例如汉明帝在永平八年（六五年），于颁给楚王英的诏书中，即有“诵黄老之微言，尚浮屠之仁慈……其还赎以助伊蒲塞、桑门之盛馔”。而且，曾以此诏书颁示于全国。

按诏书中所称“浮屠”一词，即为佛陀，“伊蒲塞”一词，即为“优婆塞”之变音，乃男居士之义，“桑门”亦即“沙门”，为和尚的称呼。足见佛教之在当时，已为王室所信奉，国家所尊崇，那么，民间的信仰奉行，自然就更为诚笃普遍而早于这时了。

从此再追溯上去，在西汉哀帝的元寿元年（公元前二年），博士弟子景宪曾受大月支王口授《浮屠经》。更向前上溯，在汉成帝河平三年（公元前二六年），刘向奉诏校阅“天禄阁”诸书的时候，曾作有《列仙传》，其序文中有说：“历观百家之中，以相检验，得仙百四十六人，其中七十四人，已在佛经。”是则佛教的传入我国，上距玄奘出家之年，已达六百三十八年。为时既久，涵泳自深，谓为不受影响，实不可能。

当永平年间，汉明帝夜梦金人时，傅毅告以为天竺的佛祖以后，明帝即派遣中郎将蔡愔、博士秦景、王遵等十八人，出使印度。及还，即偕印僧迦叶摩腾、竺法兰等返抵洛阳。蔡愔等还洛阳之时，曾以白马驮经，因立白马寺于洛阳雍关之西，以居二僧。这便是我国建立佛寺的开始。

印僧来华的次早者，应为汉桓帝建和元年（一四七年）东来的安世高。他游化于江淮之间，译经凡三十余部。次之则为安玄优婆塞，其所译为《法镜经》等。此外即为月支国的支娄迦谶，他所译的《道行般若》、《般舟三昧》、《首严楞经》等十三部，尽属大乘之典籍。尚有竺佛朔及支曜、康巨、康孟详等梵僧，也各有译述。

到了三国时期，印僧先后到达洛阳的，有传授戒律的昙柯迦罗、昙无谛，译出《无量寿经》的康僧铠。以中原地区，正当汉魏之际，纷乱迭乘，致无若何影响；但在东吴，以孙氏主政，颇形安定，而北地离乱，人民因而流入东南。故安世高与支忏之学，亦随之而入于吴地。所以，原已在吴的两名梵僧，便与之和合。此二僧便是：

（1）支谦——自吴大帝黄武初年（二二二年）到建兴中（二五二—二五三年），便在吴地译经，谦承受支忏之学，译经三十余部，孙权曾任之为博士，因而有比丘参政之誉。

（2）康僧会——于赤乌十年（二四七年）进抵建业（南京），译经数部，孙权为建立建初寺以居之，曾倾动一时。

支谦出生于洛阳，而康僧会长于交趾，都是半开化的西域人，故颇能注意于典籍的整理，酌情润文，居然可观，且创为会译，而为文教界开辟一新纪元。

但是，翻译佛经，在数量上说虽已粗具规模，而在质量上说则多不适于我国人士的诵读，因而不满的便大有人在了。例如我国第一位僧人朱士行，便是因为不满于《道行经》，而发誓西行，求取原经，再行翻译，以弘扬佛法。

3. 朱士行西行

朱士行出生于颍川，约在魏高贵乡公甘露二年（二五七年）。于洛阳出家为僧以后，即从事于佛法的研究，当他研习《道行经》的时候，他发现这部经典有四大缺点，即：

（1）译得过于简略，因为这本是六百卷《大般若经》的第四会，可是一卷便译完了。

（2）译经人及笔受者，都未能具有三达的能耐——佛理、梵文、汉义都好，还有许多词不达意之处。

（3）脱文太多，译经者译完一段而笔受者没有纪录下来，因而使读者有残缺不全之感。

（4）只知直译，欠缺修辞工夫，因而文质不称，使阅者读来，索然无味。

因为这些原因，朱士行便要西行求法。就在魏主曹奂景元元年（二六〇年），他从雍州出发，徒步跋涉一万一千七百余里，跨越大沙漠和千山万水，饱受风沙饥渴之苦，费了二十三年的时间，突破许多奸人诡计的折磨，终于在于阗寻得了《道行经》的梵文原本，也就是《大般若经》第四会的原文，送回国来。可是，他本人却被留在于阗，不得回国，而死于异域。

朱士行西行求法事，上距玄奘出家为僧之年，为三百五十五年，年代稍久，但以同在洛阳一地，对于玄奘来说，不能不算是一番刺激和鼓励。可是，在这三百五十五年之内，还有一段法显西行求法的掌故，那也是大可歌颂的一回史实。

4. 法显入印

法显西行入印求经，是在东晋安帝隆安三年（三九九年），也就是后秦姚兴的弘始元年。他从长安大寺出发。起行时为五人：即法显、道整、慧景、慧应、慧嵬等，行至张掖，又有五位青年和尚加入行列，那便是智严、宝云、僧绍、慧简、僧景等，总共十人，浩浩荡荡，向西进发。所以，慧立法师的《大慈恩传》卷一有说：

> 昔法显、智严，亦一时之士，皆能求法，利导群生，岂使高踪无追，清风绝后，大丈夫会当继之。

像这样的说话，便是明确肯定地承认玄奘西行求法，是大受法显的影响了。

法显从长安循陆路而入印度，复从印度经锡兰乘海舶而返国，因风飘至那婆提国（按为南美洲滨太平洋之一地区），而返抵青岛附近海岸。那年正是东晋安帝义熙十二年（四一六年），在途与留印期间，共为一十七年。从此以后，佛教三藏之一的律藏，稍称完备。

法显的返国，与玄奘的出家，前后相距仅为一百九十六年，当然不能算是很长久，应该是有影响力的。

任何一件事情，总是没有绝对的，前面所述的几件史实，对于玄奘，是可能发生好的鼓励作用，而下面所要述说的，却是佛教史上所说的“三武之难”的二武——北魏太武帝和北周武帝。

5. 魏武帝毁佛

北魏太武帝即位之初，曾效法乃祖乃父，尊崇佛法，将一位深通禅教的玄高禅师，从凉州召了回来，任为太子晃的保傅，太子是自己的继承人，而以佛徒傅之，足见其信佛之诚。

就在这个时候，朝中的司徒大臣崔浩，却迷信于方士寇谦之。太武帝原喜读老庄之书，于是崔浩便投其所好，以老庄之学，杂于道教羽化说中，时时为之讲说，乘间更力诋佛教之短。“浸润之谮，肤受之愬”，本极可畏，况太武帝本人对于佛教教义并没有深切的了解，信仰自然不甚坚定，因而惑于崔浩的所说，而将国家的年号，改为“太平真君”元年（四三九年），也就是刘宋文帝的元嘉十六年。

及到太平真君七年（四四六年），太武帝因事到了长安，偶入佛寺，从者见寺内沙门，室有兵器，复见“沙门皆饮酒，藏酿具，造窟室，匿妇人。牧守富人所施财宝，累积巨万”。于是，魏太武帝命军士将寺内僧人尽行诛戮。（蒋维乔：《中国佛教史》三六页）

而崔浩却更进一步，请帝诛夷全国僧人，毁经像，以致演成佛教史上一次浩劫。其毁法的诏文有说：

沙门之徒，假西域虚诞，坐致妖孽，非所以齐一政化，布淳德于天下也……

因此，全国僧人，便须杀无赦了。该诏文接着又说：

……自王公以下，至于庶人，有私蓄沙门，限今年二月十五日逐出，过期不出。沙门身死，容者诛一门！

这一场毁佛事件，使得当时许多僧人惨遭杀害，及到太武帝死了以后，魏文成帝继位，才于兴安元年（四五二年）——刘宋文帝永嘉二十九年——又复大兴佛法，其诏文说：

世祖太武，德泽遐被，沙门道士，往往成林，而寺舍之中，致有凶党，先朝按治，戮其有罪，所司失旨，一切禁断。

此诏一下，将排佛罪责归之于主管官吏，而佛法得以再兴了。

北魏太武帝的毁佛，上距玄奘的出家，尚有一百余年之久。至于北周武帝，则仅四十多年而已。迨其季世，渐入隋代，而玄奘即系出生于隋文帝仁寿二年（六〇二年），可谓及身之世。魏武帝的毁佛，是崇道而黜佛，周武帝则表面为佛道双黜，实际仍系袒道儒两家，而独斥佛家，这又是魏周两武帝的不同处。

6. 周武帝排佛

周武帝于天和四年（五六九年）三月十五日，使文武官吏召集儒释道三家人士，凡二千余人，讨论三家的优劣，然后再议其兴废，发言盈庭，莫衷一是，因此时尚为周武帝起念排佛的初期，还没有予以决定。到了这个月的二十日，又令再行讨论，依然久而不决。于是，武帝便说：“儒道二教，国所常遵，而佛为外国传来的宗教。”这样的说话，语意显然是偏袒儒道二教，排斥佛教的。因而大众恐惧惊惶，无敢置答，以致这一日的集会，也就无结果而散。

到了四月间，又曾举行过第三度的会议。司隶校尉甄鸾，以其所著《笑道论》三卷奏呈，内容是嘲笑道教教义肤浅。武帝阅后，大为不满，竟当庭将此三卷《笑道论》加以焚毁。此外，抗议的僧徒尚有多人，但武帝就不为所动，仍将一意孤行，务求彻底。后又忽转一念，以为仅废佛教，未免偏激，恐引起舆论的反对。于是，便欲将佛道二教一并废除，而独崇儒教。

四年以后的建德三年（五七四年），乃正式下诏废除佛道二教，另建一所通道观，招收三家有名德的人士以居之，赐号为道观学士，总数为一百二十人，皆使着衣冠笏履。其诏书说："往圣先哲，各项典则，应一并弘扬，以求一贯。"就诏书的外表来看，似乎为佛道二教的并予废置，而实质上却只是"毁寺塔，焚经像，厉行排佛"的行为而已。

当时，四川新州果愿寺的僧猛，曾亲至长安，奏陈不可排佛者一十八款。又有静蔼法师谒见武帝，亦辩论不屈，竟被逐出宫廷，而自杀身死。又四川宜州的释道积，看到这种情形，与其徒众七人，相率绝食殉道。

从此以后，破除佛教，历时三年，关陇地区，所有僧寺道场诛除殆尽。到了建德六年（五七七年），周武帝更以为灭掉北齐，完全是破除佛教之功，因而骄矜更甚，但只一年而死。其子宣帝继立，复兴佛教，首先建立陟岵寺于洛阳、长安二地，宣帝享国仅一年，由静帝接位，不久即为隋所灭。佛教进入隋代，即进入康庄时期。玄奘诞生于隋文帝的初年间，以接受此一新时代的洗礼，而植立其心理上的础石，也未尝不是一种"前缘夙定"。

据说：当北周宣帝复兴佛教的时候，就是由其大丞相杨坚所促成的。后杨坚篡周自立，便是隋文帝，自己做了皇帝，拥护佛法，自属意料中事，而玄奘似为接受此一佛教的大时代而来者。

《汉魏两晋南北朝佛教史》对于周武帝这次的排佛，曾作有论断，其大意就是：

在周武帝建德年间的法难，时间虽然很短，可是禁令极严，北方寺塔庙像几乎扫地无余，僧徒颠沛流离，困苦已达极点，有的身殉，有的遁隐，有的混入通道观。及到大法复兴，经像均赖以保存，塔寺亦由其修复，而终南、太白诸山，更成为周末僧人聚居之所。及到隋唐时代，即蔚为我国的佛教重镇。

此外，佛子多南入陈朝，我国自魏孝文帝以后，南方僧人，尝至北地，周武排佛，北方僧人，又驱而至南，于是学术交流，文教沟通，而开辟了隋唐统一的大局面。我国佛教的各大宗派，也就因此激荡而次第成立了。所以，周武法难，正是如“塞翁失马，安知非福”的说法呢！

7. 隋文帝崇佛

隋文帝尊崇佛教，史籍多有记载，而其于即位之初而颁建寺立碑的诏命，更曾明白地说着：

……思欲崇树宝刹，经始伽蓝，增长福田，彻副幽旨。昔夏因导水，尚且铭山，周因巡游，有闻勒石，帝王纪事，由来尚矣。其于襄阳、随州、江陵、晋阳，并宜立寺一所，建碑颂德，庶使庄严宝坊，比虚空而不坏，导扬茂实，同天地而长久！

隋文帝的崇奉佛教，在这道诏文之中，便可以窥见一斑了。其子杨广弑父自立，是为隋炀帝，但仍为奉事佛教之人，于其篡立的第三年，即大业三年（六〇七年），诏度天下僧人一千名，诏文开始即称：

大业三年正月二十八日，菩萨戒弟子皇帝，总持稽首和南，十方一切诸佛，十方一切尊法……。谨于率土之内，建立胜缘，仍总度一千人出家。以此功德，并为一切……

像这样的诏文，其崇佛之意，已了然可见。

三、国内参学

1. 天赋智慧

讲到玄奘在国内的参学，应该从他的家庭环境说起，而所谓环境，对于一个人的影响力，实在是相当的强大，而无可否认的。所谓“近朱者赤，近墨者黑”，又有所谓“染于苍者苍，染于黄者黄”，这一些说话，都是证明环境对人影响力的巨大。

但是，天赋的智慧，也是不宜忽视的，故孔子便有所谓“生而知之者上也，学而知之者次也……”。（《论语·季氏》）所以这种天赋的智慧，在人们的一生中，仍是居于首位的。佛家说这种智慧是“夙慧”，是由于若干过去世所熏习，留藏于八识田中，至现在世时，始因机缘成熟而表现出来。

玄奘在思想上的伟大成就，其先决条件，便是具备着先天的禀赋，以及后天的修养。他在《慈恩传》首卷就说：“幼而珪璋特达，聪悟不群。”这是说玄奘的资质，竟如玉石的美好，而智慧又特别的高迈，非一般人所可望其项背的。

2. 求学态度

至于他的求学态度，也是极其深入的。当他还只有八岁的时候，他父亲陈惠为他讲解《孝经》，首先讲到“曾子避席”一语，玄奘立刻体会其意，整衣肃立，他父亲问他为什么要起立？他的回答说是：“曾子听了孔子的说话而起立，我今天听到父亲的教训，岂可安坐而失礼吗？”仅仅八岁的幼童，而思想能体会到如此的深切，实在是很难得的。所以，他父亲听到这样的答语，便知道他一定会有很大的成就。因此，《慈恩传》接着便说：

“从此以后，他对于各项经典，都能完全了达。而且，又能好古好贤。”又说：“不是典雅正当的书籍，他就决不阅读，不是圣贤的风范，他就决不学习的。”这是他幼年时期的学习态度，已能如此的佳胜了。

及到他十五六岁时，因河洛一带陷于丧乱，不宜于学，因而又请求乃兄长捷法师，离此他去。他的措词是：“洛阳虽属父母之邦，但混乱如此，无以为学。而长安已为唐主（指唐高祖李渊）所据，地方安谧，正好力学。”于是，又与其兄同莅长安。

可是，事与愿违，以国家新建，百废待举，弘扬佛教，尚非其时，无书可读，亦无法可学，在这样的情况之下，他又在骋其思考之力了。他发现各大法师都到了川蜀，而成都成了人文荟萃之区，于是偕兄离去长安，从子午谷以入蜀，竟在成都安然的学习了三四年，而奠定其佛学上的稳固基础。所以，他的学习态度，是极其实际而毫不松懈的。

3. 求学经历

依据前面的叙述，我们知道玄奘的学习态度，是实际的，是严肃的，不是敷衍了事的。于是，我们还应该研究其学习的经历，始能探寻其思想的渊源，而窥见其学术的边际，以了知其学习的全貌。

首先，应该一述其学习我国固有的学术思想，即老庄与孔孟思想，在其幼年时期，就其父学，前面曾述其于七八岁时，其父授以《孝经》。至于其父，俨然儒者，道宣法师的《唐高僧传·玄奘传》有说：

父惠，英洁有雅操，早通经术……好为儒者之容。……以隋政衰微，遂潜心坟典。

这是叙述其父为一儒者，饱览六经，潜心典藏，玄奘耳濡目染，遂得完全接受其遗传。凡是一个有所作为的人，总是弃之于此，即必成之于彼，所以，玄奘在固有文化的儒学方面，是只有基础，而缺于建立。但后来将《老子》一书译成梵文，又为受其兄长捷法师的影响，因为在《慈恩传》里，记述其兄之为人有说：

……亦风神朗俊，有类于父，好内外学……兼通书传，尤善老庄，为蜀人所慕。

从这里知道：玄奘后来将《老子》译传印度，即秉承其兄之遗命，首开我国古籍译成外文的先河。

玄奘的从学，是从他五六岁时开始，向他父亲学习的。他父亲是一位隐居不仕的高人，同时又是“潜心坟典”的饱学之士。因之，他这一段童稚学习期间，在他整个的学历上，实在占有很重要的地位。

再就是他在十岁以后，因父丧而随兄居住于僧舍中，接触到更高一层的佛教教义，使他的学习领域也更为开拓，眼界更为阔大。这便是他的思想途径，由儒而入于佛的转折点。再由于他的长兄，除善于老庄之学外，对于佛经中的《涅槃经》、《摄大乘论》、《阿毘昙》等项佛经，也是极有研究的。玄奘与之相处，亦达数年之久；亲炙教诲，涉猎之深，自在意中。及到他于十三岁时，正式披剃，作了一名沙弥，更名正言顺的接受僧教育了。

所以，他便在洛阳的净土寺里，正式地听受景法师讲《涅槃

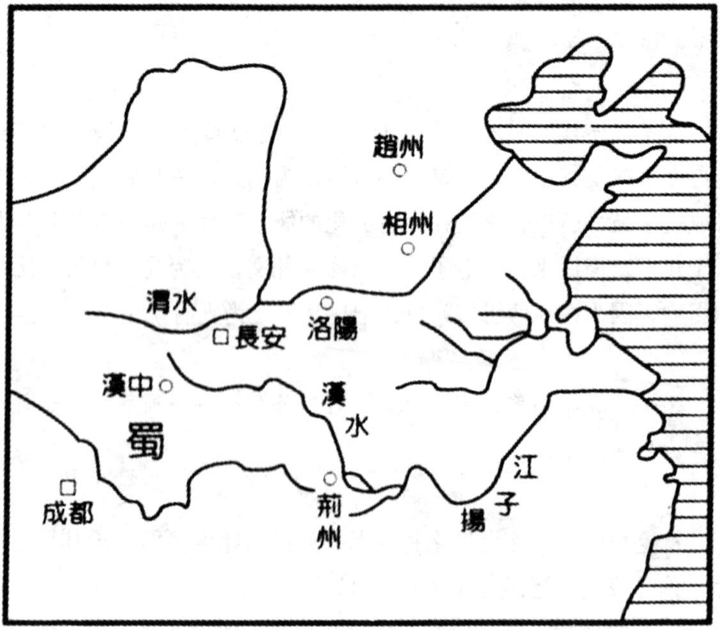

国内修学之地

经》，又听取严法师讲授《摄大乘论》。这是在接受佛教教义的专门训练。

可是，在隋朝末年——隋炀帝大业十二年（六一六年），天下大乱，兵燹饥馑，交相迭乘，洛阳已不可居，他们探听到道荃法师正在长安讲经说法，于是兄弟两人，便相偕进抵长安。住在庄严寺里，以听取道荃的说法。道荃对于玄奘的对答如流，极为称赞。

但称赞尽管称赞，而道荃的学养，仍不足以满玄奘之望，因而偕着长兄，再向西行。经子午谷进入汉川。在旅运之上，得遇空景两法师，玄奘竟能从学月余而不倦。

他们抵达了成都，住在益南空慧寺，以听取宝暹法师讲《摄大乘论》，又听取基法师讲《俱舍论》。到他二十一岁，才在空慧寺受了具足大戒。那时正是唐高祖的武德五年（六二二年）。

玄奘总是以为“学无止境”的。实在说来：“学然后知不足”。所以，当他在成都住了好几年，也就学了好几年，但绝不自满。于是，他商取了长兄的同意——一说并未取得长捷法师的同意，就顺着长江而下，经重庆、出三峡，以抵于湖北，转入湖南，复折至安徽、江苏等省地区。后来，才到河北，以听取道深法师的讲授《成实论》。而又转入河南。

当时，在北方名望最高的僧人，要算是勇铠了，玄奘便在他那儿学习了十个月。又探听到慧休法师在邺中（河南临漳县）讲道，他又跑到邺地，参加讲席，听受《杂心摄论》亘八阅月。慧休对于他的听受态度，也是很赞许的。

从河南再至长安，道岳宗师为他讲《俱舍论》。元会法师更为之剖析《涅槃经》，也都是竭尽心力的讲解着。

几年以来，他为了求师访道，走遍了大江南北，燕、赵、吴、楚、关、洛等地，所有的讲筵，几乎参礼遍了。然而，他总是觉得当时我国的佛经确实太少，还有许多的疑难问题无法解答。尤以对

《瑜伽师地论》的翻译，深致不满，因而启迪他西行求法的动机，而获致后来得法归来的丰硕成果。这是后话，留待以后再说。

4. 所学经论

现在，还应将他所学的几种经论，分别略述其内容，以及译出的经过，藉供读者的参考。

·《涅槃经》

原以佛陀说法四十九年以后，当其八十岁时，于中天竺拘尸那城，跋提河边沙罗双树之间，以一日一夜的时间，说完一部《大涅槃经》。而后头北面西，右胁而卧，安然入灭（逝世），时为当年的二月十五日午夜。这便是《大涅槃经》的来历。

至于涅槃两字的释义：涅槃原为梵文“涅槃那”的略称，义译为圆寂、灭度、入寂、入灭等。其内容分为“有余涅槃”及“无余涅槃”两种。所谓有余涅槃，就是说人在一生之中，惑业已尽，就只存有漏之身。所谓无余涅槃，就是从此以后，身智双亡，小乘即执着此说。而大乘如三论、华严、天台各宗，就都说是一切众生，毕竟成佛，所以就说没有那身智皆灭的无余涅槃。

因此，佛灭后的一百年顷，佛经首次结集，小乘部只说佛陀于拘尸那城入涅槃前的状况。而大乘部说佛陀虽然已现入灭之相，而佛身是常住不灭的。

大乘《涅槃经》，有北凉昙无谶所译的《大般涅槃经》四十卷，称之为北本《涅槃》。后来，刘宋（刘裕）沙门慧观与谢灵运等，再治前经，为《大般涅槃经》三十六卷，称南本《涅槃》。即如今各家注释通用之本，大都采用北本，而南本仅天台宗的章安大师，为之作疏注流通而已。

·《俱舍论》

从释迦牟尼佛灭度以后，印度小乘部派的区分，有一十八部之多，异论分乘，莫衷一是。到了佛入灭后的四百年初期，五百名阿罗汉，依健驮罗国迦腻色迦王的延请，结集《大毘婆沙论》两百卷。由是成为十八部中的萨婆多部，他们的宗义，才得以确立。又经过五百年，世亲菩萨出世，依《大毘婆沙论》而作成《俱舍论》。

按本论应为《阿毘达摩俱舍论》的简称，阿毘二字的梵义为“对”，而达摩二字为“法”，俱舍二字为“藏”。合起来说即为“对法藏”。萨婆多部的《六足论》、《发智论》、《婆沙论》等，总名为《对法论》。所谓藏：即摄取含藏之义，也就是说：俱舍一论，包含《对法论》里面一切殊胜要义以故名之为对法藏。

此论由真谛法师于陈文帝天嘉五年（五六四年）译为二十二卷。玄奘由于在国内参学一段时期，曾听受道岳法师所讲的《俱舍论》，即为真谛之译本。后来他从印度归国，又重译为三十卷。本论在印度、中国、西藏、日本，均极为盛行，凡欲研究佛教小乘教义的人士，即非研读不可。而且，也是步入大乘佛教的一道阶梯。

世亲菩萨以一切有部的理论为准绳，而巧妙地加以组织，使之系统化。尤其是介绍“经量部”、“大众部”的思想，取长舍短，著《成本论》，故能为后世人士所重视。其内容共分九品，即了明诸种事理者为八品，无我理论者为一品。八品的名称计为：界品、根品、世间品、业品、随眠品、贤圣品、智品、定品等八品。明无我之理者，即破我品之一品。

·《成实论》

《成实论》，亦为佛家典籍之一种，乃印度波罗门出身的大哲学家诃黎拔摩所著。姚秦弘始三年（四一二年）为鸠摩罗什法师所译，凡二十二卷。所谓成，为成立之成；所谓实，乃实在之实；是说本论的宗旨：能够成立真实之义，以明我法俱空之理；极似大乘，唯偏于空之一面，不知空即不空之理，所以不能跻于大乘之列。

本论内容，共分五聚（集也），凡二百零二品，用问答方式而组成之。即以说明四谛（苦、集、灭、道）义理为其宗旨，词锋峻烈，多取异说，故思想接近于大乘，而作风却不同于大乘。

开始为发聚（序论），共三十五品，即初品至十二品，为论述佛法僧之三宝。其次的二十三品，为说明造论的因缘，以及四谛的概说。并曾列举有关佛教的重要异说，计为十种，以奠定其造论的立场。

苦谛聚，从三十六品起，以至九十四品止，是辨明五阴中的苦阴：色、受、想、行、识等五阴，更改而为色、识、想、受、行等五阴的辩论。

集谛聚，从九十五品起，以至一百四十品，是将受苦的原因，而解释为“业”——九十五品至一百二十品，以及与烦恼的由来等项理论——一百二十一品至一百四十品。

灭谛聚，乃本论以独特的见解，强调三种“心”的说法，即假名心、法心、空心等三者，由能实践而实现，由实现而至涅槃——一百四十一品至一百五十四品。

道谛聚，从一百五十五品起，以至二百零二品，说明既然知道苦是由业惑的积聚，那么，就应该依照道法去修持，以为消除业惑的良方。故在实践一门中，首先必须修持止观禅定，由禅定品而开智慧，智慧便是空无我的真实义，而依之以除烦恼及惑业者。

本论是小乘部派的重要教理，以大乘精神而组成的，站在“经量部”的立场上，而排斥“说一切有部”，并引出不少的经典以作佐证。因其通于印度的一般哲学思想，这是学人们应该注意的。

·《十七地论》

《十七地论》，原即《瑜伽师地论》之一部分，为梁武帝时真谛法师所译出，其年约当我国前五代齐梁之间（四九九—五六九年）开译，仅为五卷。在唐以前，系由《摄大乘论》中抽出，迄玄奘于印度求法归来，首先译出《瑜伽师地论》的全文为一百卷，而改去其原名。因此，《十七地论》之名称，后世已不复存在。玄奘为何改其名称，因十七地仅为全论内容的一部分，当玄奘在国内读此论时，即深感不满，而发愿西行求法，此论实为其西行的最大原动力。

·《摄大乘论》

《摄大乘论》，为无著菩萨所造，佛陀扇多译为两卷。真谛译为三卷，而传入我国。本论内容，乃继承《般若经》之后，或依据龙树菩萨的中观思想，以《解深密经》、《大乘阿毘达摩论》、《中边分别论》、《大乘庄严论》等瑜伽思想而组成，为一系统整然的大乘佛教理论纲要的著作。

共计分为十品如次：

一为《应知依止胜相品》——说阿赖耶识缘起。

二为《应知胜相品》——说三种实相。

三为《入应知胜相品》——释唯识观。

四为《入因果胜相品》——说六波罗密（六度）。

五为《入因果修差相胜相品》——说十地。

六为《依戒学胜相品》——说戒。

七为《依心学胜相品》——说定。

八为《依慧学胜相品》——说慧。

九为《学果寂灭胜相品》——说无住处涅槃。

十为《智差别胜相品》——说佛之三身。

本论由真谛译传我国以后，成为摄论宗而独行，但据现存的摄论宗章疏来看，本论的思想，却并未为我国人所接受，这使玄奘百思而不解，故在真谛入灭后的一百年顷，他为求瑜伽师思想而非亲到印度不可了。

·阿毘昙

所谓阿毘昙，它的全称应为“阿毘达摩”。译成华文，则为“对法”、“向法”、“无比法”或“大法”等等。其意义为取得无漏净慧的资粮，以及有漏的诸种智慧。

在《分别功德论》第一，阿毘达摩是被称作大法的。所谓大法者，即为强调四谛大慧，能断邪见与无明等愚痴，而使其成为诸法的先锋，故谓之大法。

又于《大乘义章》里，说明“阿毘昙”之义，阿是无，昙是法，其解释有二：一为依教而言，毘昙在分别最胜；二为依行而言，毘昙即注为慧，以毘昙的胜行为慧，所以便称之为无比之法了。

在《俱舍论》中，其第一分和第二分，为胜义与世俗二者。其胜义分，为自性而具有无漏之净慧及随行——受戒以后的随身正行，共有二十九法，均属于有无漏的法门，即所谓道谛。

其世俗法，即欲获得净慧的资粮，也就是有漏的修慧、思慧、闻慧，以及随行慧等等，这就是世俗间的所谓阿毘昙了。

四、西行道上

1. 发誓孤征

当玄奘于二十二岁时——唐高祖武德六年（六二三年），独自离去四川成都，及其长兄长捷法师，顺长江而下，转经鄂、湘、皖、苏各省，再折入豫、冀、陕等处游学，又复历时四年有余，所经讲筵，亦不胜其数，但据《慈恩传》首卷所云：

法师既遍谒众师，备餐其说，详考其义，各擅宗途：验之圣典，亦隐显有异，莫知适从。乃誓游西方，以问所惑。

这是说：他在国内所听受的经论，因讲解的不同，门户互异，致使他有莫知适从之感。以一位遇事求真求实求贯彻的玄奘而言，自然就不会轻予放弃了。尤其是他对于《瑜伽师地论》，本为一百卷的巨著，而当时的译者，竟以三两卷而译毕，自然就更不能满足玄奘的要求了。所以《慈恩传》接着便说：

并取《十七地论》以释众疑，即今之《瑜伽师地论》也。

这样的说话，更加显示出玄奘西行目的之所在了。

玄奘在尚未出发西行之前，曾经纠集同道若干人，上表朝廷，请求准许他们赴印取经。可是，在那个时候，正是唐朝建国的初期，不许人民擅自出境，因此，他们的奏表便被搁置下来，而没有下文了。其他的几位同道，也就各自东西，离散而去。只有玄奘独处长安，静待时机，同时更努力学习外国语文，以备未来之需。

2. 从长安到瓜州

玄奘在长安等待时机，等了一段时期，而机会居然来了。那就是唐太宗贞观元年（六二七年）。关东以及河南、陇右沿边的几州，曾降了几次寒霜，将所有的农作物全部冻死，因而发生严重的灾荒，使得当地的人民无以为食。于是，唐太宗便下了一道诏书说：

所有关内的人民，如果因为霜灾少食，无论道俗，特准随丰自由出关觅食。

在长安的玄奘，一经听到这一消息，便偕着正在长安学习《涅槃经》的僧人孝达，一同混在饥民群里，而抵达了秦州（今甘肃天水市）。

在秦州又遇到有要到凉州的人们，他们便结伴而行。于是又到了凉州（今甘肃武威市）。这时有人报告凉州都督李大亮，说玄奘没有公文书，从长安出发，要往天竺国求取佛经，李大亮便召见了他，而他也直说无隐。因此，李大亮便要将他遣回长安。

恰好凉州有位高僧，名叫惠威法师，却暗中派遣两个门徒，一是惠琳，一为道整，护送玄奘，昼伏夜行，向西而去，便又到了瓜州。瓜州刺史独孤达，是一位佛教信徒，他听到玄奘来到，非常欢喜，便很殷勤地招待着。可是，凉州都督李大亮的追捕令，也随着而递送到了瓜州。那追捕文书说：

有一僧人，名叫玄奘，私赴西番，着沿途所有州县，严行察候，递解本督衙门究办。

这道追捕文书，独孤达刺史还未过目，便被一个小吏李昌拿着，偷偷地见到玄奘，询明经过，他认为是一件大好事，当面就把那追捕文书撕毁了。李昌便要玄奘迅速起程，以免再出乱子。

西行取经图

但是，这时凉州惠威法师所派遣的两个门徒，道整先到敦煌去了，惠琳又身体瘦弱，不堪远行，早就遣回凉州而去。

玄奘虽然买了一匹马，只是没有人引他渡关。他正在焦急之间，天还没有大亮，便有一胡僧达摩，前来说他昨夜忽做一梦，梦见玄奘骑在大而且美的莲花之上，向西飘然而去。原来当玄奘还只三岁之时，他生母宋太夫人也曾梦过他穿着白衣，乘着白莲，向西而去。如今胡僧达摩，又有同样的梦，当然使他更为欢喜。可是玄奘却说："梦不足凭，我们还是来礼佛请求吧！"于是，玄奘偕着胡僧，正在佛堂礼佛，忽有一个名叫石盘陀的胡人，来请受戒。玄奘觉得此一胡人，身体强壮，又现忠谨，为他授了五戒。并且说明要西行求法，苦于无人引路出关。石盘陀便答应引导，渡过五烽。玄奘非常地高兴，准备明晨起程。

到了次日，石盘陀却偕着另一胡翁，骑着一匹赤色的瘦马来了。他说这位老胡翁，对于西方路程极为熟悉，曾来往伊吾国（今新疆哈密市）三十多次。

那老胡翁便说："法师，从这里到天竺（印度），沿路之上，实在太险恶了！沙河阻隔，鬼魔风暴，一经遇着，便只有死路一条。"

玄奘毫不犹疑地回答说："拙衲为求大法，发心西游，若不到达天竺，决不东归，便是身死中途，也是心甘情愿，决不后悔！"

胡翁以玄奘既然具有这样的决心，请他骑着他那匹赤色瘦马而去，因此马已经来往伊吾国多次，颇具老马识途之长。

3. 出玉门关

玄奘换了乘马，由石盘陀陪从着，漏夜出发，三更时分，到了瓠芦河，看见了玉门关。在关的上流，大约十里远的地方，河床只有一丈多宽，他们砍下树木，架设了一座木桥，铺上茅草，垫起沙石，牵马而过。

渡过瓠芦河，他们打开被盖，各自休憩着，睡了片刻，即见一人，提着大刀，走了过来，却又立即退了回去。玄奘忖想着：这分明是石盘陀，他为什么要来杀我？又为什么退了回去？问题不得解决，他便坐了起来，念着佛号，诵着《般若波罗密多心经》，一直待到天亮。石盘陀便对他说：

“师傅！前途非常险恶，没有水草，只是五烽底下有水，却要在深夜跑到，偷水而过，如果被发现了，便只有死而已，不如回去吧！”石盘陀这样地请求着，玄奘当然不允。于是，他又说自己的家累很重，王法又不许可，去了算是犯法的一些话。玄奘只好让他回去。但是，石盘陀却怕玄奘被捉住之后，再株连于他，逼得玄奘对天发誓，决不连累，始行离去。

4. 过五烽

石盘陀在玉门关的附近离去玄奘，于是，玄奘便只有单人独马，孤零零地，向着迢迢数万里的天竺走去。这一天走了八十多里，到了第一烽的近处。他怕守烽的士兵发现，白昼隐蔽在沙沟里，晚上才走过烽西，下马饮水。他取出皮囊，正要盛水的时候，忽然一箭飞来，几乎射中了他的膝骨，他知道已被发现了，便大声地喊叫着，他说：

“我是从长安来的一个和尚，不要射我啦！”他一面呼喊，一面牵着那匹瘦赤马，朝着烽上走去。守烽的士兵们也就开门让他进去。守烽的校尉名叫王祥，询明来意之后，便说西方是不容易走到的，要把他送回敦煌（瓜州）。玄奘当然不肯，并补述了一番大道理。王祥极为佩服，留他在烽上住了一天，给他一些干粮和清水，他便又动身西行。

一直过到第四烽，水用完了，又想悄悄地取水而过，水还没有取得，烽上的箭矢又复射下，他又大声地喊着道：“我是一个和尚，是从京师而来的，你们不要射我啦！”

他喊叫了一阵，箭停止了。守兵开了烽门，玄奘走了进去，见到守烽的校尉王伯陇，也就说明了来意。因为王伯陇也是佛教徒，待他极好。玄奘当夜便睡在烽上。王伯陇为他换了一个大皮囊，给了许多的食品，并告诉他说：

“你不必经过第五烽，那些人的气质很坏，一被发现，连性命都会保不住！”可是，玄奘的答语却说：“谢谢你的好意，但也管不了这许多！”

于是，王伯陇又说：“不必经过第五烽，还是可以的，只是水不够喝，要绕道八十里，到野马泉取水，这样便躲过了。何必冒那性命的危险呢！”因而，玄奘便遵照王伯陇校尉的指示走去。

5. 渡莫贺延碛

第四烽的校尉王伯陇曾说：过了第五烽，便是莫贺延碛的沙河，一片宽约八百里的沙漠地带，没有树木和水草，也没有飞鸟和走兽，简直是什么东西都没有，只是像波浪起伏的沙砾一片而已。

于是，玄奘自然会要反问从前的人们，究竟如何渡越这道沙河的问题，而王校尉的解释是：寻着人马骨殖而前进的。白天看着太阳，晚上踏着月色和星星，来辨认东西南北的方向。可知这一段行程，是如何的艰险！

玄奘在第四烽睡了一晚，王校尉还赠送了几匹马，驮着清水和干粮，起程而去。走了一天，没有遇到野马泉，晚上睡在沙砾上，次日又走了半天，还是没有，他知道走错了路，便下马休息饮水，不慎失手，皮囊落地，将饮水倾倒净尽，涓滴不留。他真的慌了，他想：“没有水，怎样行呢？回到第四烽取水去”。于是，他上马带转马头，向东而走，已经走了十多里，他忽又回想着：

“我曾经发过誓言，不到天竺，决不东回一步。现在，我只能向西而死，决不回东而生！”于是，他又掉转马头，依然向西北行去。到了第四天，水固没有喝过，而且碰到一阵恶风，飞沙走石，天昏地暗，连后马都见不到前马了。正在这个紧要的关头上，那匹在瓜州换得胡翁的瘦赤马，立即卧倒了，其余的马，也随着而卧了下来，一匹紧勾着一匹，聚集成一座马堡垒，玄奘便伏在这座马堡垒里面，躲过了那一场砂石风险。

到了第五天上，还是没有饮水，口里、肚里、眼睛里，都好像冒出火来了。头昏、眼花、身软、脚麻，已到了寸步难移之境。只好卧在沙砾上，以等待死神的降临。但是，他的心里面，却仍在默念佛号，以及《般若波罗密多心经》咒呢。

睡到半夜，忽然一阵冷风吹来，竟觉得浑身舒畅，正如饮了清水一般，眼睛亮了。连干倒的马儿也起来了。他便骑上马背，重行向西而去。

可是，那几匹马儿竟不接受他的缰勒，而自动的狂奔着，大约走了十多里的路程，忽然发现一派流泉青草，在他的面前展开着，他快乐极了！下马卸鞍休息，马啮青草，人餐干粮，立刻又是人强马壮，再走了两天，才把沙漠走完，到了伊吾国。

国父孙中山先生曾说：“主义是一种思想，一种信仰，和一种力量。”玄奘就具备了这种思想，这种信仰，这种力量，所以，才能发出这种大愿力，以克服一切艰难而创造他的伟绩来。

6. 抵高昌国

玄奘从伊吾国西行六天，便到了高昌国（今新疆吐鲁番地区）。国王曲文泰，原来是到过我国的，早就听说玄奘要经过高昌，西行求法。所以，当玄奘一经抵达高昌京城，他便亲自出城迎接，安置在王宫的后院里居住着。

高昌王曲文泰说："沿途崎岖险阻，法师单人匹马而来，真是一件奇事。"而玄奘却回答说："我要到天竺国取经，任何的艰难困苦，都在所不计，自然就无所畏惧了！"

于是，高昌王还说他曾经随侍其父王，到过我国，偕着隋朝皇帝，游历过东西两京，就没有遇见过像他这样的人物。而玄奘却谦逊的说道："不敢，不敢！中华上国，原是人文荟萃之区，我玄奘又算得什么。"

高昌王请求玄奘居其国内，受其供养，弘扬佛法，不必再去印度，而玄奘却执意不肯。高昌王开始是要求着，说到后来，脸色一沉，便说：

"现在只有两条路，留在这里是一条。将你送回长安是一条，任凭你选择一条好了！"玄奘看到那样的脸色，又听到那样的说法，便呜咽的哭将起来。但是，从这一天以后，高昌王不说留他，也不说要遣回，只是很恭谨的供养着而已。就这样的住了许多时日，总是不明究竟，玄奘便绝食了，水浆涓滴不入口，已经三日。到了第四天上，高昌王母张太后知道了，便对儿子说：

"阻碍佛法是不可以的！"她这样地告诫儿子。实则，这时的高昌王早被玄奘的贞坚而感动悔悟了。他便对玄奘说：

"让你到天竺国去好了，请快点进食吧！"玄奘还惧其食言，要他指天发誓，才允进食。鞠文泰果然指天为誓，并且还要与他结为异姓兄弟。

这才好了，高昌王尽力的协助他，张太后也把他视作亲生儿子，时常照顾他。因而他在高昌国讲了一个月的佛法，而终于要走了。高昌王便对他说道：

"你所要经过的各国，都属于突厥可汗的势力范围，我来为你准备一番，为你作个介绍。”高昌王立即派了四个僧人，做了三十套衣服，以及许多的鞋袜，黄金一百两，银钱三万元，绫罗绸缎五百匹，夫力二十五名。另外还写了二十四封信，每一封信附大绫一匹，送给屈支等一些国家。再又拿出绫绢五百匹，水果两大车，献给叶护可汗。

当玄奘从高昌起程之时，大家都感到离情依依，难舍难分的。张太后更表现出充分的母爱，抚抚玄奘的头，又摸摸玄奘的脚，据说这在高昌国的习俗上，母亲对于她所最钟爱的儿子，才会是这样的。

玄奘向送别的人们，包括张太后、国王曲文泰、王公大臣、王妃公主、僧俗众人，都作过了礼，他便跨在那匹高大的马上，把鞭一扬，车儿马儿，又复浩浩荡荡，迈上了西行的旅程。

7. 会叶护可汗

玄奘离去高昌国，经过阿耆尼国、屈支国，因为有了高昌王的介绍函，都曾受到盛大的欢迎。约在唐太宗贞观二年（六二八年）的二三月间，他越过葱岭的北角凌山，便到了突厥京城——叶素城，晋见叶护可汗，将高昌王的介绍信及献物，一并呈递上去。叶护可汗看那信上写的是：

玄奘法师，是我的弟弟，愿可汗怜惜法师，如同怜惜我的一般。还请通知以西各国，给马护送出境，使能安抵天竺，求取佛经。

叶护可汗读到了信，又收到了礼物，便问着玄奘说：“你从中华到天竺，绕道敝国，多走了许多的路程！”玄奘答以“特来瞻仰丰采，希望通知所属各国，给予照顾。”叶护可汗听到玄奘的答话，极其得体，不觉放声大笑，立刻下了许多道勅书，通知那些臣服于他的各国君王。

本来，玄奘去印度的路程，是以前和后来没有任何人走过的。他是绕道西伯利亚的南端，经俄属土耳基思坦，循着阿富汗，而抵达印境的。

玄奘在叶素城盘桓了十多天，为僧俗众人讲过许多次佛法，大家对他都竭诚欢迎。所以，当他起身之时，叶护可汗曾经率领群臣百官，亲自送行了十多里，始行别去。他们一行，经过笯赤达国、赭时国、窣堵利瑟那国，一路之上，也都是很受欢迎，很受接待的。

他们走出羯霜那国的西南以后，又复踏进山区，亘亘三百余里，都是崇山峻岭，悬崖绝壁，高不可仰，中间一道羊肠小道，只容一人一骑。并没有水草，也没有人烟。因为这里很多铁矿，在出山口的前面，又有两扇大石矗立着，确像两扇门扉，所以称为“铁门”。这是突厥的要津，过了铁门，便到睹货罗国，再走几百里，渡过缚刍河，就是活国。

说起这个活国来，是由叶护可汗的大儿子呾度任国王，又是高昌王曲文泰的妹夫。本来，有了高昌王的介绍函，是要大受欢迎的。但是，高昌公主死了，国王呾度又卧病在床。他在病榻上接见玄奘，说了许多“失迎”、“抱歉”的话，玄奘一面安慰他，一面为他祝福，并告诉他一些关于高昌王和张太后的近况。

但是，意外的事件发生了，活国国王呾度竟被自己后妻的儿子弑杀了。等到新王接位，附近各国都派遣使节前来吊祭死王，庆贺新王，乱事平息了，玄奘才随着各国的使节继续西进。

8. 礼沙落迦寺

玄奘如是的行行复行行，而进到迦毕试国，国王和群臣僧俗也都曾出城迎接。他便住在城内的沙落迦寺。相传这座沙落迦寺，是在我国汉朝时候，有一位皇子在这里作质时期所建造的。传说神龛底下，埋藏有巨量的珍珠宝石，全寺寺壁都绘着那位皇子的壁像，代代相传，也代代修缮，一直就不曾衰歇过。

不过，迦毕试国的人们，总想将神座下的珍宝发掘出来。可是，才一动手，便会全寺震动，连神座上的铁鸦，也会吱吱喳喳地大叫起来，因而他们就不敢开掘了。玄奘住在寺里，朝夕礼供，也知道了这埋藏珍宝的事，于是，他便以汉人子孙的身分，撰写了一道文告，祭告那位汉代皇子说：“如果真有珠宝，掘取以扩建寺宇。如果没有，免人怀疑，而致损及寺屋。”他祭告了以后，便动手挖掘，竟安然无事地挖出几百斤黄金，以及无数的珍珠宝石，扩建寺宇。他在这座沙落迦寺住了两个多月，过完了夏天再走。

玄奘从迦毕试国，再东行六百里，越过黑岭，进入了滥波国，那便是北印度的境地。他也就要开始那五印学习的工作了。

五、游学五印

1. 北印之学

玄奘从迦毕试国东行六百余里，越过黑岭，便进抵滥波国，国境凡千余里，而迦蓝仅十余所。可是，其所住僧众，尽为修习大乘学者。从这里开始，即为北印之境。

一踏进北印度后，处处都有佛陀的遗迹，也处处都有修学大乘的僧众。所以，玄奘一经到达北印，他便掌握了这个机会，参礼了许多圣迹。例如：佛陀敷鹿皮衣及布发掩泥得受记处、佛买花处。在佛顶城里，竟有如来佛的头顶骨，毛发俨然，两目发光，确为奇事。还有佛的锡杖等等。

玄奘凡到一处，即顶礼膜拜一番。印度为释迦佛的故国，遗迹之多，自在意中，而玄奘为一虔诚佛徒，须一一参礼，亦属应该。唯以其为数过多，殊难一一加以记述而已。

玄奘西行的目的，唯在求法取经，所以，一经进入北印度以后，也就不忘于学法。当他行至健驮罗国，这是东临信度河的一个国家，据说曾经产生最多的圣贤，例如无著、世亲两大菩萨，固然是出生于此。即延天、法救、如意、胁尊者等，也都是出生于此。玄奘一践斯土，景仰敬佩之余，自会尽心竭力而学。那么，给予他治学上的感受，就自然的更为亲切。

过此以后，再东行千余里，至迦湿弥罗国，国都之中，有阇耶因陀罗寺，寺中首座僧为僧称，是一位“高行之人，戒禁淳洁，思理湛深，多闻总持，才睿神茂，而爱贤重士”。(原传语）于是，玄奘便“倾心谘禀，晓夜无疲”的请求讲授各种经论。僧称虽然年逾七十，气力已衰，但被玄奘的诚恳所感，而竟“励力敷扬”。自午以前讲《俱舍论》，午以后讲《顺正理论》，夜初讲《因明、声明论》，据说玄奘都能“领悟无遗，研幽击节，尽其神秘”。

于是，这位僧称法师便极其欣赏，而告诸众人说：“这位中华青年僧（按玄奘此时为二十八岁），智力极宏，在我们这一班人中，实在没有人能强过于他。如果单以其聪明来说，确足以继无著、世亲之后，所恨生于远国而已！”

僧称这样的称誉，倒也激起了彼国僧人奋发自强的精神，如大乘学僧净师子、最胜亲两人，萨婆多部学僧如来友和世友等人，僧只部学僧最胜友和日天等几人，都曾与玄奘辩论多次，且均佩服得五体投地。玄奘居此论辩学习，逾两年之久。像这样的切磋琢磨，互相印证，对于玄奘学力的增进，自然是很大的。

随后，他又再行前进，而达于磔迦国。在初入国境时、经过一处树木茂密的大森林中，玄奘及同行者数十人，均被贼劫掠，孑然一身，所有同难的人们，几乎无人不是痛哭流涕的。只有玄奘一人独自欣然而笑。于是，有人便问着他说："大家都在哭泣，何以你一人发笑呢？"玄奘当即回答说："居生之贵，唯在性命，性命既存、余何所忧？故我国俗谚云：'天地之大宝曰生'。生之既在，则大宝不忘，小小衣资，何足忧惜。"这又是玄奘思想上的超脱处。

玄奘在北印境内，还有一次的学习，那就是在至那仆底国。有一所突舍萨那寺，寺僧调伏光法师，原是北印某国的王子，风范极好，学富三藏，曾经注释过《五蕴论》，以及《唯识三十论》等。于是，玄奘对于这位饱学之士，当然不肯放过，便在那儿住了一十四个月，学习《对法论》、《显宗论》及《理门论》等项学问。

距离此寺东南约五十里之地，有所阇林寺，僧徒三百余人，在佛陀入寂后的第三百年中，迦多衍那论师曾在此寺撰写过《发智论》。玄奘便在这里学习说一切有部的学问。再从此东北行百四十里处，便是阇烂达那国，其国内有大寺一座，名那伽罗驮那寺，长老月胄法师，说是也能"善究三藏"。玄奘便又停留下来，达四个月之久，学习"众事分毘婆沙"。他自进入北印度以来，除参礼圣迹外，几乎无时无地不是致力于学习的。

从此再东北行七百余里，到达屈露多国。再南行七百里，越山渡河，便是多图卢国，而西南行八百里，即至波里夜呾罗国，这里应是中印度所辖之地。

2. 中印之学

玄奘在中印度的所学，与其在其他各地之所学，颇有些不同。因中印地区为释迦牟尼佛的出生地，关于佛的出生、修行、成道、说法、创教，大都在于中印。所以，当玄奘行抵此土，参礼遗迹的时间便较修学为多了。本来，“读破万卷书，不如行尽万里路”。所谓游学，也就可以解释为一面游历，一面学习的说法。以所见所闻，证验其所学所习，就自然更为亲切了。

例如：当玄奘进抵中印的秣免罗国时，他曾参礼过佛弟子舍利弗、目乾连、满慈子、优婆厘、阿难、罗睺罗、文殊师利等人的纪念塔。他看到印度的佛教信众，就是各以所宗而修其供养的。据《慈恩传》卷二的记载说：

> 每岁修福之日，僧徒相率，随所宗事，而修供养。阿毘达摩众，供养舍利子。习定之徒，供设特伽罗子（目乾连）。诵持经者，供养满慈子。学毘奈众，供养优婆离。诸比丘尼，供养阿难。未受具戒者，供养罗睺罗，学大乘者，供养诸菩萨。

佛教原是舍弃迷信的宗教，所以，玄奘的思想体系便以“唯识”为其主干，而创立唯识宗。于此，我们可以看到他写出印度破除迷信的一桩史实，那就是：当他还只有三十岁时（贞观五年），行抵中印度禄勒那国的殑伽河流域，《西域记》的记载有说：“殑伽河流到入海之处，广十余里，其味甘美，细沙随流。彼俗书记，谓之福水，就中沐浴，罪衅销除，啜波嗽流，则殃灾殄灭，殁而死者，即生天受福！”所以一些“愚夫愚妇，常集河滨”。洗浴吸饮，百弊丛生。于是，玄奘便肯定地说：“皆外道邪言，无其实也！后提婆菩萨，示以正理，方始停绝。”

以此一事为例，则玄奘之所学为正论，而非邪说。于是，他便在禄勒那国停留度岁，一冬半春，听经部《毘婆沙》而讫。

玄奘渡殑伽河而东行，至秣底补罗国（本为一小乘学的国家，而后来改信大乘学）。国内有密多斯那法师，年逾九十，深晓三藏。玄奘又以半春一夏的时间，就其学萨婆多部的《辩真论》以及《随发论》等等。

“曲女城”这一名词，对于玄奘来说，是极其重要的。他后来学成归国时，便是在这里参加过一个国际欢迎大会而启行的。现在，他是第一度莅临斯土——羯若鞠阇国，其王名为戒日王，玄奘记述其略历说：

……统承宗庙，王雄姿秀杰，算略宏远，德动天地，义感人神，遂能雪报兄仇，牢笼印度，威风所及，礼教所沾，无不归德，天下既定，黎庶斯安。于是，戢武韬戈，营树福业，敕其境内，无得杀生。

像这样的一位有道之君，治理这安乐之国，玄奘留住其国内跋达罗毘诃罗寺，为时三月，就寺僧毘离耶那三藏，读佛使毘婆沙及日胄毘婆沙等。

及其抵达摩羯陀国，释迦牟尼佛坐于菩提树下的金刚座上以成道。玄奘曾亲临参礼，据所记述的概略说：

法师至礼菩提树，五体投地，悲哀懊恼，自伤叹言：“佛成道时，不知漂沦何趣？今于像季，方始至斯，缅惟业障，一何深重！”悲泪盈目，时逢众僧解夏，远近辐辏（聚积）数千人，观者无不呜咽。

玄奘于参礼菩提树金刚座以后，即被那烂陀寺派来的僧众数十人，迎接以去，而又开始他另一回的学习。

3. 入学那烂陀寺

我们知道：中印度摩羯陀国的那烂陀寺，正是玄奘西行求法的目的地，寺僧正法藏戒贤大师，也就是他要就学的宗师。他经过三年多的旅途辛苦，终于抵达了目的地，也终于遇到了恩师，这就是所谓有志竟成了。

当时的戒贤大师，据说已经有一百零六岁，竟为玄奘讲经数年，这又不能不说是一种“夙缘前定”了。所以，当玄奘参礼之时，戒贤曾问着他说：“你是从哪一国来的？”玄奘回答说：“我是从中华上国而来的。”戒贤再问着说：“你来到这里，有何目的？”玄奘说：“要向大师学习大乘瑜伽论，以弘扬大乘佛法于东土。”戒贤还问及他在路上几年，玄奘回答的是：“整整三年多，原来以为要四年。”于是，戒贤一经听到这里，便老泪纵横，哭了起来。因为，他在三年多以前，因风湿病患而疼痛难当，曾欲自裁，以了其残生，而竟在睡梦之中，为神人所阻，说有一个中华国僧已起程西来学法，弘扬东土，必须相候，戒贤便忍苦相待。

玄奘听到这里，也就随之而哭，且更发誓言：“弟子就更应努力学习了。”从此以后，玄奘便住在那烂陀寺达五个年头之久。戒贤为他讲《瑜伽师地论》三遍，每遍须历时九个月而讫。讲《顺正理论》一遍，讲《显扬论》、《对法论》各一遍，《因明学》、《声明学》、《集量》等论各两遍。《中论》、《百论》等各三遍。其《俱舍》、《婆沙》、《六足阿毘昙》等，已于迦湿弥罗国听讫，至此更与其业师戒贤寻绎决疑，以证确切。

玄奘西游求法的动机，原是对于我国摄论宗所讲的法相学有所不满，才想到印度去，以探究其本源，以求取无著、世亲两菩萨的大乘学，为之作彻底的研究，以宏扬于我国。《瑜伽师地论》便是他所要学习的主要学问。现在，他在学业上的目的总算达成了。而戒贤大师为全印度的耆宿，更是世亲菩萨的嫡传接棒人，以百余岁的高龄，久谢讲席，现在居然为玄奘讲授五年之久，实在是一桩千秋难逢的盛事。

玄奘住在那烂陀寺的房子，是从前幼日王院第四重阁上。他所得到的供养，极其优厚，在全寺万多名僧徒中，只有十人是和他同等待遇的。这一座印度大寺与我国似有夙缘，就是在玄奘离去本寺刚满三十年，而义净法师又于唐高宗咸亨三年（六七二年）来到了，留学十年而后归。

4. 南东西印之学

玄奘于摩羯陀国的那烂陀寺，安置住妥以后，曾一度出游佛教圣地的王舍城。又复南游，才回寺以听戒贤大师的讲授。这在《西域记》中，记载极详。所以梁启超氏曾说："《西域记》一书，虽时至今日，犹为中外治印度史学者的宝典。"这话实在不错。例如玄奘这次一经抵达王舍城，便将其命名由来，地势环境，原原本本地说了出来。又如佛陀灭渡后的百年顷，佛教经典的结集，上座部与大众部的区分，也很清楚的记述着，以供现在治佛学史者所征信。所以玄奘的西行求法，不仅他个人所获至巨，其嘉惠于后世文化者亦极其深重！

他于三十六岁时——唐太宗贞观十一年，在南印度的伊烂拏钵国，从如来密及师子忍两大法师，学习萨婆多部，也就是所谓"说一切有部"的《毘婆沙》、《顺正理》诸论，费时整整一年。此后的两年，便是他遍历印度南部、东部、西部等地数十个国家。他本想再至僧伽罗国（狮子国），即现在的锡兰，因其国王崩逝，臣民为乱，“大兵之后，必有凶年”，而饥荒疫疠，交相臻至，所以，他就没有渡海而南了。他便止于南侨萨罗国，欲有所学。因为此地原为提婆菩萨从狮子国来，就龙猛学法之地，故玄奘就其国内一位善解因明学的波罗门而问道，停月余日，兼读《集量论》，始行离去。

又至南印度的驮那羯磔迦国。此一国家，亦属印度佛史上占有重要地位者，因为这是清辩论师拟向慈氏菩萨的决疑处。所以，当玄奘抵达此境，便遇到苏部底及苏利耶两位大学者，他们都是研究大众部三藏的专家，因此，玄奘便又停留下来，一住几个月，学习大众部的根本《阿毘达摩》等项论著。

讲到求学，还须求证。要做一个佛教徒，就要经过四个阶段，即所谓：“信、解、行、证”，前面的三个阶段，是由于学佛者自己的努力，而后一“印证”的阶段，则须求取别人的“印可”。玄奘的所学，我们已经知道了不少，现在，我们且看他求证的作为。前面曾说到僧迦罗国，因王死而饥乱，玄奘因荒乱而未去，而彼国却有僧因饥乱而前来。这些南印的僧迦们，对于上座部三藏以及《瑜伽论》等，均有极深刻的研究，而且蜚声全印。于是，玄奘就“引瑜伽要文大节征之”，据云：“亦不能出于戒贤之释。”

此后尚有两年的时间，即玄奘三十八九岁的两年中，他又折回到了北印度的钵伐多罗国，他停留两年，就正量部学根本《阿毘达摩》及《摄正法论》、《教实论》等。他到了四十岁时，曾一度返回摩羯陀国的那烂陀寺（施无厌寺），参礼其本师正法藏戒贤大师后，又入抵罗择迦寺，就其寺僧再学因明及声明之学。然后入杖林山，从胜军论师，学《唯识抉择论》，旁及《意义理论》、《成无畏论》、《不住涅槃论》、《十二因缘论》、《庄严经论》等等。又复兼问瑜伽、因明等学一些还有疑惑之处。讲到这位胜军论师，也曾向戒贤学过

《瑜伽论》的，对外籍群言，如四吠陀典、天文、地理、医方、术数，无不究其根源，实在是一位多才多艺的人物，所以摩羯陀国主满胄王，尊他为国师，封他二十大邑，他都不受。满胄王死后，戒日王也有封赠，他也不受，而隐居于杖林山以修道。玄奘因而向之修学。

在学的方面，玄奘确实是大成了。于是，他返回那烂陀寺，他的业师，要他讲经、说法、课众，因而扬名于全印。玄奘可以说是功成名就了。自欲返国，而戒贤大师也嘱其返国，以弘扬佛教于东土。

六、学成而归

1. 筹归

玄奘自从贞观三年（六二九年），抵达北印迦湿弥罗国，就僧称学习因明及声明学以后，一直到贞观十五年（六四一年），整整的一十二年，尽是游学五印度的学习时期。以其天赋智能之高、学习功力之勤，而又加以这样的一段长的时间，所以在学问上，确已进入了大成的造诣。

于是，他便筹划归国了。在那烂陀寺里，住有一名外道尼乾子，名叫伐暗罗，善于占卜。玄奘便将回国之意，向他说明，并请求卜筮去留孰宜？以及自己的年寿问题。

尼乾子乃画地而筮。卜算完了，他说："师住时最好，五印度及道俗人等，对师没有不敬重的。至于回国的话，也可以安然抵达，绝无旅途危险之事，并能得到本国人们的敬重，但是，去却不如住呢！"

尼乾子对于玄奘的寿年，卜算的结果，说是尚只有十年而已。而此时的玄奘已是四十一岁，那么，他便只有五十一岁。不过，卜辞仍说："若凭余福转续，非所知也！"后来玄奘曾享寿六十三岁，应为他译经功德所增加的寿年。当时尼乾子的占卜，已占得有鸠摩罗王和戒日王的护送，故旅途上的困难，是可以减免的。

因而，玄奘便做了回国的决定，天天都为筹划回国而忙碌，例如整理经卷、庄严佛像以及舍利等等。因此，那烂陀寺的僧伽们都来劝阻，其理由说是："印度这个地区，乃是佛陀所生之处，往圣虽逝，遗迹尚存，巡游礼赞，足娱平生，何为已经到了这里，而又要离去呢！"他们争说印度的好处，而且也诋毁当时我国的不好处。于是，玄奘便说：

"法王设立教义，最尚流通，岂有自得沾益，而遗弃未悟呢？且彼处衣冠济济，法度可遵，君圣臣忠，父慈子孝，贵仁重义，尚齿尚贤……岂得以佛不曾住，遂可轻哉？！"（录原传语）

玄奘回国的决心既下，当然不是那一班僧伽们所能阻挠的。于是他们之间便发生了争论，而须取决于业师戒贤法师了。玄奘首先申明来印求学的本怀，而又得师傅尽心教诲，因而有了成就。他说：

"……私心慰庆，诚不虚行，愿以所闻，归还翻译，使有缘之徒同得闻见，用报师恩。由是不得停住。"

戒贤听了这话，非常地高兴，他便说出了一番深识大体的话来。

他说："此菩萨意也！吾心望汝，亦复如是。任为束装，诸人不得苦留！"

这么一来，玄奘回国之行便完全决定了。他做着一切的准备工作。但是，还是稽延了一年的时间，才于贞观十七年（六四三年）的夏季，起程东归。

2. 两王争迎

玄奘学业成就暂时安居那烂陀寺时，适有顺世外道来寺辩难，玄奘即曾获致大大的胜利。乌荼国的小乘分子般若毱多，肆意诽谤大乘，玄奘便作了一篇有名的《制恶见论》，使得般若毱多须斩首谢过，而玄奘却原谅了他。于是玄奘的声名大起，以致演出了两王争迎的有趣故事来。

所谓两王，便是东印度的鸠摩罗王、中印度的戒日王。原来，当玄奘一经回到那烂陀寺，戒日王就曾遣使前来，向戒贤法师邀请玄奘至其国内，以便供养。而戒贤以玄奘即将东归，婉为辞谢。不久，鸠摩罗王也派使前来邀请，戒贤亦同样的予以谢绝。可是，这位武夫国王，竟出言不逊，说是玄奘不去，便是轻视他，把他当做恶人，既被视作恶人，也就不免要作出恶事来。他说他要“整理象军，云萃（集也）于彼，踏那烂陀寺，使碎如尘，此言如日（意即指日为誓）！师好试着”！（录原传语）如此狂态，戒贤便当重加考虑了。于是他便对玄奘说：

彼王善心素薄，境内佛法，不甚兴盛，自闻令名，似发深意。仁者或是其前世好友，努力前去！出家人原以利物为本，今正其时……

于是，玄奘便去到了鸠摩罗国。可是，戒日王听到此一消息，也就嗔念大发，遣使要鸠摩罗王将玄奘护送其国。而鸠摩罗王又说蠢话了。他说："我头可得！法师未可即来！"戒日王一经接到这样的回答，也就勃然大怒地对使者说："鸠摩罗王太轻视于我！为何发此粗言？"当即遣使持书前往，那是说："你说头可得者，即交使者持来，不得有误！"事情弄僵了，鸠摩罗王亦深悔失言。于是自己偕着玄奘，亲赴戒日王处谢罪，送迎之礼极其隆重，而两王嫌怨俱释，言归于好，于是，戒日王曾询及破阵乐事——按为唐太宗任秦王时所作，乐舞须用两千人，玄奘的答复是这样的：

"玄奘本土，见人怀贤之德，能为百姓除凶翦暴，覆润群生者，则歌而咏之，上备宗庙之乐，下入闾里之讴。"接着便大大的称颂了唐太宗皇帝一番。

3. 曲女城之会

鸠摩罗王偕着玄奘，都到了戒日王宫之前，戒日王与门师大臣总共是二十余人，出迎入座，备具珍馐；女乐散花，以作供养。于是，戒日王便问着说："听说法师曾经作过一篇《制恶见论》，不知带来了吗？"玄奘立即将该文奉上，戒日王仔细地读过一遍，便当着门师大臣们说道：

……日光既出，则萤烛无明，天雷震音，而锤凿绝响，师等所立之宗，他皆破讫，试救救看！（原传语）

戒日王说了这话，望着大众，都默默无语。于是他又继续说："你们的首席上座提婆犀挪，他曾自夸为：'解冠群英，学赅众哲'。曾首先兴起异论，常毁大乘，及闻中华客僧大德来到，而托辞潜逃。所以，我知道你们是无能为力的！"戒日王说了这话，对于玄奘那篇大作，极其称赞了一番之后，便面向玄奘说道：

师论大好！弟子及此间诸师，并皆信伏。但恐余国，小乘外道，尚守愚迷，望于曲女城为师作一盛会，命五印沙门、波罗门、外道等，宣示大乘微妙，绝其毁谤之心，显师盛德之高，摧其我慢之意。

于是，戒日王便在当日发布勅书，昭示各国及义解人士，集会于曲女城，以听取中华国僧玄奘的名言说论。所以，这一次著名于中印史册的曲女城大会，便在贞观十六年（六四一年）十二月于中印度揭幕了。

参加这次盛会的五印度国君，共有一十八位，了解大小乘经义的僧伽共三千余人，波罗门及尼乾外道二千余人，那烂陀寺由明贤法师率领与会的，也是一千余人，据说这次参加大会的人们，都是饱学之士。至于侍从人员，或象或舆，或幢或幡，各自围绕，竟充塞于数十里的辽阔地区。大会的论主是玄奘，他写了一篇称扬大乘的文章，即有名的《真唯识颂》，由明贤法师向大众宣读。并另外抄了一份，悬于会场门外，若有人能破其一字一句者，便可“斩首以谢”，而结果是历时十八日之久，竟无人能赞一辞的。

按照印度的前例，凡是能这样获致论辩胜利的人士，都要骑在大象背上，巡行于大众之前，以显其胜利之功。可是玄奘就坚决的辞谢，不肯去坐那荣耀的大象，逼得戒日王和鸠摩罗王两人，只好把他身上穿的袈裟脱了下来，揭在大象背上，以代替其身躯，巡行于大众前面，因此，大乘佛徒给予他的尊号为：“摩诃耶那提婆”，译义为“大乘天”。小乘佛徒给予的尊号是：“木叉提婆”，译义为“解脱天”，这都是极其尊荣的头衔。

4. 无遮大会与赠行

曲女城的论战结束了。玄奘因为已经向那烂陀寺告别，不再回到寺中，便拟由曲女城辞别戒日王起程东归。可是戒日王却说：

“弟子承嗣宗庙，为天下主，三十余年，常虑福德不增，往因不续，以故积集财宝，于钵罗耶伽国境内的两河之间，设立一大会场，五年一请五印度沙门、婆罗门以及贫穷孤独人等，为七十五日的无遮大施，已经作过五次集会，现在应举办第六次大会。”因此，戒日王便邀请玄奘随喜参加。于是玄奘便说：“这是菩萨行为，福慧双修，智人得果，不忘其本！”他当即应允与会。

这所大会场，殑伽河流经其北，而阎牟那河流绕其南，两河交会之处，有一片非常平坦的大场地，从古印度起，便是一处“行施”的大场所。而且，又由于曲女城的大会，印度十八国的君主全都参加，总计人数约在五十万人以上。戒日王立营于殑伽河北岸，南印王杜鲁婆跋陀立营于合河西岸，鸠摩罗王立营阎牟那河南岸的华林之侧。各受施人则立营于南印王营的西方。立营已毕，按日行施，共计布施七十五日，这真是一场大施舍，很可以破除众人的贪心欲念。

原来，佛家以贪、嗔、痴为众生的三毒，而破贪毒的良方则为施舍，故“布施”一项，在佛教教义中，视作六大智慧（六度）之一。而玄奘此次能躬逢其盛，在佛义实际的体念上，自然就更加亲切了。

无遮大会闭幕以后，玄奘又欲起程东行，戒日王又曾殷切的挽留着。鸠摩罗王竟有“如能留印，当为建寺一百所，以作纪念”的豪语。情辞都非常恳切。不过，玄奘却说：

“中华地处辽远，晚闻佛法，而又不详，所以才西行求法，今得如愿以偿，皆由本土诸圣贤渴思竭诚之所致，所以不能不急急的归去！”于是，他们曾谈到东归的路径问题，如由海道而回，戒日王便准备派使护送，但玄奘却不忘高昌王曲文泰，以及活国那位叶护可汗的孙子的旧情，所以仍取道陆路，以便探访。至于旅途之上一切资粮，戒日王问需若干？玄奘的回答说是：“根本不需要”。使得戒日王惊声的说：“何至如此？不行！不行！”所以两王还是送了许多珍宝，玄奘一概不受，只受了一袭粗毛衣，作为旅途上防雨之用。

玄奘将所求得的经像等项，一齐付与北印乌地王，由其部队鞍乘载着，缓缓东行。戒日王即以大象一头，金钱三千，银钱一万，交与乌地王，以供玄奘旅途之需。

在玄奘起程之前，戒日王曾经派遣四名官员，持着公文书，通知沿途所经各国“发乘递送，终至汉境”。玄奘起程之后，已行三日，而戒日王、鸠摩罗王、北印跋咤王等，各率轻骑数百人，又来送别，礼遇之隆，实开我国学术外交史上的新纪元。

5. 渡葱岭

玄奘起程之时，约当贞观十七年（六四三年）春夏之交的时分，这一段东归路程，其艰苦程度，并不减于西去之时，只是西行为一人一骑的踽踽独行，而东归却是车水马龙的大队人马。但是，只有越过葱岭的时候，仅僧伽七人，雇工二十余人，大象一头，骡子十四，马儿四只而已，比较人数少些。

他们是夏初动身的，走到葱岭的西麓，却已经是腊月底了，进行得相当迟缓，原因是欣赏沿途胜景，以及瞻礼各地圣迹。当他们行抵昆罗那拏国的京城，还碰上了师子光和师子月两个同学，又为其开讲《瑜伽抉择论》及《对法论》，达两月之久。

在旅途之上，玄奘曾几度遇贼，而其应付贼人的方法，大不同于众。他总是先派一名和尚，预为先行，碰上了寇贼，就说：“后面的一大群人，是远来求法的，所持的尽为经像舍利，唯愿檀越（施主）拥护，无起异心！”因而所遇寇贼都非常地听话，而不施行劫掠。

现在，要讲他返国途中一项最感烦恼的事件，就是渡信度河失经五十夹的事情。信度河的河身，宽约五六里，经像及僧众均乘船而渡，玄奘却是乘着大象，当他们行至中流，风浪大作，小船倾侧，将五十夹经卷倾入河中，随流飘去。迦毕试王曾亲到河干迎接，安住下来，再派人至乌苌那国予以重抄。

玄奘进抵葱岭的西麓，据他自己的描述说："其山迭嶂危峰，参差多状，或平或耸，势非一仪，登涉艰辛，难为备述。自是不得乘马，策杖而行。"他还继续述说着："此岭最高，虽云结雪飞，莫至其表，是日将昏，方到山顶，而寒风凄凛，徒侣之中，无能正立者。"于是，他又述及飞鸟的情况说："其处既山高风急，鸟将度者，皆不得飞行，自岭南岭北，各行数百步外，方得舒其六翮！"

当他们再向东行，便是深入葱岭的山腹了，他的描述说是："波迷罗川（帕米尔）东西千余里，南北百余里，在两雪山间，又当葱岭之中，风雪飘飞，春夏不止。以其地寒烈，卉木稀少，稼穑不繁，境域萧条，无复人迹。"由此足见其度越葱岭的艰辛情况了。

6. 于阗之旅

玄奘越过葱岭，便抵达了于阗国境，于阗的正音为"地乳国"。是由神话式而起的：说是于阗的祖先，并不是由男女婚配而诞育，乃是于昆沙门天王庙庙神的头额上，剖出的一个男孩来，随即于庙前地上，涌出一些奇味甘香的流汁，绝似乳水，取以喂此男孩，至于成立，便被拥为此国君王。因其以地乳长成，故名其国为"地乳国"。于阗二字，即为其转音。像这样的故事，我国周代祖先，名叫为"弃"，即是被弃山野，而由虎豹哺乳长大的传说，如出一辙。

玄奘一经进抵于阗国境，其国王及皇子，均躬亲远迎于邦郊之外，有数日途程，于阗王旋即先行还都，由皇子陪侍行进，距城四十里而宿，次日王与道俗人等，随着香花宝盖，迎于道左，而安驻于城中小乘萨婆多寺。

此时的于阗，正谋振兴大乘佛教，所以有意挽留玄奘，宏扬大乘佛法，而玄奘亦以渡信度河时，流失经卷五十夹，也就准备在于阗王的挽留下，而补抄所遗失的经典。但却暗中写了一道奏表，奏报唐太宗皇帝西行求法的经过，现已返抵于阗。不便说及于阗王的挽留，只说是“大象溺死，经本众多，未得鞍乘，以是少停……”。而且，此项奏表，又不能彰明昭著的由于阗王派人递送。于是玄奘在奏表的末段说：“遣高昌国俗人马玄智，随商侣奉表先闻。”唐太宗接到此项奏表以后，立即下诏说：

闻师访道殊域，今得归还，欢喜无量，可即速来，与朕相见。其国僧解梵语及经义者，亦任偕来。朕已敕于阗等国，遣使送师，人力鞍乘，应不少乏。令敦煌官司于流沙迎接，鄯善于沮沫迎接……

于是，玄奘便在毫无留难的情况下，而东向行进了。

7. 归至长安

于阗王奉到唐太宗的敕书，自然不敢强留，自然要派遣夫马鞍乘，负经东行。同时，鄯善王和莎车王，也都奉到了敕书，参加护送的行列。在鄯善王任前导，莎车王作后卫的强大行列下，人腾马嘶的向东奔驰着。当他们一经进入玉门关后，沿途的郡县城镇，所有的官吏人民，都摆设香案，迎接佛像、佛经、佛舍利和玄奘法师。

正是贞观十九年（六四五年）正月二十四日，玄奘回到了长安，安驻在行馆里。这时的太宗皇帝，正在东都洛阳，他一经听到玄奘要回国来，早就派定了京城留守右仆射梁国公房玄龄、右武侯大将军陈实、雍州司马李叔眘（慎）、长安县令李乾佑等大员多人，办理一切迎接事宜。我们只看这迎接人员阵容的壮大，便可以想见迎接玄奘盛况的一斑了。

8. 洛阳谒帝

唐太宗得知玄奘已经抵达了长安，立即下诏于洛阳召见。玄奘便由许多大臣陪侍着，到了洛阳，朝见太宗。赐坐以后，太宗便问着说："前次出国西游，何不对我说说，那要减少许多辛苦的。"玄奘答说："我曾几度上表奏报，因为急于西行，没有得到准许，我就动身了，还请陛下恕罪！"太宗听了这话，笑了一笑，便又问着说："在西域多少时候？经过了多少个国家？"玄奘答说："在西域总共是十七年，到过五十六个国家的京城。"太宗听了，就慰问着说："那么，真是太辛苦了！求来若干部佛经？以及若干其他的法器呢？"玄奘答说："佛经总共是五百二十夹，六百五十七部，另外还有如来肉身舍利一百五十颗，金银刻檀佛像七尊。"太宗更进一步的慰劳着说："你对国家文教上的贡献，真是太大了，真可以说是劳苦功高！"于是玄奘便谦逊着说："我不敢说是有贡献，只是陛下对国家的贡献才真伟大呢！把一个乱糟糟的中原地区，平定了下来，这种功勋，才真是了不得！"

七、译著情形

玄奘于唐太宗贞观十九年（六四五年）正月二十四日，由京城留候人员迎接其所赍之经像。安住长安朱雀桥的行馆里。

原来，唐太宗此时正在洛阳，所以早就派了京城留守右仆射梁国公房玄龄、右武侯大将军侯莫、陈实、雍州司马李叔眘（慎）、长安县令李乾佑，办理一切迎接事宜。

1. 帝为决策

唐太宗正驻跸洛阳，得知玄奘到了长安，立即在洛阳召见。于是由许多大臣的陪伴，玄奘也就到了洛阳。太宗便于仪銮殿接见他，极其礼貌的慰劳着，然后问着他说：

“你西去印度，当时何不向我说说？那要减少许多辛劳的！”玄奘的回答说：“当西去之时，曾经再三的奏报过，但以诚微愿浅，未蒙许可，而慕道心切，遂私自出关，真是非常的惭愧而恐惧。”玄奘这样的表示着歉意，而唐太宗却说他能够委命求法，嘉惠苍生，深为嘉许！然后再问及他在西域多少时日？到过多少个国家？玄奘回答说是：“总共在西域十七年，到过五十六个国家的京城。”如是者他们谈得非常的投机，也谈了很多。唐太宗曾要他还俗，辅助朝廷，他固然婉辞了；就是要他随驾远征高丽，亦以“无裨行阵之效”而推却了。于是，他便乘机请求着说：

玄奘从西域所得梵本，总共是六百余部，一言未译。今知嵩岳之南，少室山之北，有少林寺一座，远离市廛，泉石清闲，是后魏孝文帝所建，也就是菩提留支翻译佛经之处。希望能至彼处，从事于佛典的翻译。

唐太宗对于玄奘的这一要求，他的意见是：“不必到山里面去。朕为纪念穆太后，曾于长安建造弘福寺一所，内有禅院，甚为虚静，法师可至该处翻译。”就是这样的决定。玄奘到了长安的弘福寺，翻译佛教经典。

就在贞观十九年的三月一日，玄奘从洛阳返回到长安，安居弘福寺，从事翻译，一切需要，均由长安留守梁国公房玄龄所护持。唐太宗给予他的指示是“务使周备”。于是，就从事于译场的组设了。

2. 译场组织

译场之内，设有证义、缀文、笔受、书记等项人员。其充任证义者，须谙解大小乘经论，为当时人士所推崇的十二人。即：

长安弘福寺沙门灵润、文备、罗汉寺慧贵、实际寺明琰、宝昌寺法祥、静法寺普贤、法海寺神昉、廓州法讲寺道琛、开封演觉寺玄忠、蒲州普救寺神泰、绵州振音寺敬明、益州多宝寺道因。

又有缀文大德凡九人，也随即从各地到了弘福寺，那便是：长安普光寺楼玄、弘福寺明璇、会昌寺辩机、终南山丰德寺道宣、简州福聚寺静迈、兰州普救寺行友、栖严寺道卓、幽州照仁寺慧立、洛州天宫寺玄则。后来的证实，辩机、道宣、慧立等人，都是写文章的高手。

此外，还有一位文字学的专家，那就是长安大总持寺的玄应。以及懂得梵文梵语的一位，那是长安大兴善寺的玄誉（揆），另外还有工于缮写的，亦物色多人，以充“书手”，于是此一译经场，便告完备，而开始其译经工作。

3. 译述举隅

第一年——贞观十九年的五月间，玄奘手持贝叶，口宣梵文，随即翻译成华文，一纸既毕，于是证义者、正字者、正梵者，均各司其事，各执其务，大家研究讨论一番，然后交给书手，写成正本。道宣的酌文润色，用力尤多。从五月二十日，开始创译《菩萨藏经》。七月十四日译《六门陀罗尼经》，七月十五日译《佛地经》。到十月初一日译《显扬圣教论》等四部。其译《六门经》、《佛地经》，因为都各只一卷，所以都是一天译完的，《菩萨藏经》及《显扬圣教论》等，因为各为二十卷，故《菩萨藏》至九月二日译毕，而《显扬圣教论》则至次年正月十五日，始克完成。所以，他能在二十年内，译成经论一千三百三十八卷。

当他每次译完一批经论以后，他必拟具一篇奏表，奏报皇帝，这次翻译的奏表是这样写的：

……蒙陛下崇重圣言，赐使翻译，比与义学诸僧等，专精夙夜，无堕寸阴，虽握管淹时，未遂终讫，已绝笔（脱稿）者，现得五部五十八卷。名曰，《大菩萨藏经》二十卷、《佛地经》一卷、《六门陀罗尼经》一卷、《显扬圣教论》二十卷、《大乘阿毘达摩杂集论》一十六卷。勒成八帙，缮写如别，谨诣阙奉进……

关于翻译经论部分，大都是这样完成的。“举一隅，则可以三隅反。”其余就不必多所赘述了。

4.《大唐西域记》

在著作方面，他也有一部巨著，那就是《大唐西域记》。玄奘撰写此记，原来是他与唐太宗皇帝初次会见时，唐太宗欲其“罢道还俗，辅助朝廷”。玄奘当然未允，唐太宗乃提出撰写《大唐西域记》的要求，玄奘便不能再推辞了，只好应允。太宗皇帝的说话是：

“佛国遐远，露迹法教，前史不能评委，师既亲睹，宜修一传。”

这也是玄奘所应该作的，自然就必须应允了。到了次年——贞观二十年，正是玄奘五十岁时，从正月到二月，译成《大乘阿毘达摩杂集论》十六卷。到了三月，他又要开始翻译《瑜伽师地论》，这是一部百卷的巨著，势非专心致志，不易完成。于是，他向辩机法师说：

“去年，皇帝就要我将西游经过，撰为一部《西域记》，我应允了。现在，我要翻译这部百卷的《瑜伽师地论》，何来时间撰写《西域记》呢？”辩机法师便说：“如果我有可以为力之处，我愿竭尽其力，以助此书之完成。”

于是，玄奘便说：“我保有一些梵文史料，又有一部分我亲所经历、亲所见闻的一些记录，不过，仍须我自己先行整理一番才行。”

辩机听到这些说话，他的主张是：先由玄奘加以整理，然后口述，而由其笔记。他们这样地决定了，便规定每天抽出一段时间，由玄奘拿着梵文数据，脑子里随即翻译着，口头上跟着也就念出华文来，辩机即随声的记录下来，他将每天所记录的底稿纸，自己整理润色一番，要是遇有推敲研究之处，随即请求改正，然后再誊录正稿，次日送呈玄奘核阅。玄奘总是嘉奖着说：“真是记得很好！就是这样吧！”

一部约计十八万字的《大唐西域记》，就是这样的而流传了下来，全书共分为一十二卷，每卷记载若干个国家，现在将他所记的国家数目，分别胪列于后：

第一卷：记载阿耆尼国、屈支国等三十四个国家。

第二卷：记载滥波国、那揭罗曷国、健驮罗国等三国。

第三卷：记载乌仗那国、迦湿弥罗国等八国。

第四卷：记载磔迦国、秣底补罗国等十五个国家。

第五卷：记载羯若鞠阇国、憍赏弥国等六国。

第六卷：记载宝罗伐悉底国、拘尸那罗国等四国。

第七卷：记载婆罗痆斯国、尼波罗国等五国。

第八卷：只记载摩羯陀国一国，因为这是中印度的大国。佛教圣地王舍城的附近三十里，也就是那烂陀寺的所在地。为玄奘留学之处。

第九卷：也只记载摩羯陀国一国，这是如来佛修菩萨行的地方，圣迹特别之多。

第十卷：记载伊烂拏钵国、乌奈国等十七个国家。

第十一卷：记载僧迦罗国、信度国等二十三国。

第十二卷：记载漕矩国、活国等二十二国。

这部《大唐西域记》，凡十二卷，总共记载了一百三十八国。所以，唐朝的秘书著作郎敬播，曾经作了一篇序文，其最后一段曾说：

"亲践者一百一十国，传闻者二十八国，或事见于前典，或名始于今代……其物产风土之差，习俗山川之异，远则稽之于国典，近则详之于故老……名为《大唐西域记》，一帙十二卷。"

从敬播的这篇序文中，便可以窥知这部《西域记》的内容，是记载西域各国山川文物、风俗制度的典籍了。敬播虽然撰写一部《晋书》，可是一般人对他颇为陌生。再有一位唐代著名的诗人张说，也有序文赞扬玄奘说："具览遐方异俗，绝壤殊风，土著之宜，人伦之序，著《大唐西域记》，勒成一十二卷。……立言不朽，其在兹焉。"这确实是一部不朽的名著，因之近代学人梁启超也曾说过："至今犹为治印度史地学者之宝典。"

5. 译经系年

玄奘于唐太宗贞观十九年（六四五年）正月入于洛阳，席不暇暖，即于三月间入住长安弘福寺，开始翻译，中间虽数度迁移，但不废译政，直至于死。

玄奘译经的期间，大概可以分作三个段落：第一段是在长安弘福寺的三年多——贞观十九年到二十二年。第二段是在长安的大慈恩寺八年多——贞观二十三年到唐高宗显庆三年，算是最长久的一段时期了。第三段是在长安的西明寺一年多，以及玉华宫的四年多——显庆五年到龙朔元年。玉华宫便是他入寂之处。现在，将他历年所译的经典，系以年岁，以便稽考：

唐太宗贞观十九年三月，入住长安弘福寺至是年底，共译成《菩萨藏经》、《佛地经》、《六门陀罗尼经》各一卷，《显扬圣教论》二十卷。

贞观二十年（六四六年），译成《阿毘达摩杂集论》。又译《瑜伽师地论》。此为百卷巨著，须次年赓续再译。

贞观二十一年，译《解深密经》、《因明入正理论》、《大乘五蕴论》。又译《老子》一书为梵文。此为我国典籍译成外国文的开始。

贞观二十二年，《瑜伽师地论》百卷译完。再译《唯识三十论》、《百法明门论》。

贞观二十三年，是年译完《般若波罗密多心经》、《甚希有经》、《天请问经》、《最无比经》、《如来胜军王经》、《缘起圣道经》、《菩萨戒本经》、《羯磨文》、《王法正论》、《大乘掌珍论》、《胜宗十句义论》各一卷、《佛地经论》七卷、《阿毘达摩身足论》十六卷。

唐高宗永徽元年（六五〇年），译成《说无垢称经》，分别缘起《初胜法门》、《大乘广百论》、《本事经》、《诸佛陀罗尼经》、《广百论本论》、《药师琉璃光如来本愿经》、《称赞净土佛摄受经》。

永徽二年，译成《大集地藏十论经》、《受持七佛名号所生功德经》、《阿毘达摩俱舍论》、《大乘成业论》、《本颂》各一卷。

永徽三年，译成《阿毘达摩显宗论》、《佛涅槃记法注经》、《大乘阿毗达摩集论》。

永徽四年，创译《阿毗达摩顺正理论》八十卷。

永徽五年，译《顺正理论》、《难提密多罗所说法经住记》、《显无边佛土功德经》、《称赞大乘功德经》、《陀罗尼三种经》。

永徽六年，译《瑜伽师地论译义》一卷。

唐高宗显庆二年至四年（六五七—六五九年），译成《阿毗达摩大毗婆沙》两百卷、《成唯识论》、《阿毗达摩蕴足论》。

显庆五年，创译《大般若经》，此经共六百卷。

唐高宗龙朔元年（六六一年），续译《大般若经》、《唯识二十论》、《缘起经》、《辨中边论》、《集异门足论》。

龙朔二年，除续译《大般若经》及《集异门足论》外，还译成《异部宗轮论》。

龙朔三年，六百卷之《大般若经》译讫，二十卷的《阿毗达摩集异门足论》亦脱稿，另译《阿毗达摩身界异足论》、《五事毗婆沙论》等。

龙朔三年这一年，是玄奘译经的最后一年，到次年的麟德元年二月初五日他便入寂了。他以二十年的时间，译成经论七十四部，共一千三百三十八卷，此数虽然巨大，但是如果他不陪侍皇帝——唐太宗、高宗游幸各处，以及译场的迁移，和寺务的管理，徒众的开示，来宾的接待的话，他的成就一定比这个数目要大得多，所以，关于这一些干扰，我们便有略述的必要了。但也只能举例略言而已。

6. 一些干扰

首先说他陪侍君王游幸的一节。在唐太宗贞观二十二年五月间，太宗皇帝以“长安居民密集，闾阎栉比，市廛喧嚣，溽暑蒸人，乃驾幸玉华宫”。同时，在这年的六月间，又复召请玄奘赴宫会晤，据《慈恩传》记载其事说：

敕迎法师赴宫，比发在途，屡有使至，令缓进无得劳损。既至，见于玉华殿，甚欢，帝曰："朕在京苦暑，就此山宫，泉石既凉，气力稍好，能省览机务；然忆及法师，故遣相屈，涉途当大劳也。"

从这一段记述看来：唐太宗每一忆及，便邀此方外高人，一与谈论，否则便大有尘垢顿生之感。后来太宗崩逝以后，高宗皇帝也同有此举，例如显庆二年二月，帝幸洛阳积翠宫，玄奘即曾陪侍过。

说到译场迁移一节，本节开始曾将译经时期，分作五段，也就是五次译场的大搬动，小搬动还有一两次，都是对于译政大有干扰的。

玄奘还曾担任慈恩寺的住持职务过，据传记所记的情形说："既知上座之任，僧事复来咨禀，复有内使（宫使）遣答功德，……亦令取法师进止。"传记还继续有说："寺内弟子百余人，咸请教诫，盈廊溢庑，皆酬答处分，无遗漏者。"于是，传记又复记其任事的精神说："虽众务辐辏（聚积），而神气绰然，无所壅滞……高谈剧论，竟无疲怠，其精敏强力，过人若斯！"尽管是这样的，但其对于译经的干扰，是毫无疑义的，否则的话，玄奘译经的成就，当然尚不止此。

八、圆寂前后

本书行文至此，应该接近尾声，因为篇幅字数，均有限制，不可过多，仅述玄奘逝世前后的各种情况，以贯彻始终。

1. 葬亲了愿

显庆二年（六五七年），唐高宗到了洛阳，又令玄奘陪从，并带领翻经僧众五人，弟子给侍各一人，住于洛阳的积翠宫，继续其翻译工作。因洛阳系玄奘的故乡，乃回乡省视亲人和乡中父老，畅谈了好几天。家中人就只有适于瀛州张氏的老姊一人在世。于是姊弟二人寻到了他们父母的坟墓，祭奠哭拜一番。玄奘觉得“坟垄颓毁，殆将湮灭”。所以，他接着就想到：“追惟平昔，情不自宁……去彼狭陋，改葬西原，用答昊天，微申罔极。”他便以此意，奏报于朝廷，立即得到唐高宗的准许，而改葬其父母。

而且，高宗不仅给他假期，以办理改葬事宜，其“营葬所需，并宜公给”。这就是说：玄奘改葬父母的费用，都是由国库支给的，这就等于国葬了。在那讲门第宗阀的时代里，以光宗耀祖，显扬尊亲为尚，那么，玄奘能使由国家改葬其父母，他的所行所为，就这一方面说，总算获致最高的成果。所以，当其改葬的这 天，洛阳道俗参加送葬的人们，竟达一万余人之多。

本来，当玄奘返国之初，因太宗皇帝正在东都洛阳，便于洛阳召见，玄奘此时，就欲返乡省墓，以事属私谊而中止。翻译佛经，以及撰写《大唐西域记》，因系帝命，属于公事，玄奘不欲以私害公，故其省墓之行，一延再延，便延了十有余年，这种公而忘私的精神，也是值得颂赞的。所以，他这一次的改葬父母，算是了却他的一件大心愿。

2. 生前冗忙

玄奘的一生，总是在冗忙中度过的，少年时如此，中年时亦如此，而老年时更为加剧。中少年的冗忙情形，前已具言。现在，且将他入住慈恩寺以后，译述之暇，尚须主持寺务，课徒示众，真是忙个不停，据《慈恩传》卷七所记述的说：

> 法师还于慈恩寺，自此以后，专务翻译，无弃寸阴，每日自立课程。若尽日有事未毕，必兼夜以续成之……

这就是说：不仅白日工作了一整天，其没有做完的功课，尚须继之以夜而完成之。然则他是否仍有休息呢？有的是，且看慧立法师接着的记述说：

> 遇乙之后，方乃停笔摄经。已复礼佛行道，至三更暂眠，五更复起，读诵梵本，朱点次第，拟明旦所翻……

他这样夜以继日地工作着，逢到干支纪日“乙”的一天，他便会休息一天，也就是说十日才休息一日，译述是十天停止一天，但礼佛行道却并不停止的。所以《慈恩传》又说：

每日斋讫，黄昏二时，讲新经论，及诸州听学僧等，恒来决疑请义……

作了翻译，讲了经论，教了徒众，还要为那些外州外县的求道者，解释疑义，真是内外忙碌，片刻也不遑宁处了！还有：

“既知上座之任，僧事复来谘禀”，这倒是应该的。只有皇宫大内，如果要做一些佛事，似乎也是他的分内之事，便使人觉得有些奇怪了。《慈恩传》所记载的说：

复有内使遣营功德，前后造一切经十部，夹纻宝装，像二百余尊，亦令取法师进止。

如是一日一夜的过去了。而“寺内弟子百余人，咸请教诫，盈廓溢庑，皆须酬答处分，无遗漏者。”

像他这样的忙碌下去，他的身体支持得了吗？于是慧立法师的描述说：

虽众务辐辏（繁多），而神气绰然，无所壅滞，犹与诸大德说西方圣贤立义，诸部异端。及少年在印周游讲肆之事，高谈剧论，竟无疲怠，其精敏强力，过人若斯！

一般普通的僧伽和众人们，应付尚属容易，只是京城之内，“王公卿相，亦常来礼忏，逢迎请导，并教发心，莫不舍其骄华，肃敬称叹”。这就真的难能可贵了。

3. 罢译

玄奘是于显庆四年（六五九年）的冬季，由西明寺迁居到房州玉华宫的肃诚院，次年正月初一日起，便开始翻译《大般若经》，他告诉助译的人员说：

“我已经是六十多岁了。将要死在这所玉华宫里，《大般若经》的卷数太多了（六百卷）。要请各位努力，才可以翻译得完。”就从显庆五年到龙朔三年（六六三年）的十月二十三日，这部六百卷的《大般若经》，终究完全脱稿了。因此，慧立法师的《慈恩传》又说：

> 至龙朔三年冬十月二十三日，方乃绝笔，合成六百卷，称《大般若经》焉。

同时，还把二十卷的《阿毘达摩集异门足论》、《阿毘达摩身异足论》，以及《五事毘婆沙论》，也都全部翻译好了。这一年，固然是玄奘译经的最后一年，这年所译的经论，也就成了他绝译之笔。

到唐高宗麟德元年（唐高宗第三度改元的年号，公元六六四年）正月初一日，玉华宫的僧众们，向玄奘祝贺新年之后，于是，大家都请求他再译《大宝积经》。大家的措词都极为诚恳而殷切，因而他便将《大宝积经》的梵文原本取了出来，执笔翻译，仅仅译到第四行，他便把译笔搁下，把梵本掩住，而向着大众说道：

“这一部《大宝积经》，它的卷帙，和《大般若经》是一样多的，已经不是我的精力和时间所许可译完的。”玉华宫的僧众们都说：“和尚的身体及精神，都非常的强健，当然可以译完的。”而玄奘却说：“我自己知道：大约不出两个月的时间，我便要入灭了。”他说了这话，所有侍立在旁的僧众，大家都有些凄楚的表情，于是，玄奘又复说道：

“生死是自然的，有生便有死，有死亦有生，所有的众生们都是免不了的，有什么好凄楚的呢？”大家看着他那副严肃的面容，听着那些坚决的语意，都沉默了下来。于是，玄奘便又说道："你们都随我到芝兰谷去向佛辞别，这是我这一生中最后一次的朝拜佛像。"他们便都到了芝兰谷拜佛去了。有许多位同行的僧人，还是不免于掩面啜泣。

玉华宫附近芝兰谷的佛像及佛舍利，原来都是玄奘从印度延请而来的，所以，他才说这是最后一次礼佛告别的话儿，他简直把这些佛像视作有生命的存在，于此可见玄奘实在是一位深于情的情圣。

4. 嘱咐与示寂

玄奘自从罢译之后，便自觉身心交困，气竭力衰，自知死期将至。于是，他便向门徒们说：

> 我来到玉华宫，是缘于《大般若经》，现在此经业已译完，我的私愿已了，我的生涯亦尽；假若我入灭以后，你们埋葬我的时候，务必力求简单节省，绝对不可浪费，扰民害政。我的躯体，只须以籧篨（芦草席）裹送，仍择山涧僻处安置，勿近宫寺！为什么呢？因为不净的躯壳，是应该屏置远处的。

今天，我们读到他这一段话，对于这位伟大的人物，其谦虚、俭朴、崇实的精神，思想、意念的深远，真是心仪而不已。

麟德元年（六六四年）正月初九日的晚间，他那住房的后面，有一道小沟渠，他在跨过的时候，稍一不慎，便倾倒下去，脚胫上擦破了少许的皮肤，略微流了一点血，实在是没有多大关系的。可是，却因此而卧病于床，每天都在睡梦幻觉中讨生活。及到二十三日，才命嘉尚法师，具录所译经论，合计七十四部，总一千三百三十五卷。嘉尚写完以后，并且还要他宣读一遍，他听过了，表现得极其高兴，又对门徒们说："我的入灭之期确已来到了，你们要所有有缘的人们都集合起来，让我向大家告辞而去。"于是，在玉华宫的四众弟子们都聚集在其住处，里里外外，都挤满了人，玄奘把视线扫过了一遍，然后又说道：

我所作所为的事，都已经做完了，自然就不须久住于世间了！但愿以所修福慧，回施有情，偕诸有情，同生睹史多天（兜率天）弥勒内院的眷属中，以奉事慈氏菩萨。当佛再世下生之时，仍愿随佛下生，广作佛事！

我们读完这段遗嘱之后，真是觉得他那救人救世的大愿，大有"虚空有尽，此愿无穷"的感觉。他嘱咐过了，即默然无语，以求"正念"。但在弥留之际，口中却又念念有词，那是说：

色蕴不可得，受想行识亦不可得；眼界不可得，乃至意界亦不可得；眼识界不可得，乃至意识界亦不可得；无明不可得，乃至老死亦不可得；乃至菩萨不可得，不可得亦不可得！

到了二月初四日的夜半，其门弟子们及瞻病僧明藏禅师等，大家都在幻觉之中，见有两个身高丈许的长人，手上捧着白莲花，其花光洁可爱，持至病榻之前，持花人说：

法师从无始已来，所有损恼众生的各种恶业，因今小疾并得消除，应生欣庆。

当这长人说话的时候，大家都曾注意到玄奘的表情，竟是"法师顾视，合掌良久"。之后，玄奘便以右手支着右耳下面，再以左手附在左股之上，右胁而卧，一直到入寂之时，都没有转侧过。

次日——二月初五日的夜半，其门弟子僧光问着说："和尚决定得生弥勒内院吗？"玄奘简答说："得生。"这两个字答完以后，据《慈恩传》卷十的记载说：

言讫。气息渐微，少间神游（死），侍人不觉，属纩方委，从足渐冷，最后顶暖，颜色赤白，怡悦胜常，过七日，竟无改变，亦无异气。自非定慧庄严，戒香资被，孰能致此？！

5. 寂后哀思

当玄奘示疾以后，由朝廷所派遣的检校翻经使臣许玄备，即于是年二月初三日，奏报高宗皇帝说："玄奘法师因倾跌脚胫擦破皮肤，而患病卧床。"高宗接到奏报，立即差遣大内御医张德志、程桃棒两人，携带药物，赶赴玉华宫，刚一抵达，而玄奘却已逝世，竟是"医药不及"，徒唤奈何而已。

这个时候，房州刺史窦师伦也有奏报到了京城，于是高宗皇帝算是正式得到了官文书，据说竟是"闻之，哀恸伤感，为之罢朝"，口口声声地说道："我们失去国宝了！"在朝的文武百官、后妃宫女，也莫不为之悲哽流涕而不能自已。到了次日，高宗又谓侍臣们说：

真是太可惜了！我国失去玄奘法师一人，可谓佛教的栋折梁摧了！四众都会失却导师！这正与"苦海方阔，舟楫遽沉；暗室犹昏，而灯炬斯掩"的情形，是完全一样呢。

这是叙述高宗个人对玄奘的哀思。至于朝廷正式颁发的诏命说：

“窦师伦所奏玉华寺玄奘法师已亡，葬事所须，并令官给。”那么，就是玄奘的葬事费用，完全由官厅负责供给。至于对其译经事件的善后，当时亦有处分，即在麟德元年三月初六日的诏命说：

玉华寺玄奘法师既亡，其翻经之事且停，已翻成者准依旧例，官为钞写。自余未翻者，总付慈恩寺掌守，勿令损失。其奘师弟子及同翻经者，先非玉华寺僧，宜放还本寺。

译经及译经人员都有了安顿和善后。当时的朝廷，又复顾及于玄奘的安葬事宜，在三月十五日，又下着诏书说：“玉华寺故大德玄奘法师葬日，宜听京城僧尼造幢盖送至墓所。”因为他“道茂德高”，为当时的人们所痛惜，故于其逝世之后，朝廷数数降诏，以示尊崇，求之古代，实在尚无其人。

当时的朝命，准许送葬的人们，以幢盖送至墓所，可是，玄奘在入灭之前，曾经嘱咐门人“以籧篨（芦草席）裹送”。这不是两相抵触吗？于是门人遵其遗命，以籧篨为舆梾，上揭“三衣”，来象征遗嘱，奉神柩还京，安置于慈恩寺的翻经堂内，弟子数百人哀号动地，京城道俗奔赴哭泣，日数百人。

6. 葬及迁葬

麟德元年四月十四日，玄奘的灵梾，从长安的慈恩寺，移至于浐东白鹿原上，京城内的僧尼以及士庶人等，所造送殡的仪仗，如：素盖、幡幢、帐舆、金棺、银椁、娑罗树等，共达五百余台之多。慧立法师于《慈恩传》末称其为：

布之街衢，连云接汉，悲笳凄婉，响彻穹宇，而京邑及诸州五百里内，送葬者百余万人！

这真是极一时之荣哀了！这与玄奘的遗嘱是大相违反的。所以《慈恩传》接着便说：

虽复丧事华整，而法师灵柩仍在籧篨本舆。东市绢行用缯彩三千匹，结作涅槃舆，兼以花佩庄严，极为殊妙。请安法师神柩，门徒恐亏法师素志，因而止之。

从这一段的记述中，足见其门徒们确能绍承其素志，不稍踰越，但众人之意亦不宜过于峻拒，以拂逆舆情。于是：

乃以法师三衣，又国家所施百金之衲，置于前行，而以籧篨舆次其后，观者莫不流泪哽塞；是日缁素宿于墓所者三万余人。十五日掩坎（墓穴）讫，即于墓所设无遮大会而散。

玄奘安葬已毕，到了总章二年（六六九年，唐高宗第六度改元）四月初八日，诏将玄奘肉身迁葬于樊川北原，大营塔宇，备极宏壮。且其长兄长捷法师之墓，即在邻近处。

唐高宗为什么下诏改葬玄奘？据《慈恩传》的记述说是："盖以旧所密迩京郊，宫中多可望见，时伤帝虑，故改卜焉。"并述及那天改葬之仪，门徒们的哀感、行侣们的悲恸，仍不减于当年安葬时的盛况。

7. 日月潭寺塔

一九五二年九月二十五日，世界佛教徒大会的时候，日本佛教徒代表高森隆介，向“我国”* 出席大会代表赵恒惖、李子宽、李添春等居士声明：愿将“我国”圣僧玄奘的顶骨及舍利，奉还“我国”，以睦“邦交”。

原来，这一项圣僧顶骨及舍利，就是高森隆介于一九四二年，随日军侵犯我国的时候，在我南京中华门外，掘地发现，乃迎归日本供奉，已达十一年之久。现在，又复由本人提议，奉还“我国”，消息传来，不仅“全国”的佛教徒众，闻之欢欣不已，就是“我国”的各界人士，也都雀跃无既。因此，便决定在台湾省名胜地区的日月潭上，筹建玄奘寺塔各一座，以供奉其顶骨及舍利，而资“国人”之瞻礼膜拜。

到了一九五二年的十一月二十五日，由“我国”佛教会首席代表林顶立等，偕同日本佛教会代表团长仓持秀峰等五位团员，由日本以飞机载运圣骨回国，送迎典礼极其肃穆而隆重，“全国”的各界人士，以及善男信女，趋前顶礼膜拜者，摩肩接踵，络绎于途，当不下十余万人以上。

蒋中正“总统”及夫人当年曾设宴款待日本护送圣骨的佛教代表团团员。后来又曾几度亲临日月潭玄奘寺塔建地，视察兴建工程的进度，以及确定其建筑蓝图，将原定的印度形式的图案，改为我国古代宫殿式的建筑。建造完毕之后，经筹建机关制图呈送蒋“总统”核阅，极蒙嘉许，并亲题“国之瑰宝”四字扁额，悬诸殿上，以示颂扬之意云尔。

---

* 简体版编者注：文中 1949 年后所指“民国”等处加以引号。

九、开唯识宗

1. 前言

玄奘赴印求法归来，不仅佛法教义与之俱来，即心理伦理等学的理论体系，亦与之而来。所以，他这一次的行动，其思想的深远，眼光的高明，而旅程行动的壮伟，以及其嘉惠我国文化上的成果，真是前无古人，后无来者。

尤其是在国内参学时期，因不满《十七地论》的翻译，而立志专程赴印，求取原本，归国重译。其对我国学术界裨益更大，因佛教教义被人视作宗教，而此唯识之学，却实实在在的是一种科学的学术。于是，他对民族文化的贡献，就不仅是局限于宗教，而推及于广泛的实用的学术的领域了。

当他返国之初，唐太宗曾经几度的邀请他从政，而他竟坚决辞谢，甘心蜷伏寒窗之下，埋首于故纸堆中，以过着那种冷寂澹泊的译著生涯，这种公而忘私，重文化而不重爵禄的精神，实足令人心仪不已。现在，为着表彰他在思想上、学术上的成就，特述《开唯识宗》一篇，以作本书之殿，望能阐先哲硕德于万一耳。

2. 立名

唯识宗这一宗的别名，确实是很多的，新旧的合计起来，竟不下七个之多，那就是：

“瑜伽宗”（印度旧名）、“慈恩宗”（中国新名）、“法相宗”、“中道宗”、“普为一切教乘宗”、“应理圆实宗”、“唯识宗”等。

此宗名义虽然众多，而其最通行的，却只有法相宗、唯识宗两个，为人人所悉知，也为人人所常道。现在，将此七个名称，略加解释，列之于后。

（一）法相宗：此名是依本宗主要经典《解深密经》的《法相品》而立名的，为抉择判断诸法的体性和相状。法有万法，略为百法；相具万相，略为三性；此宗即议论其理，故名为法相宗。

（二）唯识宗：此名亦为依据《解深密经》的《分别瑜伽品》，其所说的诸识所缘，唯识所现的说法而立名的，以明“万法唯识”之理。

（三）中道宗：因佛徒的小乘部派，常是偏于“有”，而大乘部派，又常是偏于“空”。此宗即说明外境非“有”，而内识非“空”之理，又无“离有离空”的偏执，而显示中道的正理，故名为中道宗。

（四）普为一切乘教宗：小乘唯为声闻、缘觉二乘，而大乘又只以“般若”为其根基。此宗即阐明声闻、缘觉、菩萨三乘的义理，普为一切佛教徒众而立的。

（五）应理圆实宗：此一名称，为依《解深密经》的《胜义谛相品》而立。所说教相和观法，都应该是胜义、圆满、真实的，故名圆实宗。

（六）瑜伽宗：这是在印度本土，曾被人称呼本宗的旧有名号，因为其所讲佛法，都是理实相应的原故。

（七）慈恩宗：这是本宗在中国的新生名义，因其理论传至唐代，由玄奘翻译《瑜伽师地论》而大昌。玄奘即成为此宗在中国开创之祖。其徒窥基，对于瑜伽理论大有述作和发扬，他们师徒两人都是住在长安的慈恩寺里，所以，就称之为慈恩宗。

本宗之名虽多，而通行者却只法相和唯识，因为“八识能变”，而“万法所变”。就“能变”的义理说：即应称唯识宗名，就“所变”的义理说，即应称法相宗名。所以，这唯识、法相的名号，就极为通行了。

3. 史略

依据佛家典籍所载：说是释迦牟尼佛在《解深密经》等六部大乘经典——《华严经》、《功德庄严经》、《阿毘达摩经》、《楞伽经》、《厚严经》——里面，都曾对法相唯识的微妙理论，详加讲明，而其徒众们却很少予以阐扬过。

及到佛入灭后的九百年间，无著、世亲兄弟降生，无著邀请弥勒，在中天竺阿踰阇国讲堂内，演说《瑜伽师地论》、《大乘庄严论》、《辨中边论》、《金刚般若论》等部大论，以弘通法相的唯识法门，无著于听受弥勒的讲授以后，他曾作有《对法论》、《显扬论》等，而大弘此宗的学理。

此外，世亲菩萨更造《五蕴论》、《百法论》，《唯识三十论》、《唯识二十论》等。于中以《唯识三十论》，实集唯识教义的大成，屹立于天地间而不朽。

到了佛灭后的一千一百年顷，难陀、护法等十大论师，相继降世，各造论释，于中又以护法之作为正，护法的门人戒贤论师——玄奘的业师，研究瑜伽、唯识、因明、声明等的奥义，而继承护法于那烂陀寺。阐扬瑜伽唯识之学，这便是此宗在印度的学统传授。

至于讲到此宗在我国的传授，首先由玄奘受学戒贤，又获致护法《成唯识论》的稿本。以及在玄鉴居士处，得受五蕴论释的学问。于是，他便深通大乘、小乘、空宗、有宗、因明、声明等学。归国以后，又复翻译此宗要籍多种，而盛弘此宗之教义。

玄奘的首席弟子窥基，从玄奘得受法相、唯识的妙义以后，他更擅于因明，广疏经论，著有《成唯识论述记》等书，此宗才卓然成立。窥基弟子慧沼再又秉承师说，造《唯识了义灯》等，慧沼的弟子智周又制《唯识演秘》，以解释《述记》，所以，当中唐之世，法相唯识之学，诚极一时之盛，晚唐而后，始渐渐衰竭，这是此宗在我国的传授学统。

4.《解深密经》

唯识宗总共采取了六经、十一论为其理论上的依据。在六经当中，却以《解深密经》为本经。于十一论中，即以《瑜伽师地论》为本论。而以玄奘、窥基师徒所糅合护法等十大论师的《成唯识论》作其综合，这是本宗的理论根本。现在，且略说《解深密经》的大概于次：

《解深密经》的全部内容。分为八品（部分）：第一为《序品》。第二为《胜义谛相品》。第三为《心意识相品》。第四为《一切法相品》。第五为《无自性相品》。第六为《瑜伽品》。第七为《波罗密多品》。第八为《如来成所作事品》。除《序品》为序分而外，其余七品，都属正宗分。兹将各部内容的要领，略述于后。

（一）《胜义谛相品》：此品说佛法是无二法门，超过一切行相与思惟，非一非异，非偏于一切一味的胜义谛相。

（二）《心意识相品》：此品说心、意、识的名相，以明了唯识转变之理。

（三）《一切法相品》：此品说明偏计执、依他起、圆成实的三性，以明法相之理。

（四）《无自性相品》：此品说相生胜义，三种无自性之性，以明三性，三无性的相依微妙义理，显明空有和圆融的大义。

（五）《分别瑜伽品》：此品只是说明唯识观行之理。

（六）《说波罗密多品》：此品说及菩萨所应学之事，即所谓六波罗密（六度、般若、禅定、精进、布施、持戒、忍辱）等。以明其所对治的愚痴、粗重之性。

（七）《如来所成事品》：此品叙说三身功德，并分别三藏的差异。

本经流传我国，曾经四度翻译，除玄奘所译为全经外，其余仅译其一二品而已。圆测所注疏的，即为玄奘译本。

5.《瑜伽师地论》

讲到《瑜伽师地论》，首先便应略释瑜伽二字。瑜伽为梵语，乃相应之义。所谓相应，即互相契合的说法。在《唯识述记》上，说是相应有五种意义：一为与境相应。二为与行相应。三为与理相应。四为与果相应。五为与机相应。可是，普通为大家所常说的，却是指“观行应理”而言。

瑜伽，原为印度的一种学说，在公元前二世纪时，东印度波罗门钵颠阇黎所创说，其修行欲与大梵天之神明相应，故名瑜伽。修行的方法有：制欲、勤行、正坐、止息、拘束、内省、静虑、三昧等凡八种。静虑与三昧两种，虽与佛教相同，而其修行方法，根本就与佛教大异其趣。所以，佛教徒也曾有人斥之为外道。

至于所谓《瑜伽师地论》，乃佛教教义中有名的论文之一，为弥勒菩萨所说。而由无著菩萨所笔受，传出流布，为瑜伽派的基本论文。所谓师，谓教人以道者称师。所谓地，即瑜伽师所依所行的一种境地。论文的本地分，凡一十七地，就是瑜伽师所依所行的十七种境地。都是针对着瑜伽行者对于“境”、“行”、“果”的实践理论，以及阿赖耶识、三性三无性、唯识说等种种问题的详细论据。

本论的内容：共分为本地分、摄抉择分、摄释分、摄异门分、摄事分等。兹分别简释于次：

本地分：(1) 为五识身相应地，(2) 意地，(3) 有寻有伺地，(4) 无寻唯伺地，(5) 无寻无伺地，(6) 三摩呬多地，(7) 非三摩呬多地，(8) 有心地，(9) 无心地，(10) 闻所成地，(11) 思所成地，(12) 修所成地，⒀声闻地，⒁独觉地，⒂菩萨地，⒃有余依地，⒄无余依地。

（二）摄抉择分：乃阐明本地分中的要义。

（三）摄释分：是针对诸经的仪则而解释的说法。

（四）摄异门分：是诸经中诸法名义的解释。

（五）摄事分：乃三藏中要义的释明。

《瑜伽师地论》的思想，在印度与《大智度论》，同被称为大乘佛教思想的双璧。如《显扬圣教论》、《佛性论》、《成唯识论》等，都曾经受到瑜伽思想的影响。

本论传入我国者，最初只是“菩萨地”一部分，即由昙无忏所译的《菩萨地持经》。北齐法上大师（四九五—五八〇年），于武平七年（五七六年），答高丽国丞相王高德所说的那一部分。到了陈朝真谛三藏时（五五〇年），却以《十七地论》、《决定藏论》的名义，予以译出，但也并不完全。

玄奘在国内参学，就是学的这些版本，当然不会教他满意的，于是才发誓西行求法，后来他所译的《瑜伽师地论》，整整的是一百卷，那才算是全璧。

6.《十支论》

唯识宗以论为依据的，约有十一论之多，而以《瑜伽师地论》为其主论。此外便有所谓《十支论》，兹分别简释于次：

（一）《显扬圣教论》：无著造，玄奘译，以明教为主。为《瑜伽论》之枢要。

（二）《大乘庄严论》：本颂由弥勒所说，而释论为世亲所造，以庄严大乘之义理为主。

（三）《集量论》：陈那论师所造，有真谛及义净两译。

（四）《摄大乘论》：无著菩萨造，玄奘译，以简小入地为主旨。

（五）《十地经论》：世亲造，菩提流志译。

（六）分别瑜伽论：弥勒菩萨所说，未予翻译。此论应以“止观”为宗。

（七）《辨中边论》：弥勒说，世亲造释论，玄奘译。以中道为宗旨。

（八）《二十唯识论》：世亲造，玄奘译。以唯识无境为主旨。

（九）《观所缘缘论》：陈那造，玄奘译。

（十）《阿毘达摩杂集论》：无著造，师子觉造释论，玄奘所译。

上列的十一论，均为唯识学上最重要的论据，论广而义繁，非作深入的研究不可，此仅简说而略述其义。

7. 唯识辨

唯识学的确然建立，莫善于世亲菩萨所造的《唯识三十颂》，因他能条理井然，以境、行、果三者，而组成唯识学的理论体系。不过，世亲当时的说法，是专对小乘、外道而稍明识义的人所说，未加别解，故颇难读诵。兹特作《唯识辨》一节，稍加说明，实甚需要。

“识”，原是一种分别作用，但却无形无相，通常称之为“心”，但不是生理学上所称的肉团心脏。而是心理学上所称的心思。而那颗肉团心脏，却是有形有相生理上的一种机构。就是科学家说心就是脑，还是不对的，因为脑也是生理上一种有形有相的机构，与肉团心脏是完全一样的。

“心”，既然是无形无相的一种分别作用，无法解说，迫不得已，要从无形无相中，说出它的形相来，就只有舍心不谈，而去谈“识”，因为识也有分别之义，能够分别种种的法相，所以，唯识宗就被称为法相宗。

这样的舍心不说而说识，在佛教的教义中，谓之曰方便法门。识，虽然是一种分别作用，但却又是“非空非有”的。譬如有鸟从空中飞过去，就说是这空中留有一线鸟的行迹，固然可以。但鸟却已飞去，并不曾留有任何痕迹，就说没有，却是不可以的；因为鸟儿确曾从这空中飞去，所以这道鸟迹，不可说有，却也不可说无。

像这样非空非有的道理，不仅是唯识学上的要义，也是整个佛法上的要义，更是佛法以外其他学术的要义，为什么呢？因为现在一班讲“唯心”“唯物”的两派哲学家们，都是各有偏执，牢不可破，这实在是非常错误的。如果说一切全是唯心的，为什么世间有山河大地、花草树木、鸟兽虫鱼等的实物呢？若是专讲唯物吧，何以我们随时随地都可以看到喜、怒、哀、乐非物质的心理现象呢？所以说：唯心唯物，都非绝对，因而唯识说所讲的非心非物的说话，便较为合理了。

但是，世人总是爱走极端的，不偏执于唯物，就偏执于唯心，弄得举世纷争，遑遑不安。实则，如果能够了解到非心非物，也就是即心即物的义理，离去边见，即成中道，而此一中道，不仅佛家重视之，即儒家所说的中庸、中行、中正，以及“永执厥中”、“从容中道”等，又何尝不与佛教的“非空非有”的说法，极相吻合。所以，唯识之学，亦可以名之曰中道之学。

实在说来，唯识之学，确实是一种“非有非无”的哲学，我们要研究这样的一种学问，就不可不用一种适当的方法。前面曾经说到空中飞鸟的譬喻，现在更拿出一张白纸，以代表虚空，用笔墨在这张白纸上，画出飞鸟曲直线的行迹。由是，我们可以知道：识是无形象的，空中的鸟迹，也是无形象的。现在用笔墨画出它的行迹来，就等于拿言语、文字讲出唯识学的义理来，使人听讲、读经，而得知唯识的究竟意义，是一种如何的形象，因而成为一种学问，这就叫做方便法门，在唯识学上称为“比量”。

虽然有此方便，但所谓空中鸟迹，仍不过是白纸上画的黑线条而已，几曾有实在的鸟迹呢？若说是无吗，而纸上的黑线条，又确实是从飞鸟的掠过而描绘下来的，就不能完全说是无了。因此，归根结柢，终究是“非有非无”的。

现在，全世界的各个人都牢执一端，而反对另一端的，都是中了“偏枯”或“麻木不仁”的病患，应该要拿这“非空非有”“中庸中行”的唯识良剂去医治才好。

8. 八识浅释

所谓八识，就是眼、耳、鼻、舌、身、意等六识，再加末那及阿赖耶这七八两识。这八种识，在《百法明门论》中，合称为“心法”，也叫“心王”，能生万法。如国王统治全国百姓，庄严威仪，最为尊胜，故被称为一切最胜法。故八识“心王”，在人们的一身中，便极似古天子、宰辅、诸侯、官吏等，分别职司，执行政务，以统治这个国家。

第八识阿赖耶，含藏一切法的种子，称为藏识。所有一切法（行事），如果要发生行为，都须由此一识中而出，就好像天子居于京城之内，能发号施令，交由各部大臣去施行政事的一般。

第七识为末那识，仍依第八识而有，执着为我，不涉外缘，如同宰相之职，总揽国政，内助天子（第八识）以行令。

第六识为意识，职司鉴别，传令于外，复又引缘入内，作沟通内外的机关，就像各部大臣，承受天子、宰辅的命令，而施行于百官及人民。

前五识——眼、耳、鼻、舌、身等，此五种“识”，各依其一“根”，而了别其“尘”（色、声、香、味、触），因而发生现实行为，各自作用，就如各方诸侯，封疆大吏，各依其职守，而执行各自的政事。

对于八识之说，仅仅讲到这里，自然不够，应该尚须说明的。而且，在这里又提出了“根”“尘”的专门名词来，自然又必须略加诠释。

首先从前六识解释起：所谓识，是根因尘起，而根是作能生解，正如树根之能生枝叶花果，而我们的眼、耳、鼻、舌、身、意等六根，对着色、声、香、味、触、法等六尘，即可以生出眼识、耳识、嗅识、味识、觉识、意识等六识。这便是因根而涉尘，因尘以入根，根尘相互涉入，而生出的识见来。

因为眼根有缘色的作用，而为司视的器官。耳根有缘声的作用，而为司听的器官。鼻根有缘香的作用，而为司嗅的器官。舌根有缘味的作用，而为司尝的器官。身根有缘触的作用，而为司运行接触的器官。意根有司知觉的作用，而为司思虑的器官。这前面的五根，为四大（地、水、风、火）所组成，是属于物质方面的，只有第六根的意根，才为心之所依据，是属于心理方面的。

其实，这六根的说法，如果按照现代生理学名词来讲，在体质方面的说是：眼、耳、鼻、舌、皮肤、脑筋等；如果分别其作用来说：那就是视官（眼根）、听官（耳根）、嗅官（鼻官）、味官（舌根）、触官（身根），以及那心理学上的感官（意根）。所谓官者，应视作职司的解释，这六根便是各有职司，即眼司视，耳司闻，鼻司嗅，舌司尝，身司触，意司觉等。

又因为它们有扶助“净色根”（正根）的作用，所以又叫作“扶尘根”。因为这六根，都是虚浮不实，可以损坏的，所以，还有人叫它们为“浮尘根”。但是，这些浮尘根所依靠的，还有“净色根”，那就是正根，也有叫做“胜义根”的。这个胜义根，就是那眼、耳、鼻、舌、身、意等浮尘根的实体，它们那种“发识取境”的功能，胜过于浮尘根，所以才叫做胜义根。又因其是清净的四大（物质）所组成，便以“净色根”这个名字而称呼之。

这些净色根，是隐居于身体内部的，体细而微，犹如琉璃，非肉眼之所能见，绝似生理学上所讲的那些神经细胞。这六种净色根，就是所谓：视神经、听神经、嗅神经、味神经、触神经，以及那感觉神经等六种。

依照这种说法，眼的扶尘根是眼珠，而眼的胜义根便是视神经。如果眼睛只有胜义根，而没有扶尘根，换句话说，就是只有视神经，而没有眼珠子，那便成了瞎子。或者只有扶尘根，而无胜义根，就是虽有眼珠，而无视觉作用了。必须两者俱备，我们的眼睛才可以派上用场来。其他耳鼻舌身等诸根，也都是一样的。

六根的对象叫做六尘，也有称作“六境”的，如色境便是眼所看到的对象，声境便是耳所听到的对象，香境便是鼻所嗅到的对象，味境就是舌所尝到的对象，触境是身所接触的对象，法境是思考的对象。这个所谓六境，还有称作“六贼”的，因此六境，都以六根作媒介，而能劫持自己本身的功德法财，所以就称它作贼了。

可是，这眼等六根，如果离去因缘假合之外，都是没有自性的，那么，色等六尘，也就不能建立。所以，它们都是虚空实相中的一种虚妄现象，是没有实体的。我们如能悟妄本空，融相归性，相既无体，性自空寂。六根六尘，都应视之为非空非有了。

现在，我们要一谈七八两识的作为了。第八识阿赖耶既为藏识，过去和现在世所熏习的一切种子，概行藏在八识田中，一遇上外缘的根尘识，起了现行作用时，而经由末那识的鉴别传达，得与阿赖耶识的种子发生关系，这叫做因缘合和，这个种子，便会生出与过去世一样的形态来。正如一株西瓜，由幼苗而成长，结出了许多个西瓜，每一个西瓜，都含藏着种子，这些种子的形态，与西瓜的树苗、瓜果，都不同形状。可是，到了次年，如果遇上人们把它播种在泥土里，再又遇上日光、水分、肥料、除害虫等等的助缘，它便会发生轮回的作用来，首先是发出幼苗，次则长成藤蔓，次则开花，次则成果，最后依然生出种子，一一都与过去世一样，而毫无二致的。这就是轮回，就是转世。于此，我们就可以证得轮回因缘之说，绝非迷信了。

9. 简述百法

《百法明门论》为世亲所造，玄奘所译，是进入唯识之门的重要典籍。将一部唯识心理学，解说得极为详尽。特简述大概，以实本篇。

所谓法者，其含义与物体、事物、情理等完全一样，即一切万有的总称。可是，却有两种要义：一为“任持自性”，一为“轨生物解”。凡宇宙间所有的一切万事万物，无论其为色（物）、为心、为事、为理、为有形、为无形，都各有其特性，坚持不舍，故谓之“任持特性”。万物既有其特性，便会作成一种轨范、标准，令人生起一种求了解的智慧。所以称之为“轨生物解”。这是世间的事物，既然具有这种特性，故佛学者才称之为“法”。

像这样的万事万物，其为数之多，是无量无边的。《瑜伽师地论》的本地分约为六百六十位，而《百法明门论》则简为五位百法，兹分别简列于次：

百法：
- 一位。心法——八法。
- 二位。心所法——五十一法。
- 三位。色法——十一法。
- 四位。不相应法——二十四法。
- 五位。无为法——六法。

合计一百法

一位。心法——为心理作用的主体，所以也被称作“心王”，由缘而取境，以起分别虑知的根本作用。所谓八法，便是八识，亦即眼、耳、鼻、舌、身等五识，再加意识及末那、阿赖耶两识，合而为八。

二位。心所法——即心王所有诸法的略称，常是依心而起，又复与心相应，能助心王造业，属于心之心理作用，共分六种，凡五十一法，兹分别列于次：

心所有法，共计六种五十一位为：

一种。偏行——五法。即触、作意、受、想、思等。

二种。别境——五法。即欲、胜解、念、定、慧等。

三种。善——十一法。即信、惭、愧、无贪、无嗔、无痴、勤、轻安、不放逸、行舍、不害等。

四种。根本烦恼——六法。即贪、嗔、痴、慢、疑、恶见等。

五种。随烦恼——二十法。即忿、恨、覆、恼、嫉、悭、诳、谄、害、憍（以上小随）。无惭、无愧（以上中随）。悼举、惛沉、不信、懈怠、放逸、失念、敬乱、不正知（以上大随）。

六种。不定——四法。即悔、眠、寻、伺等。

三位。色法——所谓色法，就是眼、耳、鼻、舌、身等五根，加上色、声、香、味、触、法等六尘。

四位。心不相应行法——共有二十四种，都是由心、心所、色三法的假立，不能与心等相应之故。例如其第一法为“得”，假使以得钱来说，就能得的人讲，便是心法，或心所法。就所得的钱来说，便是色法。今仅只说一“得”字，不说得钱那人，也不说所得那钱，所以，此一“得”之一法，便是假立的了。

心不相应法，共为二十四种法，并以前的七十法，合为九十四种法，都是生灭变迁的有为法。于是，灭尽有为之法，便不会再生，那就叫作无为法。这无为法共有六种。即：(1) 虚空无为，(2) 择灭无为，(3) 非择灭无为，(4) 不动灭无为，(5) 想受灭无为，(6) 真如无为。

《百法明门论》一书，便是将上举百法，加以解说，务求详尽，而本篇却只能简述至此而已。

10.《成唯识论》

讲到《成唯识论》一论，在法相宗的地位，其重要性实不亚于《瑜伽师地论》。而且，《瑜伽师地论》为印度学者之作，而《成唯识论》之作，几乎是出于我国先哲的改作，所以更显得其应被重视的分量了。

原来，古印度世亲论师，提契《瑜伽师地论》的纲领，撰著《唯识三十论》，以显扬《唯识论》的“中道”正理。后来护法等十大论师，又依六经十一论，广释三十颂，而确立了世亲论师的唯识学。所谓十大论师，便是：亲胜、火辨、德慧、安慧、难陀、净月、护法、胜友、最胜子、智月等十人。于中又以护法论师所立之义理为止，戒贤学法于护法。而玄奘即受业于戒贤。此宗教义，由世亲以至护法，而及于戒贤以抵于玄奘，可谓一脉相承，统系厘然。

所以，当玄奘返国之初，即拟将世亲的唯识义理，介绍东土，乃欲荟萃印度十大论师的说法，一一的加以翻译，但以卷帙浩繁，不易整理，才采纳了窥基的意见，合糅十家释义凡四千五百余颂而调和之，作成十卷。当其初译十家说法的时候，由弟子们分任其事，即由神昉润色，嘉尚执笔，普光检文，窥基纂义，各任其职，作了一段时期。而窥基却请求玄奘，使其一人总持其事，俾责有所归。玄奘允其所请，由窥基专任其事，以抵于成，是为《成唯识论》。

此论以“相”“性”“位”三分，而成立唯识义理，安教立理，以教成教，以教成理，所以便称之曰“成”。“唯”为简别之义，无有外境。“识”谓能了，但识性识相，皆不离心，而“心所”“心王”，均以“识”为主。故归心泯相，而总言之为“唯识”。然后借此成彼，而名之为“成唯识”论。

本论如前之所述：以一切法唯有识为论据，也就是以“识有非空”、“境无非有”为其主旨。其作用在于先破外道小乘，然后再辨明唯识之真理。全论内容，总括起来，可以分作三分：即“相”“性”“位”三者。

（一）唯识相：凡相均为依他而起。凡夫外道，不知“唯识无境”的微妙义理，执着心外别有实境，而起“我”“法”双执，造妄作业，故论主以种种方便，使人彻底明了唯识相状，确为“依他起”的妄境，了无实相之可言，以破除其我法之执。

（二）唯识性：人们虽然知道此心为虚妄的一种显现，可是，却未能明了其真理，所以本论就说明唯识实性亦即圆成实性，以显出“真如常住”的至理。

（三）唯识位：意在令有情众生，断除妄念，以成佛果，可是，佛果功德，无边无际，绝非少许修行即能圆证的。故本论说明要

“修无量行，积无量善”，才能获致三身万德的“佛果地位”，故名之曰唯识位。

窥基既请玄奘糅合护法的释论，而为《成唯识论》以后，便依照玄奘之口授而作成《述记》。同时，西明寺的圆测曾以私义而讲授《成唯识论》，窥基弟子慧沼乃著《了义灯》以纠正之。朴阳智周为慧沼之弟子，复作《演秘》以解释窥基的《述记》。而窥基复觉其《述记》犹有未尽之义，再著《枢要》一书以补充之，这便是《唯识三疏》。除此而外，窥基还有《唯识料简》、《唯识别抄》等著作。也还有智周的《了义灯记》，灵泰的《钞疏》，如理的《义演》，道邑的《义蕴》，泰贤的《学记》等等，均为唯识学者所必须阅读之典籍。

11. 列传

我国佛教的唯识宗，诚然应以玄奘为开祖，而以窥基为成祖，但继述无人，便无法后延，所以关于绍承祖述者，实应分别的略加简介，因而作列传一目，兹列其世系图如次：

玄奘——窥基——慧沼——智周——日籍弟子智凤、玄昉传于东瀛
　　└—圆测——道证——归至新罗，传其法于高丽

依据上列这一世系图，首先便该略述窥基的身世以及其成就。

（一）窥基：俗家复姓尉迟，唐代长安人氏。其生父尉迟敬宗，为初唐时名将。伯父尉迟敬德，并曾被封为鄂国公。其部落祖系与后魏同起，进入中原以后，乃以部落之名为其姓氏。

窥基俗名洪道，青年之时，便卓荦不群，眉目清秀，而躯体修伟。玄奘于返国之初，以偶然的相遇，便极为赏识，因而“以欲牵

引”，使入佛门。窥基初不愿为僧，而提出三项条件以相拒，即“不断情欲、荤血、过中食也”。玄奘便一一应允。于是而从其学“五竺语”、“传唯识因明之学”，为学之期，长达二十年之久，故其成就极大，曾造疏百本，号为“百本疏主”，对于唯识法华的弘扬，厥功甚伟！

始住长安广福寺，未几，即移于大慈恩寺，故法相宗亦称慈恩宗。窥基入灭于唐高宗永淳元年（六八二年），世寿仅五十一岁，则其生年当为唐太宗贞观五年（六三一年）。其得见玄奘之时，正一十六七岁的青年而已。

（二）圆测：为唐代比丘（和尚），原为新罗国（高丽）之王族，性金氏，名文雅。约生于隋炀帝大业九年（六一三年），十五岁之时，即游学于我国。师事京师（长安）法常、僧辩等法师，通习毘昙、成识、俱舍、毘婆沙等学。唐太宗贞观年间，住于长安西明寺内，迨玄奘归国，设立译场，奉诏参与其事，与窥基、普光、嘉尚等，并肩齐辔，竞芳一时。及《成唯识论》出，圆测即于西明寺内，“鸣椎集众，宣讲斯论”，而多取印度护法论师的说法，不尽与窥基同调。后来《瑜伽师地论》译出，仍复如此。窥基均曾深深的加以赞许，而后世竟误传玄奘独为窥基讲授，圆测窃听的流言，当系附会之辞，于理不合，蒋维乔之《中国佛教史》即予存疑。

圆测后受武则天的尊敬，新罗国遣使来迎，武后即不予放行。他历次参加义净、日照等的译场，任证义之职。于周武后万岁通天元年（六九六年）入寂，世寿八十三岁，著有《成唯识论疏》、《解深密经疏》、《理门论疏》等。弟子有道证、胜壮等，均当世大德，为世人所尊奉。道证亦新罗人，后回国传授唯识之学，为唯识理论传入高丽的第一人。

（三）慧沼：本名沼，为当时的一位比丘，后来衍其名而称慧沼。唐代淄州（在今山东淄博）人，玄奘从印度归国后十年间，始以少年而从之受学。及玄奘于唐高宗麟德元年（六六四年）圆寂，慧沼转而依窥基受业，以数十年的努力学习，故能“深入堂奥”，得其真传。及窥基卒后，慧沼正三十余岁的壮龄，圆测、道证师徒两人倡作异说，而另张新帜——玄奘独为窥基讲《瑜伽师地论》及因明学，圆测均曾经盗听。此一公案，是否确实，尚无定论——慧沼乃撰《唯识了义灯》一书以破斥之。唐武后时，义净从印度返国，慧沼曾参与其译场。菩提流志从事译述时，亦曾参与为之证义。

后因住于淄州的大云寺，故世称之为淄州大师。以唐玄宗开元二年（七一四年）入寂，世寿六十四岁。当菩提流志于崇福寺翻译《大宝积经》时，慧沼、大愿、尘外以及新罗国人的胜壮等，皆为一时之选，故当时中书舍人崔湜，因行香而至译场，即曾慨然的说：“清流尽在此矣！”

（四）道证：原为新罗国（高丽）人，早岁即通晓佛教经典，而入佛门作僧侣，后来，因仰慕我国佛教诸师的宏范硕猷，始渡海来学，入于长安西明寺，师事其本国籍僧圆测，尽得其唯识之学。窥基门人与圆测争论的时候，道证即护持师说，因此，其名便大显于京师。

道证撰有《成唯识论要集》及其《纲要》、《辨中边论疏》、《因明论疏》等项著作。据说他返回其祖国以后，将唯识理论在国内大加弘扬，而成为新罗国传唯识学的第一人。但其生卒年寿均不详。

（五）智周：乃慧沼的及门弟子，《宋高僧传》竟未为之立传。而各种佛教史乘，均谓其为弘扬唯识学的继承人，且视为自窥基、慧沼、智周为法相宗的正统继承人，将其所著的《成唯识论演秘钞》，以与窥基的《唯识论述记》，及慧沼的《唯识了义灯》，合称为“唯识三书”。足见其著作为人重视之一斑。

智周为泗州（安徽泗县）朴阳人，故被称为朴阳大师，唐玄宗开元十一年（七二三年）逝世，世寿五十五岁。日本僧人智凤、玄昉等，都曾从之受学，相宗法门，遂得东渡，而且竟被日人保存下来。

（六）义忠：与智周同为慧沼弟子，俗姓尹，唐潞州襄垣（山西省）人。九岁出家，随师慧沼受学，即被称为“空门奇童”。二十岁受了具足大戒以后，通经论两本。因师徒两人得闻窥基在长安撰著《唯识述记》事，乃相将而入于长安，同就窥基之讲席，未满五年，又能通“二经五论”。其后。曾著有《成唯识纂要》、《法华经抄》,《百法论疏》等，最为切要。曾大开讲席达五十余年之久，计七十余遍之多。至七十二岁时，忽起归乡之念，乃归于昭义，不久入寂生西。

（七）其他：从晚唐以后，唯识一宗，便一蹶不振，直到明朝末年，才又兴盛起来。例如明末的真界法师、王肯堂居士、蕅益大师等，均曾撰述过《因明入正理论集解》一书，因而唯识之学为之一盛之后，复趋衰落散失，而流传于日本。及到清代末年，杨仁山（文会）居士又从日本南条博士处取回，使我国的唯识学为之复兴，这当然是我国学术史上的一大幸事。

十、年寿考证

1. 寿年异说

玄奘的寿年问题，现在为世人所熟知的，约有三种最重要的说法：即六十三岁说，六十五岁说，以及六十九岁说，其出处为下列三书：

一为唐代冥详法师所撰的《大唐故三藏玄奘法师行状》（简称《行状》），最为先出。其撰写时间，约在玄奘逝世后的六十天。称玄奘卒于唐高宗麟德元年（六六四年），世寿六十三岁。张其昀、释印顺、日人兼子秀利等均主此说。

二为唐代道宣法师所撰的《续高僧传》卷四《京大慈恩寺释玄奘传》（简称《僧传》）。道宣卒于唐高宗乾封二年（六六七年），后距玄奘之卒，仅为三年。那么，《僧传》的撰写，当为玄奘逝世后二三年内事，称其为六十五岁，蒋维乔所著之《中国佛教史》即主此说。

三为门徒慧立法师所著之《大慈恩寺三藏法师传》（简称《慈恩传》），慧立原为玄奘的及门弟子，传为五卷，而尚未流通，临终之时，以付其门人，而又失散了，经搜购始全。于唐武后垂拱四年（六八八年），经释彦琮的整理笺序，始行刊布。距玄奘之卒，已阅年四十有四。对玄奘的寿年，说是六十九岁。梁启超、罗香林等均采取此说。

除上列三书系较为原始之资料外，还有唐代刘轲所作的《唐三藏大遍觉法师塔铭并序》（简称《塔铭》），撰于唐文宗开成二年（八三七年），后距玄奘之逝世，已经是一百七十三年。又刘珣所撰之《旧唐书》卷一九一之《玄奘传》，虽系以唐人所修的国史作为蓝本，而实际是成于后晋之世（九三六—九四六年），后距玄奘卒年则达二百八十二年之久。文既后出，义亦多舛。所以，这两篇玄奘传记都是袭取慧立法师的《慈恩传》的说法，而称玄奘为六十九岁。

为什么刘轲与刘珣两人，要袭取《慈恩传》六十九岁说而舍弃《行状》六十三岁之说呢？个中原因，就是以《慈恩传》的行文含蓄，而义理却极其明确，自来就流行甚广，为人人所喜读，所以，当时便有人批评其为“文隐而义显”了。何况如现在的一般人们，也总以为“后法优于前法”的，在唐代或许也是这样的。

因为，玄奘在我国的文化学术思想上，有其崇高地位，所以，关于他的年寿问题，也就特别地为学人们所注意。而且，亦因此聚讼纷纭，莫衷一是。例如梁启超主张其为六十九岁，而罗香林即撰有《玄奘法师年代考》一文，坚持梁氏之说。当释印顺阅及此文时，亦即撰写一篇《玄奘大师年代之论定》一文，收于其《妙云集》的下编中，对于罗香林之作，颇多辩驳。不过，著者撰写此篇，却只求考证之真确，而不欲与人相争论，故对于历来关于此一问题之研讨，概不作任何门户左右之论，以期合于历史的真实性而已。

2. 生年考证

首先，我们应该决定的一个大问题，便是玄奘的出生，究属何年？然后引证各种传记的说话，而加以证实，便极为合理了。

玄奘逝世之年，为唐高宗麟德元年（六六四年），因为当时是唐高宗所敕葬，即相当于现在的所谓“国葬”，史册皇皇，自无疑问，所以，所有关于玄奘的传记，尽皆一致。只因各传所持的年岁寿数，各有不同，以致其出生之年，亦随之而异。

《行状》称玄奘于麟德元年逝世时为六十三岁，那么，其出生之年，便应为隋文帝的仁寿二年（六〇二年）。

道宣所撰之《续高僧传》，说玄奘世寿为六十五岁，则其出生之年，应为隋文帝开皇二十年（六〇〇年）。

慧立所撰之《慈恩传》，以及刘轲所撰之《塔铭》，都说玄奘的世寿为六十九岁。那么，其出生之年，便应为隋文帝的开皇十六年（五九六年）。

就上面所举的几种史料，玄奘的世寿，既有三种不同，则其出生之年，自必随之而互异，三者距离，达六年之久，年次一多，事系更显。首先，便应从其出家为僧之时，岁数究为若干的问题入手。《僧传》有说其兄“以奘少罹穷酷，携以将之”的说话，所谓“穷酷”，系指其父陈惠逝世之后的生活情况，因而也就成为他出家的重大原因。这个时候，玄奘确在幼龄。所以，道宣所撰的《续高僧传》便说：“年十一，诵《维摩》、《法华》。”接着又说：“俄而东都恒度，便预其次。”使用“俄而”及“便”等词汇，就可以想见其于十一岁诵《维摩诘经》和《法华经》之后不久，随即出家为僧，那时正是他十一岁的幼龄。而其父之逝世，玄奘当为年在十岁，正是“少罹穷酷”的时候。

现在，我们既已知道他出家之年为十一岁，但出家却不等于“受具足大戒”，因为那是必须以满二十岁为法定年龄的。于是在《行状》中便有：“法师年二十一，以武德五年，于成都受具、坐夏、学律”的说话，三书皆同，极可取信。足见玄奘于唐高祖武德五年（六二二年）为二十一岁，那么，他的出生之年，便可以确定为隋文帝仁寿二年（六〇二年），因为武德五年这年他正是二十一岁，而绝无疑义的。

3. 出家之年

玄奘的生年，既已确定，那么，他的出家，究系何岁？其兄以其“年少”、“携以将之”，又系何年？要求得这两个问题的解答，便应看他于唐高宗显庆二年（六五七年）二月，正是他五十余岁时，随着唐高宗到了洛阳，因回乡省视祖茔，在他表请改葬父母的表文之内，曾经说道：

“玄奘不天，夙钟荼蓼，兼复时逢隋乱，殡掩仓卒，日月不居，已经四十载……”由此可知：玄奘于父母死后，其兄以其年龄尚属稚小，“携将”入寺，至此时已历四十余年，则其出家之年，应为十至十一岁之时，约当于隋炀帝大业七八年间（六一一—六一二年）。所以，道宣所撰的《唐高僧传》，才有于“年十一，诵《维摩》、《法华》”的说法。而接着又说：“俄而东都恒度，便预其次。”“俄而”为不久之义，足可证其“出家”之年和“入寺”之年，相隔甚暂。既称其十一岁出家，当然的是因十岁丧父，而入居寺中，随即出家为僧。

何况，尚有很多的说话，可以作为佐证。例如：在唐高宗永徽三年（六五二年），慈恩寺塔奠基之时，在玄奘的发愿词内，便有“少得出家”的说话。又《大唐内典录》也有“小得出家”。在《行状》中，郑善果曾指着而告旁人说：“此子年龄虽幼，风骨甚奇”的说话。而在《古今译经图记》中，也有说“以鸠车之龄落彩，竹马之齿通玄”。就此几种记载以证之，推论其为十一岁出家的依据，是极为正确的。

4. 具戒岁数

玄奘入寺及出家的年龄，又已确定，现在便应该进而求其“受具足大戒”之时，究在何岁？《行状》说：“法师年二十一，以武德五年（六二二年），于成都受具，坐夏学律。”《慈恩传》亦同此说。唯仅说作“年满二十”——即二十一岁。《续高僧传》也说是“武德五年，二十有一”。依照佛制：童年即可出家，但要受具足大戒时，则必须届满二十岁之法定年龄。“受具”之后，即须“结夏安居”，学习戒律。此后岁月，即称为“僧腊”、“戒腊”和“法腊”了。唐高祖武德五年（六二二年）既为玄奘二十一岁之年，那么，他就确实是生于隋文帝的仁寿二年（六〇二年）。

凡事总宜不厌求详，玄奘的年寿问题，有段时期，争论得非常厉害，各持论据，辩论不已。来一次彻底的总解决，倒是非常需要的。

5. 何年西行

玄奘究竟是何年西行的？这倒是个极难解答的问题。因为他于贞观三年，西游天竺，求取佛经，这几乎是历代以来所公认的史实，一直到梁启超的考证是：玄奘所会见的西突厥王叶护可汗，正是在贞观二年逝世的。如果玄奘于贞观三年西行，贞观四年，始能抵达西突厥叶护可汗的住所，那么，叶护可汗早已死了两年，玄奘又何能得见？足证玄奘的西行，应在叶护可汗逝世的前一年，是无可置疑的不争之论。

可是，玄奘于贞观三年西行，几次都是他自己所说的。例如当他于贞观十八年，从印度返至于阗，上唐太宗皇帝的表文中，便有“贞观三年，冒越宪章，私往天竺”。又如他在贞观二十年的时候，奏请太宗制颁《圣教序》的表文里，也曾说过“奘以贞观三年，私往天竺”。再如门人辩机替他笔记《西域记》一书中，也有“贞观三年，蹇裳遵路，杖锡西征”。还有就是道宣所撰的《大唐内典录》所说“贞观三年，出观释化”等等的说话。这些都是玄奘在世时，以及和他并世的人们所说的话，照理说应该不会有错误，而是极其可信的。然而，事实上却又大大的不然，而竟成为大错而特错的说话，这就如孟子所说“尽信书，则不如无书”了。

现在，要想辨其错误，便须作彻底的考证：梁启超说叶护可汗是死于贞观二年，玄奘如以贞观三年西行，当然不能获见，更不能得其助力。何况，此说取与新旧《唐书》之所载，也极相吻合。《旧唐书·太宗本纪》：“贞观三年冬十一月丙午，遣使朝贡。”而《新唐书》的列传《薛延陀传》说：“贞观二年叶护可汗死，其国乱。”又《突厥传》说：“乙思钵罗，肆（杀戮）叶护可汗，与俟毘可汗，分王其国，拏斗不解，各遣使朝献。”这一类的记述，更是一些强而有力的佐证。因此，玄奘如以贞观三年成行，则正陷于突厥的内乱中，在那么详赡的《西域记》中，绝不会无一字提及的。

又在道宣的《续高僧传·玄奘传》说：“贞观三年，时遭霜俭，下勅道俗，逐丰四出，幸因斯际，径往姑藏（甘肃武威）。”这是说：在贞观三年，陇东一带地区因天降严霜，而致农作物歉收，乃下诏许民“逐丰四出”，亦即所谓“就地逃荒”之意。但考之史乘，贞观三年，这一带地区，并无霜灾的记载。可是，在“贞观元年八月……关东及河内，陇右沿边诸郡，霜害秋稼”——语见《唐书·太宗本纪》。贞观元年有霜灾，而贞观三年却没有。由此可知：玄奘三年西行，确为元年之误写。因元年西行，固可得见叶护可汗，而三年则不能得见。由于贞观元年有霜灾，才准许沿边区各郡人民，“逐丰四出”。玄奘乃得混入饥民群里，向西而去，这也是极合情理的一大证明。

至于玄奘西行的实际年岁，究为若干？各种传记，其说不一，《行状》及《僧传》，都说是二十八岁。《慈恩传》则为二十六岁。但是，都与这几种传记本身所持的六十九岁说，大相矛盾。现在，既然证实玄奘西行之年为贞观元年，依六十九岁说，则为三十二岁。依六十五岁说，则为二十八岁，都与事实大有出入。只有依六十三岁说，则为二十六岁，这就与《慈恩传》所持的说法，极为相合。

在前面，业经证知玄奘于武德五年，为其二十一岁受具戒的年岁，这是《僧传》、《慈恩传》、《行状》三书所一致采用的说法，而西行之年，《僧传》与《行状》又复相合，那么，玄奘西行应为二十六岁。从这里来看：一定是《慈恩传》将原文之“六”字，抄作“九”字，在行书“六”与“九”的写法上，极为混淆，这种错误是很可能发生的。

至于玄奘西行的月份，究为何月？也是有问题的。他回到于阗，上表唐太宗说是“三年四月”。而后来由其口述，经其徒辩机笔记而成的《大唐西域记》则说“三年仲秋朔日”。《慈恩传》慧立所撰的序文又为“三年秋八月”。三年为贞观元年之误，仲秋即八月，这两项是不须再辨了。只是四月和八月，究竟谁是谁非？便又非得研究辨正不可。根据前面所举的“霜害”之说，则应以八月为宜。北地八月降霜，是极为寻常之事，而四月已入初夏时分，绝不会再有降霜成灾的现象。其致误之由，可能是将“八”字误认作草书字体的“の”字，而写成了四月。

玄奘逝世之年，为唐高宗麟德元年（六六四年）二月初五日午夜，各项史乘所载皆同，因其已成为当时的国际闻人，其奉安典礼，亦系由朝廷简派大臣所主持，当然会是信而有征，不须再作考证的。

6. 实际寿数

现在，我们已将玄奘的生年、出家、受戒、西行、逝世等项，作了一回较为详确的考究。于是，便可以肯定地说：玄奘的世寿是六十三岁，兹再将其理由简述于次：

（一）《行状》最为先出，堪称原始资料，真实性较强，故其所持六十三岁说，也较可征信。

（二）唐高祖武德五年，为玄奘二十一岁，正是受具足大戒的法定年龄，不仅《行状》之说如此，亦为《僧传》及《慈恩传》的共说。

（三）玄奘西行之年，应为贞观元年。《慈恩传》作二十六岁，与其所持的六十九岁之说不合，而反与《行状》所持的六十三岁相合。

（四）玄奘于贞观二年，《答谢高昌王表》文内有“负笈从师，年将二纪”的说话，与《行状》相合，时出家已一十七年。

（五）唐高宗显庆二年，玄奘表奏改葬其父母。谓父母之丧“已经四十余载”，亦与《行状》之说相合，时去其父母逝世之岁，约为四十七年。

依据上列之所述，故著者主张玄奘的年寿，应依《行状》的说法，而确定为六十三岁。并将据此撰成其《简列年谱》，以确正此一佛教史上的大公案。

十一、简列年谱

依据前章玄奘年寿之考证，拟订其年寿简谱如次：

玄奘年寿简谱

岁数	朝代年次	公元	经历略	备注
一岁	隋文帝仁寿二年	六〇二	出生于陈留郡缑氏县少室山少林寺附近陈姓家，兄弟四人之季。名祎。父名惠，次兄陈素，即长捷法师。	河南省偃师县。
二岁	仁寿三年	六〇三		
三岁	仁寿四年	六〇四	母乐氏梦其乘白莲西去。	隋文帝被弑。

四岁	隋炀帝大业元年	六〇五		
五岁	大业二年	六〇六		
六岁	大业三年	六〇七	五六岁顷，就传读儒家书籍。	
七岁	大业四年	六〇八		
八岁	大业五年	六〇九	父陈惠授以《孝经》。	
九岁	大业六年	六一〇		
十岁	大业七年	六一一	因父逝世，兄陈素挈其居洛阳净土寺。	兄已出家为僧，名长捷法师。
十一岁	大业八年	六一二	听兄讲《维摩诘经》及《法华经》。	
十二岁	大业九年	六一三	仍住在洛阳净土寺，研习佛典及老庄诸学。	
十三岁	大业十年	六一四	出家为僧，起法名为玄奘。	隋炀帝诏准度廿七人为僧。
十四岁	大业十一年	六一五	听讲《涅槃经》及《摄大乘论》。景严二法师讲授。	
十五岁	大业十二年	六一六	同前	
十六岁	隋恭帝义宁元年	六一七	偕兄离去洛阳，寻师访道。洛阳地区饥荒。	
十七岁	唐高祖武德元年	六一八	偕兄进抵长安，住庄严寺。听道荃法师讲授。	
十八岁	武德二年	六一九	由庄严寺起程入川，经子午谷入汉中，逢空景二法师，从学月余。抵成都，住空慧寺。	

十九岁	武德三年	六二〇	仍住成都空慧寺。听宝暹法师讲《摄论》。	
二十岁	武德四年	六二一	仍住空慧寺，听道基法师讲《俱舍论》。	
二十一岁	武德五年	六二二	仍住空慧寺，受具足大戒。	
二十二岁	武德六年	六二三	独自沿长江经三峡入鄂、湘、皖、苏、冀、豫等省参学。听慧休法师讲《杂心摄论》。	
二十三岁	武德七年	六二四	复回至长安。听道岳法师讲《俱舍论》。听元会法师为之剖析《涅槃经》。	
二十四岁	武德八年	六二五	不满《十七地论》(即《瑜伽师地论》)之翻译而发愿西行求法。	
二十五岁	武德九年	六二六	以西行事奏请朝廷，未得许可。同志散去，独留长安，学习梵语，并静待机缘。	
二十六岁	唐太宗贞观元年	六二七	是年八月随关陇一带因霜灾少食之饥民，出关西行，经秦州而至瓜州(敦煌)。	唐太宗接帝位改元。
二十七岁	贞观二年	六二八	三月间得会叶护可汗。表谢高昌王曲文泰。在迦毕试国沙落迦寺结夏。	是年秋，叶护可汗被弑。
二十八岁	贞观三年	六二九	抵北印度入迦湿弥罗国就僧称学因明。留住将两年。	

二十九岁	贞观四年	六三〇	抵中印度。就阇耶曲多学毘婆沙。	
三十岁	贞观五年	六三一	是年底入那烂陀寺，为其就学之目的地。	
三十一岁	贞观六年	六三二	由王舍城返那烂陀寺向戒贤法师学《瑜伽师地论》。	
三十二岁	贞观七年	六三三	仍住那烂陀寺学习。	
三十三岁	贞观八年	六三四	同上	
三十四岁	贞观九年	六三五	同上	
三十五岁	贞观十年	六三六	同上	
三十六岁	贞观十一年	六三七	离那烂陀寺南巡，瞻礼圣迹。就如来密等学毘婆沙一年。	
三十七岁	贞观十二年	六三八	仍游中印度，抵瞻波国。	
三十八岁	贞观十三年	六三九	至南印度阿吒厘国。	
三十九岁	贞观十四年	六四〇	至北印度钵伐多罗国，就其著名论师学正量部根本毘昙。	
四十岁	贞观十五年	六四一	同上。	
四十一岁	贞观十六年	六四二	从胜军论师唯识抉择论。是年冬结束留印之学习，即赴曲女城大会，称扬大乘。	
四十二岁	贞观十七年	六四三	夏初由钵罗耶迦起程东归。在葱岭度岁。	

四十三岁	贞观十八年	六四四	还至活国，见叶护可汗孙睹货罗。春夏间抵于阗补抄丧失经典，并奏请宽其私自西行之罪。	唐太宗敕令西域官司及属国迎送。
四十四岁	贞观十九年	六四五	正月二十四日入于洛阳，见帝。 三月间安置于长安弘福寺，开始译经。	
四十五岁	贞观二十年	六四六	首译《瑜伽师地论》。上《新译经论表》。	
四十六岁	贞观二十一年	六四七	译《解深密经》、《因明入正理论》等。译《老子》为梵文（异说未译）。	
四十七岁	贞观二十二年	六四八	《瑜伽师地论》译完。译《唯识三十论》及《百法明门论》。力辞唐太宗还俗从政之劝。	
四十八岁	贞观二十三年	六四九	陪太宗幸玉华宫。 迁居长安慈恩寺。	五月唐太宗崩逝。
四十九岁	唐高帝永徽元年	六五〇	译《心经》、《佛地经》、《识身足论》、《俱舍论》等。	
五十岁	永徽二年	六五一	《俱舍论》译成。	
五十一岁	永徽三年	六五二	译《显宗论》及《集论》等。	
五十二岁	永徽四年	六五三	创译《顺正理论》八十卷。	业师戒贤大师于那烂陀寺入灭消息传至长安。
五十三岁	永徽五年	六五四	除译《顺正理论》外，尚译他经多种。	

五十四岁	永徽六年	六五五	译《瑜伽师地论释义》。	
五十五岁	唐高宗显庆元年	六五六	因风寒入骨疼痛，译经较少。为佛光王（唐中宗）弥月剃发。	唐高宗第一次改元。
五十六岁	显庆二年	六五七	住洛阳积翠居。返故乡省亲，改葬父墓。	仅一适张姓之姊在世。
五十七岁	显庆三年	六五八	下半年移居西明寺，译经事不废。	
五十八岁	显庆四年	六五九	译《大毘婆沙论》成。是年冬由西明寺迁居玉华宫肃诚院。	
五十九岁	显庆五年	六六〇	始译《大般若经》。	
六十岁	唐高宗龙朔元年	六六一	续译《大般若经》及《唯识二十论》等等。	唐高宗第二次改元。
六十一岁	龙朔二年	六六二	除续译《大般若经》外，尚译《异部宗轮论》等。	
六十二岁	龙朔三年	六六三	六百卷《大般若经》于十月间译完。	
六十三岁	唐高宗麟德元年	六六四	是年二月初五日午夜，圆寂于玉华宫。 四月十四日安葬。	唐高宗第三次改元。

此一简明年谱，系依据玄奘及门弟子释慧立所撰之《大慈恩寺三藏法师传》、释彦琮的笺注本、梁启超《关于玄奘年谱之研究》，以及释印顺著《玄奘年寿考证》诸文而拟制。本书史实之序列，亦以此为依据。唯起讫时期，仅以玄奘之生卒年度为限，其身后之封赠、纪念等项史迹，概不与焉。

参考书目

《大慈恩寺三藏法师传》，慧立法师，广文书局。
《唐高僧传》，道宣法师，《大藏经·史传部》。
《宋高僧传》，赞宁法师，《大藏经·史传部》。
《佛祖统纪》，志盘法师，《大藏经·史传部》。
《玄奘年寿之研究》，印顺法师，慧日讲堂佛经流通处。
《中国佛教史》，蒋维乔，“国史”研究室。
《汉魏两晋南北朝佛教史》，汤用彤，商务版。
《佛教各宗大意》，黄忏华，华严莲社佛经流通处。
《唯识学撷要》，唐大圆，新文丰出版公司。
《中国人物丛书·玄奘三藏》，兼子秀利，日本东京人物来往社。
《历代高僧故事》第二辑，彭楚珩，佛学语体文化社。
《佛学研究十八篇》，《玄奘传书后》，梁启超，中华书局。

慧能

罗宗涛　著

目　录

序

禅，是要去参的，不是要让人来言说议论的。历代的禅者在彻悟之后，向来都不说什么。我不但没有开悟的经验，连一次参禅的机缘都没有，却谈起禅来，这也算是不可思议吧。

当初，我答应写这篇文章的时候，对于禅，是什么也不懂，只是很想借此机会，逼自己去懂点什么。于是，在课余之暇，先读几本有关的书籍，然后，坐在窗前拼凑文字。自来水笔灌了好几次墨水，稿纸也用了一百张，但是，我依旧什么也不懂。

如果明眼真人见了，吝于给予一言半语的指示，那么，我就“徒然多一场话说”了。

一九七六年仲秋　罗宗涛序于木栅

一、禅宗史话

禅宗是佛教许多宗派中的一个宗派，但它却在我国大放异彩，而且在佛教界以外，也发生重大而深远的作用。可是，当早先的祖师筚路蓝缕开始宣化的时候，他们也受到过冷淡的待遇的。因此，禅宗早期的史实，大部分都湮没无闻；至于偶然流传下来的传说，原来就未必都可征实的，流传既久，附会也就愈多。后来，由于禅宗的日益茁壮繁衍，引起佛教史家的注意，于是，他们摭拾旧闻，笔录成文。但各家所闻不一，记录也就颇有歧异；加以后来的弟子，有些人为了某些目的，张皇过甚，也就不免互相抵牾。禅家对事迹是不重视的，只要大义不差，也就任由那些传说自生自灭。今天，如果我们从考据方面来考究禅宗史，那么，问题是相当的复杂。不过这套书并非学术性论文，所以在这里只略述梗概，而名之曰“禅宗史话”。

相传禅宗出自大迦叶。据佛经的记载，释迦牟尼曾经在王舍城的多子塔前分半座给弟子迦叶，并且告诉他说：

“我有‘正法眼藏’（又名清净法眼。正，是佛心的德名，由于佛心能彻见正法，所以叫‘正法眼’；又由于此心深广，含藏万德，所以叫‘藏’），密付给你，你得好好地护持着。”还吩咐侍者阿难帮他传化，然后释迦牟尼说了四句偈语：

法本法无法，
无法法亦法。
今付无法时，
法法何曾法。

这是佛经记载的迦叶受付嘱的情形。不过后人似乎更乐意传诵一则饶有趣味的传说，就是：

有一次，释迦牟尼在灵鹫山会上，梵王捧着金色的波罗花（Utpala，莲花的一种，又译作优钵罗花）献给他；并且舍身作床座，恳求世尊为众生说法。于是，释迦牟尼拈花示众，默不作声。大众都莫名其妙，只有金色头陀——大迦叶会心微笑。世尊知道迦叶已经领悟了这一无言而生动的教训，就当众宣布说：

吾有正法眼藏、涅槃妙心。实相非相微妙法门，不立文字，教外别传，今付嘱摩诃迦叶。

禅宗，就在一朵光艳的波罗花和一个会心微笑之间诞生了。这传说美丽有趣，象征着禅的精神，因此，人们为之神往。

后来，迦叶又以心传心，将“心印”传给了阿难陀。以后，脉脉传流，灯灯续焰，大约二十七传，到了第二十八代的祖师，叫菩提达摩。其中传承的情形，连禅家都不去留意，这里也就不缕述了。就打菩提达摩说起吧，因为他是将禅带到我国的播种者，后世尊他为中国禅宗的初祖。

菩提达摩是南天竺国香至王的第三子，却放弃了富贵，跟般若多罗出家，在师父身边服勤了将近四十年。般若多罗圆寂后，他在南天竺演化了多年，才秉师父遗训到中华行化。他在海上漂泊了三年。在广东南海上岸，这时是南朝梁武帝普通八年（公元五二七年）。广州刺史萧昂亲自接待他，并上表梁武帝。武帝派遣特使，把他迎接到金陵去。

武帝接见达摩时问他说："自我即位以来，盖了许多寺，抄了许多经，度了许多僧人，请问这有什么功德呢？"

达摩回答说："没有功德。"

武帝问："为什么没有功德呢？"

达摩说："这些不过是世俗的小果报而已，就像随形的影子，看来实在，却是虚空。"

武帝问："什么才是真功德呢？"

达摩说："真功德是清净圆融的智慧，本体空寂。这种功德不能用世俗的方法得到的。"

武帝又问："什么是佛法圣谛中的第一义理呢？"

达摩说："根本就没有'圣'这一概念。"

武帝又问："既然无圣，那么现在对我说话的人是谁？"

达摩说："不认识。"

达摩明白机缘不怎么契合，于是渡江北上，到了洛阳，然后寓止于嵩山少林寺。他经常面壁而坐，终日默然，人们就叫他做"壁观婆罗门"。

那时有个神光和尚，他博览群书，善谈玄理，但内心并未获致真正的安宁。当他听说达摩住止少林寺，就去参谒，想请他开示。但从早到晚，只见达摩面壁端坐，不发一言。博学多闻的神光知道古人为求半偈而不惜舍命的榜样很多，因此坚持不退，彻夜肃立在大雪中。拂晓，积雪已掩过膝盖，达摩这才开口："你久立雪中，可有什么要求吗？"

神光说："只愿和尚大发慈悲，敞开甘露之门，普度众生。"

达摩说："诸佛无上妙道，是经过无量时间的精勤，能行难行，能忍难忍，最后才能获致的，岂是小德小智，随便就可得到！"

神光表达了他求道的真诚。于是，达摩接纳了他，为他改名为“慧可”。这时，慧可提出他的问题说：“我的心不安宁，请求师父替我安心。”

达摩说：“把心拿来，我替你安。”

慧可说：“我想找自己的心，就是找不着。”

达摩说：“好了！我已经把你的心安好了。”

当时的佛教，多解析精微，而达摩则济以简易直截，使人当下自悟。他的禅学最主要的就是“二入四行”——二入是理入和行入，理入是借教悟宗，四行是报怨行、随缘行、无所求行、称法行。而他传的经典，则四卷《楞伽经》而已。

后来，达摩又陆续收了几个徒弟。他在嵩山住了九年，打算要回印度去，跟弟子们说：“我快走了，你们说说你们求道的心得吧。”

道副说：“如我所见，我们不该执着文字；可是也不可离开文字，因为求道时，文字还是有它的作用的。”

达摩说：“你得到我的皮。”

女尼总持说：“我的心得就如庆喜见阿闳佛国，一见便不再见。”(阿閦是无动的意思。)

达摩说：“你得到我的肉。”

道育说：“地水火风，四大皆空，所以我们的感官就不是实在的。依我的见地，世间根本没有一法可得。”

达摩说：“你得到我的骨。”

最后，轮到慧可，他向师父礼拜后，就退回原位，默默站着。

达摩说：“你得到我的髓。”

于是达摩对慧可说：“从前，如来将正法眼交付给迦叶大士，辗转嘱累到了我，我现在交付给你，你要好好护持着。”

然后他将袈裟传给慧可说：“内传法印，以契证心；外付袈裟，以定宗旨。”

达摩是将禅宗传来中国的第一人，虽然没有造成浩大的声势，但是，一灯明而千万灯明，以后禅宗的繁衍，就是以他为起始，所以禅家尊他为中土的初祖。而慧可就是二祖了。

慧可本是名学者，他却奉不谈学问的达摩为师，当时受到一般学人很严苛的批评。后来，东魏迁都邺城，他也入都宣化，却被别的和尚指为魔语，还勾结官府，要置他死命。自此，他的风格变得和光随缘。他往来游化，居无定所，过着苦行的生活。

由于他行脚无定，不参邑落，所以弟子不多，禅风也没能开展。有一次，一个俗人来向慧可忏罪，慧可教他将罪坦白出来，忏罪的人犹豫良久，总说不出自己的罪根所在。慧可就劝他皈依佛法僧三宝了。忏罪的人说：

“我今天见到你，可说已经认识了僧。但什么是佛？什么是法呢？”

慧可说：“心就是佛，心就是法，佛、法是一体的，僧和佛、法也是一体。”

忏罪的人恍然大悟说：“我现在才明白罪性不在内，不在外，也不在中间……”

于是慧可替他落发，叫他做“僧璨”（璨、或作粲、灿）。他就是我国禅宗的三祖。僧璨因为遇上后周武帝毁佛，隐匿了十几年，直到隋初才出来弘法。

隋文帝开皇年间，有个十四岁的小沙弥，名叫道信，他恳求僧璨给他解脱的法门。

僧璨反诘：“是谁绑了你来的？”

道信说：“没人绑我呀。”

僧璨说：“既然没人绑住你，为什么你要求解脱呢？”

道信大悟，但他还是继续当了九年沙弥，才受具足戒。道信就是四祖。

道信是为禅宗打开局面的重要人物。其所以能有突破性的发展，主要的原因是道信除了承受了达摩禅，也接受了南方佛学的影响——因为他在江西住了将近二十年。本来，我国文化在北方的黄河流域和南方的长江流域，往往表现了不同的精神——北方重实践而诎玄想，南方则尚玄虚而少笃行。流行于南北长期分裂时的佛学，也有这种倾向。道信则兼有南北之长。而且，他所处的时代，正当隋唐大一统之际，政治上既定于一尊，思想上也趋于调和。道信的智慧，正符合时代的需要。再者，由于他的眼光过人，选择了南北东西的交会点为根据地，在湖北黄梅的双峰山（又名破头山）经营寺院，广收门徒，大转法轮，禅宗就这样勃兴起来了。以前，慧可他们过着云水生活，来去不定，没有生根，学者也不容易摄受，也就难怪不能造成声势了。道信既然把握机会，在黄梅立寺院、设道场，一住就是三十多年，的确是好好扎下了根，因此，会下有五百多人。他的禅学记录在《入道安心要方便门》，见存《楞伽师资记》中。他除了秉承达摩传下来的《楞伽经》以外，还兼采南方佛学重要的经典《般若经》。

有一天，道信在路上遇到个小孩，见他骨相奇秀，就问他说："你姓什么？"

小孩儿回答说："我的姓并不是普通的姓。"

道信说："那是什么姓呢？"

孩子说："是佛'性'。"

道信说："难道你没有姓吗？"

孩子说："'性'本来就是空的嘛！"

道信很器重他，特地派人到孩子家里，请求他的父母让他出家。这个小孩就是后来的五祖弘忍。

弘忍既绍祖位，又在黄梅县北二十五里的凭墓山创立道场，因为凭墓山在道信的双峰山（即破头山）东边，所以世人称弘忍所传为东山法门。弘忍在道信建立的规模上继续弘法，他不择根机普遍传授，所以受学者多达七百多人，因而东山法门成为中华禅学的主流，在佛教界有了崇高的地位。而且，弘忍还明确地树立起教外别传、不立文字、顿入法界、以心传心的宗风。代表东山法门的著作是《修心要论》。

当道信宣化的时候，南方有位叫做法融（又作慧融）的和尚，他遍读大乘经典，却不拘于文义，是位禅教并重的高僧。有一次，他遇到道信，就跟他印证自己所解的空理，不久就悟解洞明。于是他在润州（江苏镇江）的牛头山形成了禅学的“牛头宗”。代表牛头宗禅学的著作是《绝观论》，其根本精神是“空为道本”、“无心合道”。牛头宗虽然因中唐以后传承中绝而湮没无闻，但其禅学却影响了慧能，融汇到曹溪禅学之中。

后来五祖门下分两派：博学的神秀主张默坐观静；单纯的慧能主张见性得道。神秀出名较早，且处北方，接近政教中心，所以北派早期势力较大；慧能起步稍晚，又僻处南方，所以当时声势略逊。但慧能灭度后，嗣法者四十三人，各为一方师，分传甚盛。尤其是他的弟子神会在天宝初入洛提倡南方宗旨，于是南顿逐渐超越了北渐。加以后来会昌法难，拆了佛寺四千六百多所，招提兰若四万多所，经典的损失，谅不在少数。由于南顿禅风着重参话头、用棒喝，经典的损失，对其影响较小，因此，比较能适应环境，这又是后来南顿大兴的另一因素。

神会一支，虽大放异彩于一时，后来却和慧能门下大部分嗣法者一样，在唐朝就寥落了。

在慧能门下，只有南岳怀让禅师和吉州青原山行思禅师二流，繁衍到后世。怀让传江西道一禅师（道一俗姓马，后人称他“马祖”，在禅师中称俗家姓氏的只有他一人），马祖道一传洪州百丈山怀海禅师。怀海门下有两位大弟子，一位是洪州黄蘗山希运禅师，一位是潭州沩山灵佑禅师。黄蘗希运传镇州临济院义玄禅师——他就是“临济宗”的开山祖。沩山灵佑传袁州仰山慧寂禅师——“沩仰宗”。至于青原行思的大弟子南岳石头希迁禅师，本来是六祖慧能度为弟子的，但还没具戒，慧能就圆寂了，勤勉的希迁忽然失去了导师，于是又到青原山跟行思禅师学道。悟道后，在唐玄宗天宝初年行思推荐他到南岳衡山的南寺去，南寺东边有块高大平坦的石头，希迁就结庵在上面，因此人家都叫他做“石头和尚”。石头希迁传澧州药山惟俨禅师、和荆州天皇寺道悟禅师。惟俨传潭州云岩昙晟禅师。昙晟传筠州洞山良价禅师，洞山良价传抚州曹山本寂禅师。崇信传朗州德山禅院宣鉴禅师。宣鉴传福州象骨山雪峰的义存禅师。义存下又分两家：一位是韶州云门山文偃禅师——“云门宗”，一位是福州玄沙山师备禅师。师备传漳州罗汉院桂琛禅师，桂琛传升州清凉院文益禅师——由于五代后周给他的谥号是大法眼禅师大智藏大导师，所以这一宗叫“法眼宗”。

现在将禅宗五家列表于下：

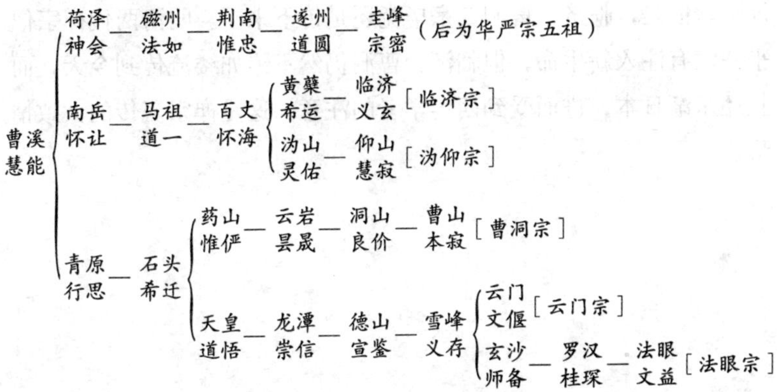

禅分五宗，但其道则一，只是各宗诱导学人，令开佛知见的接

引众生机缘而演化为各种风趣独特之门风。大抵：临济宗往往用棒用喝，机锋峻烈，其接化的手段热烈辛辣，沩仰宗是事理并行，语默不露，明暗交驰，体用双彰；曹洞宗出语含蓄，正偏相资；云门宗是简洁明快、不待踌躇，在片言只句之间藏无限的旨趣、无尽的锋芒：法眼宗往往使用最平常的语句而自藏机锋。总之，他们应机施教，都是采用很新鲜的方法，来触发学人的灵机。师家接引，有时如山崩电卷，让人紧张；有时态度风趣，出语幽默，让人轻松；有时言语含蓄，甚至完全沉默，使人怀疑；有时更有其他出人意表的动作言语，令人惊讶。他们的原则都是要学人不要落入旧概念的圈套里，不要从事推理活动，而以整个完全的人去观照自性。所以五宗是殊途同归的，这大概是应了“一花开五叶，结果自然成”的偈语了。

到了宋代除了临济一宗，其他都趋于衰微；而临济门下，又分出杨岐、黄龙二派。不过曹洞宗绵延到宋末，忽转隆盛；而临济门下黄龙一派传了几代也断绝了，于是又恢复了临济的旧称。元代禅宗颇受喇嘛威胁，禅者散处四方韬光晦迹，于是，心灯光焰，摇摇欲坠。但是，临济、曹洞二宗毕竟还是传下来了。明清两代禅宗似乎并没有注入新生命，但临济、曹洞仍然不绝如缕流传到今天，而且还东渐日本，进而受到西洋学者的注意。这是禅宗流传的大致情形。

二、慧能传略

慧能俗姓卢，本籍是河北范阳（原河北涿县，在今涿州）。可是他的父亲卢行瑫在唐高祖武德年间（六一八—六二六年）被流放到岭南新州（广东的新兴县），唐太宗贞观十二年（六三八年）慧能就生于新州，传说在他初生时就有异僧来为他取了“慧能”的名字。当时这一带种族复杂，难免被中原人目为蛮风獠俗。

他从小就失去了父亲，跟寡母过着极清苦的日子。长大以后，靠卖柴来赡养母亲，根本没有读书识字的机会。

有一次，他在市场卖柴，有个旅客要他送柴到客店去。当他送了柴得了钱，刚走出店门口，听到有个客人在诵经，当他听到“应无所住而生其心”，忽然深受感动。于是他就问那人诵的是什么经？那人告诉他是《金刚经》。他又问那人经是从哪里得来的？那人说：

“我是从（湖北）蕲州黄梅县东禅寺来的，五祖弘忍大师在那儿主化，门人有一千多人，我就在东禅寺听他讲这部经的。弘忍大师无论对僧侣俗人，都劝说：只要守着《金刚经》，把握精义，就能见性，直接明白人生的究竟而成佛。”

慧能听了，满心欢喜，就急着要去求法，但一想到母亲生活无着，又很为难。幸好有个好心的客人，慷慨拿出十两银子给他作为母亲的生活费用，鼓励他专心到黄梅参拜五祖。

慧能将母亲的生活作了妥善的安排后，辞别母亲，走了三十几天，才到黄梅，立刻去参拜五祖。

五祖弘忍问他：“你是哪里人？来这里做什么？”

慧能回答：“弟子是岭南新州的百姓。老远来到这里拜你为师，就是为了要成佛，并没有其他的目的。”

弘忍见他诚实质朴，于是考验他说：“你是岭南人，根本就是没有开化的蛮人，怎么成得了佛？”

慧能立刻回答：“人当然受到空间的限制而有南北的分别，但佛性是超然的，本来就不受环境的影响。我这蛮人的身体也许和你不同，但我们的佛性又有什么差别呢？”

弘忍也不再说什么，只叫他跟大家一起做工。慧能老远赶来，急着要得到明师的指引，于是又问：“弟子自心常生智慧，觉得只要不离自性，即是福田，请问师父教弟子从事什么好呢？”

弘忍说：“这个南蛮的根性倒也锐利，好了，不必多说。”于是派遣他到碓房工作。

慧能退到后院舂米的作坊，有个行者差他劈柴和踏碓舂米，每天要净米三石。慧能就这样辛勤地服务了八个多月。

有一天五祖到碓房，见到慧能，就对他说：

“我知道你的见解很有用，但是担心别人嫉妒，反而害了你，所以不当众跟你说破，你晓得吗？”

慧能回答说：“弟子知道师父的用意，所以不敢走到堂前，免得旁人起疑。”

有一天，五祖召集学生，向他们说：

“你们都过来，我跟你们说：有限的人生最重大的事情，莫过是死生的问题；而你们一天到晚只是追求世上有限的福报，不去设法脱离生死苦海。要知道，要是自性迷失了，有限的福报又怎能救得了你们呢？你们先下去，从内心发现智慧，以证悟自己最根本的绝对的本性，再将所证悟的写成偈子，给我看看。如果有人悟道，我就把衣钵传给他，让他做第六代祖师。你们快去写偈子，不要拖延，陷入推理活动就不中用了。能见性的人，一下子就能见性，即使在仓促间也能见性的。”

门人听了五祖的吩咐，回去后，就互相讨论说：

“我们大家用不着专心用意去做偈子了，神秀上座，现成的就是我们的教授师，必定是他得到衣钵的，我们胡乱作偈颂，也不过是枉费心力罢了。”

这话一传开，全寺的僧人都在等着神秀作偈。谦虚的神秀风闻大家的话，觉得很为难，心想：“大家都不敢作偈，为的是我是他们的教授师，他们既然不作偈，我总得要作，否则师父怎知道我心中见解的深浅？我作偈的用意，如果是为了求法，那就对了：要是为了想继承为祖师，那就是恶——因为这和世俗人争夺名位有什么分别？但是我不呈偈，就得不到法。唉！真是为难。”

神秀作成了偈子，多次想呈上给师父，但总觉得心虚、不自在。四天里，在弘忍堂前来回走了十三趟，还是不敢呈上。五祖堂前的走廊有堵墙，本来要请位画家叫卢珍的来画《楞伽经》变相和五祖血脉图的。神秀既然不敢将偈子当面呈上，心想：不如就在墙上写了，让五祖无意中见到。于是在更深人静的时候，亲自打着灯，将偈子写在墙上：

“身是菩提树，心如明镜台，时时勤拂拭，勿使惹尘埃。”神秀写了回到房里，思潮起伏，坐卧不安，一夜没睡。天亮以后，五祖见到墙上的偈子，觉得偈子比变相更有作用。他说：“凡是形相，都是虚妄的；还是留下这首偈让人诵持的好。依着这首偈去修行，可以避免堕落到罪恶中。”于是他吩咐门徒都诵读这首偈子。

不过到了三更半夜，五祖叫神秀入堂，问他说：

“这首偈是不是你作的？”

神秀回答：“是的。弟子不敢妄想继承祖位，只盼望和尚慈悲，看看弟子是不是还有一点儿智慧呢？”

五祖坦白地指出：“从你所作的这首偈子看来，你还没能见性，只是到了门口，还没有进到门里。凡人照着你的偈子去修行，可以免于堕落；你凭这种见解要求无上菩提，可就办不到了。要得到无上菩提，一定要进到门里——也就是必须见性。”

于是弘忍又吩咐神秀重新体会，再写一首，看看是否进得了门。可是神秀总是心神恍惚，没能突破，想了好几天，终久还是作不成偈子。

正当神秀苦思不得的时候，有个小和尚唱诵着神秀的偈子，打碓坊经过，慧能正好听到了，便问小和尚念的是什么偈子。小和尚说：“你这蛮子连这种大事都不晓得……”于是原原本本将事情的经过叙述了一番。

慧能说：“上人！我在这里踏碓舂米八个多月，从没有走到堂前去过，请带我到堂前看看那首偈子。”

于是小和尚领着他到偈子前礼拜。慧能又说：

“我认不得字，请读给我听听。”

这时正好有一位江州的别驾叫张日用的在场，他便高声将神秀的偈子读给慧能听。慧能听了，就对张日用说：

“我也有首偈子，想请别驾替我写在墙上。”

张日用见他不过是个不识字的小工，很讶异地说：

“你也会作偈子？真是怪事！”

慧能正色告诉别驾说：

“要学无上菩提的人，就不能轻视初学的人。被人看成最下等的人，有的却怀着极高的智慧；被人看作上上等的人，有的却毫无见识。如果凭凡俗的价值判断，随便看轻别人，那就有无量无边的罪过了。”

张别驾觉得这个还没有受戒、不识字的小工说得极有道理，非常钦佩，就说：

“好的，就请你把你的偈子念出来，我替你写上。要是你能得法，可要先度我啊。”

菩提本无树，
明镜亦非台，
本来无一物，
何处惹尘埃。

偈子写好了，围观的和尚都很惊讶，大伙儿议论着：“真不能以貌取人，怎么晓得他竟是肉身菩萨。”

五祖见大家骚动，却脱下鞋子，将偈语擦掉，说：“这首偈子也没有见到本性。”众僧觉得祖师说得对，也就散了。

第二天，五祖悄悄到了碓坊。当时慧能正在踏碓舂米，因为个子瘦小，重量不够，踏不动碓，所以在腰上绑了块大石头。五祖见了，非常感慨，自言自语说：“求道的人，一心为法，就该像这样忘了形体的辛劳痛苦吧！”接着，他问慧能：“米舂熟了吗？”

慧能回答说：“米老早舂熟了，只是还没有筛而已。”

五祖用杖敲了碓子三下就走了。慧能会意，当夜三更到了方丈，五祖也来不及为他剃度，立刻为他说《金刚经》。当弘忍说到“应无所住而生其心”时，慧能忽然大悟，知道宇宙间的一切道理都不离自性，于是对弘忍说：

“原来自性本来就是清净的！原来自性本来就是不生不灭的！原来自性本来就是一切具足的！原来自性本来就是没有动摇！原来自性本来就能生万法的！”

弘忍知道慧能已经了悟本性，便对慧能说：

“如果不能认识本心，向外追求万法是毫无益处的；要是能认识本心，见到自性，那才是真正的大丈夫，便是天人的导师，也就是佛！”

在更深人静的夜里，师徒的心灵完全契合了。于是，五祖毫不犹豫，将顿教的法门和衣钵都传给了慧能。要一个不识字，还没有受戒的年轻俗人负起弘法的重任，五祖说：

“你现在就是第六代祖了，你得好好去做，广度有情，流布将来，别让心法断绝了，请听我给你的偈子：‘有情来下种，因地果还生，无情既无种，无性亦无生’。”

这次传法是在唐高宗龙朔元年（六六一年），慧能才不过二十四岁。

传过法衣以后，弘忍恐有争端，就命慧能连夜离去。由于慧能来东禅寺后，一直都在后院碓房舂米，不认得下山的路，弘忍就亲自送他下山。到了渡口，弘忍叫慧能上船，打算亲自摇舻渡慧能过江。慧能说：

“请和尚坐着，应当让弟子来摇舻。”

弘忍说：“还是让我来渡你。”

慧能说：“迷的时候是师父‘度’弟子，弟子悟了以后，弟子就该自‘度’。”

弘忍说：“对了！对了！今后的佛法，就靠着你发扬了，要兴起佛法，是不容易的事啊。”

渡过了江，师徒分别，慧能向南而行。五祖回到东禅寺，几天没上堂。僧人都很奇怪，就去探望他，问他说：“和尚没有什么不舒服吧？”弘忍说：“没有什么不舒服，只是我已经将衣钵传到南方去了。”大家急着问：“传给了谁？”弘忍回答说：“能者得之。”大家知道传给了慧能，而且怀疑弘忍的决定是错的。于是引起了很大的骚动，终于集合了几百个僧人要去追回衣钵。有个俗姓陈，名叫慧明的僧人，是当四品将军出身的，身手矫健，脾气急躁，领着大伙儿往南直追。追了两个月，在大庾岭，慧明首先赶上了慧能。慧能就将衣钵放在路边的大石头上面，自己隐身在草莽中。慧明一见衣钵，连忙用力去提，没能提得动，于是赶紧行礼高声叫唤说：

“行者！行者！我是为了求法而来，不是为了衣钵。”

这时慧能出现了，端坐在盘石上。慧明立刻行礼说：“希望行者为我说法。”慧能说：

“你既然是为求法而来，那么，就请先摒除止息一切外缘，断绝一切思念，我就为你说法。”

慧明照着吩咐静下心来，然后慧能又说：

“不要想到善，也不要想到恶。好，就在这个时候，你看到自己本来的面目么？”

慧明猛然大悟。然后他又请益：

“刚才这些奥妙的话语里存在着奥妙的意义，请问在更深处是不是还有更秘密的意义呢？”

慧能说：

“能跟你说的，就不是秘密；可是，只要你能观照自己的本来面目，那秘密就和你同在。”

于是慧明更加通晓，感慨地说：“如人饮水，冷暖自知。”然后满怀着钦服和满足的心情下山，领着大众回黄梅去了。为了表示敬意，他避开慧能的“慧”字，将自己的名号改成“道明”。

慧能回到韶州的曹侯村，也没有引起村民的注意，只有个儒士叫刘志略的，特别看重他。刘志略的姑姑是个比丘尼，叫无尽藏，时常诵读《大涅槃经》，慧能一听，就明白其中义理，有时也就为无尽藏解说。有一次无尽藏有不认得的字，也拿来请教慧能，慧能说：“字我倒不认得。要问道理就请尽管问。”无尽藏说：“连字都不认得，怎能领会文字所代表的意义呢？”

慧能说：“诸佛的妙理，本来和文字就不相干。”

无尽藏非常惊异，遍告乡里中的耆宿说："这里有位有道之士，我们该请来供养。"村民听了，全都争着来瞻仰礼拜。

村子附近的南华山上，有座古寺——叫宝林寺。相传在梁武帝天监三年（五〇四年），有位西方来的和尚建议在曹溪上源建一梵刹，并且预言一百七十年后，有无上法宝在这里演化，得道者如林。于是，盖了座佛寺，梁武帝赐"宝林"为额。但是到了隋末大乱，寺被焚毁，只留下故基。这时村民就在故基上重建梵宇，请慧能主持。慧能才住了九个多月，就有坏人结党要害慧能。慧能躲到山里，坏人还纵火焚烧草木要烧死他，慧能再躲到石洞里，才逃得性命。

在以后的几年里，他究竟做了些什么，我们无从确知。见于记载，我们只能约略知道他有时杂在猎人队里，随宜说法。当猎人让他守网时，他常将网里的野兽放生。猎人都吃肉，他也只好将菜放在肉锅汤里煮来吃。

到了唐高宗仪凤元年（六七六年），慧能三十岁，他觉得时机成熟，该出来弘法了，于是到了广州法性寺，正遇上印宗法师在讲演《涅槃经》。这时，有两个和尚见到门前的幡子在风上飘扬，因而展开了一场辩论：一个说是风在动，一个说是幡在动。辩论得很激烈。于是慧能向前说：

"不是风动，也不是幡动，而是你们心动。"

此言一出，中止了热烈的争论，大家都愣住了。印宗法师立刻请这位旁听者坐到上席，亲自和他讨论。当他发现慧能的话都很简明，但句句都直截了当，不必凭借推论，便说："行者一定不是普通人，多年以前我就听说黄梅的弘忍大师的衣法已经传到岭南，行者莫非就是他的传人？"慧能说："不敢当，我就是慧能。"印宗法师立刻向他行礼，并且请他将衣钵拿出来让大众见识见识。于是印宗问他：

"弘忍大师传法，传授了些什么秘密法门？"

慧能说："他并没有传授什么秘密法门，他只提到要见性，没有涉及禅定、解脱。"

印宗很奇怪，说："他为什么不论禅定解脱呢？"

慧能说："因为禅定解脱是二法，不是佛法，佛法是不二的。"

印宗又问："怎样才是佛法不二之法呢？"

慧能说："善根有两种：一种是常——经常不变的，一种是无常——变动不居的；佛性既不是变的，也不是不变的，不能分割，所以叫做不二——就是绝对的意思。有了善，就有相对的不善；而佛性既不是善，也不是不善，是绝对的，所以叫做不二。凡人将外界的刺激和自己的感受看成相对待的，这是凡人的迷误。智慧的人明白万物的本体是绝对的——他们知道善和恶，物质和精神，永恒和短暂这种对待性，是受到思想观念所累的幻象。只有那超越相对待的本性，才是佛性。"

印宗听了，满心欢喜，合掌行礼说："我讲经就粗俗得像瓦砾一般，而你说的道理，却如真金啊！"

于是他先为慧能剃发受戒，然后自己反过来拜他为师。

大约在受戒后的第二年，慧能回到曹溪，住在宝林寺中，信徒渐增。当地的行政长官——韶州刺史韦据也成为他的信徒。四方不远千里而来向他求法、探讨人生究竟的人，络绎不绝。早已享有盛名的神秀大师都还派了弟子志诚南来听法。慧能没有辜负五祖的付嘱，就在曹溪大转法轮指引许多弟子，证悟了无上菩提。信徒为他兴建了十三所兰若。

早先，神秀已经享有盛名。武则天晚年，召他进宫，特赐他坐着轿子上殿，武则天还亲自向他跪礼，京城里的王公士庶对他的崇敬就更不在话下了。可是，谦虚磊落的神秀，并没有趾高气扬，反而和另一位大有名声的师兄弟慧安，诚恳地向武则天和中宗推荐慧能，说他继承了五祖的衣钵心印。于是，在唐中宗神龙元年，则天中宗特派内侍薛简带着诏书来迎接慧能进京受供养，但慧能却以老病婉辞了。他就在曹溪弘法三十六年。唐玄宗即位的第二年——先天二年（十二月改元开元，七一三年）的八月，他对弟子作最后的教训后就圆寂了，在世七十六岁。

他没有将衣钵传下去，但也因为不受衣钵的限制，禅宗南顿更能分头并弘自由地茁长，蔚为大宗。

三、慧能的禅学

“见性成佛”，是六祖说法的重心所在。在这里，首先要说明的是他认为人人都有佛性，所以人人都可以自悟成佛。

当他从广东跋涉山川到湖北参拜五祖，告诉五祖他想成佛的时候，五祖考验他说：“你是岭南人，那儿蛮风獠俗，你怎能成佛呢？”慧能就回答说：“人虽然有南北之分，佛性可没有南北之分；我这蛮人的身体跟你和尚不同，可是我们的佛性又有什么差别呢？”

得道后，韶州刺史韦据请他到州中大梵寺说法。在第二天的说法，他开头就说：“菩提般若的智慧，世人原来都有的，只是为了心迷，不能自悟，这才需要智慧的人引导他去见性。可是大家要知道，愚人智人的佛性本来是没有差别的，只是为了迷悟不同，所以才有愚智之分。”

在同一天之中，他又说：“不开悟时，就连佛也成了众生；一念悟时，众生是佛。”

直到灭度前付嘱弟子时，他仍然说：“自性如果开悟，众生是佛；自性如果迷妄，佛也成了众生。自性平等，众生是佛；自性邪险，佛是众生。”

可见在他一生，他都认定人人都有佛性，从不动摇。基于此，他相信人人都可以自悟成佛，别人的引导，也只止于引导而已，成佛还是在自悟。

当他在大梵寺说法时，他谆谆劝诱大众说：“万法都在自己心中，为什么不从自己心中顿见真如本性呢？”

他又说：“本性就是佛，离开本性，并没有另外一个佛的。”

韦据曾问慧能：“我常见僧侣信徒念阿弥陀佛，愿生西方，请问和尚，这样就能生西方吗？”慧能回答：“……你虽是东方人，只要心净就没有罪过；纵然是西方人，心不净也照样有罪过的。要是东方人造了罪就念佛求生西方，那么西方人造了罪，他们念佛又能求生哪里呢？凡愚的人不明自性，不知道自己就有净土，愿生什么东方西方；开悟的人到处都自在。所以佛说：随所住处都是安乐的境地。你只要心地没有不善，西方就在不远；倘若你心怀不善，念佛也是枉然的。”（按：慧能并无毁谤净土之意，其重点在于“心净就没有罪过”。）

有一次，六祖要为大众忏悔，刚一升座，他就开口说：“来！各位善知识，要忏悔就得从自性中兴起，在一切时中每一念都要清净自己的心地，自修自行，见自己法身，见自心佛，自度自戒才行。”

在这次会中他又说：“众生要各各自度，才是真度。”

当他劝人受三归戒，提起归依佛时，他立刻告诫大众：“说到归依佛，佛在何处？如果不见佛，凭什么归依呢？空口说说只不过是虚妄罢了。各位，你们要各自观察，不要错用心，经文分明说‘自归依佛’，并不是说‘归依他佛’，不归依自佛，就无处可依了。”

人之所以能自度，是因为人人都有佛性，又因为人人都有佛性，所以佛性就是自性。因此，人要成佛，就得见性——也就是见自性、本性、自本性。（性字有时也用含义相同的心字来代替，可是心字的用法不及性字来得确定。）

说到“见性”的“见”字，不是生心动念去见，因为有意要去见什么，此见即是妄，而且反成无明而迷却自性。也就是说，如果要见性而介入任何技术造作为工夫，性就不见了。

性为什么如此呢？性又是什么东西呢？性是哲学家所谓绝对的本体，是不能言说的，因为所谓本体、所谓自性，都只是个假名而已，诚如老子所说的：“道可道，非常道；名可名，非常名。”

如果要说不可说，而且从世俗的观点来说，“性”也许可以说是每人生命的主体，是每人未受一切外缘感染障蔽的本来面目——真我。但这样说了，到底还如不说。有一回，六祖对大众说：“有一事物，无头无尾、无名无字、无背无面，大家认识不认识？”神会说：“这是诸佛的本源，也是我神会的佛性。”六祖立刻斥责说：“才跟你说过无名无字，你立刻叫做什么本源、佛性。”

这一本体、自性、真我之所以不可言说，是因为“它”是绝对的，超越一切现象，超越一切相对待的二法。但这里说的超越，并非脱离：因为它又涵盖了这一切，自性是非空非有而亦空亦有；非动非静而摄动摄静的。总之，他和一切事物不即不离。

由于自性超越现象界，所以它是超越形象的。五祖弘忍说过：“凡所有相，皆是虚妄。”而六祖慧能也说：“般若无形相。”南岳怀让也说：“说似一物即不中。”

有一次，慧能在山林里用清泉洗濯弘忍传给他的袈裟。有个叫方辩的和尚要求看看那祖师相传的衣钵，慧能给他看了，然后问他专攻什么事业，方辩说他善塑佛像，慧能就叫他塑个像看看。过了几天，方辩塑成了一尊七寸高的像，栩栩如生。慧能看了笑着说：

“你只善于塑性，而不解佛性。”因为佛性就是本来面目，没有形相，如能塑造，就不是本来面目了。

自性虽然超越了形象，但也不是什么都没有的空。慧能说：“心量广大，犹如虚空，无有边畔、亦无方圆大小、亦非青黄赤白、亦无上下长短、亦无嗔无喜、无是无非、无善无恶、无有头尾。诸佛刹土，尽同虚空。世人妙性本空，无有一法可得，自性真空，亦复如是。”当他说明自性如虚空，既没有任何范围、形式、颜色、位置，无从感觉，也不受时间的支配。可是他唯恐听众将其体会做什么都没有的空白，所以他立刻就接下去说：“莫闻吾说空，便即着空。第一莫着空！若空心静坐，即着无记空。”他又说：“世界虚空，能含万物色像：日月星宿、山河大地、泉源溪涧、草木丛林、恶人善人、恶法善法、天堂地狱、一切大海、须弥诸山，总在空中，世人性空，亦复如是。”他又对大众说：“自性能含万法是大，万法在诸人性中。”因此，慧能虽然强调“外离相为禅。”但他毕竟还要说：“外于相离相，内于空离空”的。因为，若全着相，即长邪见；若全执空，即长无明。都不是般若智慧，也都没有见性。一定要心如虚空而能不着空见，方得见性。

自性既然超越形象、离相离空，因此必然也超越了时空。空间概念的形成，是由于事物的填充；时间概念的形成，是由于事物的变迁。康德称空间为外感觉，时间为内感觉。而时间的存在，只是现象的延续，没有延续的现象，便没有人能指出时间。我们的祖先早已认识这一情况，所以，他们一说“世界”、一说“宇宙”，都是包括了时间和空间的。然而，在着重分析的哲学家的说法，最初以为空间的含义是指深（上下）、广（左右）、袤（前后）三度空间，后来才加上时间，而成深、广、袤、久四度空间，晚近才又加上心识，变成五度空间。自性既然超越时空，也就是说它是超越常与无常，超越生灭、动静、来去、内外，乃至于生死的。

在这个物量充塞空间、忙碌占满时间的世界，我们觉得一切都是变动不居的。昔人还怀“物是人非”、“桃花依旧”的惆怅；现在我们却是物非人非，而连桃花也不知是何处去了。我们感觉一切都是无常的，找不到一个确实的立足点。因此，我们急着要找一点永恒的事物来依靠，然而，这都是不对的。慧能说：“佛性非常；非无常。”

有个叫志道的和尚，自己读《涅槃经》，发生极大的困惑，跑去向慧能请教说：“一切众生应该都有色身和法身二身。色身是会生老病死、是无常的；法身是永恒的，但却无知无觉。但是经上说生灭都灭了以后，以寂灭为乐。不晓得到底是哪个身在受乐？要说色身受乐吗？色身灭时，地水火风四大分散，全然是苦，受苦就不能又说是乐了，要说法身受乐吗？法身寂灭，没有感觉，就像草木瓦石一般，还能受什么乐呢？而且法性是生灭的体，色、受、想、行、识这五蕴是生灭之用——一体有五用。生生灭灭，是经常不变的道理，生就是从体起用，灭就是摄用归体。如果寂灭了还能更生，那就是有情的众生，不断不灭；倘若不让更生，那只成为没有感觉的草木瓦石。这样一来，一切诸法，都被涅槃（寂灭）所禁伏，连生都不能，还有什么可乐呢？”慧能说：“你是个佛徒，怎么学习外道断常的邪见，用这来议论最上乘的佛法呢？据你的说法，色身以外还另有个法身，这个法身能脱离生灭无常而求于寂灭；你又认为涅槃常乐有个身来受用。那是执着生死的观念，沉迷于感官的享受啊。你要知道：一切迷人都误认色、受、想、行、识五蕴的和合就是自我，又将其余一切和自我对立起来，认为是外尘相。喜欢活着，生怕死掉，念念迁流，而不知道自己的感觉和想法都像梦幻般的虚假。冤枉受着轮回的支配，不得自在；反而将涅槃常乐当作苦相。一天到晚，忙着向外驰求，而不得解脱。佛见众生如此，而生悲悯，所以才启示了涅槃真乐。实际上，在刹那之间，是没有生相和死相的分别的。所以，根本就没有生灭可以灭，到这地步，寂灭就自然显现，可是所谓显现是没有形量的。这才是常乐此乐，这一常乐，既没有可受的主体，也没有不受的主体。那里有你说的一体五用呢？更何况你还说涅槃禁伏诸法，令其永远不生，这简直就是谤佛毁法了。”

于是慧能念了三十二句的偈语，志道听了他的言说和偈语之后，大彻大悟，满心欢喜。偈里有一句是“二边三际断。”三际，就是过去、现在、未来。二边是断见和常见——断见是执着人的身心断灭不续生的妄见，也叫做无见；常见是固执人的身心在过去、现在、未来都常住而没有间断的妄见。这两种极端的见解都是边见而不契中道。可见慧能的禅学是超越常和无常的。

有个叫智隍的禅师，早先参谒过五祖，自以为已经证悟了，二十几年来，都在庵里坐禅。慧能的弟子玄策云游到河北，听到他的大名，就去造访，问他说：“你在这里做什么？”智隍说：“我在入定。”玄策说：“你说入定，那么，你是有心‘入’呢？还是无心‘入’呢？倘若你从无心入，那么一切无情的草木瓦石，应该都达到定的境界；如果是从有心而入，那么一切有情含识的众生，也应该都达到定的境界了。”智隍说：“在我入定的时候，不见有无之心。”玄策说：“不见有无之心应该是常定，那就不该有‘出’有‘入’；既然有出有入，就不是常定——就生有无之心。”智隍不能反驳，哑口无言了一阵子，才问玄策说：“你是跟谁学的？”玄策说：“我的师父是曹溪六祖。”智隍问：“六祖禅定的工夫是怎样的？”玄策说：

“我师父所说的：禅是妙湛圆寂，体用如如。色、受、想、行、识本来是空的，色、声、香、味、触、法也不是实在的。所以禅是不出不入，不定不乱。禅的特性是流通的，要不执着才能圆寂……”智隍听了，半信半疑，于是跋涉山川，直接到岭南参谒六祖，具述前缘。慧能告诉他说：“玄策说的没错，只要你心如虚空而又不执着空的观念，你就能应用无碍、动静无心，忘情于凡圣的差别，泯灭了主客的对立，自然性相如如，无时不是禅定了。”智隍大悟。

玄策有一次到永嘉（浙江温州）去拜访玄觉禅师。玄觉少习经论，精天台止观法门。后来因为有《维摩诘经》而悟见心地，就是没有印证的机会。于是，玄策陪他到曹溪参谒六祖。玄觉一见六祖，绕着他走了三匝，振动锡杖，也不作礼拜，就迫不及待地要求六祖立刻将人生究竟告诉他。六祖说：“当和尚的应该具备许多礼仪的，大德你是从哪里来的？怎么对我这般简慢？”玄觉说：“生死事大，无常迅速。在了解人生究竟以前，我可没有那么多闲工夫，顾不了那些礼节了。”六祖说：“为什么不体会无生无灭的道理呢？为什么不去明白无所谓时间呢？”玄觉立刻明白过来说：“我已经了解本体是不生不灭，也无所谓迟速了。”六祖说：“这就对了。”玄觉这时才从容向六祖礼拜。过了一会儿，刚从远道来的玄觉就要告辞回永嘉去。六祖就考验他说：“你这就回去，不是太快了吗？”玄觉回答说：“真我是不变不动的，难道还有什么快不快吗？”六祖又问：“那么是谁知道不变动的道理呢？”玄觉说：“这样说，就是你自己有了主客对待的分别观了。”六祖说：“你已经得到‘无生’的意思了。”这看来是句称赞的话，其实仍是在考验玄觉。于是玄觉说：“既然无生，怎会有意？”六祖说：“既然无意，谁是发生分别观的主体呢？”玄觉说：“发生分别观的根源，并非意识。”这时，六祖认为玄觉已经通过了他的测验，这才说了一声：“善哉！”于是挽留玄觉住了一夜再走。当时的人就称他为“一宿觉”。

在慧能要灭度的一个月前，他告诉门徒，他将在下个月离开世间。弟子们都很悲哀。慧能告诉他们不必悲哀，说明了“法性本无生灭去来”的道理，然后又念了一首《真假动静偈》，其中有几句说：“有情即解动，无情即不动；若修不动行，同无情不动。若觅真不动，动上有不动；不动是不动，无情无佛种。能善分别相，第一义不动。但作如此见，即是真如用。报诸学道人：努力须用意，莫于大乘门，却执生死智。”

以上所举的许多例证，总是将生死、内外、来去、动静跟常和无常等混合在一起，其所以如此，是因为这些都是时空的问题。其中内外、来去、动静、变化等是时间形式，同时也是空间形式，这是不言而喻的。至于生死，也是一个时空形式，因为生时必定占有一个空间，而死后躯壳分解，空间形式也就变易了；而由生到死的一段历程，当然便是时间。因此前揭诸例，往往将看来有分别，实际上相通的问题扯在一起，这是必然的事。所以，慧能到了临去世的当天，还殷殷诲示门徒说：

要识自本心，见自本性，体会无动无静、无生无灭、无去无来、无是无非、无住无往的道理。我担心你们心有迷障，不能体会我的意思，所以在这个时候还要叮咛你们，要你们能见性。

自性既然没有形象、没有范畴、超越时间、超越空间，自然就无所谓主体和客体了。主体是自我的意识，客体是自我以外的一切环境。慧能说法，总是要泯灭主客的对立的。他认为有了人我对立的观念，自性就受拘限，使自我和一切隔绝，仿佛中间隔着大山似的，所以他说：“人我是须弥。”因此，必须除去人我之见，才能消灭当中的隔阂，而使自我恢复本然面目，内外明彻，所以他又说：“除人我、须弥倒。”要除人我，根本上要无我，“有我罪即生”，更不要说“吾我自大”了。无我，才能够“能所俱泯，性相如如”（“能”就是主体，“所”是客体）。

有个叫智常的和尚，自幼出家，多年来，一心要见性。有一次，他到洪州白峰山参谒大通和尚，住了三个月，并没有得到大通的教诲。由于求法心切，一夜，他单独进入方丈，请求大通和尚垂示心要说："请问什么是我的本心本性呢？"大通说："你见到虚空吗？"智常说："见到。"大通说："你见到虚空有什么相貌吗？"智常回答："虚空没有形量，哪里会有相貌呢？"大通说："对了，你的本性就像虚空，什么也见不到，这就叫正见；也没有一物可知，这就叫真知。真知真见是见不到青黄长短，只见到本源清净、觉体圆明。这就叫做见性成佛，也叫做如来知见。"智常听了，还是没有觉悟，又去参礼慧能，将这段对答一一说了，请求开示。慧能告诉他，大通的话，还是存了知见，因此不能令他彻悟。当慧能点出了症结所在，又开示了八句偈语，智常就豁然开悟，也做了首偈，开头四句是："无端起知见，着相求菩提，情存一念悟，宁越昔时迷？"有知见就是有主客的对立，因为有了主客的对立，才有知见的主体，也才有可知可见的对象。一定要能所俱泯，才能体悟到：青青翠竹，尽是法身；郁郁黄花，无非般若。

自性既然无知见的主体，也没有可知见的客体，所谓逻辑，自然也就派不上用场了。因为逻辑不过是人从脑筋里整理出来的理路而已，并非事实的本身。然而，人们总以为决定思想的那些理则是自然的、普遍的。因此以为在某一文化体系中不含逻辑的，在其他文化体系中必定也不合逻辑。实际上，是不是如此的呢？

亚理斯多德的逻辑是以同一律（A是A）、矛盾律（A不是非A）和排中律（A不能是A又是非A）为基础，而为许多人认为是不容怀疑的铁则。然而，在我国或印度的思想中，却不一定完全同意这种理则。"正言若反"的老子就常说些"为无为，事无事，味无味"，"知不知上，不知知病，夫唯病病，是以不病；圣人不病——以其病病，是以不病"，"上德不德，是以有德"之类的话。庄子也常说这类的话，例如"物无非彼，物无非是"，"是亦彼也，彼亦是也"，"方生方死，方死方生。方可方不可，方不可方可。因是因非，因非因是”。佛经中更是常见，例如《金刚经》就说：“所谓佛法者，即非佛法”，“如来说三十二相，即是非相，是名三十二相”，“是实相者，即是非相，是故如来说名实相”，“如来说：第一波罗密，即非第一波罗密，是名第一波罗密”，“如来说：一切诸相，即是非相。又说：一切众生，即非众生”，“说法者，无法可说，是名说法”这种逻辑，完全与亚理斯多德的逻辑不合。但是，这种逻辑认为“A”与“非A”在作为“X”的表述时，并不互相排斥，这也可以成立。在这里，不必比较二者的优劣，但人们脑里的思路是可以不同的，所以逻辑是相对待的二法，不能经由它获致绝对的一法。

所以，当五祖准备简择继承衣钵的人，令门徒各作一偈，以为见道深浅的凭据时，就提醒门徒：“思量即不中用。”意思是说，如果陷入推理活动，自性就不见了。慧能继承祖位后，也告诫过弟子说：“诸大声闻乃至菩萨皆尽思共度量，不能测佛智。”又云：“诸三乘人不能测佛智者，患在度量也。饶伊尽思共推，转加悬远。”任何人——无论是大乘、中乘、小乘都不能用推理的手段去测度佛智（即自性），纵使集结众智，也还是缘木求鱼。

自性超越一切现象界，语言自然是无可表述，因为语言只是一种记号而已（这里的语言，包括了文字，因为两者的作用是相通的）。庄子说过：“筌者，所以在鱼，得鱼而忘荃；蹄者，所以在兔，得兔而忘蹄；言者，所以在意，得意忘言。”《大乘起信论序》亦云：“真心寥廓绝言象于筌蹄。”真心真意，跟言象并非一体，言象只是符号而已，就如筌、蹄并非鱼、兔一般。

语言是团体制定的契约，也是社会风俗的一组，其本身只是一种记号，记号是人为的，也是后天习成的；而且连记号所能引起的那点作用也全是人为的、习成的。吴伟士（Rahert S. Woodworth）和马国士（Donald G. Marguis）合著的《普通心理学》提到：人的手因强力的电震而甩开，是一种自然反应。但是如果在每次电震以前，先示以闪光，这种程序每分钟重复两次，过了一个小时，许多接受试验的大学生都会一见闪光纵无电震，也会产生反应。至于最著名的试验，是一九〇四年诺贝尔医学奖得主巴甫洛夫·伊凡·彼德罗维契（Pavlov Ivan Petrovich）的试验，即在铃声响了大约十五秒钟以后，就喂饿狗食物。几分钟后，重复同样的刺激顺序（铃声——食物），在几次重复以后，只要听到铃声，纵无食物，狗就流出口涎了。然则，语言之作为记号，其作用类此。所以，直接通话，与用钟声、铃声、锣、鼓、号角、旗号或电报密码来传达消息，其作用都是相同的——都是记号。

由于语言这种记号是人为的，后天习成的，必定受到时、空，以及生活习惯的支配，因此，今言和古语有别，语族间的语言不同，而不同阶层或职业的语言有时也不相通。也就是每种语言都有缺陷。兹举例如次：

畜牧的人，对于牲口有独到而精细的识别。对毛色不同的马，可以有驳、驳、骁、駓、骃、骍、骓、骠、骢、骓、騧、骍、騩、骠、骢、骈……等不同的表述语；对不同年龄的马又有騑、驹、駣、駉、驸、驹等表述语。至于马的种种动作和功用，更有许多表述语。然而，没有经验过畜牧生活或没有努力学习这种语言习惯的人来说，这些表述语只能给予一个“马”的概念而已。

又如生活在冰天雪地的爱斯基摩人对于地上的雪、下降的雪、漂流的雪、积雪识别精细而有着不同的表述语，这对于生长在热带的人来说，简直就是夏虫不可以语冰了。

再如彩虹的颜色，利比亚的拔塞语只有寒暖二色，罗得西亚的雪那语看作四色，英国人看作六色，而我们则习惯说虹有七色。其实，虹的彩色，是看你能说多少就有多少的。而人们却总是以表述语来认定事实。

就以上的例子看来，语言的范围毕竟是有限的、有缺陷的。然而，语言学家却指出：我们的思考活动，说不出语言记号的作用；易言之，我们所谓的思想，实际只是内在的组词活动——有的学者更干脆说思想就是内在的语言。语言是如此的不实在，而我们却凭借它来思考，靠它来建立观念，透过它来认识世界，体验生活。我们对语言的执着，就如守财奴对钞票的执着，也像吉士之用情于媒婆。禅者知道语言不是事实，而他们要见的却是“本来风光”，于是，有了“不立文字”的说法。

知道语言只不过是事物的记号，不足以表诠至道，这种见地，不是禅宗所独有，也不是佛教所独有。老子说过：“知者不言，言者不知。”《论语》亦云：“子曰：予欲无言。子贡曰：子如不言，则小子何述焉？子曰：天何言哉，四时行焉，百物生焉，天何言哉。”但是，最强调这点的，还是禅宗，大约是佛教经典的迻译，到了这时，已经大备。然而信徒真正得道的可能不多。因为从印度翻译过来的佛典，其名相繁杂困人；而信徒又极敬重经典，不敢稍有逾越。于是，学者每在名相的概念里打转，脱身不得。因此，禅者就特别强调“不立文字”，而形成一派的宗风。现在，略述慧能对语言文字的看法：

当慧能得了衣法，从黄梅南下，在大庾岭被慧明赶上的时候，慧能令慧明有所开悟后，慧明还要求慧能说些密法。慧能说：“能对你说的，就不是密法；你要是用智慧返照，就知道密法就在你身边。”于是慧明说：“如人饮水，冷暖自知。”当他在韶州曹侯村为无尽藏解说《大涅槃经》的妙义的时候，无尽藏执卷问字，慧能说：“字即不识，义即请问。”无尽藏说：“字尚不识，焉能会义？”慧能说：“诸佛妙理，非关文字。”在广州法性寺，论过风幡，印宗请他坐到上席，征诘奥义，认为慧能“言简理当，不由文字。”

在韶州大梵寺开讲的时候，他说：“世人终日口念般若，却不识自性般若，这就好像空口喊着吃，还是填不饱肚子一般。只知道嘴里说空，万劫也不得见性，毕竟是没有益处的。”他又说：“迷人口念，当念之时，有妄有非。”又说：“要用知慧时常观照，不要凭借文字。”他为智通解释《楞伽经》中的疑义时，就提醒智通要他“莫学驰求者”，又说“但用名言无实性”。

但是佛法本来是佛为凡夫说的，不是说给佛听的。而凡夫总是凭感官和外界接触的，所以语言文字仍不失为一种重要的传达工具。因此，释迦牟尼以来，传下无数经典，而慧能也用语言为方便，这是有其不得已之处。可是，历来圣贤，都只是用语言文字为津梁，而不容学者执着语言文字，为其所系缚。

有个和尚叫做法达，七岁就出家，时常念诵《法华经》，念了三千部，可是尽管嘴里念得滚瓜烂熟，心中仍然疑难重重，就去请教慧能。慧能不识字，教法达先将《法华经》念一遍给他听，念到《譬喻品》，慧能已经了解其宗旨，于是止住法达，叫他不必再念，然后他扼要地开示了《法华经》的宗旨。而且告诉法达，像他这样苦苦以念经为功课，是舍本逐末的。法达听了，就问慧能说：“这样说来，只要了解经义，就用不着念经吗？”慧能说：“经典有什么罪过，怎会不让你念？只是迷悟还是在人，读了经能得到多少益处也全在自己。嘴上诵读、心里修行，那就是你在转经；只在嘴上诵读、心里不去修行，就是你被经转了。”慧能还念了首偈说：“心迷《法华》转，心悟转《法华》。……”法达听了，不觉悲泣，感慨说：“我这些年来实在没有转过《法华经》，都是被《法华经》所转啊。”

语言文字，仍有其功效，但不能执着。所以当慧能开导志道（见前）以后，念了首偈语，最后四句是：“吾今强言说，令汝舍邪见；汝勿随言解，许汝知少分。”慧能晚年，召集了十大弟子，告诉他们，在他灭度后，他们都要为一方师的。于是教他们说法，传授了三科三十六对的方便。然后，他说："共人言语，外于相离相，内于空离空。若内着相，即长邪见；若全执空，即长无明。执空之人有谤经，直言不用文字。既云不用文字，人亦不合语言；只此语言，便是文字之相。"又云："直道不立文字，即此'不立'两字，亦是文字。见人所说，便即谤他，言着文字。汝等须知，自迷犹可，又谤佛经；不要谤经，罪障无数。"可见自性超越语言文字，并不是脱离语言文字，它和语言文字也是不即不离的。

总之，自性是一，也是一切，自性本来清净，也是本来具足。

那么要如何才能见性呢？首先就是来个彻底的否定。诚如黄檗希运说的：

> 尘劳迥脱事非常，紧把从头做一场；不是一番寒彻骨，怎得梅花扑鼻香？

然而，为什么要见性成佛，必须先从否定入手呢？首先要知道："佛本为凡夫说，不为佛说。"而凡夫跟佛的分别是"前念迷即凡夫，后念悟即佛。"也就是说：要从迷到悟，才必须以否定为手段。一般人为什么是迷的呢？心理学家佛洛姆（Erich Fromm）说得好："一般人虽自以为是醒着的，实际上却是半睡的。半睡的意思是说他跟事实的接触是十分片面的；他所以为的事实（他之内的，和他之外的），大部分只是由他的头脑所构成的一组假象。"

佛家提到六尘（色、声、香、味、触、法）、六根（眼、耳、鼻、舌、身、意）和六识（眼耳鼻舌身意对色声香味触法发生了别的认识）是假象。关于前五识只是感官受到刺激，写象于心中而别无比较、推论及追忆等复杂的作用，说它们只是因缘的凑合，并不实在，现代人大约都可以接受。可是"意识"却是我们最引以自豪，认为最实在不过的，靠着它，我才成为我。然而，对"意识"

和“无意识”有精到研究的佛洛姆却说：“意识和无意识是受社会所制约的。凡是能通过社会的三重过滤器（语言、逻辑和禁忌）的情感与思想，我们才能够觉察。”也可以说，我们的意识往往经过扭曲而变形的，并不是本然的风光。慧能则以譬喻来作说明，他说：“小根之人……亦复如是，元有般若之智，与大智人更无差别，因何闻法，不自开悟？缘邪见障重，烦恼根深，犹如大云，覆盖于日，不得风吹，日光不现。”由于我们经常处于外缘内扰的情况，以致所谓的意识，往往只是妄念和邪见而已。因此，必须先放下一切外缘，来个悬崖撒手，才能谈到见性。所以慧能说：“如天常清，日月常明，为浮云盖覆，上明下暗，忽遇风吹云散，上下俱明，万象皆现。”

说到彻底否定，慧能在黄梅东禅寺做的偈语就是最好的例子——“菩提本无树，明镜亦非台；本来无一物，何处惹尘埃。”不但物非物，连心也非心。从无始以来，本来就无一切事事物物，则又有什么尘埃可以惹呢？这正是一空一切空。

然而，生命是肯定的，禅也是肯定的。人不能生活在否定之中，禅也不是建立在否定上。所以当五祖见到慧能的偈时，说他也没有见性，而且用鞋底将它擦掉，而将其再否定。可是，五祖为什么还选他作为继承人呢？因为，他虽然还没有见性，但比神秀的执着识心误为真如自性要好得多。易言之，慧能虽未见性，但却达到要见性的临界点。所以当夜五祖为他说《金刚经》，还说不到三分之一，到“应无所住而生其心”一句时，慧能立即大彻大悟，明白一切万法都不离自性，而对五祖说：“何期自性，本自清净；何期自性，本不生灭；何期自性，本自具足；何期自性，本无动摇；何期自性，能生万法。”立刻得到了高度的肯定。

因此，他的否定，只是在教人不要因见境思境而乱了本性而已。虽然他教人“于相离相”，可是也教人“于空离空”。当时有些禅者主张住心观静，他却说："住心观静，是病非禅。"因为单是不起妄心，只是否定而已，草木瓦石，也是没有妄念的。他说："若只百物不思，念尽除却，一念绝即死，别处受生，是为大错。"又说："莫百物不思，而于道性窒碍。"所以，他所谓的无念是"于一切境上不染"，而不是"沉守空寂"。凡夫都是在境上起念的，如境美好，就起贪念；境恶逆，就起嗔念。这种依境而起、随境而转的念，叫做妄念，才是慧能所要否定的念。他说："无者、无何事？念者、念何物？无者、离二相诸尘劳。真如是念之体，念是真如之用。性起念，虽即见闻觉知，不染万境而常自在。"不受境与法支配系缚，而由真如而起的念才能念念解脱自在。通流无碍。既如此，即须"广学多闻"、"和光接物"。于是，"于自性中，万法皆现"，"无我无人，直至菩提"。然后便兴起了菩萨救世的悲智精神。

这种由迷妄，而彻底否定，乃至高度肯定的过程，青原惟信禅师有个很生动的譬喻，他说："二十年前，见山是山，见水是水；二十年后，见山不是山，见水不是水；及大悟时，山还是山，水还是水。"这大概是说二十年前，还没学道，用分别心来看山看水；在参禅时，但求道心，否定外物，所以山非山，水非水；及大悟以后，心境两忘，了无执着，得到高度的肯定，呈现了本然的心态。这种本然的心态，禅师们称之为"平常心"。

六祖的学风，还有两项特色，需要稍加说明，就是直指顿入和平易入世。

(1) 直指顿入：六祖的学风是着重单刀直入，开悟人人本来具足的心性，令人见性成佛。无论他是直言或反诘，都是使用当时的语言，实在而生动，直指心要，这种作风，自达摩以来，已经开始，只是到了慧能，才完全确定下来。因为，跟慧能同门的神秀，还是着重渐修的。当时学者就有点弄不清楚，慧能曾解释说："法本一宗，人有南北；法即一种，见有迟疾。何名顿渐？人有利钝，故名顿渐。”若参照慧能平日的言行来看这段话，他似乎并不承认有渐。渐只是还不能见性的迟钝；要悟，就是豁然顿悟。虽然神会一支的传人圭峰宗密，为了调和顿渐而说：“真理即悟而顿圆，妄情息之而渐尽。”一是积极的彻悟，一是消极的改过。但慧能似乎从来就没有教人要逐渐平息妄情过。因而，后来的禅者全都秉承慧能那直截了当的学风。

（2）平易入世：慧能的禅学，不是艰深的玄理，而是和日常生活打成一片的。

当他在大梵寺说法时，他说：“一切修多罗及诸文字，大小二乘，十二部经，皆因人置，因智慧性，方能建立；若无世人，一切万法，本自不有。故知万法本自人兴，一切经书，因人说有。”

他又说：“吾有一《无相颂》，各须诵取，在家、出家，但依此修。”他的《无相颂》有四句说：“佛法在世间，不离世间觉；离世觅菩提，恰如求兔角。”

当他告诉大众：“若欲修行，在家亦得，不由在寺”时，韦刺史问他：“在家如何修行？愿为教授。”慧能用偈颂说：“心平何劳持戒，行直何用修禅。恩别亲养父母，义则上下相怜，让则尊卑和睦，忍则众恶无喧。若能钻木出火，淤泥定生红莲。苦口的是良药，逆耳必是忠言。改过必生智慧，护短心内非贤。日用常行饶益，成道非由施钱。菩提只向心觅，何劳向外求玄。听说依此修行，西方只在目前。”

禅学的弘扬，与慧能的学风大有关系。

四、慧能禅学与中华文化

佛法东渐，逐渐影响中华文化；然而，中华文化也不断影响佛法。这两股有同有异的文化互相激荡，进而互相融合。惟其能互相融合，所以才能在中土生根、茁长，而枝繁叶茂、开花结果。

历代高僧，兼通老庄——如慧远和鸠摩罗什的门下，就喜欢援老庄（乃至儒墨）以入佛者，比比皆是。他们在文化交流与融合方面，都有着不可磨灭的贡献。即以达摩传下来的禅宗而论，二祖慧可，就是“外览坟索、内通藏典”的人。当他未得法前，原在东海讲《周易》，听众甚盛，也算得是宿学硕儒。所以当他去追随不谈学问的达摩时，“一时令望”就不免要“咸共非之”了。再如五祖的首座弟子神秀也是深通“《老》《庄》玄旨、《书》《易》大义”的学者（当然他也是精通律论的高僧），到了将近五十岁，才来参礼五祖的。

虽说“冰冻三尺，非一日之寒”，然而，论者都认为佛学的华化，要到慧能，方告完成。为什么要到慧能手头佛法才完全华化了呢？这大约是由于慧能是一个最朴素的中国人。在他之前许多有学问的大德，其贡献往往是偏重于概念的沟通，其方法是偏重于比较的、推理的、演绎的。可是慧能却以他单纯的心灵去体会无上菩提，然后用最平实的、也是最生动活泼的语言表现出来，其方法是泯灭差别的，是直观的、归纳的。他完全抛弃了佛学中烦人的糟粕，直探其精要。目不识丁，是一般人认为的短处，他却发自本性以善用其短，于是，短处再也不是短处了。佛法的华化，毕竟是要经由平常的中国人来完成的。

再者，慧能将佛法华化，还不仅将名相华化而已：他根本就将佛法和平常中国人的生活打成一片。因为，一切学问终究是要跟生活融合为一的。本来印度的社会结构异于中华，他们阶级森严，僧侣为一独特的阶级，我国早期的僧侣，承袭了许多印度的习惯，而与我们的社会不免有些扞格不胜。但慧能的出身是个小樵夫，求法时也以劈柴舂米度日。他显示了操劳时也能心生智慧，枯坐苦思未必有益的道理。因此，庞居士能在家证悟，在家弘法，而百丈怀海也有一日不作、一日不食的规矩。

至此，禅已完全生活化了，见性成佛可以作为每个中国人生活的目标。必须如此，佛法才能生根乃至结果。

正因为慧能的禅学是华化了的禅学，而且，其禅学与一般民众的生活打成一片，所以，慧能的禅学对中华文化发生深远的影响，就成为顺理成章、十分自然的事了。

慧能禅学对后世的影响是很深远的，这里，只举其荦荦大者，略加论述：

1. 关于禅宗的发扬光大方面

慧能发挥了见性成佛的精义，而且，他以一介平民，证得无上菩提；而其现身说法，又极平实易晓，使得一般村愚乡妇都敢于发心求悟。再加上慧能的不传衣钵，完全让得法弟子去分头并弘，于是，他的法嗣成几何数字式的扩充，正是所谓一灯明而千万灯明。柳宗元撰《赐谥大览禅师碑》云："凡言禅，皆本曹溪。"其影响到无数人的精神生活，自不待言。

2. 关于禅宗与理学的关系方面

春秋战国，是我国学术辉煌的时代，九流十家，各逞所长。到了汉以后，儒家定于一尊。然而，儒家学术，自汉迄唐，数百年间，大致不脱章句训诂的樊篱，但一到两宋，却变为性理的探讨。这固然是“注不悖经，疏不悖注”的治学态度与方法，已经发挥到极致，其势不得不变，然而，禅学的激荡，也是不容抹杀的，所谓“法不孤起，待缘而有。”在这方面，学者讨论得很多，这里不复词费，只举几个例子，说明著名的理学家与禅者往往是有关系的：

《宋史·道学程颢传》云：“自十五六时，与弟颐，闻汝南周敦颐论学，遂厌科举之习，慨然有求道之志，泛滥于诸家，出入于老释者几十年，返求诸六经而后得之。”

这是从儒家正统的立场来叙述大小二程子求道的过程，已经明白说明理学宗师和佛法是有过一段因缘的，而佛家的记载则更为明白——

《灵源和尚笔语·答伊川居士第一书》云：“妄承过听，以知道者见期，虽未一奉目击之欢，然闻公留心此道甚久，天下大宗师，历叩殆遍，乃犹以鄙人未见为不足，不肯歇去耳。”足见程伊川的确于释门下过很深的工夫。

《枯崖和尚漫录》卷中云：“刘朔斋云：文公朱夫子初问道延平，箧中所携，惟《孟子》一册、《大慧语录》一部耳。”

可见朱子也是熟读禅门语录的。

《宋史·儒林陆九渊传》引九渊之言曰：“学苟知道，六经皆我注脚。”

倘陆氏不是直接间接受禅宗见性成佛不立文字这种精神的影响，恐怕就说不出这样爽快的话来。

虽然，宋代的理学家每每也喜辟异学，但无论他们援佛入儒也好，他们持论辟佛也好，他们之受禅学的影响，是不容否定的。事实上，禅学影响到理学，已是中国学术思想史学者的公论。

3. 关于禅学与文字、绘画的关系方面

禅家不立文字的宗风，又说过“凡所有相，皆是虚妄”的话，似与文学和绘画无甚关联。然而，慧能的禅学是要人见性，认识本来面目，这跟艺术之欲表现真实人生的目标竟是相通的。文学本来就不是文字游戏，也是在求超越语言文字学，达到“不着一字，尽得风流”的境界；至于绘画也绝不是以形似为鹄的。苏东坡云：“论画以形似，见与儿童邻；作诗必此诗，定知非诗人。”这代表了我国审美思想的一般意见。因此，禅学与文学、绘画，并无基本上的抵触。反而是禅学的发扬，使人们在审美思想上更能拨除许多不相干的意见，而显得更加清澈明白。所以唐宋以来的诗论或作品，或多或少不免受到禅学的影响；至于我国的文人画受到禅学的影响，可能还更深。这些，由于预先安排撰写这篇小文章的时间已经到期，暂不深究。

参考书目

《南宗顿教最上大乘摩诃般若波罗密经六祖慧能大师于韶州大梵寺施法坛经》，唐法海集记，《大正大藏经》。

《六祖大师法宝坛经》，元宗宝编，同上。

（按：以上二经有“慧炬月刊社”出版《六祖坛经流行本敦煌本合刊本》，并附录辨证论文五篇。）

《金刚般若波罗密经》，姚秦鸠摩罗什译，《大正大藏经》。

《维摩诘所说经》，姚秦鸠摩罗什译，《大正大藏经》。

《妙法莲华经》，姚秦鸠摩罗什译，《大正大藏经》。

《大般涅槃经》，北凉昙无忏译，《大正大藏经》。

《楞伽阿跋多罗宝经》，刘宋求那跋罗译，《大正大藏经》。

《最上乘论》，唐弘忍述，《大正大藏经》。

《宛陵录》，唐裴休，《大正大藏经》。

《禅源诸诠集都序》，唐宗密，《大正大藏经》。

《宗镜录》，宋延寿，《大正大藏经》。

《顿悟入道要门论》，唐慧海，《卍字续藏经》。

《中华传心地禅门师资承袭图》，唐裴休问宗密答，《卍字续藏经》。

《宗门十规伦》，唐文益，《卍字续藏经》。

《古尊宿语录》，宋颐藏主集，《卍字续藏经》。

《续古尊宿语录》，宋师明集，《卍字续藏经》。

《石霜楚圆禅师语录》，宋会南重编，《卍字续藏经》。
《沩山灵佑禅师语录》，明圆信、郭凝之编集，《卍字续藏经》。
《仰山慧寂禅师语录》，明圆信、郭凝之编集，《卍字续藏经》。
《洞山良价禅师语录》，明圆信、郭凝之编集，《卍字续藏经》。
《曹山本寂禅师语录》，明圆信、郭凝之编集，《卍字续藏经》。
《本法眼文益禅师语录》，明圆信、郭凝之编集，《卍字续藏经》。
《五家宗旨纂要》，清性统编，《卍字续藏经》。
《江西马祖道一禅师语录》，《禅学大成》。
《临济慧照禅师语录》，唐慧然集，《禅学大成》。
《枯崖漫录》，宋枯崖圆悟，《禅学大成》。
《灵源和尚笔语》，宋灵源惟清，《禅学大成》。
《禅门宝训集》，宋净善，《禅学大成》。
《大慧普觉禅师书》，宋慧然录，《禅学大成》。
《碧岩录》，宋圜悟，《禅学大成》。
《高僧传初集》，梁慧皎，台湾印经处。
《高僧传二集》，唐道宣，台湾印经处。
《高僧传三集》，宋赞宁，台湾印经处。
《景德传灯录》，宋释道原，商务《四部丛刊》。
《五灯会元》，宋释普济，广文影印。
《神会和尚遗集》，唐神会，胡适校，胡适纪念馆。
《胡适禅学案》，胡适，正中书局。
《中国佛教史》，蒋维乔，河洛影印。
《中国禅宗史》，印顺，慧日讲堂。
《禅海蠡测》，南怀瑾，作者自行发行。
《艺海微澜》，巴壶天，广文。
《佛家名相通释》，熊十力，广文影印。
《佛教各宗大意》，黄忏华，焦山智光大师奖学基金会。

《五乘佛法与中华文化》，朱镜宙，世界。
《中国佛教哲学概论》，李世杰，台湾佛教月刊社。
《禅话》，周中一，中华佛教居世会。
《中国佛教史论集》，章嘉等，中华文化出版事业委员会。
《佛学大辞典》，丁福保，台北市华严莲社影印。
《禅学的黄金时代》，吴经熊著，吴怡译，台湾商务。
《禅佛入门》，日本铃木大拙，李世杰译，协志。
《禅与生活》，日本铃木大拙，刘大悲译，志文。
《禅学随笔》，日本铃木大拙，孟祥森译，志文。
《禅与心理分析》，日本铃木大拙，孟祥森译，美·佛洛姆，志文。
欧阳渐：《今日之佛法研究》，《内学年刊》。《心学大意》，《内学年刊》。
蒙文通：《中国禅学考》，《内学年刊》。
罗香林：《曹溪南华寺考访记》，中山大学《文史研究所月刊》。
萧春溥：《坛经法义之体会》，《迭翠学报》。
杜松柏：《宋代理学与禅宗之关系》，《孔孟学报》。《禅学与唐宋诗学》，“国立”台湾师范大学国文研究所博士论文。

法藏

蓝吉富　著

目　录

一、思想渊源

在我国的各大佛教思想体系中，华严宗是系统庞大、说理玄妙的宗派。依照后世的传承，被推尊为该宗第一代祖师的是杜顺禅师（公元五五七—六四〇年）。但是，实际上，该宗的真正创始人则是法藏（六四三—七一二年）。

华严宗的理论体系虽然包含甚广，但是该宗义理的主要依据，则是印度大乘佛教中的一部大丛书——《华严经》。这部大乘经典的部分内容，从东汉末年起，在我国陆续地有零星的翻译和研究。从东汉末期到法藏开宗立派为止，时间大约有四百余年。经过了四百多年的经文翻译与理论酝酿，才绽开了华严宗这朵思想史上的奇葩。可见这一宗派的思想，确实可当得起“源远流长”四个字。也由于这个缘故，要了解华严宗的开创者法藏的思想渊源，就不能不对《华严经》的翻译与研究历史稍加追溯。

此外，法藏的思想虽然以《华严经》为主体，但这并不是说他的思想只是《华严》一经的融摄与推演而已。事实上，他所开创的华严宗哲学，也包含有不少其他经论的义理成分。因此，对于那些《华严经》以外的义理体系，本文也拟择要稍加陈述。笔者希望这种陈述，能使读者知道这个宗派的形成，是一项汇集多义而成的“众缘所生法”；而华严“宗”哲学也并不全等于华严“经”哲学。

依《华严经传记》一书所载，在法藏以前，《华严经》的详略译本已经有三十几种。但是其中最重要的，也是卷帙最大的，当推东晋义熙年间佛陀跋多罗所译的《六十卷华严》。佛陀跋多罗译出这部书之后，《华严经》在我国才开始有比较深入的研究。东晋大翻译家鸠摩罗什的弟子慧观，以及南齐的刘虬，他们在判教时，都将《华严经》判为顿教。而将其他佛经判为渐教法门。这种对于佛教义理的分类，与后代诸师的判教理论虽然并不尽同。但是他们对华严义理境界的推崇，则是后代大部分祖师所承认的。

从南北朝中叶开始，我国南北方佛教界对于《华严经》的研究，开始蓬勃起来。而且对《华严经》的信仰，也逐渐地付诸实践。依照法藏所编集的《华严经传记》一书所载，有不少人将诵读《华严经》文当做日课，有关诵读该经所发生的灵异故事也在社会上风传着。到北魏末期，以《华严经》为典范的修持聚会也开始形成。南齐竟陵文宣王开始创立华严斋会，隋朝有海玉其人曾组织华严众。与法藏同时的益州（四川）宏法师，也劝信徒每五六十人结成一个“福社”，以共同讽诵《华严经》。此外，依照该经所作的观法、忏法也逐渐地流行。这种研修《华严经》的风潮，乃终于促成了华严宗的形成。北周武帝灭佛运动展开时，不少华严学者逃难到终南山隐居。遂使该山成为周隋间的《华严经》重镇。法藏之师智俨，是华严宗二祖。智俨的华严义学是从智正学来的。度化智俨出家的是华严宗初祖杜顺。这几位直接间接影响法藏思想的高僧，他们也都是在终南山修行的高僧。因此，法藏的主要思想，可以说是从终南山流衍下来的。

在教义上对法藏思想影响最深的，除了《华严经》本身的义理之外，另有地论宗哲学，也是法藏思想的重要根源。地论宗是六世纪初期北魏佛教学者所开创的佛学研究团体。这一学派以研究印度有宗大师世亲所撰的《十地经论》为主。《十地经论》是解释《华严经》第六会之《十地品》的著述。将该书译成中文并开创地论宗的是北天竺的菩提流支，和中天竺的勒那摩提。这两人所开创的地论学派，由于见解不同，后来分为两支。菩提流支师资一系主张阿赖耶识是妄识，与真如不同。由于此系流行于相州（河南省临漳县）北方，所以被称为北道派。勒那摩提师资一系则主张阿赖耶识是净识，亦即是法性真如。此系流行于相州南方，因此被称为南道派。这两派之中，北道派早衰。南道派盛行较久，其义理到唐初被新兴的华严宗所融摄。该宗也由于华严宗的兴起而告消失于无形。

地论南道派从勒那摩提起，经历数代法裔，都对《华严经》相当重视。法藏的《华严经传记》里，就载有不少此系学者弘扬华严的事迹。例如勒那摩提、慧光、僧范、昙衍、昙遵、昙迁、慧远等人都是该书所收之弘扬华严的地论学者。其中，以慧光对法藏的影响最大。慧光是精通地论、华严与四分律的大师。对华严至为推崇。除了弘讲与作注疏之外，并且在判教时，将《华严经》判为"顿渐圆"三教中的圆教。这种判教，后来成为华严宗初祖杜顺判教的基础。对于法藏的判教，当然也有相当重要的间接影响。今人汤用彤先生曾说："地论学实华严宗之古学，华严宗实地论师之后裔。"这两句话可以看出地论学派与华严宗之实际开创者法藏之间，确实有相当密切的关系。

除了《华严经》与《十地经论》之外，法藏的思想也有不少其他来源。譬如《起信论》、《密严经》、《楞伽经》、《十二门论》、《心经》、《法界无差别论》等书，法藏都曾为作注疏。这些经论，《心经》与《十二门论》属于性空系统，其余都属于真常唯心的思想体系。在印度的大乘佛教思想中，真常唯心系与性空系，在义理上与法相唯识系颇不能相容。而法藏之世，玄奘的法相唯识蓬勃如日丽中天。法藏对玄奘所弘扬的法相唯识学是极其不满的。因此，他对这些能与玄奘之学相对抗的经论，都曾下过一番工夫，以作为其弘扬本宗的武器。尤其是《起信论》内涵，是玄奘一系唯识学的思想死敌，又是地论宗思想发展的可能归趋。法藏曾撰《起信论义记》，为“《起信论》三疏”中最为人所重视的注疏，也是后世佛徒研究《起信论》所应读的著作。因此，法藏思想之可能受到《起信论》的重要影响，也是可以想见的。

二、传略及事业成果

在中印佛教交流史上，西域（葱岭东西）诸国占有相当重要的媒介地位。早期来华的西僧，有很多是西域诸国人氏，并不一定是印度人。如安世高是安息人，支娄迦谶是月支人，康僧会是康居人。鸠摩罗什虽然籍属天竺，但却生于龟兹，也可以算是半个西域人。举此数例，可见一斑。而西域诸国所藏的经论，流入我国、译成华文的也相当多。如于阗与输入我国的大乘经典即有密切关系。除此之外，也有西域人到中国定居而成为高僧的，法藏就是其中之一。

法藏俗姓康，是康居国（在新疆北境）人。其高、曾祖曾任康居国宰相。到他的祖父时，才移居到唐朝的首都长安来。法藏就是生长在这大唐帝都里。他的父亲康谧，曾任唐朝政府的左卫中郎将。后来法藏之所以能与唐朝王室相处甚洽，恐怕与他的出身仕宦世家不无关系。

法藏似乎在幼年时对佛教即已产生相当仰慕的心理。因为在他十六岁时（六五六年），曾到岐州（今陕西省凤翔县南）法门寺的舍利塔前，燃炼一根指头，以表示他奉献佛教的虔诚。第二年，他离家到太白山求法。在山上，他潜心研究大乘经典，尤专研《华严》。不久，由于听说母亲身体不适，才下山回长安。回京以后，他听说智俨和尚在云华寺讲授《华严经》，风靡佛教界。因此，乃到该寺拜智俨为师，拟专攻《华严》。但是这时候法藏并未出家。

这件事透露出一点他日后治学趋向的消息。此即其思想与玄奘一系的不协调。这时候的长安，玄奘师资是朝野所最推崇的大学派。法相唯识思想也是大唐帝都的第一显学。法藏生长在这种环境里，居然不到玄奘师徒那儿去学法，反而舍近求远地走赴太白山过隐居生活。而在他离山回京之时，也不投玄奘，反而礼智俨为师。究竟是什么原因使他如此，由于史料不足，无法确知。也许是他对唯识之学没兴趣，或者是他对玄奘、窥基这些人的作风并不心仪吧？

据赞宁的《宋高僧传》所载，法藏曾经膺选为玄奘译场的翻译助手。后来因为在笔受、证义、润文方面，他与玄奘的意见不合而退出译场。玄奘逝世于唐高宗麟德元年（六六四年），此时法藏年仅二十一岁。因此，如果《宋高僧传》所载属实，则法藏之参加玄奘译场，可能是在太白山归来而从学于智俨以后的这段时间。以一个二十岁左右的年轻人，居然胆敢与当代第一名僧争是非，姑不论其所持意见是否可取，单单这份狂狷之气就是少有的了。

法藏对其师智俨是相当佩服的。智俨对于自己晚年能收到这位弟子，也颇为安慰。师徒相处了将近九年，智俨才逝世。在他去世以前，还念念不忘促成法藏出家，以振兴华严大法。因此曾向几位佛教界大德推荐，说法藏“注意于华严，盖无师自悟。绍隆遗法，其惟是人。”并希望佛教界人士，对法藏能多加扶持。智俨真是一个了不起的僧教育家，所熏陶出来的弟子，别人不说，单举法藏和义湘两人的成就，即足以使人瞠目结舌。法藏是我国华严宗的实际开创者。义湘（又作义想）则是新罗华严宗初祖。智俨一人门下，即调教出两个国家的华严祖师，此等事例，也是我国所少见的。近人汤用彤先生认为他的学养比杜顺更有资格被推为华严初祖（见汤氏：《往日杂稿》）。果其属实，则智俨的历史地位，在我国佛教史上也是相当重要的。

唐高宗咸亨元年（六七〇年），武后（则天）的母亲荣国夫人杨氏逝世。武后为了替她母亲做点功德，乃舍宅设太原寺。荣国夫人是唐朝初年佛教的大护法，武后又是当时朝廷炙手可热的人物，因此，太原寺住持这一人选，是当时佛教界所瞩目的。这时候，受智俨临终时所付托的那些京师大德，就联名推荐法藏出任。经过武后的认可，法藏乃由唐高宗下勅在太原寺剃度出家，并诏任该寺住持。这年，法藏是二十八岁。四年以后，唐高宗又降旨命京城十位名僧替法藏授具足戒，并赐号“贤首”。像这么显赫的出家与受戒因缘，在中国佛教史上是并不多见的。

出家以后的法藏，表面上看似乎是单纯地弘法而已。事实上，其生命内容的充实与光辉，大都是在这下半生造成的。大体而言。其落发以后的大事，约可分为四类。即讲学、弘法、译经与著述。兹分别略述如次：

法藏的学问是颇为早熟的。智俨去世时，法藏才不过二十六七岁，但是俨公已对他至为称美，甚至于说他对华严是“无师自悟”，而未曾把他视为自己调教的结果。因此，法藏之必有过人的智慧，当可想见。其能有日后的成绩，也确实不是偶然的。

有学问的人，对社会最可能有的贡献便是讲学。法藏是华严学者，开讲《华严经》的次数自必最多。一生之中，前后共讲了三十余次。因此，当时人都称他为“华严和尚”。法藏讲学时，非常注重方法。当他讲解华严宗的“无尽缘起”玄理的时候，曾取来十面镜子，分八方安排，上下方又各置一面，让镜子面面相对，而在中间安放一尊佛像，然后燃起一盏灯来照射镜面。他就利用镜子的互相映照，以及镜里影像的交互含摄来说明重重无尽的道理。当他到宫殿里为武则天讲学时，也用殿角的金狮子作譬喻，来说明六相十玄的奥旨。其所说内容，后来集成《金狮子章》一卷，也是华严宗名著。可见在教育方法上，他确是一个“能近取譬”的学者。讲解玄奥的哲学，居然能用种种“道具”来说明，这比起那些被文字句读困死了的章句小儒，其思想是要活泼多了。

弘法方面，法藏的成就也相当大。东晋高僧道安曾说：“不依国主，则法事不立。”在这方面，法藏可说是绝顶顺利的。他曾经先后为高宗、武则天、中宗、睿宗、玄宗（当为未即位时）等五人或讲学、或授戒。因此被称为“五帝门师”。由于与帝王关系密切，因此其弘法效力，要比一般人大。这对于华严信仰的提倡，是颇有助力的。法藏弘扬华严信仰的方式，除了大力开讲该经之外，又尽量劝人讽诵或书写。此外，又曾应国君的邀请，在皇室的内道场建立华严法会，并曾公开祈雨与祈雪。据说都相当灵验。大体说来，法藏在弘扬佛教一事上，主要的贡献在于能使当时统治者敬信佛法。因此，所收到的“风动草偃”之效力，也是可以推想得知的。如果说玄奘是唐太宗时佛教与政府之间的媒介，那么，法藏便是唐高宗以迄睿宗之间，佛教与王室的桥梁。

襄助佛典的翻译也是法藏一生事业中的重要成绩。尤其对《华严经》原典的搜求与补译，更是不遗余力。他对东晋佛陀跋多罗所译的六十卷本是不满意的，总觉得该本残缺不全。唐高宗永隆元年（六八〇年），中印度的日照三藏（地婆诃罗）携来不少梵本经论，其中也有相当于《六十卷华严》的梵本。法藏就请他补译六十卷本的残缺部分。武则天证圣元年（六九五年），《八十卷华严》的梵本从于阗国取回。法藏又奉诏襄助实叉难陀将该本译成。这是《华严经》诸译本中，卷数最多的一部。译成之后，法藏发觉八十卷本缺少日照三藏所补译文中的一部分，因此又取来日照所译之文，以补八十卷本的不足。

除了匡助《华严经》的翻译之外，法藏所曾助译完成的佛书计有《密严》、《楞伽》、《文殊授记》、《金光明最胜王》、《大宝积》诸经，及《显识论》等书，前后共计数十部。这些书固然不是由他所主译，但是襄助之功也不可没。由此也可以看出他那渴求佛法的热忱。

在法藏一生所有的事业中，“著述”一项是最能使他永垂不朽的事业。如果缺少了法藏这种水平的著作，《华严经》的思想在我国将不会有集大成的发展。而华严一宗，也将不会在我国形成。

法藏著述极多，相传有六十余种，百余卷。《大正藏》即收有二十一部，其中多半是对《华严经》的注疏及其思想推演。其中如《华严经探玄记》、《华严五教章》（华严一乘教义分齐章）、《起信论义记》等，都是旷世名著。其《般若心经疏》，也“为时所贵，天下流行”。有关其著述之主要内容，亦即法藏的主要思想，当于次节再加评述。

唐玄宗先天元年（七一二年），法藏逝世。世寿七十岁。僧腊四十三年。去世之后，华严宗哲学继续由其弟子们弘传。法藏弟子甚多，较著名的有宏观、文超、智光、宗一、慧苑、慧英等人。其中以慧苑最为后人所知。

法藏临终之前，曾为新译的《八十卷华严》作略疏，未完成而逝世。慧苑继承乃师未竟遗志，续注该疏而成《续华严经刊定记》。在此一书中，慧苑对于判教的看法及十玄门的理论，都与法藏的看法不同。甚至于就法藏的观点而有明显的改革。这种“吾爱吾师，吾尤爱真理”的态度，在我国旧日的传统社会中，是颇不见容的。时代稍后的澄观（被推为华严四祖）对他即曾大张挞伐。因此，慧苑在中国佛教史上，一直被认为是个“背师异流”的“异端”。这种传承道统的纠葛，当是法藏生前万万也想不到的。

三、思想

在中国佛教思想的发展史上，由于法藏所处的时代，其他各种佛学体系多已完成，与华严义理有关的典籍也大都已经译出。所以他能有庞大的佛教思想遗产可资承袭。譬如地论、天台、三论、法相等宗都是在他以前已经成立，而《六十卷华严》、《起信论》等重要典籍也都已译出，各种判教理论也给他提供不少认识全体佛法的参考意见。因此，法藏的思想以容受较多而显得颇为庞杂、博大。因此，要在一篇文章里详细叙述他的思想，是很困难的。这里只能扼要地选他几项具有代表性的学说，略加陈述。

1. 判教

判教是大部分中国佛教徒在成立宗派时所最重视的事项之一，又叫做“教相判释”。意思是指对于所有历史上的佛教经论作一批判式的整理。其所以必须如此，有两个原因。其一，在所有的佛书里，经与经或论与论之间所陈述的义理，常常有由于立场不同或立论歧异而产生的对立之处。在宗派要成立时，祖师们对于这种佛书所显现的理论冲突，必须给予一妥善的解释，以便对信徒阅读佛书时所生的疑惑能予解答。其二，判教者对于这些不同的佛教理论作批判式的整理之时，最重要的是要告诉信徒们哪一种理论才是最圆满的。而且，对各种理论必须划出不同的地位而给予适当的安置，以便说明既然同样是佛法为什么又有不同的论点。这些判教者如果是某一宗派的弘扬者，那么，他一定把自己本宗的理论及所尊奉的经典，判在最高地位，以显扬本宗的价值。这也是判教的重要目的。

法藏的判教为华严宗判教论的核心，其理论亦即所谓的“五教十宗”。五教是对历代经论之义理境界的高低所作的分类。兹分别叙述如次：

（一）小乘教：又称为“愚法二乘教”。这是指《阿含经》及《小乘阿毘达摩论》书（如《发智论》、《俱舍论》等）而言。依法藏的观点，这种教法是层次最低的，是不能跟大乘义理（尤其是《华严经》）比拟的。信仰这种教法的二乘修行者（声闻、缘觉），对于大乘法门是蒙昧无知、不能信受的。所以这一法门被贬为愚法二乘教。用现代术语来说，这一层次的教法，是指原始佛教及部派佛教所崇奉的教理而言，也就是南传佛教徒所信仰的教义。

（二）大乘始教：这是指某些大乘佛书而言。由于其中所含的义理比小乘教高明，但是却比其他大乘法门要稍逊，因此只能算是大乘教的最低层次。这一类佛书有两种，一为相始教，指《解深密经》及法相宗的各种论典而言。另一为空始教，指《般若经》及《中论》等空宗典籍而言。这两大类，其实就是印度大乘佛教空、有两系的思想。也相当于中国佛教中的法相宗与三论宗。

（二）大乘终教：被法藏安排在这一类的，是《楞伽经》、《胜鬘夫人经》、《起信论》、《宝性论》等书。这些书讲的是“如来藏缘起论”，属于印度大乘佛教末期思想的主流——真常唯心论。法藏以为这一系的义理内容，谈“佛性”及“真如随缘”等教法，要比法相、三论二宗高明，是大乘的终极法门。大乘终教与前面的始教，讲的都是循序而进的“渐教”，与下面的顿教法门不同。

（三）顿教：这是指“觉即成佛、迷即众生”的顿悟法门而言。

《维摩诘经》、《思益经》等属于此教。

（四）圆教：指圆融无碍的华严教法而言。

依照法藏的观点，这五种教法中，当然是《华严经》所代表的圆教是最完美、最高级的。因为这一种教法是佛陀在海印三昧的禅定境界中所说的。在这种境界中所说的教法，最为真实，最为广大周遍。其内容可以涵盖任何其他经义。反过来说，其他四类的经论所说的法门，都是临时对病下药而作的权宜施设，与《华严经》之为佛陀证悟境界所映现的理境，远不能相拟。法藏的这种批判，并不一定是事实。但却明显的表示出他对各种经论价值的等级，有独特的看法。

五教是法藏对经论所作的判定，而十宗则是偏重教义内容所作的分类，也就是把五教的内容再加细分而成十种。这十种是我法俱有宗、法有我无宗、法无去来宗、现通假实宗、俗妄真实宗、诸法但名宗、一切皆空宗、真德不空宗、相想俱绝宗、圆明具德宗。

五教的分类，较偏重价值的判断。而十宗的分类则较偏重义理特征的凸显。每一宗的名称，都代表该宗的主要理论特色。譬如我法俱有宗，是指一般世俗的见解，及小乘部派里犊子部的看法，因为他们以为众生与心物诸法都是有实体的。一切皆空宗是指般若经的阐述空义而言。圆明具德宗是指华严教义的性海圆明，具足众德而言。这十宗之中，前六种是小乘教，后四种是大乘教。

五教的判定，宗派意识较强，不容易被其他宗派的信徒所接受。如天台宗、唯识宗与三论宗的信徒，是一定要反对的。南传佛教徒更不用说了。就现代学术研究立场来看，十宗的分类较易使人了解大小乘教义的特色及理论领域，也比较不会有“误导”的危险。

除了五教十宗的判释之外，法藏在其著作中，也另有不同名词的判教理论。然大体都是名词及角度不同而起的另一种说明。其理论核心大体还是不出五教十宗的范围。故本文不再赘述。

2. 法界缘起论

缘起理论是佛教哲学的中心思想之一。从原始佛教以迄大乘佛教，随着教理的演化，缘起学说也逐渐地发展。从最素朴的业感缘起论，演化为赖耶缘起与如来藏缘起诸说，到华严宗的法界无尽缘起理论完成时，佛教的缘起说乃趋于极致。

华严宗在唯心论的大前提下，就不同的角度而将宇宙分为四个层次。其一为事法界，指宇宙间杂然纷呈的现象界。其二为理法界，即现象世界所依据的本体界，指真如法性而言。其三为理事无碍法界，这是指真如法性与现象之交融无碍而言。其四为事事无碍法界，即《华严经》所提出的理想世界。在这一法界里，现象与现象间能相互融摄而不相妨碍。一切摄一，一摄一切。

“事事无碍”一词虽然是后世的华严学者（澄观）所定的名词，但是这一理境，在法藏的著作中已曾反复宣说。其所谓的“事融相摄”、“帝网重重”、“事事相在”等词都与“事事无碍”的道理相通。

在华严宗的教义系统里，事事无碍法界即是一真法界，也是华藏世界。在这种世界里，宇宙是一个重重无尽、相互缘起的连锁系统，没有一件孤立的物或事。在此一缘起大系统中，不论大、小、长、短、一、多，都能互相融摄，而不相妨碍。任何一人一物一事，都是其他任一人物事之所以能存在的条件。因此，宇宙是一个不可分割的全体。各种差别的个体现象，都是组成此一缘起大系统之不可缺少的一部分。关于这种理论，在法藏的著作里有很多精致的语句加以描述。这些语句，很清楚的显现出无尽缘起论的特色。譬如：

一即多，多即一。相即相入，重重成无尽也。(《五教章》)

小无定性，终自遍于十方。大非定形，历劫交于一世。则知小时正大，芥子纳于须弥。大时正小，海水纳于毛孔。(《华严策林》)

于佛一毛孔中，即有一切佛，一切处，一切时，乃至一切益。如一毛孔，一切遍法界毛孔现，皆亦如是。(《华严经旨归》)

是故大小随心回转，得入无碍。(《华严义海百门》)

由上引诸语句，可以看出这种理论是超越了世俗之时、空、大、小、善、恶等差别观念的玄思体系。而最后一句，更点出此一玄思体系所以可能的原因。“随心回转”显示出此一体系是建立在唯心论的基础上。为了说明这种理论，华严宗的第二祖智俨曾有“十玄门”的学说。法藏将智俨的说法加以改革，而成为“新十玄门”。法藏曾经以金师（狮）子为喻，为武则天解说这种道理，今存《大藏经》中的《金师子章》就是当时的纪录。兹依《五教章》的说法，参考《金师子章》的比喻，略释如次：

（一）同时具足相应门：这是对于整个事事无碍法界的描述。整个宇宙的全貌，在华严宗的禅定境界——海印三昧里，可以很清楚地映现出来。这种宇宙是完全的、相互依存的、无时空差异的一个完全世界。这一门是事事无碍法界的总说。其次九门是分说。

（二）一多相容不同门：“一”指宇宙的本体—真法界（亦即真心），“多”指各种不同的万事万物（亦即现象）。一与多在事事无碍法界里，是可以互相融摄而不相碍的。但是一与多还是有差别，二者并不是完全相同。就像一只黄金制成的狮子里，黄金（一）与狮子形象（多）之间的关系是相互容受的。这一门是说明个体与全体的关系。

（三）诸法相即自在门：由于宇宙万象都是真心（本体）所显现，因此现象与现象之间，在本质上并没有差别，可以相互融摄与吸收。就像金狮子的眼睛、耳朵、鼻子等都是金子做成的，本质毫无差异。从本质上看，它们并没有分别。因为眼睛也是金子，耳朵、鼻子也都是金子。所以它们能够“相即”。但是从现象上看，眼睛的外形，到底与耳、鼻不同，所以它们仍有差别相，仍然是“自在”的。

（四）因陀罗网境界门：因陀罗是印度神话中的天帝。相传他的宫殿里张着一个宝珠网。网子上结着无数宝珠。每一颗宝珠，都可以像镜子一样映现出其他宝珠的影子。甚至于连其他宝珠内所含摄的无量数珠影也可以映现出来。法藏在这一门里，用这因陀罗网来譬喻现象与现象间之层层无尽的含摄。在事事无碍法界里，宇宙门之纷然万法就像因陀罗网一样地重重无尽的相互含摄着。这一个譬喻。是“相即相入、重重无尽”原理的最佳说明。

（五）微细相容安立门：极短暂的时间（一念），极细小的物质，也可以容纳极大的事、物。譬如在一念之中，可以显现上述各种法门的义理。在一毛孔之中，有无量佛国安住着。这一法门与因陀罗网境界门的境异是，这一门所映现的事物只有一层，不像因陀罗网门之层层涉入、重重无尽。

（六）秘密隐显俱成门：宇宙间的现象，如果从正面角度或立场去观察，则此一现象显现的是正面相状。而反面相状则隐覆不彰。反之亦然。但是显现的与隐覆的都是存在的现象。都是“有”的，并不是此有彼无的。譬如金狮子，从本质的角度来看，它不过是一块黄金而已。而从形状来看，它却又是一只狮子。事实上黄金与狮子形像是都存在的，是同时俱成的。由于一般凡夫只能看一面，而不能像佛陀那样能看到全面，因此这种法门对他们而言，是秘密难知的。

（七）诸藏纯杂具德门：自本体（理）立场看，一切现象都是纯一的。自现象（事）立场看，一切现象又是杂多的。可见理与事之差别只是由立场不同而来，并不是有本质的差异，二者是不相妨碍的。因此，纯与杂是可以同时存在的。

（八）十世隔法异成门：这是就不同时间之可以相互融摄而言。是说在一念之间，可以含摄过去、现在、未来（辗转相乘而成九世，加一念即成十世）等不同阶段的时间。因为一切事项都依心而显现，心念是可以不受时间限制的，所以一念之间可以显现出过去现在未来等阶段的一切现象。所谓“一夜之梦，翱翔百年”即此之谓。

（九）唯心回转善成门：这里的“心”是指如来藏（自性清净心）而言。一切事物的种种性质、作用、相状，其所以不同，都是由如来藏心引起的。所以，只有“心”才是为善为恶、成圣成佛的主要关键。

（十）托事显法生解门：有关事事无碍的道理，在一切事法（现象界）上即可以显示出来。所以，事即是理；理并不须到事以外去求。

十玄门虽然有十项，但事实上，这十项只是对“事事无碍”一原理所作之不同角度的说明而已。十门的排列次序，法藏在本身的不同著作中，有不同的排法。而且，法藏在其《探玄记》里，将上述十门中的“诸藏纯杂具德门”改为“广狭自在无碍门”。又将“唯心回转善成门”改为“主伴圆明具德门”。前者意义略同，只是名词更改而已。后者之“主伴”一门，是说在无尽缘起系统里，法不孤起。因此，任举一法，都含有其他相互依存的事物随之而起。这一法是主，其余诸法便是伴。可见这一门所说的仍然是法界缘起的性质。

法藏另外还有六相圆融说。在其《五教章》与《金师子章》里都曾加诠释。这六相是现象界的六个范畴，即总相，别相，同相，异相，成相，坏相。他在《金师子章》里，也有譬喻说明。整只狮子是总相；眼耳鼻等五根是别相；五根都是金子做成的，是同相；眼的外形不同于耳，鼻又不同于眼，这是异相。因缘和合而形成狮子，是成相。因缘不和合，则不成狮子，是坏相。

这六个范畴可以分成两组，一组是总、同、成三相。另一组是别、异、坏三相。这两组范畴的概念，虽然在凡夫眼中是相冲突的。但是在成道的佛陀心目中，则是相即相入，圆融无碍的。因此，这六相也是一个缘起的连锁，任举一法，都具有六相。如果能证验这种理境，则一切惑障都可以断除，而达到“烦恼即菩提，生死即涅槃”的果位境界。

上面所说的无尽缘起理论，法藏又称之为“性起”。以别于其他宗派所讲的“缘起”。其他宗派的缘起说是就自他、彼此间之相互依存而立论，这种缘起是由无明而引起的。至于法藏所确立的性起法门，则是如来境界上所观照的宇宙相状。顺着真如法性而生起一切现象，所以叫做性起。法藏在其所著的《华严经探玄记》里说：“不改名性，显用称起，即如来之性起。真理名如、名性。显用名起、名来，即如来为性起。”由此可知，他所描述的是佛陀的境界。也由此可以发现，相即相入、圆融无碍的现象，本是诸佛与众生本具的德性。只不过诸佛已经彻悟，而众生还被无明所覆而已。

各个佛教宗派所提出的理论，都是该宗为修行者所铺排的修持基础。法藏的学说，自也不能例外。法藏所提出的庞大理论体系，主要在使世人了解宇宙的如实相，然后依之而建立修持的方法，以便步入解脱成佛的大道。他所提出的是两种止观法门，即妄尽还源观与十重唯识观。

这两种观法，便是法藏法界缘起论在宗教实践上的应用。他认为依之修行，可以使人证入重重无尽、圆融无碍的佛陀果位境界。

四、思想特征及历史地位

法藏思想的特征，可以用“圆融无碍”四字来表示。他在唯心论的前提下，以一心统摄着四法界。并且以事事无碍的法界缘起论为核心，而大力强调一多、大小、纯杂等等相反概念之可以圆融无碍、不相冲突。一般而言，“理事无碍”的概念是比较容易理解的，这种本体与现象之不一不异的关系，也是印度哲学的着力处。而“事事无碍”的概念则是现象与现象的圆融无碍与相即相入，这道理则距离常识较远，比较难理解。法藏用真常唯心的原则来消弭现象与现象间的冲突，是中国佛教哲学的一大发展。而将“理”（本体）推到背后，将事与事之关系作为其佛学思想的主要论证目标，也是其思想的一大特征。

在论证方法方面，法藏思想有一个从圆融概念所导引出来的特征，这就是将正反两种冲突的概念加以消弭与调和。这种辩证式的论证法，在法藏的义理著作中经常出现。而其所强调的“圆融”方式，对后世中国佛教也有相当大的影响。但是这影响，并不一定是好的。因为“圆融”与“优侗”的差别，一般人并不容易察觉出来。稍一不慎，便会步入含混优侗的途径上去。

由于法藏的玄学体系相当庞杂，所以其论证方法有另外一种特征，即条目的繁多。如前引的十玄门、六相、五教、十宗、十重唯识观等即其显著例子。此外，在其《五教章》及《探玄记》等书里，也常用很多条目来说明他的思想。譬如缘起因门有六义；十玄缘起又有教义、理事等十门所依。《探玄记》一书，共开列十门来解释《华严经》。每一门往往又有十类、十义、四门、五门等项。在这些数目之中，他最喜欢“十”。在他的论证过程中，几乎到处都有“十门分别”。这大概是受了《华严经》中佛陀常常用“十”来说法的影响吧？

法藏的思想，单就其理论上（解门）来看，是一个典型的玄谈体系。其立说真可谓极尽玄妙之能事。其体系之玄妙、精致，与其理论本质有关。这理论本质便是分析的，重言迭说（Tautology）的，因此才显得精致而无瑕疵。这种特征，是近人牟宗三先生对华严宗思想的批评（《佛性与般若》上册五五四页）。牟先生的这种批评，很能豁人神智，也点出了法藏思想的主要特征。

法藏的思想与玄奘的唯识学极不相容。他几乎可被视为以反对玄奘为使命的佛教思想家。在法藏的判教体系内，玄奘的唯识学只是大乘始教，屈居大乘法门的末位。玄奘认为阿赖耶识是妄识，主张赖耶缘起论；法藏则主张真妄圆融的真心缘起论。玄奘之学与《地论》、《起信论》绝对不能相容。而法藏则将《地论》、《起信论》等思想融汇入自己的理论系统中。玄奘主张的是纯印度式的唯识学。法藏的思想则属于中国式的真常唯心论。

中国人的思想是比较偏向圆融的。因此有圆融特征的法藏学说兴盛之后，不尚圆融的玄奘一系之唯识学即告没落。由此可见，即使法藏思想不一定是玄奘之学没落的唯一原因，至少也是其中的重要原因。民国初年，南京支那内学院的欧阳竟无一系，大力提倡玄奘的唯识学。因此对《起信论》及华严宗都不表好感。甚至于说“自天台贤首等宗兴盛而后，佛法之光愈晦。诸创教者，本未入圣位，所见自有不及西土大士之处”（《唯识抉择谈》卷首）。这种见解，又再度显现出印度式佛学与中国式佛学的基本冲突。

不论如何，法藏是有一定的历史地位的。他是华严宗的集大成者，也是中国佛教玄学体系的最后建立者。其玄学体系与智觊的天台止观哲学，为我国佛教理论体系的双璧。如果我们承认有所谓的“中国佛教哲学”的话，那么，他就是中国佛教哲学的重要创建者之一。在佛教思想领域里，论体系的庞大，后世的佛教思想家是没有人能与他并驾齐驱的。

参考书目

《中国佛教史》，黄忏华著，台北，河洛出版社影印本，一九七三年，本书第三章第一节、第四节可参考。

《佛教各宗大意》，黄忏华著，台北，大乘精舍印经会出版，一九七七年，此书之华严宗部分可参考。

《佛性与般若》，牟宗三著，台北，学生书局出版，一九七七年，此书第二部第六章论华严宗部分可参考。

《法藏和尚传》，新罗崔致远撰，《大正大藏经》第五十册，第二〇五四号。

《法界宗五祖略记》（其中有《法藏传》）清续，法辑，新文丰影印《卍续藏经》第一三四册。

《望月佛教大辞典》，望月信亨主编，日本昭和四十九年第十版。此辞典第五册四六二五页“法藏”条，除叙述法藏事迹外，并开列法藏之著作四十种。研究法藏之有关资料二十一种，至便初学。

Garma C. C. Chang（张澄基）：*The Buddhist Teaching of Totality, The Philosophy of Hwa Yen Buddhism*: The Pennsylvania State University Press University Park London; 2nd Printing, 1974.

慧润：《华严法界观法的构造及其特质》，一九七六年《佛光学报》（高雄佛光山）第一期一二六一一六一页。

韩愈

张特生　著

目　录

一、前言

韩愈是唐朝中叶人，因当时文人承袭了自后汉、魏、宋、齐、梁、陈、隋等八个朝代的不良风气，写文章讲究骈四俪六，只顾辞藻的艳丽，不问内容有无价值，文风非常淫靡，甚至影响到政治和社会风气。有识之士，渐渐起来反对，其中以韩愈反对最力。他一方面批判当时流行的文体，一方面提倡文章的复古运动，主张模仿夏、商、周三代及两汉的文体，而且不赞成抄袭他人的文章，“惟陈言之务去”（《答李翊书》），因此他的文章是自成一家。当时及后世学他的人很多，却没有胜过他的。他不但独步当时，而且垂范后世，名列唐宋八大家之首。

同时，韩愈主张“文以载道”。他说他作古文，并非因为古文的句读不同于现在，乃是因为怀念古人而不得见。学古人的“道”而兼通其“辞”，通其“辞”正是有志于古人的“道”（《题欧阳生哀辞后》）。因此他的文章除了墓志铭之类的应俗文字外，大部分是为了阐明儒家仁、义、忠、恕等道理而作的。所以他的文章，也就是他思想的表现。而且由于他对于思想上的主张，相当执着，有时甚至不计后果的挺身而出，大声疾呼，因此对当时及后世都发生了很大的影响。后世学者不但推崇他在文学上的伟大成就，并承认他在思想上也有相当大的贡献。宋朝的苏轼（字子瞻，号东坡）称赞他“文起八代之衰，道济天下之溺”，就是这个缘故。

但由于韩愈文章太好，因此后世的人大都注意他的文章，推崇赞美备至，对于他的思想内涵，反而少有注意阐发者。本编的目的，就是在探讨韩愈的思想体系、渊源，及其对后世的影响。

二、生平事略

韩愈字退之，河阳人（即河南孟县人。《旧唐书》说他先世自后魏时居昌黎，遂为昌黎人；《新唐书》却说他是邓州南阳人。究竟是哪里人，朱子校订的《昌黎先生集传及附注》也弄不清楚。据韩愈三十九代孙韩思道所著《文公的家世及生平》一文说韩愈是河南孟县人。孟县古称河阳，证诸《祭十二郎文》有“从嫂归葬河阳”之语，可见此说相当可靠。至于后人之所以称他为昌黎先生，也许是因为他的先世居昌黎，而且在宋元丰中，又追封他为昌黎伯的缘故）。韩愈生在唐朝代宗皇帝大历三年（七六八年），殁于穆宗长庆四年（八二四年），享年五十七岁。他父亲仲卿曾做过武昌县令，政绩很好，去职时，县民刻石颂扬他的德政，最后做到秘书郎。但是韩愈三岁时，父亲就去世了，所以他父亲对他以后的成长和发展，似乎没有多大影响。

父亲去世后，韩愈由他的堂兄（伯父的儿子）韩会及堂嫂郑氏夫妇扶养。韩会本来在朝中当起居舍人（记言的史官）。大历十二年，宰相元载犯罪，韩会因为与他同党而受牵连，被贬到韶州（广东曲江）去当刺史。韩愈那时才十一岁，就跟堂兄播迁到南方。不久，堂兄死在任所，万里他乡，一门孤寡，困苦之情，可以想见。幸而嫂嫂郑氏坚毅过人，带着一家人及韩会的遗体，舟车并用，排除万难，归葬中原。后来中原多事，又举家避到江左（长江下游），遂定居宣州——就是现在的安徽省宣城县。

韩愈自幼孤苦，幸有嫂嫂郑氏抚养教育。他在《祭郑夫人文》中说，嫂嫂“视余犹子，诲化谆谆”，足见郑氏对他非常好。他自己也很有志气，从小就能自动读书，不待他人督促，刻苦研读儒家书籍，每日记诵数千字。及长尽通六经及百家之学。当时文人多崇尚学古，效法扬雄、董仲舒的著作，其中以独孤及和梁肃二人最为渊博，儒林推重。韩愈跟他们的门徒们交游，锐意钻研，欲振兴当代文风。德宗贞元八年（七九二年），他二十五岁，参加考试，中了进士，就依当时文人习惯，把所作的文章送给公卿们看。曾任宰相的郑余庆对他大加赞扬，因此他变成闻名于时的人物。不久，宰相董晋出任宣武节度使，上表保荐韩愈做他的幕僚——充任观察推官。董晋去世之后，徐州节度使又请他充任“府推官”。《旧唐书》说他那时发言直率，无所畏避，操行坚正，拙于世务。后来调到中央，担任四门博士（四门学是当时一种国立学校的名称，四门博士则是这所学校的一种教职）。德宗贞元十九年（八〇三年），又升为监察御史。

德宗晚年，政出多门，宰相不专心于政务，京兆尹李实恃宠而骄，为政暴戾，横征暴敛，弄得民不聊生。有个唱戏的名叫成辅端，编了一首歌谣来讽刺他。李实就说他诽谤朝政，把他活活打死。韩愈上书批评，并且说明京畿百姓穷困，今年无法征起的税捐，请等到明年再征。皇帝不但不听，反将韩愈贬到广东连州的阳山县去当县令。这是贞元十九年十二月的事。

韩愈在阳山令任内，对县民非常爱护，做了许多有益县民的事，县民很感戴他，很多人生了孩子，就用他的姓氏来命名。

顺宗永贞元年（八〇五年），韩愈调任江陵府（在湖北省江陵县）法曹参军，掌理刑事案件的审判工作。

宪宗元和元年（八〇六年），内调为国子博士（国子学是当时的贵族子弟学校，国子博士则是这种学校最高级教师职位，其下有助教、直讲等）。次年，以国子博士兼任东都司官。元和四年（八〇九年），正式改调为都官员外郎。元和五年（八一〇年）派为河南令，翌年转任职方员外郎。因为华阴县令柳涧的犯罪案件，韩愈曾上书帮他说话而被牵连，于元和七年（八一二年）再被降调为国子博士。他因为才高而累被摈黜，乃作《进学解》一篇以自喻。当时执政的人看了这篇文章之后，非常赞赏他的才气，同情他的遭遇，并认为他有写历史的才能，便改调他为比部郎中及史馆修撰等职。过了一年，又调任考功郎中，知制诰（起草皇帝的制诰）。元和十一年（八一六年）再调升为中书舍人，这是职掌制定法令的中书省“正五品上”职，地位相当高。但是不久又有人以韩愈过去在江陵的事来毁谤他，因而被降调为太子右庶子。

元和十二年（八一七年）八月，宰相裴度出任淮西宣慰处置使，兼彰义军节度使。韩愈担任他的行军司马（军中副职，负参谋之责），随军东征，平定蔡州（河南省汝南县）吴元济的叛乱。回朝之后，因功调升为刑部侍郎，受命撰《平淮西碑》。他在碑文中叙述很多裴度的事迹，以致引起当时首先进入蔡州捉住吴元济，功居第一的李愬不满。李愬的妻子向皇帝控告碑文不实，宪宗就下令把韩愈撰的碑文磨掉，命翰林学士段文昌重撰勒石。

元和十四年（八一九年），宪宗遣使者往凤翔迎佛骨入宫中，供奉三天，然后送入佛祠。王公士庶，都奔走膜拜，唯恐落后，甚至有人废业破产，烧顶灼臂，以求供奉。韩愈听了非常厌恶，乃向皇帝上了一通《论佛骨表》，以非常激烈而露骨的文词，把皇帝和一般人迷信佛教的行为，抨击得体无完肤。甚至说东汉明帝以来，信佛的帝王都运祚不长，有的短命，有的饿死，乱亡相继。宪宗看了极为震怒，想把他处死。幸亏裴度和崔群出来帮他辩解，说他直言谏争，完全出于一片忠诚。另外还有许多皇亲国戚及达官贵人帮他求情，乃贬为潮州（在广东省潮安县）刺史。

韩愈到了潮州之后，上表谢皇帝不杀之恩。表中叙述他在潮州生活环境的恶劣，及他自己的体弱多病，而且年才五十，便发白齿落，恐怕不久于人世。接着说他虽然不通人情，可是对写文章却很有心得，可以为皇帝写些歌功颂德的文章，并劝皇帝东巡泰山，祭告皇天，自己则希望能参与其事，有所表现，以赎前过。皇帝看了很受感动，向宰相们表示想再用他。但宰相皇甫镈素来嫌他太直，恐怕他再被重用，就抢先说韩愈终究太狂疏，酌量给他换个地方就好了。皇帝乃调他为袁州（江西宜春）刺史。

韩愈初到潮州，接事之后，访问民间疾苦，得知郡西湫水有一条鳄鱼，长数丈，常常偷吃附近民家的牲畜，民家所有牲畜差不多都被吃光了，所以当地人都很贫穷。过了几天，韩愈到现场去视察，随即命属员烤了一只猪和一头羊，投入水中，并写了一篇《祭鳄鱼文》，警告它尽快在三天到五天之内离开潮州，迁到南边大海去，否则，他将选壮士用劲弓毒矢射杀它。事有凑巧，当天晚上，湫中暴风迅雷大作。过了几天，湫水竟完全干涸，流到湫西六十里的地方去，从此潮州人再也没有鳄鱼之患了。

袁州人有把子女押给他人做奴隶的陋俗，约定逾期不赎，就永远没入债主家里为奴。韩愈到了袁州，设法把没入的人赎回，归还给他们的父母，共有七百多人，并禁止百姓再把子女押给他人为奴隶。

元和十五年（八二〇年），穆宗即位，九月召拜韩愈为国子祭酒（即国子学的首席教师）。不久，又转调为兵部侍郎。恰巧，碰上镇州（在河北省正定县）发生兵变，兵马使王庭凑杀了节度使田宏正，自为节度使。皇帝没法平乱，只好派韩愈去宣抚。别人都替他担心，穆宗皇帝派了他之后，亦有些后悔，觉得不该让他去冒险，告诉他要相机行事，不必一定进入镇州。但韩愈还是勇往直前，到了镇州。庭凑命士兵拔刀张弓来迎接他，把他团团围住。韩愈毫无惧色，大声训斥他们，又情辞恳切地晓以大义，喻以利害。庭凑听了，对他非常敬重，就接受劝告，不与朝廷作对。

韩愈回朝复命，皇帝非常高兴，于长庆二年（八二二年）调他担任吏部侍郎，翌年转任京兆尹（首都地方行政首长）兼御史大夫。但因他与御史中丞李绅不和，互相攻讦，各不相让，皇帝很生气，把他们两人的职务一起调动。韩愈调为兵部侍郎，不久，又复任吏部侍郎。

长庆四年（八二四年）八月，韩愈因病免职，十二月去世，享年五十七岁。皇帝追赠他为礼部尚书，谥曰文。

《旧唐书·韩愈列传》说他性情宽大通达，与人交游，荣枯不变。少年时，与洛阳人孟郊、东郡人张籍为友。当时他们两人还默默无闻，韩愈不畏寒暑，为他们奔走推荐于公卿之间。后来张籍登进士第，做了官，在公余之暇，他们还是互相谈文赋诗，和从前一样。对于豪门权贵，却不太理睬。对于后进，则尽力诱导扶助，家中常常留住了十多人，虽然有时连早餐都没有着落，韩愈还是怡然自得，毫不在意。很多人在他的帮助鼓励之下，成了知名之士。他一生都以振兴名教、弘扬仁义之道为己任。至于他在文学上的成就，前文已经提到，这里不再重复。

三、重要著作

据《昌黎先生集序》的记载，韩愈去世之后，他的学生李汉收拾整理他的遗文，得到下列各种：

（一）赋四篇

（二）古诗二百一十首

（三）联句十一篇

（四）律诗一百六十首

（五）杂著六十五篇

（六）书启序九十六篇

（七）哀辞祭文三十九篇

（八）碑志七十六篇

（九）杂文四篇

（十）表状四十七篇

以上共有七百多篇，连目录合为四十一卷，称为《昌黎先生集》，流传于世。此外，另有《注论语》十卷，《顺宗实录》五卷，前者传于学者之间，后者列为史书。《旧唐书》说韩愈撰的《顺宗实录》，繁简不当，叙事拙于取舍，颇为当代人所批评。穆宗和文宗曾叫史臣添改，但因当时韩愈的女婿李汉官居显要，史臣们很为难，乃由韦处厚另撰《顺宗实录》三卷。

在韩愈的著作中，大部分都是文艺性的作品，文笔的优美远超过思想的内涵。充分表现他的思想内涵的文章，是属于所谓杂著类的，例如《原道》、《原性》、《原毁》、《原人》、《对禹问》、《杂说四首》、《读荀》、《读墨子》、《师说》、《进学解》、《争臣论》、《圬者王承福传》、《伯夷颂》、《子产不毁乡校》等篇是，此外如表状类中的《论佛骨表》等亦各有相当思想上之价值。

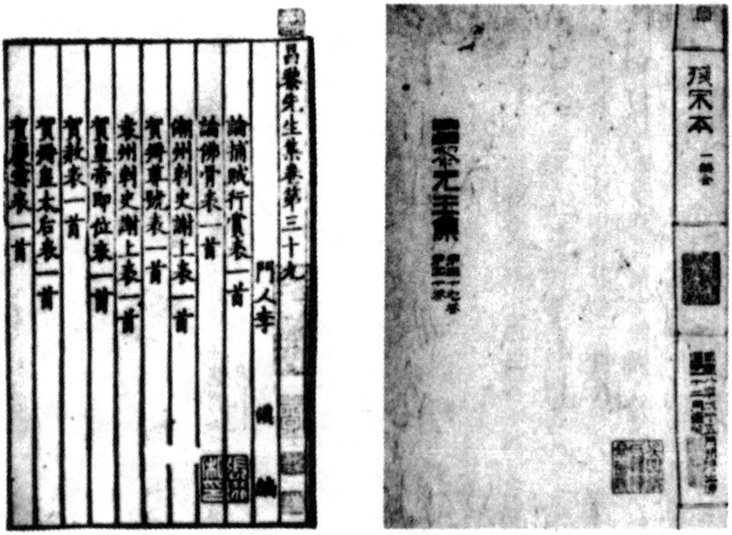

《昌黎先生集》珍本残卷封面（右）及首页（左）

（宋刻本，国家图书馆藏）

四、时代背景

1. 纷乱的政局

韩愈有生之年，历经唐朝中叶的代宗、德宗、顺宗、宪宗及穆宗五帝。时当承安禄山、史思明相继作乱之后，藩镇纷纷割据抗命，帝国分崩离析。虽然宪宗时代的十五年（八〇六—八二〇年）中，中央政府曾经施展铁腕，用武力征服骄横抗命的藩镇，使国家再度统一，因而在唐史上，有中兴时期之称。但基本上，韩愈所处的时代，始终是一个藩镇跋扈，兵连祸结的时代。这种情况的起因是由于肃宗和代宗，对于许多归降唐朝的安史部将，不但不加惩罚，反而酬以广大的地盘和节度使的官位，也不解散他们的军队，这无异是对称兵作乱者的一种鼓励。因此他们更加骄横，而且互为婚姻，相互勾结，与中央抗衡。某一节度使死亡时，便由他的子侄或部众所推举的部将继任其位，客气一点的，则先称“留后”，等到中央正式委任状到达后，再称节度使。在他们的隶区内，他们可以自由委任官吏，扩充军队，征收赋税，中央政府不能过问。而他们的亲军卫队却又常常发动叛变，驱逐主帅，拥立新主。

大历十年（七七五年），韩愈八岁时，就有魏博（大名）节度使田承嗣叛变，强夺昭义节度使所辖的一部分地盘。朝廷派兵征伐，不能取胜；承嗣谢罪，朝廷又赦免他。大历十四年（七七九年），承嗣死亡，其侄田悦擅继其位，开了藩镇世袭的恶例。

德宗建中三年（七八二年），韩愈十五岁时，节度使李希烈、朱滔、田悦、李纳、王武俊等同反，泾原节度使姚令言的士兵哗变，德宗被逼得仓皇出走，跑到奉天（陕西乾县）去避难。第二年，朱泚又反。翌年（七八四年），即兴元元年，节度使李怀光反，并暗中与朱泚相通，阴谋袭取奉天，德宗闻讯，再逃到梁州（陕西南郑）。自此以后，叛将们多被部下所杀，取而代之，而且杀人者人恒杀之，如此一代代递相屠杀，久久不得安宁。

宪宗即位之后，先后平定了剑南（成都）节度使刘辟、夏绥（陕西横山）留后杨惠琳、镇海（江苏镇江）节度使李锜的叛乱，中央声威大振。

宪宗元和十年至十二年（八一五—八一七年）讨伐淮西（河南汝南）吴元济之乱，是历史上有名的战役。韩愈曾以行军司马的身份，随同主帅出征平乱。

淮西之乱，淄青（益都）节度使李师道暗中出兵助吴元济。淮西平定后，唐室派李光颜、李愬等统军进讨。元和十四年（八一九年）师道被部将刘悟所杀，淄青遂平。

元和十五年，宪宗死后，穆宗即位，河北诸镇又相继叛变。长庆元年（八二一年），成德（正定）旧将王庭凑杀死节度使田弘正，自称留后，唐室遣兵讨伐无功，只好派韩愈去宣抚，这是前面已经说过的。这也是韩愈一生中所经验的最后一次战乱。

2. 苛暴的官府

在一个战乱相乘的时代里，人民的生活本来就够痛苦的了，再加上德宗在位的二十五年里，大部分的时间有权奸卢杞、裴延龄、李齐运、李实、韦执谊等当道。据历史记载，卢杞生来容貌丑陋，心性阴险而有辩才，德宗喜欢他的口辩之才，在建中二年（七八一年）越级提升他为宰相。他为了要立威，不惜残害忠良。凡不依附他的人，必设法置之死地，并实行判度支（主管财政的官员）赵赞所奏的两种苛捐杂税：一为“税间架”，是一种房屋税，按照房屋的大小来征税；另一种叫做“除陌钱”，民间每一项买卖，都要依金额大小来抽税，如有逃漏，加重处罚。卢杞还要从中敲诈剥削，中饱私囊，弄得民不聊生，怨声满天下。后来虽然在建中四年（七八三年），因为他排挤名将李怀光，李怀光上表暴露卢杞等的罪恶，德宗才将他和白志贞、赵赞等贬为远州司马。

可是和卢杞同党的裴延龄又被重用。贞元八年（七九二年），德宗欲用裴延龄为判度支，宰相陆贽竭力反对。他说：“度支准平万货，刻吝则生患，宽假则容奸，延龄诞妄小人，用之恐伤圣鉴。”德宗不听，还是用了他。德宗明知延龄诞妄，但是因为他爱说别人的坏话，而德宗又很想知道外面的情况，正是投其所好，所以对延龄特别亲厚。朝中群臣，因为他得皇帝宠信，大家都怕他，不敢说他不好，只有陆贽敢说，直陈延龄奸诈，数说他的罪恶。德宗听了很不高兴，贞元十年（七九四年）把陆贽贬为太子宾客，第二年又贬为忠州别驾（州刺史佐官）。

德宗逃到奉天时，生活很困苦，所以回到长安以后，就想尽方法来聚敛钱财。藩镇和地方官，多以进奉银钱来讨好皇帝，以求升迁。而他们则以“增敛百姓，或减刻吏禄或贩鬻蔬果”等方法来搜括。结果是羊毛出在羊身上，更加重了老百姓的负担。

更糟糕的是，皇帝宫中需用的物品派宦官（宫中太监充任的官职）主持采购，称为“宫市”。经常派出好几百人到市上强买老百姓的物品，以用红紫颜料染过的旧衣破布，撕成一片片，付给货主，算作价金。另外还要向他们索取进奉“门户及脚价钱”，所以，名为“宫市”，实际是强夺民物。有一次，一位农夫用驴载柴上街叫卖，宦官把他的柴取去，还要索取门户钱。农夫说，我有父母妻子，等着我卖柴买米下锅，现在柴给了你，没有付价金，你还不放过我，我也不想活了。就动手殴打那宦官。街吏把农夫捉起来，事情闹到皇帝知道了。皇帝下令赐那农夫绢十匹，作为补偿。但“宫市”的陋规还是没有废除，谏官、御史，以及徐州节度使张建封屡谏无效。

韩愈生活在这样的政治和社会环境里，平日所见所闻，自然会对他的思想发生很大的冲击作用，使他充满了悲天悯人的情怀和拨乱反正的期望。他所写的文章，大部分都是有感而发的。例如贞元十一年（七九五年）间，当裴延龄横行无忌，陆贽等被谮遭贬的时候，谏议大夫阳城只是日夜与客痛饮，一句话不说。年轻气盛的韩愈，方成进士不久，便作《争臣论》一文，指名讽刺他，文中将言官职责，以及知识分子的责任，剖析得非常透彻，这可以说是他政治思想的一部分。

3. 释道两教的盛行

唐初，佛道二教都很盛行，太宗比较尊崇道教，这与李唐皇室与老子同姓有关。当时道士、女冠（即女道士）的法定地位，在僧尼之上，但太宗对于佛教不仅未加抑制，而且对于佛经的翻译，曾经热心赞助。贞观十九年（六四五年），僧玄奘自天竺游学归来，携回佛经六百余部。太宗特在长安设立译经场，命他译经，并命房玄龄、许敬宗等，广召硕学沙门数十名相助。高宗武后时，佛教益盛，武后因为出身于佛教家庭，特别崇信佛教。后来更利用佛经，作为称帝的理论根据。玄宗时，虽曾淘汰僧尼，但民间信仰已深，无法遏止，其后经肃、代、德、顺诸帝，佛教愈来愈盛。宪宗是英明有为的皇帝，但还是命人迎佛骨于凤翔，留宫中三日，以求福祉。“上有好之者，下必有甚焉者。”当时一般人迷信佛教的情形，就可想而知。

道教在唐朝，大体上是为皇室所尊奉的，其原因除了皇室与老子同姓外，还因为唐代皇室多喜服食丹药，以求长生。而丹药的炼制，正是道士们的专长，因此很得皇帝的宠信。高宗乾封二年(六六七年)，追封老子为太上玄元皇帝，道教地位益隆。武后临朝，加意提倡佛教，道教声势大减。到玄宗时，又提倡道教。她一度命道士、女冠隶属于宗正寺，简直把他们看作皇帝的宗室（家族）。又设崇玄学，置大学士一人，以宰相兼任，并领两京玄元宫及道院。当时全国道观共有一千六百八十余所，公主妃殡，多入道院为女冠，受“金仙”、“玉真”等封号，这是道教的全盛时代。肃、代二宗，因内乱频仍，对佛道二教虽然无暇提倡，但亦未加抑制。德宗与宪宗，则佛道兼信，一般老百姓亦是一样。在这种情况之下，韩愈眼看国家多故，而朝野士庶犹不图振奋，迷信佛道，旷废正业，难怪他要大声疾呼地排斥佛老，竭力主张恢复儒家积极的入世精神。

五、思想体系

1. 道德论

在韩愈的文章中，最能表现他的中心思想的是《原道》一文。虽然后世学者大都认为韩愈的主要功劳，只是“抵排异端，攘斥佛老”，而且他排斥佛老，亦只是从宗教信仰上加以攻击，而无理论上的批判，因此，认为他在儒学的阐扬上，鲜有积极的建树。但是，如果细加分析，亦会发现他对儒家思想的发展，还是有相当的贡献。

（一）他给“仁、义、道、德”四个观念，各下了一个简洁明了的定义。他说：“博爱之谓仁，行而宜之之谓义，由是而之焉之谓道，足乎己无待于外之谓德。”这等于说：(1)“仁”就是博爱大众；(2)“义”就是适当的行为；(3)“道”就是通向仁义的道路；(4)“德”就是笃行仁义时，在思想上和行为上所表现的满足状态。

此外，韩愈并且进一步说明：“仁与义为定名，道与德为虚位。”“凡吾所谓道德云者，合仁与义言之也。”这就是说，道德不能离开仁义，离开仁义，便无所谓道德。

孔子亦说过：“泛爱众而亲仁。”（《论语·学而第一》）“樊迟问仁，子曰，爱人。”（《颜渊第十二》）已经隐含“仁就是博爱”之意。

孔子在道德上，特别注重仁，孟子又加上一个义字，他说：“仁，人之安宅也；义，人之正路也。旷安宅而弗居，舍正路而不由，哀哉。”（《离娄上》）孟子又说：“仁者，人也，合而言之，道也。”（《尽心下》）由此可见，韩愈的仁义道德观念，很显然是渊源于孔孟，但他为它们各下了一个明确的定义，已是功不可没，更何况，在道德论的范畴里，韩愈还有后述各项贡献。

（二）他肯定了儒家道德观念的普遍适用性。他在《原道》里说：“凡吾所谓道德云者，合仁与义言之也，天下之公言也，老子之所谓道德云者，去仁与义言之也，一人之私言也。”这就是说，他们竭力维护的仁义道德观念，是有普遍适用性的，是世界上大多数人所乐于接受的道理，而老子的道德观念，则是偏激的一家之言，不合大多数人的需要，亦不是一般人所能接受的。

（三）他指出儒家道德观念在寻常日用之间。他说：“夫所谓先王之教者何也？博爱之谓仁，行而宜之之谓义，由是而之焉之谓道，足乎己无待于外之谓德。其文，《诗》、《书》、《易》、《春秋》；其法，礼、乐、刑、政；其民，士、农、工、贾；其位，君臣、父子、师友、宾主、昆弟、夫妇；其服，麻、丝；其居，宫室；其食，粟、米、果、蔬、鱼、肉。其为道易明，而其为教易行也。是故以之为己，则顺而祥，以之为人，则爱而公；以之为心，则和而平；以之为天下国家，则无所处而不当。”这是说明，儒家的仁义道德完全表现在国家的礼、乐、刑、政，和一般人的衣、食、住、行等日常生活里，是最切合国家、社会和人民需要的行为准则。

（四）从经济观点排斥佛老。从经济观点说，韩愈认为：“古代社会，人民只有士、农、工、商四种，现在却加上和尚、道士，变成六种。古时，从事教化工作的人，只有儒家，现在加上释、道两家，变成三家。因此，一家农民种田，要供给六家人的粮食。做工的人只有一家，使用器具的人却有六家，经商的人只有一家，赖以通有无，做买卖的却有六家，难怪现在的百姓都很贫穷，有的甚至铤而走险，去做强盗小偷。”因此他认为佛老应该排斥。

（五）为破除迷信及卫道而排斥佛老。韩愈对于佛老，并非全然无知，我们甚至可以说他对佛学亦有相当了解，并表赞许。例如他在《与孟尚书书》中说："在潮州时，有一老僧，号大颠，颇聪明，识道理，他实在是个能外形骸，以理自胜，不为事物侵乱的人。跟他谈谈，虽然未必全懂，但大致可以胸中无滞碍，以为难得，因而与他来往。"

又如他在《送高闲上人序》中说："今闲师浮屠（佛）氏，一死生，解外胶，是其为心必泊然无所起，其于世必淡然无所嗜。"这是说高闲上人学佛，能把死与生看成一体，从外界的一切中解脱，心中宁静淡泊。

韩愈对老子学说的了解，方可从《原道》一文中看出。他排斥佛老的理由，除了前面所述的经济观点外，还有"破除迷信及卫道"两个理由，这在《与孟尚书书》中，亦说得很明白。

（1）关于破除迷信，他说他与老僧大颠来往，完全因为彼此谈得来，并非"崇信其法，求福田利益也"。他认为君子行己立身，自有法度，只要仰俯无愧，积善积恶，是祸是福，听其自然，何必舍去圣人之道和先王之法，信仰夷狄之教，以求福利。假如释氏能给人降祸祟，守道君子亦不必惧怕，何况万万没有这个道理。

（2）关于卫道，他说孟子言拒杨墨，是因为圣贤之道不明。秦皇焚书坑儒，圣道又遭受极大破坏。汉朝以来，群儒修补，百孔千疮，随乱随失，其危如一发引千钧，这时却又有人提倡释老，"鼓天下之众而从之，释老之害，过于杨墨，韩愈之贤不及孟子，孟子不能救之于未亡之前，而韩愈乃欲全之于已坏之后"，固然是不自量力，但是假使"其道由愈而粗传，虽灭死，万万无恨"。他决心卫道，甚至愿以身殉道的精神，真是跃然纸上。

2. 社会进化论

韩愈从社会进化的观点看，认为老子的思想是不切实际的，他说：“古代的人所遭遇到的祸害很多，有了圣人之后，才教给人民相生相养之道。作他们的领袖，作他们的导师，把有害的虫、蛇、禽、兽驱走，让人民安顿在中国；寒冷时，教他们做衣服；饥饿时，教他们找食物；在树上构木为巢，容易掉下来，居住在地面上，容易生病，就教他们做房屋来住。此外还训练工人制造器具；教人经商，以通有无；发明医药，来防治疾病，以免夭亡；定下埋葬、祭祀的礼仪，来培养恩爱的感情；用礼节来定先后次序；用音乐来陶冶性情，宣泄抑郁；建立政治制度，使人民不敢怠惰，订定刑罚，以铲除强横欺压的行为；制定符玺印信及斗斛尺寸等度量衡，以为征信；因为有争夺，所以建造城郭甲兵来防守；为了怕有祸害到来，就事先加以准备；患难发生时，就设法防堵，可见圣人的作用很大。而老子却说：‘圣人不死，大盗不止，剖斗折衡，而民不争。’这完全是不经思考的说法。如果古代没有圣人，恐怕人类早已消灭了，因为人类没有羽毛鳞介以抵抗寒热，也没有爪牙可以争取食物。”

这对老子主张“绝圣弃知，无为而治”的理论，是一种有力的驳斥。虽然孔子对于上古时代的无为而治，也曾表示赞扬，他说：“无为而治者，其舜也与！夫何为哉？恭己正南面而已矣。”（《卫灵公第十五》）但他并没有像老子一样主张彻底的无为主义。而韩愈的前述主张，则是从正面提出相反的主张，从社会进化的观点，来批判无为主义的不切实际，这也可说是他的社会进化论。

3. 道统论

儒家所谓道统，是指历代圣人传授和继承下来的思想体系和传统，这种相互传授和继承的关系，就是道统。韩愈在《原道》一文里，明白指出他所说的“道”，并不是老子和佛家的“道”，而是尧传给舜，舜传给禹，禹传给汤，汤传给文王、武王和周公，文武周公传给孔子，孔子传给孟轲的道。孟轲死了以后，就不得其传了。荀子和扬雄只选择地传了一些不精纯的部分，而且语焉不详，不能算是正统传人。韩愈的这一段话，把历代圣人相传相继的道统关系表示得非常明确。

孟子也曾说过三段有关道统的话：

孟子在《尽心章句下》说：“由尧、舜至于汤，五百有余岁，若禹，皋陶则见而知之，若汤闻而知之。由汤至于文王，五百有余岁，若伊尹，莱朱则见而知之，若文王则闻而知之。由文王至于孔子，五百有余岁，若太公望，散宜生则见而知之，若孔子则闻而知之，由孔子而来至于今，百有余岁，去圣人之世若此其未远也，近圣人之居若此其甚也，然而无有乎尔，则亦无有乎尔。”这一段对于道统的流传说得相当明白，而且特别指出哪些人对于道统的体现，曾经亲身目睹，哪些人是得之隔代流传。不过这段话里没有提到武王和周公，似乎对于道统流传的叙述并不完全。这就要用他所说另两段话来补充。

孟子说：“禹恶旨酒而好善言，汤执中，立贤无方。文王视民如伤，望道而未之见，武王不泄迩，不忘远。周公思兼三王以施四事。其不合者，仰而思之，夜以继日；幸而得之，坐以待旦。”（《离娄下》）这就把禹、汤、文、武、周公一起说到了。

孟子又说：“昔者禹抑洪水而天下平。周公兼夷狄，驱猛兽，而百姓宁。孔子成春秋而乱臣贼子惧。……我亦欲正人心，息邪说，距诐行，放淫辞，以承三圣。”（《滕文公下》）这里孟子已经当仁不让地把自己也列为道统传人。

把以上孟子所说的三段话合起来看，正和韩愈所提的道统源流相一致。不过孟子在儒家道统中的地位，他自己只是表明他的志愿，经过韩愈的指认，才算是正式确定。这也可说是韩愈在儒家思想上的贡献之一。这种对于道统的明白确认，对于后世学者发生了积极的激励作用。宋明理学的发达，多少亦受了这种道统观念的影响。张横渠所说的“为天地立心，为生民立命，为往圣继绝学，为万世开太平”，正是道统观念的高度发扬。

4. 恕道论

据《论语》记载，孔子曾对曾子说：“参乎，吾道一以贯之。”可是没有说明这“一以贯之”的道，究竟内涵如何。据曾子事后解释是：“夫子之道，忠恕而已矣！”宋朝的朱熹进一步解释说：“尽己之谓忠，推己之谓恕。”（见朱注《论语·里仁第四》）这和孔子所说的“躬自厚，而薄责于人”（《卫灵公第十五》）——责备自己要严，责备他人要薄的道理正相吻合。关于这一点，韩愈在他所写的《原毁》一文中，作了更为透辟的阐释。

韩愈写《原毁》的本意在说明：世人多怠惰而善妒忌，“怠惰的人不能修养品德，妒忌的人，怕别人修养好。”所以对别人非常苛刻，喜欢毁谤他人，因此有“事修而谤兴，德高而毁来”的现象。他感叹地说：“呜呼，士之处此世，而望名誉之光，道德之行，难矣！”

可是韩愈在说明古代的君子如何地“责己重，责人轻”的道理时，却把忠恕之道阐发得非常淋漓尽致。他说：古代的君子，因为责己很重，所以不敢怠惰；因为责人很轻，所以他人乐于为善。他们往往以舜和周公为榜样，早夜苦行力学，希望能达到舜和周公的境界；他们对别人都只说："他能有这种德行，就可算是个好人；他有这种知能，就可算是个多才多艺的人了。人家有了一项好处，就不苛求他有第二项；他现在变好了，就不苛责他过去的缺点，只担心他不能得到为善的利益。"韩愈这种说法，对于孔子的忠恕之道，实在有发扬光大的作用，使人更易了解、更易实践。

5. 人性论

人性究竟是善是恶，还是善恶混？在儒家思想史上，曾经是个聚讼纷纭的问题。韩愈在《原性》一文，提出了他独到的见解。

他首先提出关于人性问题的正面主张，并根据历史上的事实加以论证，然后基于人性分析的结果，提出教罚并重的结论："上之性就学而愈明，下之性畏威而寡罪，是故上者可教，而下者可制也。"

他说："性是与生俱来的，情是接触事物后才发生的。性有三品，表现在五项德目上。情亦有三品，表现在七种情绪上。性可以分作上中下三品，上品的性，全是善的；中品的性，是可导而上下的；下品的性，全是恶的。表现人性的五项德目是仁、礼、信、义、智。上品的性，对于那五项德目，能主于一（指仁）而行于四（指礼、信、义、智）。中品的性，对于那五项德目中的第一项不是偏多，便是偏少，对于其余四项则混杂不清。下品的性，反于一（指仁）而悖于四（指礼、信、义、智）。"

他主张性的品级对于"情"有影响，因此情亦可分为上中下三品，表现在喜、怒、哀、惧、爱、恶、欲等七种情绪上。上品的情，对于那七种情绪的发动，能够恰到好处；中品的情，则有过与不及，但还能求得其中；下品的情，大都是放纵狂乱，不能节制。因此，情的品级对于“性”亦有影响。

他接着依据历史（《国语》、《左传》等）上所载事实，以叔鱼、杨食我及越椒三人初生时的情形证明人性并不是生而皆善，以反驳孟子性善之说；以后稷及文王初生与幼年时的情形，来证明人性并不是生而必恶，以反驳荀子性恶之说；以尧的儿子丹朱，舜的儿子商均，文王的儿子管、蔡，瞽叟的儿子舜，以及鲧的儿子禹来证明人性并不是善恶混，以反驳杨子人性是善恶混的主张。韩愈说来有根有据，雄辩滔滔，所以有人称赞他这篇《原性》，具有万古独到的见解。这可算是他在思想上的一大贡献。

6. 宇宙论

儒家学者特重人文思想的阐扬，很少谈到人生以外的事。韩愈生平以继承儒家道统为职志，自然也是一位人文主义者。他的著作大都是讨论人生、伦理、道德和政教等问题，关于宇宙和本体方面，只是在讨论人生问题时，偶尔涉及，附带提到。兹列述三点于后：

（一）有神论：关于宇宙的第一个问题，是有神或无神的问题，韩愈在《原道》里说：“郊焉而天神假，庙焉而人鬼飨。”这是说一个人如果能力行仁义，他在冬至日去祭天，天上的神明一定会很高兴；他到庙里去祭祀，祖先的鬼魂也会接受。可见韩愈认为天地之间有神存在，不但有神，而且有鬼。

韩愈还写了一篇名为《原鬼》的文章，专门讨论鬼神的有无问题。文中断言：“无声与形者，物有之矣，鬼神是也。”这是说，有一种东西是无声无形的，那就是鬼神。接着他又说：无形无声是鬼的常态，但是如果人忤悖天心，违反民意，不信于物，有逆伦常，鬼也会变成有形有声的东西，来降祸于人。在这里，他是鬼神并举，承认有鬼，同时也承认有神。

此外，韩愈在他所写的其他文章里，也常提到神。例如《祭十二郎文》里有“吾行负神明，而使汝夭”，并说：“所谓天者诚难测，而神者诚难明矣。”

（二）泛神论：韩愈在潮州时，曾写过祭神文五篇，三篇祭大湖神，一篇祭城隍，一篇祭界石神。在袁州时，也写了三篇祭神文，一篇祭城隍，两篇祭仰山之神。另有一篇《祭湘君夫人文》。他当京兆尹兼御史大夫时，又写过一篇《祭竹林神文》，一篇《曲江祭龙文》。这些祭神文，虽然都是些为老百姓祈晴、祈雨及谢恩、报德之作，充满迷信色彩，但由此可见韩愈是多神论的。而且他承认山、水、竹、石都有神只，简直可以说是一位泛神论者。

孔子认为宇宙万有是由天主宰，他说：“天生德于予，桓魋其如予何？”（《述而第七》）“天之未丧斯文也，匡人其如予何？”（《子罕第九》）孔子所谓的天就是神，而且孔子也祭神，他说：“祭神如神在。”（《八佾第三》）足见孔子也是有神论者。韩愈上承儒家传统思想，他认为有神的存在，自无足怪。

（三）三分法的宇宙观：韩愈在《原人》一文中说：“形于上者谓之天，形于下者谓之地，命于其两间者，谓之人。形于上，日月星辰皆天也，形于下，草木山川皆地也，命于两间，夷狄禽兽皆人也。”这是说：宇宙是由天、地、人三者构成，其他的一切事物，都可归纳在这个范畴里。这是种很特殊的说法，渊源于《易·系辞》所谓：“《易》之为书，广大悉备，有天道焉，有人道焉，有地道焉，兼三才而两之。”（《系辞下》第十章）却说得更为具体而肯定，这是韩愈的三分法宇宙观。宋代张载《西铭》所谓：“乾称父，坤称母，予兹藐然，乃混然中处。”恐怕也多少受了韩愈这种宇宙观的影响，进而发展成为他独到的“民胞物与”的伟大境界。

7. 本体论

韩愈的本体论，和他的宇宙论一样，也是隐藏在他讨论人生的文章里。在《原人》一文中，他说："天道乱，而日月星辰不得其行；地道乱，而草木山川不得其平；人道乱，而夷狄禽兽不得其情。"他接着又说：天是日月星辰的主宰。主宰如果残暴不仁，就失去了做主宰的"道"，所以圣人对于万物都"一视而同仁，笃近而举远"。

在《原人》这篇文章里，韩愈强调了三项重要的思想观点：

第一是强调道的重要性，天有天道，地有地道，人有人道。而且这三种"道"，都不能乱，如果"道"乱了，那么日月星辰就要失其常轨，而无法运行；草木山川就要失掉平衡，而草枯木坏，山崩川决；夷狄禽兽将得不到情感上的平静，而多怨愤。可见"道"是非常重要的，这无异说"道"是天地人的主宰，其重要性殆与老子所说的"先天地生"的"道"相同。

第二是把天、地、人三者抽象化和人格化。他主张"天"是日月星辰的共名，同时又是日月星辰的主宰；"地"是草木山川的共名和主宰；"人"是夷狄禽兽的共名和主宰。这即是说一切"形于上"的日月星辰，都属于"天"的范畴，而"天"本身又是一切"形于上"的实体的主宰；一切"形于下"的草木山川，都属于地的范畴，而"地"本身又是一切"形于下"的实体的主宰；一切存于"天"和"地"之间的夷狄禽兽，都属于人的范畴，而"人"又是夷狄禽兽的主宰。

第三是强调一视同仁的重要性。韩愈从天地人三者的大道中，领悟到"去暴存仁"的重要，因此归结到如何做一个"有道"的统治者的基本原则，那就是对万事万物都要"一视同仁"，大公无私，

“笃近举远”，无所偏爱，也无所遗漏，应该像阳光一样地普照大地。

由上可见，在韩愈的思想领域里，宇宙本体和人生的“道理”是通体相连。宇宙的本体是“道”，而道的本质就是“仁”，人生的大道也是“仁”，在“道”和“仁”的融合贯通之下，“天”与“人”就合而为一了。

8. 方法论

韩愈并没有写方法论方面的专文，不过从其他的文章，可以看出韩愈也很注重思维方法，例如：

（一）在《原鬼》一文中，韩愈以声、形、气的有无，来为天地间的事物分类，他说：有些东西是有形体而无声音的，例如土和石是；有些东西是有声音而无形体的，例如风和雷霆是；有些东西是既有声音，又有形体的，例如人和兽是；有些东西是既无声又无形的，例如鬼神是。这是一种依据事物的特征来分类的方法。

（二）在《原人》一文中，韩愈主张：日月星辰，是天的一部分，草木山川都是地的一部分，夷狄禽兽都是人的一部分，但是他指出：我们不能说禽兽就是人。我们指着山说“这是山”，那是可以的。山上有草木禽兽，都可包括在“山”的范围里。但我们不能指着山的一株草说“这就是山”。由此可见韩愈是很重视思维方法的。他这种辩证法则，正与战国时代公孙龙子“白马非马”及“坚白同异”之说，有其一脉相承的密切关系。

（三）韩愈在他所写的《进士策问》十三首中，表现出高度的怀疑精神。对于若干古籍上的记载，他并不全盘接受，照单全收，而是采取一种批判性的怀疑态度，例如《策问》第一首说：

“《书经》上说，你如果有重大的疑难，应该先问问你的良心，再跟你的卿和士商量，甚至问问你的老百姓，或者用龟筮卜卦，查查是否顺利，来判断吉凶。”如此看来，圣人欲有所作为时，莫不与人共谋同议。

“可是《易经·系辞上传》第八章却说：君主不能保密，则将失去他的大臣；臣下不能保密，则将丧失他的生命；处理事情不能保密，就会影响它的成功。《春秋》上也有讥讽晋文公泄漏机密的文词。如此又好像遇事不该与他人共谋，而应该单独运用思考。《书》与《易》及《春秋》，都是经书，圣人立言，应该是非常谨慎用心的，而文字记载又是如此的互相矛盾，实在叫人不能无疑。以上两说，究竟谁是谁非？还是各有所指呢？”

又如他在《策问》第十一首说：孔子称：“尧舜垂衣裳而天下理。”又说：“无为而天下理者，其舜也欤！”这就是说尧舜是“无为而治”的。可是《尚书》的《尧典》、《舜典》中明明记载：尧舜曾经“亲九族，平章百姓，协和万邦。”并且测定日月星辰的运行时间，忧愁洪水的祸患；舜亦曾经慎五典（建立五伦观念——即君臣、父子、夫妇、长幼、朋友），叙百揆（兴办百事），宾四门（接待四方诸侯），齐七政（测定日月及金木水火土五星的运行度数及其迟速顺逆），还要祭告上帝、天、地、四时及山川之神，划分十二州并封祭各州“州山”，疏浚其河流。尧舜二帝都应该是非常繁忙的，又怎能说他们是“无为而治”呢？韩愈在这里充分表现了他的怀疑精神。

9. 政治思想

（一）贤人政治：韩愈所推崇的历代道统传人——自尧、舜、禹、汤、文、武，以至周公、孔子，都是典型的贤人政治家。虽然孔子仅做过短时期的鲁国司寇，但他摄行宰相职务期间，诛少正卯，鲁国大治，已经充分表现了贤人政治家的风范。所以，我们从韩愈的道统观念中，亦已可以看出他是主张贤人政治的。

韩愈在他所写的《对禹问》一文中，更明白地表示了贤人政治的主张，他以对话体的笔法展示他的见解：

或问："有人说尧舜把天下传给贤者，禹把天下传给儿子对吗？"

答："对的。"

问："那么禹的贤明不及尧和舜吗？"

答："不对，尧舜传贤，是欲天下得其所。禹传给儿子，是担心后世为争天下而发生暴乱。尧舜的利民很大，禹的忧民很深。"

问："那么尧舜为什么不忧后世呢？"

答："舜如尧一般的贤能，所以尧传位给舜，禹如舜一般的贤能，所以舜传位给禹，得其人而传位给他，这是尧舜的做法；没有贤人可传，又恐怕引起祸患，所以不传位给他人，这是禹的作法。"

以上这段对话的基本观念，就是皇帝应该把天下交给贤人来治理，找不到贤人时，迫不得已，才交给儿子去治理，以免引起争端。归根结柢，还是强调了贤人政治的理想。

（二）人才观念：关于人才的培养和运用，韩愈亦有独到的见解，他在《杂说》四首之四内说：

世界上先有伯乐（春秋秦穆公时代的一位善于观察马的人，本名孙阳），然后有千里马。千里马常有，而伯乐不常有。故虽有名马，只屈辱在奴隶们的手下，死在马厩里，千里马之能，不能见称于世。能跑一千里的马，每顿也许要吃一石粟米。喂马的人不知道它能跑一千里，未能好好喂饱它。它虽然有千里之能，但是吃不饱，力不足，才能也就显不出来，要求它和常马一样的表现，亦不可得，又怎么能叫它跑一千里呢？驱策的方法不对，又不把它喂饱，马鸣时，你又不了解它的意思，却拿着马鞭叹说："天下没有好马！"

其实是因为你不懂马。

这段话对于发掘人才、培养人才和正确运用人才的重要，说得十分透彻中肯。韩愈写这篇文章时，也许有些怀才不遇的牢骚，但却透露了他的人才观念，这和他的贤人政治的理想，亦有密切关系。

（三）君臣之义：君臣是五伦之一，君臣之义为儒家思想中的重要部分。对于君臣之间，应如何各守分际，各尽职责，做得恰到好处，向来是学者热烈研讨的课题。韩愈以儒家道统传人自命，自然亦会注意到这个问题，他有两篇文章是以君臣之义为主旨的，一篇是《伯夷颂》，一篇是《争臣论》。

韩愈在《伯夷颂》里说："殷朝败亡，周代兴起的时候，微子是位贤人，他抱着殷朝的祭器逃走；武王、周公是圣人，率领天下贤士、诸侯去攻打纣王，从没有人说他们不对，唯独伯夷、叔齐说不可以。殷被灭亡之后，天下归于周室，只有他们两位耻食周朝的粮食，宁肯饿死。他们这样做，并不是有所求，乃是'信道笃而自知明'的缘故。"

韩愈在这里所谓"道"，是指君臣之道，他在这篇文章的末尾说：

虽然，微二子，乱臣贼子接迹于后世矣。

这就点明了严守君臣之义的重要。这种严格的君臣观念，在今天民主时代看起来，诚然令人不敢苟同，但在封建君主时代，为了维持政治重心的稳定及人民和平安定的生活，确有其一定的价值。

韩愈在《争臣论》一文里，又为"臣道"树立了两个标准。一个标准是"有官守者，不得其职则去；有言责者，不得其言则去"。这是说担任政府官职的人，如果不能贯彻他的政策，尽到他的职守，就该辞职不干；担任谏议大夫之类的言官，如果不能尽到他的言责，也应该辞职，否则，便是尸位素餐，有失为臣之道。

另一个标准是：入朝规谏君王，出来不让别人知道，这是大臣宰相的事；至于谏官，则应该直言敢谏，并且要使四方后代，知道朝廷有直言骨鲠之臣，天子有从谏如流之美。庶几乎隐居岩穴的人，闻而仰慕，束带结发，愿意进入朝中来陈述意见，使君主成为尧舜一样的贤君，把伟大的盛名流传于无穷。

以上两点，除了说明为人臣者应该负责尽职之外，并强调了言官的重要。言官直言敢谏，才能使君主像尧舜一样的贤明。这种说法，不但在君主时代是正确的，即使在民主时代的今天，就一般公务员对于国家的责任而言，仍然有其相当的价值。

（四）重视舆论：韩愈写了一篇《子产不毁乡校颂》，赞美郑子产不毁去国人用以聚集论政的乡校，郑国因而大治。他说：

我怀念古代郑国的子产。他以礼治国，国人起初不能安然接受，跑到各乡的学校里去批评时政，人多嘴杂，议论纷纷。因此有人对子产说："把乡校毁去，议论自止。"子产回答说："议论多不但没有什么可怕，反倒可以促成政治的进步，而且这也不算'多言'，只不过表示各人的意见，好的意见我应该实行，不好的事我该避免。是非善恶，我根据众人的意见来判断。河川不可用堤防拦堵，言论不可勉强消弭。人民的嘴巴堵塞了，上面的官吏便会变成聋子，国家就有倾覆的危险。"

韩愈又说：周朝初兴的时候，供养老年人，请他们建言国政。周朝衰落时，厉王暴虐，派人监视批评他的人。成败之迹，显而易见。

由此可知韩愈深切了解舆论的重要。他主张政府应该容忍一个言论自由的开放社会。因为只有在一个开放的社会里，下情才能上达，政府才能了解人民真正的需要，政府才能建立在一个坚实稳固的基础上。

10. 教育思想

韩愈的教育思想，表现在他所写的《师说》和《进学解》两篇文章里，他的主要观点有三：

（一）教育的目的在传道、授业、解惑：韩愈在《师说》里说：教师的功能是传道、授业、解惑，教师是教育机构的核心，因此，韩愈所说的教师的功能，亦即是教育的功能和目的。

根据韩愈在《原道》一文的主张，所谓传道，当然是传儒家历圣相传的仁义之道；所谓授业，指的是专门技能或学问的传授。这可以从《师说》中所提“圣人无常师，孔子师郯子、苌弘、师襄、老聃”看出来。因为郯子知道古代少昊氏以鸟名官之故，苌弘是位音乐家，师襄是位善鼓琴的乐师，老聃懂礼，孔子就分别向他们学习那些专门技能和学问。所谓解惑，是指解答人生和“道”、“业”等各方面的疑惑。

一个人如能从教育中，接受历圣相传的大道，学得一些专门知能，又能对人生和道、业等各方面的疑难问题，得到相当圆满的解答，教育的目的自然可算圆满达成。

（二）教师的资格：因为韩愈主张教师的功能和教育的目的是传道、授业、解惑，因此他主张教师的资格应该是“闻道”或“术业有专攻”，至于年龄大小，身份贵贱，都无关紧要。他说：“生乎吾前，其闻道也，固先乎吾，吾从而师之。生乎吾后，其闻道也，亦先乎吾，吾从而师之，吾师道也。……是故无贵无贱，无长无少，道之所存，师之所存也。”

韩愈更进一步强调："弟子不必不如师，师不必贤于弟子，闻道有先后，术业有专攻，如是而已。"这在当时，确实是一种很进步的看法，这种境界，直到现在还有人无法达到。

（三）培养不急功近利的人才：《进学解》一文，虽然是韩愈自说自话，自我解嘲的文章，却亦透露出他对教育应该培育何种人才的看法。他说：

"诸生业患不能精，无患有司之不明；行患不能成，无患有司之不公。"这是教导学生要专心向学，力求精进，忠于所事，力求有成，不可急功近利，担心执政当局的不明不公。并举出孟轲和荀卿的一生行事，来勉励学生。他说："由于孟轲好辩，孔子之道才益加明白，不过孟轲自己奔走天下，终不见用。荀卿守正，弘扬了他的伟大理想，却被人谗害，逃到楚国，死在兰陵。但是这两位儒者，讲的话成为经典，他们的一举一动，足为他人法式，他们是出类拔萃地进入了圣人的境界。"这是韩愈对孟、荀二氏的最高赞美，亦表露了他对教育应培养何种人才的看法。

11. 国防思想

前面说过，韩愈所处的时代，是个藩镇跋扈，兵连祸结的时代，他自己曾亲身参与过两次重大的平乱行动，一次是出征淮西，一次是宣抚王庭凑。他处在这样的一个时代里，自然会想到国防的重要。

韩愈的国防思想，主要表现在他所作《守戒》一文里，他的基本观点有二：

（一）有备无患：韩愈首先以譬喻的方式说：

把住宅建在山上的人，知道猛兽的为害，必定设置高高的藩篱，并在篱外设陷阱；把住宅建在都市的人，知道有穿窬的小偷，必定建起高高的垣墙，并在住宅内加上坚固的门锁，这是野人鄙夫都懂的道理。可是有些通都大邑，介于倔强的藩镇之间，却不知道加强守备，……因为他们认为不必要，所以不做，这是天下最大的祸患，材力不足次之。因为如果认为守备不必要，则敌人来了亦不会知道；而材力不足的人，因为能够事先注意守备，反倒可以远离祸患。……那些倔强的藩镇，唯恐天下不乱，时时在伺机攻击我们，比之猛兽及穿窬的小偷要厉害得多，我们怎么可以不加强戒备。

（二）得人：韩愈在《守戒》一文中，反复说明“戒备”的重要之后，提出“如之何而备之”的问题，他的答案是“在得人”。所谓“得人”究何所指，韩愈在《守戒》一文中，并未进一步加以说明，但在《祭田横墓》文中有一段话，可以用来作“得人”一语的注释，韩愈在祭文中说：

当秦代败乱的时候，得一士就可以称王，为何你——田横有五百人，结果还要自杀，是否你的人都非贤能之士，抑或是因为天命有一定的归向呢？

由上可见韩愈所谓得人，当系指得贤能之士而言。可见他的国防思想着重在得贤能之士，以为守备之资。换言之，他的国防思想是以人才主义为支柱的。

12. 人生哲学

韩愈的人生哲学，在他的道德论、道统论与宇宙论中，已可见其端倪，基本上是仁民爱物，积极进取的。而在他所著《圬者王承福传》及《答李翊书》两文中，更有明确的表白。在《圬者王承福传》(以下简称《圬文》) 里，韩愈表明了两个观点：

(一) 分工的社会，尽责的人生：在《圬文》中，韩愈借圬者(即泥水匠) 王承福的口气说："粟，是耕稼所产生的；布和帛，必须养蚕绩麻才能造成；其他养生的物品，亦都要靠人力才能做好；我们都依赖那些物品生活。但人不可能事事都自己做，因此应该各尽其能，互相依赖。君王是治理我们的，百官承王命而化育百姓。任务各有大小，他们的功能正和器皿一样。我们吃了一份粮食，如果怠惰工作，必有天殃。……用力的人，可以靠勉强努力来表现功绩；用心的人，却很难靠勉强努力，而变得有智慧。因此用力者使于人，用心者使人"。这种说法，和孟子在《滕文公章句上》中所说的"或劳心，或劳力；劳心者治人，劳力者治于人"，内涵完全一样。不过韩愈更强调了人应该各尽其责的重要。由此可见韩愈的人生观是基于分工合作的社会观，他所看到的，是一个分工合作的社会，他所倡导的是一个负责尽职的人生。

(二) 兼善天下：在《圬文》中，韩愈虽然赞许王承福守分负责的人生态度，却不赞成王承福所说："妻与子，皆养于我者也，吾能薄而功小，不有之可也。"认为他"不肯一动其心，以畜其妻子"，是一种独善其身的杨朱之徒，这种人不肯"劳心以为人"，是不足为训的。这正反映出韩愈是主张兼善天下的。关于这一点，在《答李翊书》中，说得更明白：

待他人来用的人，像器具一样，用与舍，由他人决定。君子却不然，……有人用他，就对人施展他的抱负，不用他，就传给他的学生，并且写成文章，传给后世作法则。

13. 文学思想

在韩愈的文章中，讨论文学理论的地方很多，归纳言之，他的文学思想，除了反对骈体，提倡古文之外，还有下列三要点：

（一）文以载道：韩愈在《题欧阳生哀辞后》一文中说："愈之为古文，岂独取其句读不类于今者耶？思古人而不得见，学古道则欲兼通其辞，通其辞者，本志乎古道者也。"他在《送陈秀才彤序》中亦说："盖学术所以为道，文所以为理耳，苟行事得其宜，出言通其要，虽不吾面，吾将信其富于文学也。"

由此可知，韩愈为学作文，都是为"道"（或理），他写古文是为学习古人之道，因为欲学古道，才兼通古文，道是主，文是从，文学是为"道"而存在。这在以卫道者自居的韩愈来说，毋宁是极其自然的事。惟其如此，所以后世批评的人认为韩愈的散文，虽然写作技巧，已臻化境，但终嫌道统观念太重，这是缺点之一。（见易君左编著《中国文学史》二二〇页）

韩愈在《答李翊书》中，谈到他学作古文的经过时说："虽然，不可以不养也，行之乎仁义之途，游之乎诗书之源，无迷其途，无绝其源，终吾身而已矣。"他所谓的"仁义之途"和"诗书之源"，仍然是指"道"而言。

（二）内容重于形式：韩愈在《答尉迟生书》中说："夫所谓文者，必有诸其中，是故君子慎其实。实之美恶，其发也不掩，本深而末茂，形大而声宏。"这里所谓"中"和"实"，系指文章作者的内在学养体验和情感而言。文章的美恶，决定在作者的思想、学识和情操是否充实完美，有了充实的学养和高尚的情操，自然可以写出好的文章来，这显然是内容重于形式的说法。

在《进学解》中，亦有所谓"闳其中而肆其外"的说法，这是说，文章的内容充实，文章的形式就可以自由奔放，畅所欲言，这也是强调内容的重要。这和他反对偏重形式华丽的骈文，在文学理论上是一贯的。

（三）陈言务去，辞必己出：在《答李翊书》中，韩愈提出“惟陈言之务去”的原则。在所著《南阳樊绍述墓志铭》中，他又提出“惟古于词必己出”及“文从字顺各识职”的原则。简单的说，就是写文章要用自己的词句，表达自己的思想，不可抄袭或剽窃他人的作品，而行文遣字，尤当力求字字妥贴，恰到好处，各称其职。以上韩愈所提倡的各项为文原则，影响后世的文风非常深远，这是大家公认的事实。

六、结语

由以上各节看来，韩愈的思想，虽然在基调上不脱儒家窠臼，但绝不能说他只是剽袭前人，他自己也有相当的贡献。下列三点，尤其值得称道。

（一）确认了儒家历代相承的道统观念，对于后世学者发生积极的激励作用，使宋明以下，产生了许多以继往开来为己任的伟大思想家。

（二）《原性》一文中对人性问题，作了更精细的分析，更科学化的阐明，比之孟子的性善说、荀子的性恶论、杨子的善恶混说，更接近真理。

（三）在文学思想上，他倡导的古文运动，主张“惟陈言之务去”，“文从字顺各识职”，几被后世文人奉为金科玉律。

韩愈写文章，又特重气势。他在《答李翊书》中说：“气，水也，言，浮物也，水大而物之浮者大小毕浮，气之与言犹是也，气盛则言之长短与声之高下者皆宜。”因此，他写出来的文章，议论则识见飙发，“如长江大河，浑浩流转，鱼鼋蛟龙，万怪惶惑”（苏明允《上欧阳书》中论韩文语）；抒情则情真语挚，热情奔放，犹如河决江倾，一泻千里，写作技巧臻于化境。他的作品，被后世竞相传诵，他的文学思想亦因而流传千古。

即使认为韩愈对儒家思想少有积极建树的人，亦不否认韩愈提倡的古文运动，颇有功于后世。（黄公伟著《中国哲学史》二六四页）其实古文运动本身，就包含了极浓厚的思想因素，尤其是韩愈所提倡的古文，是以载道、卫道为主旨的。古文的复兴，带动了儒家思想的复兴，后人接受及尊崇古文，亦附带接受并尊崇儒家思想，使其因韩愈光芒四射的文采而更发扬光大。韩愈对儒家思想，实在有其不朽的贡献，至少他已尽到了继往开来的责任。

韩愈去世二百余年后，欧阳文忠公（修）在所写《记旧本韩文后》一文中说，在他那个时代，韩愈的文章，经过他和尹师鲁等推崇提倡后，“天下学者，亦渐趋于古，而韩文遂行于世，至于今，盖三十余年矣，学者非韩不学也，可谓盛矣”，足见其影响之深远。了解了这一层之后，我们再来读苏文忠公（轼）所著的《潮州韩文公庙碑》，就不会认为苏轼对韩愈的赞美是过分的。苏轼说：

“韩文公起布衣，谈笑而麾之，天下靡然从公，复归于正，盖三百年于此矣。文起八代之衰，而道济天下之溺，忠犯人主之怒（指谏迎佛骨），而勇夺三军之帅（指平定王庭凑之乱），岂非参天地，关盛衰，浩然而独存者乎？”因此苏轼推崇韩文公是一位“匹夫而为百世师，一言而为天下法”的伟人。他“有以参天地之化，关盛衰之运”，其“生也有自来，其逝也有所为”。我们确信韩愈的思想将随他的文章而永垂不朽。

附录

韩愈创作年表　　（录自庄适等《选注韩愈文》）

纪　年	重要著作时期		作者事略
	时期可确定者	时期不能确定者	
代宗 大历三年戊申			愈生
大历十四年己未			年十二，随兄会居韶岭。
德宗 贞元二年丙寅			年十九，始至京师。
贞元八年壬申			年二十五，登进士第。
贞元九年癸酉	应科目时与人书		
贞元十年甲戌	《李元宾墓志》	《祭郑夫人文》一云是年作，一云翌年作。	归河阳省墓，复还京。

贞元十一年乙亥	《答崔立之书》，《祭田横墓文》，《画记》。		
贞元十二年丙子			佐董晋于汴
贞元十五年己卯		《与冯宿论文书》为是年以前作	董晋卒，愈从丧至洛阳，依张建封于徐，冬朝正于京。
贞元十六年庚辰	《与孟东野书》	《送窦从事序》一云是年作，一云翌年作。	张建封卒，去徐居洛。
贞元十七年辛巳	《荐侯喜状》，《送李愿归盘谷序》。	《祭十二郎文》一云是年作，一云贞元十九年作。	除四门博士
贞元十八年壬午	《独孤申叔哀辞》，《与崔群书》。	《欧阳生哀辞》当为是年以前作	
贞元十九年癸未	《与陈给事书》，《讼风伯》，《送孟东野序》。		拜监察御史，十二月贬阳山令。
贞元二十年甲申	《燕喜亭记》，《答窦秀才书》	《原道》、《原性》、《原毁》、《对禹问》、《杂说》、《读荀》、《读仪礼》、《获麟解》、《书说》、《讳辩》等篇，皆是年以前作。《燕喜亭记》及《送区册序》，一云是年作，一云翌年作。	

贞元二十一年乙酉	《五箴》,《送廖道士序》。		
顺宗 永贞元年乙酉		《祭郴州李使君文》一云是年作，一云翌年作。	自阳山令迁江陵法曹参军
宪宗 元和元年丙戌			年三十九，自江陵召拜国子博士。
元和二年丁亥	《张中丞传后叙》		以国子博士分司东都
元和四年己丑	《送幽州李端公序》		行尚书郎，官员外郎，分司东都。
元和五年庚寅	《员外郎孔君墓志铭》		为河南令
元和六年辛卯	《送穷文》,《复仇状》,《送温处士赴河阳军序》。		转职方员外郎
元和七年壬辰		《进学解》一云是年作，一云翌年作。	下迁国子博士
元和八年癸巳			为比部郎中，史馆修撰。
元和九年甲午	《试大理评事王君墓志铭》		为考功郎中，史馆修撰，转知制诰。
元和十年乙未	《蓝田县丞厅壁记》,《与鄂州柳中丞书》二首。		

元和十一年丙申			拜中书舍人，降太子右庶子。
元和十二年丁酉	《祭河南张员外文》	《平淮西碑》一云是年作，一云翌年作。	充彰义军行军司马，从裴度东征，回京迁刑部侍郎。
元和十四年己亥	《论佛骨表》,《祭鳄鱼文》,《潮州祭神文》。	《毛颖传》当为元和元年至是年中所作	贬潮州刺史，寻赦移袁州。
元和十五年庚子	《南海神庙碑》,《祭柳子厚文》,《柳子厚墓志铭》,《与孟尚书书》。		穆宗即位，九月召为国子祭酒。
穆宗 长庆元年辛丑	《库部郎中郑君墓志铭》		行祭酒事，迁兵部侍郎。
长庆二年壬寅	《祭侯主簿文》	《罗池庙碑》一云是年作，一云翌年作。	迁吏部侍郎
长庆三年癸卯	《送郑尚书序》,《许国公神道碑铭》。		为京兆尹兼御史大夫，转兵部侍郎，寻仍改吏部侍郎。
长庆四年甲辰	《送杨少尹序》,《幽州节度判官清河张君墓志铭》。	《殿中少监马君墓志》当为近数年作	八月以疾免，十二月愈卒。

参考书目

《新唐书·韩愈列传》，宋祁撰。

《旧唐书·韩愈列传》，刘昫等修。

《历代御批通鉴辑览》，清高宗敕撰，新兴书局在台湾印行。

《韩昌黎全集》，即李汉编《昌黎先生集》，中华书局据东雅堂本校刊印行。

《韩愈文》，庄适、臧励龢选注，台湾商务印书馆《人人文库》。

《中国文学史》，易君左编著，台北，海燕出版社，一九六六年出版。

《中国文学史》，叶庆炳著，文化彩色印书馆，一九七三年五版。

《中国哲学史》，黄公伟著，帕米尔书店，一九七一年再版。

《四书》，朱熹集注，台北书局，一九五八年印行。

《易程传》、《易本义》，杨家骆主编，世界书局，一九七二年三版。

《中国通史》，傅乐成著，夏德仪校订，大中国图书公司，一九七三年七版。

罗隐

杨树藩　著

目　录

一、身世

罗隐字昭谏，本名横。余杭人，一说为新城人，生于唐文宗太和七年（公元八三三年），卒于后梁太祖开平三年（九〇九年）。据《旧五代史》本传所记，罗氏“诗名于天下，尤长于咏史”，如此说来，他真是一个才气纵横的人。不过罗氏虽有文才，然其恃才傲物，多所讥讽，因此竟为公卿所恶，故在京师举进士留七载而不第，自然愤懑不平。他于懿宗咸通八年所著《谗书》卷五《序陆生东游》一篇中，曾吐露一段心声：“于数百人中，不得礼部侍郎意（按：唐制，礼部掌贡举，知贡举之官员，有论才取舍之权），由是知余者吊余以色，不知余者，咥余以声。媿负彷徨，扑浣无所。”观此段文字记载，可以想见罗氏当时心情之沮丧。罗氏本属于“才子”一型的人，难道他毫无自我检讨吗？他检讨过，他在《谗书》卷五《答贺兰友书》中，曾提到自己的坎坷遭遇：“仆少而羁窘，自出山二十年。所向推沮，未尝有一得幸于人。故同进者，忌仆之名，同志者，忌仆之道。”至于他说：“未尝有一得幸于人”这句话，或暗藏苦衷。《罗隐传》曾记：“（隐）大为唐宰相郑畋、李蔚所知，隐虽负文称，然貌古而陋。畋女幼有文性，尝览隐诗卷，讽诵不已，畋疑其女有慕才之意，一日隐至第，郑女垂帘而窥之，自是绝不咏其诗。”想此事当为罗氏所知，彼必自叹因貌丑而失一红颜知己，其自卑之心必也油然而生。所以说其“未尝有一得幸于人”一语，未尝不有几分惭愧之情。若从《五代史补》所记“隐以貌陋，恐为相术所弃”一语观之，罗氏确有自卑惭愧之感。不过，罗氏才华甚高，凭其才华足以掩蔽其相貌之古陋。他亦如是想，以解脱其内心之累。在他《答贺兰友书》中。曾写着：“仆之所学者，不徒以竞科级于今之人，盖将以窥昔贤之行止，望作者之堂奥，期以方寸广圣人之道。可则垂于后代，不可则庶几致身于无愧之地。”就心理方面说，这是一种升华。

从罗氏的仕途来说，史家记载，详略不一，先看《五代史补》一段有趣的记述：“罗隐在科场恃才傲物，尤为公卿所恶，故六举（或云七举）不第。时长安有罗尊师者，深于相术，隐以貌陋恐为相术所弃，每与尊师接谈，常自大以沮之，及其累遭黜落，不得已始往问焉。尊师笑曰：贫道知之久矣，但以吾子决在第，未可与语。今日之事，贫道敢有所隐乎？且吾子之于一第也，贫道观之，虽首冠群英，亦不过簿、尉（按：唐制，簿是县主簿，尉是县尉，皆为最低的九品官，进士中第后，多初任此官。）尔。若能罢举（不走科举之路）东归霸国以求用，则必富且贵矣，两途吾子宜自择之。隐懵然不知所措者数日，邻居有卖饭媪，见隐惊曰：何辞色之沮丧如此？莫有不快之事否？隐谓知之。因尽以尊师之言告之。媪叹曰：秀才何自迷甚焉！且天下皆知罗隐，何须一第然后为得哉？不如急取富贵，则老婆之愿也。隐闻之释然，遂归钱塘，时钱镠方得两浙。置之幕府，使典军中书檄，其后官给事中。”但《罗隐传》所载，谓罗氏于唐僖宗“广明中，因乱归乡里，节度使钱镠辟为从事，（梁太祖）开平初，太祖以右谏议大夫征不至，魏博节度使罗绍威密表推荐，乃授给事中”。两项记载，并无大出入，前者所谓“幕府”，当指“从事”一职而言，前者所谓其后官“给事中”，与后者所谓乃授“给事中”相同，只是略其中间一段过程而已。唯据《涧泉日记》云：“唐（僖宗）光启三年，吴越王表奏为钱塘令，迁著作郎，辟掌书记，（昭宗）天祐三年（按天祐只有一年），充判官，梁开平二年授给事中，三年迁发运使，是年卒，葬于定山乡。”照此记载说来，罗氏先做了钱塘县令，再迁中央秘书省著作郎（按：为从五品）继辟为地方节度使之“掌书记”，掌书记比“从事”地位为高，后充“判官”，判官一职在节度使幕中比“掌书记”为高，其后梁祖授“给事中”，这时罗氏已进入中央掌了封驳奏章制诏之要职。最后迁为“发运使”，这时罗氏已做了当时重要的钱谷官员了。照此看来，罗氏纵未曾一第进士，其仕途亦不算太差了。

谈到罗氏的著述。有《谗书》五卷，编入《拜经楼丛书》，有《两同书》，今编入《正光文史丛书·续百川学海》。有人说罗氏又有《淮海寓言》及《甲乙集》，但未之所见。即今人谈罗隐者，亦未曾引过前述两书，故本文所用资料，只有《两同书》及《谗书》而已。

二、天道

中国古代思想家，无论儒、道、墨、法，可以说无不谈“天”，或同或异，各有所宗。罗氏在他的著述中，也常言“天”。大体说来，他认为“天”是一个有意志的主宰，在正常情形下，天是普施恩泽的。譬如他说：“有覆于下者如天，载于上者如地，而百姓不之知。有恩信及一物，教化及一夫，民则归之。”（《谗书·本农》）天既然是一个有意志的主宰，视情节的不一，天可以使“神”作不同的安排。所以他说："以敬事天，则神降。"反之"以慢事天，则神欺"。（《两同书·敬慢》）"神降"人必得福，"神欺"人必得祸。如此说来，人的祸福都操于"天神"，所以"宿命论"的思想，成为罗氏的自然归趋。且看他所说"水旱兵革，天之数也"（《谗书·书马嵬驿》）一语，这种思想已直接表露于外了。

罗氏既奠立他的"天命"观，于是人间的祸福穷通，无不由于天命。然而有些同样品格的人，何以有穷通之不同呢？罗氏认为这是权位的关系。他说："周公之生也，天下理。仲尼之生也，天下乱。周公圣人也，仲尼亦圣人也。岂圣人出，天下有济不济者乎？夫周公席文武之教，居叔父之尊，而天又以圣人之道属之，是以位胜其道，天下不得不理也。仲尼之生也，源流梗绝，周室衰替，而天以圣人之道属于旅人。是位不胜其道，天下不得不乱也。"（《谗书·圣人理乱》）由此看来，周公、孔子人格相同。天道同属，所以有穷通之不同，则在于"权位"之有无。至于"权位"之有无。是否亦应归诸宿命？罗氏在此并未作进一步的说明。不过，罗氏在他方面又提出一个"机"的观念来。依罗氏的说法，"机"是"天道"之变。正常的原则，是"天道"，反常的现象是"机"。"天道"是常道，"机"是变象。变象虽不能持久。但属不可免的。且看他说："善而福，不善而灾，天之道也。用则行，不用则否，人之道也。天道之反，有水旱残贼之事，人道之反，有诡谲权诈之事，是人者谓之机也。机者，盖天道、人道一变耳，非所以悠久也。苟天无机也，则当善而福，不善而灾，安得饥夷齐而饱盗跖？苟人无机也，则当用则行，不用则否。又何必拜阳货而劫卫使？是圣人之变合于其天者，不得已而有也，故曰机。"（《谗书·天机》）在前段引文中，罗氏曾提到"天之道"，或"天道"等辞句。乍观之，天道似乎无何区分，其实在罗氏的心目中，"天"与"道"是有区分的。他认为"天"的层级比"道"来得高。且"天"可以运用"道"。譬如他说："道所以达天下，亦所以穷天下，虽昆虫草木皆被之矣。故天知道不能自作，然后授之以时，时也者机也（按：此机，为时机，非前言之机变。），在天为四气，在地为五行，在人为宠辱爱惧通厄之数。"（《谗书·道不在人》）若单就此点来说，罗氏言天道之区分，恰与老子所言者相反。老子认为"道"的层级比"天"高，所以老子说："有物混成，先天地生，寂兮寥兮，独立而不改，周行而不殆，可以为天下母，吾不知其名，字之曰道。"这已明白说明了"道"在"天"之上。然而罗氏乃当时之才子，兼通儒道诸书，何以其主张竟与老子相反呢？盖老氏重原始自然之发展，其程序是由"无"至"有"，故认为无形之"道"，生有形之"天"。罗氏重社会人事之现象，以现象之运作为"道"，现象之运作出于有意志的主宰，主宰为"天"，故认为"天"在"道"之上，非其故意改老氏之学说也。

罗氏既认为"天"使"道"运作成一切现象，"道"虽不易视睹，但看到宇宙一切现象，便可体会"道"的存在。"道"固可以体会，然终不可见。所见到的是一切现象的变化与发展。"道"既难见，"天"心更难窥知。倘"天"欲使人知其存心，应如之何而后可呢？罗氏认为"天"必须把人民所需者充分供给，如此人民感恩，"天"亦表其成功。所以他说："天之于万物，必职于下以成功。"（《谗书·龙之灵》）就如同"龙"之为人所钦敬，因为它能给人民以"水"是一样的道理。正因为罗氏对"天"有这种看法，所以他把"天"给人民以"雨泽"，与君主给人民以"渥恩"，同等观之。因此他说："天之有雨泽，犹陛下之有渥恩。"（《谗书·请追癸巳日诏疏》）就这点来说，以"天德"喻"君道"，许多儒士大都如此，非徒罗氏为然也。不过，罗氏除言"天"之外，偶云"上帝"之称，他所谈的上帝，也是一位最高的主宰，可能是"天"的另一称呼，或为天的神格化。譬如他说："上帝既剖混沌氏，以支节为山岳，以肠胃为江河，一旦虑其掀然而兴，则下无生类矣。于是孕铜铁于山岳，滓鱼盐于江河。”（《谗书·蒙叟遗意》）观上文所谓“混沌氏”一语，盖采庄子之言。《庄子·应帝王》曾有“中央之帝为浑沌”之语，本来“浑沌”非真有其人，不过为寓言而已。罗氏所谓“混沌氏”亦为一种比喻。所比者则统括大地山川河岳，及生物乃至无生物等。由此看来，“混沌氏”不过为“地”的总称。上帝既能剖解“混沌氏”以为万类，那末不异上天有创造万类之能力。可见罗氏心目中之“天”，确属一万能而有意志的主宰了。

三、人生

罗氏除谈“天道”之外，他也讲了许多人生问题。讲人生首要讲“生命”，唯罗氏则把“生命”一词，分别诠释。他认为“生”是宇宙的自然法则，不可抑损。所以他说：“大德曰生。”（《两同书·厚薄》）人既生也，不能无生之理，罗氏则称此“生之理”为“命”。此“命”在生存中最为重要，所以他又说：“至贵唯命。”（同上）生与命，抽象而细微，必须假形质而发展，此形质则来自父母。所以他又说：“禀精神于天地，托质气于父母。”（同上）人既生存于天地之间。有“质”有“气”，质为血肉，气为精神，以血肉调养精神，以精神支配血肉，两相需用，方能生气勃勃，充实生活。苟调养之不得其法，支配之不合其道，则必产生弊病，他以松柏为喻说：“松柏者有凌云之操也，若壅之以粪壤，沃之以咸流，则不及崇朝已见其憔悴矣。”（同上）反之，调养之得法，支配之得宜，虽软弱之躯，亦必有所焕发。他又以冰雪为喻说：“冰雪者无逾时之坚也，若藏之于阴井，庇之于幽峰，则苟涉盛夏，未闻其消解也。”（同上）他以松柏及冰雪比喻之后，又曾总结一语：“夫人者异乎松柏永矣，养之失其所，安可以不朽乎？”反之，“养之得其道，则安可以不延乎？”（同上）观上文所述，罗氏甚重养生。以中国传统的观念来说，养生莫过于寡欲，罗氏亦不例外，他说：“故性命之分，诚有限也，嗜欲之心，固无穷也。以有限之性命，逐无穷之嗜欲，亦安可不困苦哉？”（同上）至于追求无穷之嗜欲，不仅困苦，而且伤神劳形，易于促寿。他又说：“夫神大用则竭，形大用则劳，神形俱困，而求长生者未之闻也。”（同上）

罗氏对于世道人心的看法，不表乐观，总是以为缺乏一定准则，无法适应。他曾借汉代的祢正平、晋代的阮嗣宗二人的际遇为例，表示他的看法：“祢正平、阮嗣宗，生于汉晋间，其为当时礼法家惋者多矣。然二子岂天使为之哉？夫汉之衰也，君若客旅，臣若豹虎；晋之弊也，风流蕴藉，雍容闲暇。苟二子气下于物，则谓之非才；气高于人，则谓之陵我。是人难事也。张口掉舌，则谓之讪谤；俛首避事，则谓之诡随，是时难事也。”（《谗书·叙二狂生》）世事既无法确定标准，人心更难逆料，他感慨地说：“地有山川，其险可见，天有冬夏，其时可知。至于凡人之心，杳然无所，素王以之不测，帝尧犹以为难。”（《两同书·得失》）人心既无定向，真假虚实，难以琢磨，所以他说：“夫人者奸宄无端，真伪匪一。或貌恭而心慢，或言亲而行违，或贱廉而贵贪，或贫贞而富黩，或慫大而求变，或位高而自疑，或见利而忘恩，或逃刑而构隙，此则蓍筮不足决，鬼神不能定。”（同上）罗氏基于以上种种人事现象，最后一言断定：“人心者难知也”。（同上）一个人处在这种人心叵测的环境中，为了自保，不得不施策谋。可是你谋人，人亦谋你。人谋不如你者，你得逞其谋。人谋高于你者，你将蒙其害。罗氏有感于此，他借蜘蛛结网之事，发抒他的心境。曰："秋虫蜘蛛也，致身网罗间。实腹亦网罗间。愚感其理有得丧，因以言赋之曰：'物之小兮，迎网而毙。物之大兮，兼网而逝。而网也者，绳其小而不绳其大。吾不知尔身之危兮，腹之馁兮'！"（《谗书·秋虫赋》）人类社会，固然纷纭杂沓，难道真的善消而恶长吗？罗氏认为"善""恶"的观念是俨然存在而划分的。纵有善念而无善行，则无法表现"善"。反之，有恶念再加以恶行，才可以变为恶。所以他说："善不能自善，人善之，然后为善。恶不能自恶，人恶之，然后为恶。善恶之成，盖视其所适而已。用其正也，则君子，用其不正也，则小人。君子小人宁有面貌哉？比干之生也，与人无异，费无极之生也，亦与人无异。比干之言为谏诤，无极之言为毁佞。所出者皆言也，比干之言，非不善也，以不用，故善不能自善。无极之言非不恶也，以可人，故恶得而为恶。"（《谗书·善恶须人》）照罗氏所言，善恶不过是一概念，概念本身，无何影响，倘依善念而行始为善；照恶念而行则为恶。然而，善恶之概念由谁来拟定？罗氏主张宜由"君子"拟定，倘善恶之内涵一旦拟定，不仅是非昭彰，且能警世厉俗。所以他说："盖君子有其位，则执大柄以定是非；无其位，则著私书而疏善恶，斯所以警当世而诫将来也。"（《谗书·重序》）罗氏既云：贤良俊才之君子，有位执柄才能"定是非"，显而易见，"是非"是指法制而言。所以健全之法制，非君子在位，不足以定。反之，君子不得其位，纵见法制紊乱，是非颠倒。此时在野之君子，也只好忍气吞声。从下面一段话，可以窥知其心境。他说："故勇可持虎，虎不至，则不如怯。力能扛鼎，鼎不见，则不如羸。噫！栖栖而死者何人？养浩然之气者谁氏？"（《谗书·君子之位》）罗氏这段话，有老子"君子得其时则驾"之意。那末贤良之君子，处于纷沓之社会，应抱何种态度呢？罗氏认为第一，镇定将事。从下面一段故事，可以窥察罗氏的这种心境："乘槎者既出君平之门，有问者曰：彼河之流，彼天之高；宛宛转转，昏昏浩浩，有怪有灵，时颠时倒；而子浮泛其间，能不手足之骇，神魂之掉者乎？对曰：是槎也，吾三年熟其往来矣。所虑者吾之寿命不知也。不虞槎之不安，而不反人间也。及乘之，波浪激射云日，气候黯然而昏，曤然而昼，乍搨而傍，乍荡而骤，或落如沉，或触如斗，茫茫乎不知槎之所从者不一也。吾心未尝为之动，心一动，则手足不能制矣。不在洪流槁木之为患也，苟人能安其所据而不自乱者。吾未见其颠越，不必槎。"（《谗书·槎客喻》）第二，清静笃实。从下面一段故事，便可推知罗氏的这种思想："荆刑人淫祀者旧矣，有巫颇闻于乡闾，其初为人祀也。筵席寻常，歌迎舞将，祈疾者健起，祈岁者丰穰。其后为人祈也，羊猪鲜肥，清酤满卮；祈疾者得死，祈岁者得饥。里人怠焉，而思之未得。适有言者曰：吾昔游其家也，其家无甚累，故为人祀，诚必罄乎中。而福亦应乎外，其祚必散之。其后男女蕃息焉，衣食广大焉，故为人祀，诚不得罄于中，而神亦不歆乎其外，其胙且入其家。是人非前圣而后愚，盖牵于心不暇及人耳。以一巫用心尚尔，况异于是者乎？"（《谗书·荆巫》）第三，守道不渝。罗氏认为"天道"有"机"，此"机"在天、地、人三界中，表现的样象不同。表现于天为"四气"；表现于地为"五行"；表现于人为宠辱与穷通。表现于天地者，不必言矣。表现于人者，不论宠辱穷通，皆应以正道守之。能守之以正道，虽"穷"，终有"通"之一日，而且更要忍耐待时，时至，正道自然昌明。他说："天知道不能自作，然后授之以时，时也者机也。在天为四气，在地为五行，在人为宠辱、忧惧、通厄之数。故穷不可以去道，文王拘也，王于周。道不可以无时，仲尼毁也，垂其教。"（《谗书·道不在人》）

罗氏在上述三点之中，特别重视守"道"，既重视了"道"，自然会推及于"德"，尤其罗氏重道尊德，不分身份，纵然地位尊显，苟无道德，虽尊显也等于虚有其表，不足称道。于是他说：“万物之中，唯人为贵。人不自理，必有所尊，亦以明圣之才而居亿兆之上也。是故时之所贤者，则贵之以为君长；才不应代者，则贱之以为黎庶。然处君长之位，非不贵矣。虽莅力有余而无德可称，则其贵不足贵也。居庶黎之内，非不贱矣，虽贫弱不足而有道可采，则其贱未为贱也。”(《两同书·贵贱》)他更为了人应修德进道，特别强调要不患不忧，那就是：“不患无位，而患德之不修也；不忧其贱，而忧道之不笃也。”(同上)

四、社会

罗氏除论“天道”、“人生”之外。他也涉及人类的社会问题。首先谈谈罗氏所认定的社会原始形态。他以为人类的社会，最初和禽兽无异，社会的进步，是靠贤智之人制礼作乐，兴仁教义。譬如他说：“远古之代，人心混沌，不殊于草木，取类于羽毛。后代圣人。乃道之以礼乐，教之以仁义，然后君臣贵贱之制，坦然有章矣。”(《两同书·敬慢》)虽然说人类社会的进化，由于贤智之士的兴礼乐，教仁义，但是这种安祥的环境不能持久。是什么原因呢？罗氏认为都由于人心贪狠奸险所致。下面一段话，充分表露他的这种看法：“尧之庭有神羊以触不正者，后人图形像，必使头角怪异，以表神物。噫！尧之羊亦由今之羊也，但以上世淳朴未去故，虽人与兽，皆得相指令。及淳朴消坏，则羊有贪狠性，人有封割心。有贪狠性，则崇轩大厦，不能驻其足矣。有刲割心，则虽邪与佞，不敢举其角矣。是以尧之羊亦由今之羊也，贪狠摇其至性，刀几制其初心，故不能触阿谀矣。”（《谗书·题神羊图》）罗氏假神羊的故事，发抒了他对社会人心的看法。我们对他的看法，总结一句，就是：今不如古。而且他这种“今不如古”的观点，更引申到政治社会方面，于是他以为“唐虞氏以传授得天下”，颇有诚朴逊退之风；继之“商汤氏以鸣条誓放桀于南巢，揖逊既异，浑朴亦坏”。（《谗书·伊尹有言》）这话并非罗氏认为汤放桀之不宜，而是说明世风不古。罗氏读到汉光武与严子陵的故事，他感觉一个人本应该“富贵不易节”，“穷达无所欺”，（《谗书·刻严陵钓台》）可是他看到唐末的社会，风俗的偷薄，势位之相尚，又发出无限之感慨！“今之世，风俗偷薄，禄位相尚。朝为一旅人，暮为九品官，而骨肉亲戚，已有差等矣，况故人乎？呜呼！往者不可见，来者未可期，已而已而。”（同上）

且由于风俗偷薄，人皆重视现实。只看到现社会之实利，想不到造物者之大恩。只顾到眼前小益之建立，而忽略社会淳风之创化。因而他说：“有覆于下者如天，载于上者如地，而百姓不之知。有恩信及一物，教化及一夫，民则归之。其犹旱岁与丰年也，丰年之民，不知甘雨柔风之力，不知生育长养之仁，而曰：我耕作以时，仓廪以实。旱岁之民，则野枯苗缩，然后决川以灌之，是一川之仁，深于四时也明矣。所以郑国哭子产三月，而鲁人不敬仲尼。”（《谗书·农本》）也正因为人都重视目前之实利，所以对其实利之得失有关者，无不求全责备，与其实利无关者，任其败坏，视若无睹。他曾以“珪璧”与“瓦砾”为例，说明他对社会人心的看法：“珪璧之与瓦砾其为等差，不俟言而知之矣。然珪璧者，虽丝粟玷颣，人必见之，以其为有用之累也。为瓦砾者，虽阜积甃盈，人不疵其质者，知其不能伤无用之性也。是以有用者，丝粟之过，得以为迹；

无用者，具体之恶。不以为非。”（《谗书·杂说》）社会上的人，固然都注重切身利益，看来似乎皆属一丘之貉，其实仍有珠目之分。而良窳各异的。罗氏对社会人心，虽然有些消极的看法，但是他就这点也承认的。譬如他说：“父子兄弟，非不亲矣，其心未必同。君臣朋友非不疏矣，其心未必异。故瞽叟愚，而重华圣，盗跖贪，而柳下廉。”（《两同书·异同》）如此说来，社会上固有坏人，但也不乏好人。不过罗氏认为好人坏人杂错于社会中间，一时难以分辨。他说：“有面同而心不同者，有外异而内不异者，有始同而终异者。有初异而末同者，有彼不同我，而我与之同者，有彼不异我，而我与之异者。何以明之？昔陈平面向吕后，而心归刘氏；程婴外逆孙臼，而内存赵孤。”（同上）夫正、邪、贞、奸，既一时难辨，为求自身不堕于漩涡，当如之何而后可？罗氏认为应“徐视而审听，高居而远望”。然后斟酌情况“随时之宜，唯变所适”。此际，“因其可同，而与之同矣。因其可异，而与之异矣”。（皆同上）罗氏虽说测量人的好坏，要“徐视审听”，“高居远望”，然视听的标准如何？居望的重点安在？就这点他在《两同书·真伪》中说了两句话：“愚靖者类直，智狂者类贤。”这可以说是他观察社会人心的所得。

人类的趋利避害，乃是天性，无可厚非。然而全体社会之利害，与个人之利害，两相比较，孰重孰轻？就此说来，罗氏注重全体社会之公利公害，从下面一段话，便可窥知：“虎豹之为害也，则焚山不顾野人之菽粟。蛟蜃之为害也，则绝流不顾渔人之钓网。其所全者大，而所去者小也。顺大道而行者，救天下者也。尽规矩而进者。全礼义者也。”（《谗书·辨害》）罗氏既重全体社会之公利，所以他对国家政治也非常关心。他认为国家之存在，有赖乎文武两道，各有其用。如：“国家之理乱，在乎文武之道也。”谈到作用，他说：“文以致理，武以定乱。”又说：“防乱，在乎用武，劝理，在乎用文。”（《两同书·理乱》）他对“文”“武”两道的内容，曾加以界定。

他说："文者，道之以德，德在乎内诚，不在乎夸饰者也。武者，示之以威，威在乎自全，不在乎强名也。"（同上）为什么"文"，"不在乎夸饰"？"武"，"不在乎强名"？罗氏就此引了两则史实以证："始皇筑长城，修战伐，劳役起伏，人不堪命，遂使陈涉之流，坐乘其弊，祸起于强名也。王莽称灵台，兴礼乐，赋敛无度，人不聊生，遂使圣公之徒，行收其利，败始于虚饰也。"（同上）文，既不在乎"虚饰"，盖因虚饰，不免伤财，所以最好政尚"简易"。武，既不在乎"强名"，盖因强名，不免劳民，所以最好政尚"恬淡"。故而罗氏曾谓："文者亦人有章，必存乎简易，简易则易从。""武者示人有备，必在乎恬淡，恬淡则自守恒，以逸而待劳。"（同上）可见罗氏论政，有相当之道家色彩也。

五、君主

罗氏长于唐代末叶，天子大权，不落于宦官，就堕于藩镇。这种现象，在性格耿介的罗隐看来，自然心中愤懑，于是他假自然现象，说明君主大权不可旁落。彼谓："风雨雪霜，天地之权也。山川薮泽，鬼神之所伏也。故风雨不时，则岁有饥馑。雪霜不时，则人有疾病。然后祷山川薮泽以致之，则风雨雪霜，果为鬼神所有也明矣。得非天之高不可以周理，而寄之山川？地之厚不可以自运，而凭之鬼神？苟祭祀不时，则饥馑作，报应不至，则疾病生。是鬼神用天地之权，而风雨雪霜为牛羊之本矣。复何岁时为？复何人民为？是以大道不旁出，惧其弄也，大政不闻下，惧其偷也，夫欲何言！”（《谗书·风雨对》）罗氏更以为君主的大权，不仅不可落于那些不肖小人之手，就是贤人君子也不可随意假之以权。譬如他说：“逐长路者，必在于骏马之力，理天下者，必求于贤臣之用。然骏马苟驯，由不可以无辔也。贤臣虽任，终不可以失权也。”（《两同书·得失》）罗氏因深恐君权旁落，一方防宵小之窃弄，一方防大臣之擅专。然而窃弄与擅专，往往在君主不自觉之中，即入于他人之手，待君主察知，为时已迟，唯有受其掌握宰割。因此他特别提醒君主，防奸不可轻忽，纵发爪之细物，不为栉镳，都可为害，何况那些宵小权臣呢？他说：“且夫毛发植于头也，日以栉之。爪甲冠于指也，月以镳之。爪之不镳，长则不便于使也。发之不栉，久则弥成于乱也。夫爪甲毛发者。近在己躬，本无情识，苟不以理，犹为之难，况于臣下，非同体之物，人心有迁之虑？”（《两同书·得失》）君主防奸，这是巩固政权之要务，但是要有发现奸宄的心理准备。如“田常以仁义而篡齐国”，（《两同书·理乱》）这就是臣得行义而主失位的道理，君主不可疏虞。倘君主一旦发现险象，万万不可姑息，马上整饬，以期消弭祸乱。罗氏曾说：“有理不能无其乱，唯人主自制也。是牧马者先去其害，驱羊者亟鞭其后。后之不鞭，羊之所失也。害之不去，马之所亡也。”（同上）就这点罗氏更举史实以证之。他说：“鲁不能去三家之害，国之所叛也；晋不能鞭六卿之后，地之所分也。”（同上）总而言之，就是“人主不可失其柄”。然则，君主防臣下的奸宄行为，这是必需的。倘若防之过度，不免使臣下无所措手足。最好防、放得宜，宽、峻适中。这种尺度，什么样的君主才能办得到？罗氏认为非圣人不可。如彼谓：“夫御马者，其辔烦，则其马蹀而不进。其辔纵，则其马骄而好逸。使夫纵不至逸，烦而每进者，唯造父之所能也。夫御臣者，其权峻，则其臣惧而不安；其权宽，则其臣慢而好乱。使夫宽而不至乱，峻而能

安者，唯圣人之所明也。”(《两同书·得失》)

前面所说的，都是关于防奸的事。奸宄无法窃权，政柄才能操诸于君主之手。不过，防奸乃属消极的手段，最重要的还是积极地发掘贤良俊才而任使之，所以罗氏曾说：“主上不能独化也，必资贤辅。物心不为易治也，方俟甄议。”(《两同书·真伪》)“甄议”的结果，“使夫小人退野，君子居朝”。能做到这个地步，“然后可为得矣”。(同上）夫进君子，退小人，这是君主选用官员的原则，有原则不能不讲求办法。首先要知道：好人坏人所谓善、恶、贤、鄙。不一定大众赞美者就是好人，也不一定君主所亲信者就是贤人。就此点罗氏分析说：“真伪之际，有数术焉，不可不察也。何者？夫众之所誉者，不可必谓其善也。众之所毁者，不可必谓其恶也。我之所亲者，不可必谓其贤也。我之所疏者，不可必谓其鄙也。”(《两同书·真伪》）我们看罗氏这种说法，盖师孔子所谓“众好之必察焉，众恶之必察焉”之遗意。众好，众恶，既不可悉信，又如之何而后可？罗氏主张要君主“详省己虑”，“考著以究征”。也就是说对一个人的道德才华，要从显明处看，从表现处察。如此，其才之高下，德之贤否？不难知悉。所以罗氏举例说：“良马验之于驰骤，则驽骏可分”，“柔刃征之于断割，则利钝可见。”(同上）从这个比喻看来，罗氏认为测知一个人的贤否，重在从工作中考验，不靠赞誉。于是他又说：“故先王之用人也，远使之而观其忠节，近使之而察其敬勤，令之以谋，可识其知虑，烦之以务，足见其材能。杂之以居，视以贞滥，委之以利，详以贪廉。”(同上）

以上所讲的，是君主择人任使之道。此外，罗氏又提出君主应有的修养。

第一，他认为君主要知养生。他说：“且夫居九五之尊，此天下之至贵也。有亿兆之众，此天下之至富也。苟以养生之不存，则五脏四支，犹非我有，而况身形之外，安可有乎？”(《两同书·厚薄》）他更举出两个不知养生的国主的遭遇："昔信陵、孝惠，为纵长夜之娱，淫酒色之乐"，最后不免"夭折之痛"。（同上）然则，如何养生呢？罗氏主张寡嗜欲，保精神，牢守颐养要诀，如此便可长享天下了。所以他说："为人主者，诚能内宝神气，外损嗜欲，念驰骋之诫，宗颐养之言，永保神仙之寿，常为圣明之主，岂不休哉！"（同上）

第二，他要君主有仁德的心地。他说："《易》曰：圣人之大宝曰位，何以守位？曰仁。苟无其仁，亦何能守位乎？是以古之人君，乾乾而夕惕，岂徒为名而已哉？实恐坠圣人之大宝，辱先王之余庆也。"（《两同书·贵贱》）这是说明君主"守位以仁"的。他又说："人主之所以称尊者，以其有德也。苟无其德，则何以异于万物乎？是故明君者，纳陛轸虑，旰食兴怀，劳十起而无疲，听八音而受谏，盖有由矣。"（同上）这是说明君主"称尊以德"的。罗氏更以为君主有"德"，最为贵。盖以有德之君，必能行"仁"的缘故。假如君主无德可称，简直不如平民。于是他又说："是故时之所贤者，则贵之以为君长，才不应代者，贱之以为黎庶。然处君长之位，非不贵矣，虽莅力有余，而无德可称，则其贵不足贵也。居黎庶之内，非不贱矣，虽贫弱不足，而有道可采，则其贱未为贱也。"（同上）罗氏又恐君务"力"而不重"德"，轻"道"而蔑视"仁"，所以他又说："德者兆庶之所赖也，力者一夫之所持也。矜一夫之用，故不可得其强，乘兆庶之恩，故不可得其弱。是以纣能索铁，天下惧之如虎狼，尧不胜衣，天下亲之如父母。然虎狼虽使人惧之，岂可言虎狼强于人耶？父母能令子亲之，岂可言父母弱于子耶？则强弱之理固亦明矣。是以古之明君道济天下，知众心不可以力制，大名不可以暴成，故盛德以自修，柔仁以御下。"（《两同书·强弱》）最后罗氏鄙视那些不务"德"而任"力"的君主所遭受的下场，叹息地说："嗟乎！古之暴君，骄酷天下，舍德而任力，忘己而责人。壮

可行舟，不能自制之嗜欲，材堪举鼎，不足自全其性灵，至今社稷为墟，宗庙无主，永为后代所笑。”（同上）

第三，他要君主以敬待天下。他说：“以敬理国则人和。”反之，“以慢理国则人殆”。又说：“上之不敬，则不足以御臣。”（《两同书·敬慢》）看一个君主的作为，或敬或慢，就可以测知这个君主是“明主”抑是“昧主”。因两者之待士方式迥然不同。罗氏说：“明主之于天下也，设坛授将，侧席求贤。”（同上）“昧主之于天下也，披裳接士，露发朝人。视贤良若草芥，比黎庶为豕畜。”（同上）何以有些君主对士人慢而不敬呢？难道说对士人敬，就算失掉自己的身份吗？对士人慢，才算提高自己的地位吗？其实不然。能“敬”，表示礼贤，能礼贤，表示君主的德厚量雅，天下皆亲之。不仅不损失身份，反而提高自己的威望。苟“慢”，表示贱贤，倘贱贤，表示君主的德薄量狭，天下皆去之。如此，不仅不能提高自己的地位，反而损失自己的器度。这样说来，君主令人亲之好呢？还是令人去之好呢？不待辩而自明矣。所以罗氏又说：“故敬一人，则千万人悦，慢一人，则千万人怨。”（同上）因此罗氏特别提醒君主，切勿不察敬慢之理，致为天下之人所失望。他说：“人主者，天下之表也。行书国策，言记史官。有一善，若庆云之浮辉，天下之所欣贺。有一恶，若朝日之带蚀，天下之所伤嗟！”（同上）

第四，他要君主力行节俭。罗氏以为节俭之道，大有益于君主，反之奢侈之习，对君主大有损失。他说：“盖人君有损益也，然则，益莫大于主俭，损莫大于君奢。俭奢之间，乃损益之本也。”（《两同书·损益》）然而，俭、奢两者，何以对君主的损益甚大呢？罗氏从道家的观点加以说明，他以为君主“俭”，则欲求少，欲求少，百姓不烦劳，完成无为而化的环境。主尚“奢”，则欲求多，欲求多，百姓多烦劳，造成天下多事的环境。所以他力求君主崇尚俭德。他说：“日月者，天下之至明也，然犹有不及之处。尔其俭主之理，则天下无为，天下无为，则万姓受其赐，其于日月亦已大矣。豺狼者，天下之至害也，然犹有不伤之所。尔其奢君之理，则天下多事，天下多事，则万姓受其毒。其于豺狼亦已甚矣。是故古先圣君，务修俭德。”（同上）他以日月之明，豺狼之害，比喻俭奢之理后，更明显地指出君主崇俭之要务。那就是：“舍难得之货，掊无用之器，薄赋饮，省徭役，损一人之爱好，益万人之性命。”（同上）罗氏旷览史册，他赞美那些自励崇俭君主之所为，譬如他举“子高让禹”的故事说：“伯成子高让禹者，非所以小黄屋之尊也。夫安九州岛之大，据兆民之上，身得意遂，动适在我，鲜有不以荒怠自放者。子高且欲狭禹之心，而谨其取也故让之，厥后有卑宫菲食之政。”（《谗书·子高之让》）他同时也惋惜因奢靡而损伤一代英主之名者。他说：“孝武承富庶之后，听左右之说，穷游观之靡，乃东封焉。盖所以祈其身，而不祈其民。”然后“逾辽越海，劳师弊俗，以至于百姓困穷”，深“为英主之不幸”。（《谗书·汉武山呼》）罗氏更厌恶隋炀帝穷奢极欲，兴建迷楼。他说这楼：“旁不通于日月，外不见乎天地，然后朝奏于此，寝食于此，君王欲左右有粉黛，君王欲左右有郑卫。”他又带有讽刺的口吻问：“不知隋炀迷于楼乎？迷于人乎？”最后他沉重地说：“若迷于楼，则楼本土木，亦无亲属，纵有所迷，不爽君德。吾意隋炀帝非迷于楼，而人迷炀帝于此。”（《谗书·迷楼赋》）

在本章之末，尚欲说明一点。罗氏生当君主世袭制度之世，父死子继，为政治之正轨。然其盛赞唐虞揖让天下，力辩丹、商二人并非不肖，乃唐虞二帝为立公天下之楷模，假不肖之名而废除丹、商。罗氏这种推测，是否属实？乃另一问题，但不失为罗氏对公天下向往之心意。他说：“理天下者，必曰陶唐氏，必曰有虞氏。嗣天下者，必曰无若丹朱，无若商均。是唐、虞为圣君，丹、商为不肖矣。天下知丹、商之不肖。而不知丹、商之为不肖不在于丹、商也！不知陶、虞用丹、商于不肖也。夫陶唐之理，大无不周，幽无不照，远无不被。苟不能肖其子，而天下可以肖乎？自家而国者，又如是乎？盖陶唐欲推大器于公共，故先以不肖之名废之，然后俾家不自我而家，子不自我而子。不在丹、商之肖与不肖矣，不欲丹、商之蒙不肖之名于后也，其肖也，我既废之矣。其不肖也，不凌逼于人。是陶、虞之心，示后代以公共。仲尼不泄其旨者，将以正陶、虞之教耳。"（《谗书·丹商非不肖》）

六、臣民

罗氏之学，深受儒道两家思想的影响，道家虽重"无为"之治，但无反君臣之义的主张。儒家重有为，在政治上尤重君臣大义，所以罗氏对于臣道的看法，仍本乎忠于君国为鹄的。从他赞赏屈原的忠节故事一点，便可窥知他的心意。他说："原出自楚，而又仕怀王朝，虽放逐江湖间，未必有腹江鱼意。及发憔悴，述《离骚》，非所以顾望逗留，抑由礼乐去楚，不得悲吟叹息。夫礼乐不在朝廷，则在山野，苟有合乎道者，则楚之政未亡，楚之灵未去。原在朝有秉忠履直之过，是上无礼矣。在野有扬波歠醨之叹，是下无礼矣。朝无礼乐则证诸野，野无礼乐，则楚之政不归，楚之灵不食。原忠臣也，楚存与存，楚亡与亡。"（《谗书·三闾大夫意》）罗氏固注重人臣应尽忠节，然而，他又体会到往古忠臣之言行，当时多不为君主所接纳。反之邪臣之言论，却为君主所乐闻。等到君主知忠臣之言为忠言的时候，大势已经不可挽回了。他举吴王的一段故事说：吴王“筑台于姑苏之左，俾参政事者，以听百姓之疾苦焉，以察四方之兵革焉，一之日视之以伍员，未三四级，且奏曰：王之民饥矣！王之兵疲矣！王之国危矣！夫差不悦。俾嚭以代焉，毕九层而不奏，且倡曰：四国畏王，百姓歌王，彼员者欺王。员曰：彼徒欲其身之亟高，固不暇为王视也，亦不为百姓谋也。臣岂欺乎？王赐员死，而嚭用事，明年越入吴。”（《谗书·吴宫遗事》）由此可知，药固苦口，确愈疾之良药也，言诚逆耳，乃治国之忠言也。试问：为什么许多君主，都乐闻佞言，而恶听忠言呢？因佞言与忠言，其本质不同。对君主来说，凡忠言之本质，皆为“损己之私而利公勤事”；佞言之本质，皆为“利己之私，而损公怠事”。昧主多顾目前之“己利”，不知目前之“己利”，正是他时之“国害”。明主则不贪目前之“己利”，而希求他日之“国利”。所以说昧主与明主之分，一言以蔽之，就看他是利现在抑利将来，利一己抑利人群？以为定。夫遇到“昧主”，做臣子的固无法直言极谏，但遇到“明主”，则必须以“敬”事之。罗氏曾说：“下之不敬，则不足以奉君。”（《两同书·敬慢》）以“敬”事君，是忠节的先决条件，臣子对君上，苟心存不敬，无法求其有忠贞的表现。可能罗氏有这种想法，则以禄山之行，为大不敬，故终有叛乱之举。看他对此事之痛切表情，深知罗氏乃一忠贞之士。他说：“天宝中，逆胡用事，銮舆西幸，贵妃死于马嵬驿。臣在草野间，得本朝书读，未尝不恨，生不得批虏颡以快天子意。”（《谗书·书马嵬驿》）正因他以为做臣子的应有敬君之美德，所以反对那些诿过于君的臣宰们。他以伊尹苛求其君，不反责诸己为例，发抒其敬事的胸怀。他说：“唐虞氏以传授得天下，而犹用和、仲、稷、离以酝酿风俗，堙洪水，服四罪，然后垂衣裳而已，百姓饮食而已，亦时之未漓，非天独生唐虞之能理也。及商汤氏以鸣条誓放桀于南巢，揖逊既异，浑朴亦坏。伊尹放太甲立太甲，则臣有权始于是矣。而曰：耻君之不及尧舜，呜呼！商汤氏之取，非唐虞氏之取也；商汤氏之时，非唐虞氏之时也；商汤氏之百姓，非唐虞氏之百姓也；商汤氏之臣，非唐虞氏之和、仲、稷、离也。伊尹不耻其身不及和、仲、稷、离，而耻君之不见尧舜，在致君之诚则极矣，而励己之事何如耳。惜哉！”（《谗书·伊尹有言》）伊尹废立太甲，罗氏认为这是臣宰握权之始。自此臣下弄权之事，不绝于后。所以他说：“君者舟也，臣者水也。水能浮舟，亦能覆舟。臣能辅君，亦能危君。”（《两同书·得失》）那末，什么样的君主，才能为臣下所乐于辅佐呢？这自然是“明君”了。明君唯一的条件，是要容纳谏诤。凡臣下言己之过，要优容而悔改。这样，就是罗氏所说：“闻恶而迁善，永为有道之君。”（《两同书·爱憎》）不过，君主除具备这种识量之外，进一步使得臣下各个公忠体国，那要有一套好的文官制度。使任使得宜，爵禄合理。否则，不足以期群臣之拱卫。就这点罗氏曾说：“禄于道，任于位，权也。食于智，爵于用，职也。禄不在道，任不在位，虽圣人不能阐至明；智不得食，用不及爵，虽忠烈不能蹈汤火。”（《谗书·君子之位》）

罗氏长于唐代末叶，他又是旷览群书之士，往代多少易姓换朝之事，他必尽悉始末。他固力主臣宰应尽忠于君主，然夺权取代之事，势所难免。罗氏主张万一臣下取得统治者之位，应该下顺民心。他说：“盗亦人也，冠履焉，衣服焉，其所以异者，退逊之心，正廉之节，不常其性耳。视玉帛而取之者，则曰：牵于寒饿。视家国而取之者，则曰：救彼涂炭。牵于寒饿者，无得而言矣，救彼涂炭者，则宜以百姓心为心。”（《谗书·英雄之言》）然则，百姓之心，是何心呢？简而言之，不外“休养生息”，要使百姓能“休养生息”，君主就应先做到“舍难得之货，掊无用之器，薄赋敛，省徭役，损一人之爱好，益万人之性命”，（《两同书·损益》）然后才能“得天下欢娱”，于是“各悦其生矣”。（同上）假如君主违反百姓之心，“志在奢淫，瑶台象床，锦衣玉食，购难得之货，斲无用之器，厚赋敛，烦徭役，益一人之爱好，损万人之生命”，（同上）如此，则民不畏死，就算君主以严刑峻法加到人民的身上，他们也不怕，照样叛乱。所以罗氏警告说：“人安者，天子所以得其安也；人乱者，天子所以罹其乱也。人主欲其己安，而不念其人安；恐其人乱，而不思其己乱，此不可谓其智也。”（同上）

七、余论

从罗氏的所学看来，除儒书经史之外，对老庄之学，亦颇有所习。譬如他在《两同书》中说“理之终以为乱”一语，就受老氏之影响。老氏以为天道物理，终则有始，由“正”必然入“反”。所以老氏有“反者道之动”之名言。罗氏也认为世道总是“治理”入于“乱离”。如果以“理”为“正”，“乱”为“反”的话，那末“正”终会入于“反”的。因此他看问题，不免有消极逊退之处。至于他主张君主崇俭，希望君主“舍难得之货，掊无用之器”，皆出于老氏“不贵难得之货，使民不为盗”的思想要旨。罗氏常借奇想之故事，说明其心境。譬如他说：“上帝既剖混沌氏，以支节为山岳，以肠胃为江河。一旦虑其掀然而兴，则下无生类矣。于是孕铜铁于山岳，滓鱼盐于江河，俾后人攻取之，且将以苦混沌之灵，而致其必不起也。呜呼！混沌则不起矣，而人力殚焉。”（《谗书·蒙叟遗意》）这段话，影射君上兴工无时，致使人民乏力。其笔法与

《庄子·应帝王》:“南海之帝为儵，北海之帝为忽，中央之帝为浑沌。儵与忽时相与遇于浑沌之地。浑沌待之甚善。儵与忽谋报浑沌之德，曰:人皆有七窍，以视听食息，此独无有。尝试凿之，日凿一窍，七日而浑沌死。”一段话极为相同。庄子这段话的用意，乃是不要强人同己。否则，我生未必遂，而物性先败。罗、庄二人都用“混沌”为名，再为穿插枝节，以表自己的心意。心意固不同，然其表达的方式是一样的。由此点看来，我们说罗氏袭庄子之法，总不为过吧！罗氏的文思，盖受道家思维方式的影响，动辄讲古刺今，语意讽讥，这可能是他屡试不第的主因吧！

参考书目

《谗书》，罗隐撰，《百部丛书集成》——《拜经楼丛书》。
《两同书》，罗隐撰，《续百川学海》——《正光文史丛书》。
《旧五代史》，薛居正撰，艺文印书馆。
《中国政治思想史》，王云五著，商务印书馆。
《中国政治思想史》，萨孟武著，三民书局。
《中国政治思想史》，萧公权著，中华文化出版事业委员会。

杜光庭

郑素春　著

目　录

一、早年

唐末著名道士杜光庭（公元八五〇—九三三年），字宾圣，或称宾至，道号东瀛子。他的出生和家世不可考。从有关的史料得知：长安（今西安）东南几公里地，旧称京兆杜陵，这里很可能是杜光庭原籍地，后来移居处州缙云（在今浙江省）。

从一些地方志书如《处州府志》、《丽水县志》所得到的线索看，杜光庭早年曾居当地少微山的紫虚观修炼。在《缙云县志》中则记载他曾寓居缙云县的仙都山。事实上，杜光庭的童年正当宣宗（八四六—八五九年）统治下，中国南方疾病和灾患频仍，政府因为苛捐杂税，而引起人民反抗的时期。他成长于盗贼四起、兵荒马乱之中，很可能自幼过着流动迁徙的生活，寄身山野道观。唐代士人裴庭裕撰的《东观奏记》里，记载大中四年（八五〇年）宣州（在安徽省）康全泰之乱事。自乱起以后，一唱百喝，立刻汇聚成一股庞大的势力。

在《旧唐书》卷十八写着：包括宣州的康全泰一帮人外，还有洪州贼毛合攻掠郡县，于大中十二年（八五八年）被讨平。不久，浙江的裘甫（？—八六〇年）也接着起来造反。杜光庭于所著《道教灵验记》卷七中回忆说：草寇裘甫起自农亩，啸聚凶徒，官吏奔骇。朝廷诏命陈、许、郑、滑、淮、浙、徐与泗等州（今安徽、浙江和江苏省）之军讨贼，历时十月乃平之。

懿宗咸通十一年（八七〇年），一阵季节性的狂风使得海水倒灌，江、浙沿海地区泛滥成灾，疾疫流行。杜光庭记录灾情说：咸通庚寅（八七〇年），海风翻浪，漂浸江、浙，陷害居人。明、越、苏、杭四州，尤其厉害。水灾既退以后，因为发生疫疾，所染患的疾病之家，十口人中存活者不到一、二。以至于无人可以收尸掩埋，居民投弃尸体于水，浮泛江河之中，生出蛆虫，污秽恶臭积累月。（见《道教灵验记》卷五）当时官府不能对人民惨重的灾情提供有效的救济。这种情形一直持续、酝酿，而衍生出唐末大规模的乱事，使杜光庭后来面临国朝沦丧，不可抗拒的命运。

杜光庭自述青年时期，就读于上庠国子监（约等于现在的国立大学），由于那儿的书很多，因此可以遍览群书。他为学的次第，首先是读天文、神仙之书，其次览经、史、子、集，也就是经典、历史、诸子哲学以及文学集成等书。每月三十天中，以五日轮流不息。一日诵经书，二日览子、史，三日学为文，四日记故事，五日修闲养志，如此持续了五、七年之后，于是经书和历史备熟。

杜光庭是一个性简而气清的人。志趣超迈，以博极群书，成为其时著名的儒生。但是当朝的皇帝懿宗（八五九—八七三年在位）本人为狂热的佛教信徒，而且佛教势力处于武宗毁佛（于八四五年）后的复苏状态，杜光庭对于神仙之说的爱好，显然不能迎合朝廷的需求。当他应九经举试，未能及第，于是就奋然入道，事天台山（在浙江省）道士应夷节（八一〇—八九四年）。（有关杜光庭传记，见于陈葆光编的《三洞群仙录》卷十五。另外，亦见于元赵道一编《历世真仙体道通鉴》卷四十，以及清吴任臣撰《十国春秋》卷四七。）

二、师承法脉

杜光庭的师父应夷节自幼出家，参访多师，游历龙虎（在江西省）、天台等名山，受正一紫虚都功等箓，而后复受升玄上清回车毕道、紫文素带藉地腾天符，以及上清大法。在天台山，他所拜的师父是冯惟良。

冯惟良来自南岳衡山（在湖南省），属于上清派茅山宗道士，精通上清大洞秘法。由冯惟良上溯仙派源流：自东晋、南北朝时期陆修静（四〇六—四七七年）始，传孙游岳（？—四八九年），再传陶弘景（四五六—五三六年）。由陶弘景成立上清派茅山宗以后，师徒相传历经隋和唐代，传王远知、潘师正、司马承祯（六四七—七三五年）等人。然后司马承祯至南岳衡山，授《三洞秘箓》于薛季昌（？—七五九年），薛季昌传田虚应（？—八一一年），田虚应传冯惟良、陈寡言和徐灵府。冯惟良和陈、徐共三人，后来到浙江省天台山，并传法于应夷节、叶藏质和沈观外。

前述这些道士的传记，分别见于《历世真仙体道通鉴》卷二四、卷二五和卷四十。王远知、潘师正与司马承祯三人正史有传，见《旧唐书》卷一九二和《新唐书》卷一九六。由他们建构起一法脉传承图如下：

图一：道士法脉传承图

庐山道士：陆修静——孙游岳

茅山道士：陶弘景——王远知——潘师正

——司马承祯

衡山道士：薛季昌——田虚应——冯惟良

陈寡言

徐灵府

天台道士：冯惟良—应夷节—杜光庭

祖师陆修静出身吴兴（在浙江省）世家，为三国时东吴丞相陆凯的后代。他年少业儒，后学道仙山。于南朝宋文帝元嘉三十年（四五三年），去京师建康（今江苏南京）卖药，受到朝廷礼遇，王太后向他执门弟子之礼。不久南游，于宋孝武帝大明五年（四六一年）在庐山下建简寂观修道。宋明帝即位之初年（四六五年），朝廷再三延请，他都不赴。于泰始四年（四六八年），陆修静方才应聘至京师。皇帝亲自向他问道，并且在京师北郊构筑崇玄馆请他居住。陆修静对道教的主要贡献是：搜求道书，整理经典，首创《三洞经书目录》。此外，他也和北魏寇谦之（三六五—四四八年）一样为整顿道教而建立教规、教仪，提出新的教会组织形式。

陆修静传徒孙游岳，在庐山时授之以三洞经法及杨羲（三三〇—？年）、许翙（三四一—三七〇年）二真人墨迹。孙游岳于齐武帝（四八二—四九三年在位）永明二年（四八四年），应诏居京师兴世馆。后来他将经法和杨、许两位真人的墨迹传给陶弘景。

陶弘景是丹阳（今南京市内）人，出身医学世家。他原为官于南朝齐武帝，永明十年（四九二年），三十六岁时，呈表辞去官职，往句曲的句容山修道（即今江苏省的茅山），自号华阳隐居。他除了拜陆修静的弟子孙游岳为师，受道教符图经法以外，还得到东晋上清派道士杨羲等人的手稿十余卷，以之作成《真诰》二十卷。他是在梁武帝时（五〇二—五四九年在位），受到皇帝的重视，向他咨询治国与修身之道，号称“山中宰相”。他一生致力于道教医学与道教历史的研究和著书，而且初步地建立了道教的神仙谱系。

陶弘景将道法传王远知。隋炀帝（六〇四—六一七年在位）对王远知颇为敬重，经常诏他入宫中，躬荐松水以祈福庆，王远知却宁可返回茅山。唐太宗李世民尚未登基之前，曾经拜访他。他宣告天命，预卜秦王李世民将为嗣君。《旧唐书》卷一九二记载：唐高祖武德中（六一八—六二六年），太宗李世民平王世充之后，与房玄龄微服往谒王远知，远知迎接说：“此中有圣人，莫非是秦王？”太宗因此以实相告。远知曰：“你将要作太平天子，愿自珍惜。”李世民即帝位后，优宠王远知，于贞观九年（六三五年），在茅山建置太平观给他居住。

王远知的传人潘师正（约卒于六八二年），奉师命居嵩阳（在河南省）修真，唐高宗（六四九—六八三年在位）曾召见他，后来在其故庐作崇唐观和奉天宫。

潘师正的传人司马承祯，于唐睿宗（六八四—六九〇年和七一〇—七一二年在位）景云二年（七一一年）居皇帝为他在天台山所建的桐柏观。司马承祯游南岳衡山时传法于薛季昌，再传田虚应，三传冯惟良。

冯惟良于宪宗年间（八〇六—八二〇年在位）重修天台山的桐柏观居住，与当代诗人元稹（七七七—八二九年）为友，宪宗诏见而不赴。他传法于应夷节、叶藏质和沈观外。叶藏质居住天台山玉霄宫，以符法治病闻名。他和应夷节共修为友，杜光庭除了向自己的师父学习外，也时常向叶藏质请教。

应夷节本人参访多师，熟习《老子》、《庄子》、《文子》、《列子》

和《周易》等书。他在天台山桐柏观的西侧别置道元坛，由于登坛作法数有感应，因而得到公卿大夫的信奉。

根据前述杜光庭历代先师的事迹显示，他所师承的法脉源远流长，累积了丰富的道教经典、斋科醮仪和法术符箓。元刘大彬编著《茅山志》记载，陆修静曾经著作斋戒仪范百余卷；陶弘景的著作涉及儒家经典、天文、历算、地理、医学和药学，多达八十余种。他们的道脉传统，自东晋、南朝陆修静、陶弘景，到隋末唐初王远知、唐中期潘师正和司马承祯，以至唐末应夷节等人，均结交达官显贵，受到帝王的崇奉，与政治发生密切的关系。

三、宫廷时期

杜光庭的师父应夷节替人治病祈福，结交了不少名门贵族。杜光庭追随其师左右，自然地与官府也会有所接触。但是他之所以能受时人瞩目，主要在于其辞章之文采粲然。他时常说："道法科教自汉天师张道陵暨陆修静以来，岁月绵长邈远，文章将要废坠。"祖师陆修静在南朝时编纂道书，一直是杜光庭心目中学习的对象，于是他参与道法和科教的考证和编撰。他的文章受到当时宰相郑畋（八二五—八八三年）的欣赏，而推荐至朝廷。此外，在长安还有一位潘尊师，道术甚高，深得僖宗所雅重，也时时为杜光庭进言。因此僖宗（八七四—八八九年在位）召见他，赐予紫服和象简，使之担任麟德殿文章应制的职务。

僖宗朝廷中有一股奉道的潮流，如大臣刘瞻、李蔚、崔彦昭和郑畋等人。杜光庭在《道教灵验记》卷三中，采摭当时的见闻，录有几则上述诸人信道感应的经验，分别如下：

第一则：相国刘瞻被贬谪到交址，道过江陵真符玉芝观，是夕舟中梦元始天尊预告其将再居相位，而后得道。

第二则：相国李蔚拥旌汴州（开封）兼太清宫使。一夕，梦见自己野步郊外看到天尊塑像败坏。翌日发现是当地玉芝观情景，于是捐赀广加崇饰。

第三则：相国崔彦昭在受任北都安邑留守之前，曾梦见到安邑潜丘台观，天尊指引古殿荒芜。他上任后，布施薪俸，兴修殿宇。

第四则：郑畋在登相位之前，曾于宁州真宁县通圣观前许愿异日官达，必事修缮。后来果居尊位，少有空暇而忘却前愿。一夕，梦游洞府与群仙嬉游，忽闻使者传讯说："太上有命，群仙当返回上清。"郑畋欲同行，一仙人回首笑着说："等你完毕真宁之愿，方可来此。"于是他忆起前愿，重修通圣观。

前面几则记事中的主角，在《旧唐书》、《新唐书》中都有传记。第一位刘瞻，在懿宗时担任同平章事、集贤院大学士。咸通十一年（八七〇年），因为懿宗严惩用药治疗同昌公主无效的两个医官，逮捕其宗族数百人。刘瞻进谏医官的罪不至此，因此触怒皇帝，被贬谪至江陵、荆南等地。僖宗时，再被任命为宰相。第二位李蔚，在懿宗朝担任京兆尹、太常卿，曾切谏皇帝不可迷惑于浮屠（佛教），后被出调淮南。懿宗虔诚地信奉佛教，经常在宫中宴请万僧，自为赞呗。后又迎佛骨，竭尽宫中财富，以致民间疾苦，唐末动乱四起。僖宗乾符初（八七四年），李蔚擢升为宰相，后来卒于河东节度使任内，皇帝诏令归葬其骨骸。第三位崔彦昭乃僖宗朝的贤相，当其秉政，改革朝廷贿赂朋比的现象，后来以疾卒。第四位郑畋，在懿宗朝时，宰相刘瞻提拔为翰林学士。后来刘瞻以谏言迕意被罢官，郑畋因为是宰相人马而坐罪，被贬为梧州刺史。僖宗立，才又擢升至相位。

从杜光庭所录的事迹，可以知道他当时往来政治人物之一斑。僖宗以前，因为懿宗崇尚佛教，滥用府库之资，导致朝廷财政困难，国本动摇。刘瞻、郑畋等人虽然以批评矫正时弊被贬职，但是他们毕竟出身世族名门，不几年，又在僖宗朝立足。而且上述几位官员捐产布施，建设道教观院，皆明显地有奉道的倾向。

僖宗乾符二年（八七五年），曾经发生干旱。杜光庭在所撰《道教灵验记》卷十四记载：乙未年（八七五年）三月不雨，到了五月，所在名山大川的祈祭，也未能致效。司空平章事郑畋乃建言选两组高行道士各七人，于内殿置金箓道场七日，请皇帝拈香祈祷。并于天下名山青城、峨嵋、茅山、天台、罗浮、五岳等一十八处，降赐词文，各修道场七日。后大雨，是岁丰收。

杜光庭出入宫廷内院，主持皇家的祠事供奉。并且以博学多闻，著述颇丰而享有盛名，成为当时的道门领袖。时人推崇赞美说："学海千寻，辞林万叶，扶宗立教，海内一人而已。"他在进入宫廷以前，最初参与的整理道书之工作，可能是由其叔祖陈寡言所主持的。《历世真仙体道通鉴》卷四十记载："道士陈寡言隐居玉霄峰……天台科法，有阙遗者，拾而补之。"杜光庭的另外一位叔祖徐灵府则著作《天台山记》一书。他们所做的是搜集天台的科仪与道法，而后整理并补充之。

杜光庭担任文章应制时，撰写了许多的表、章和醮词，收入后人所辑的《广成集》十七卷。乾符四年（八七七年）三月，由于凶旱连年，饥荒频仍，再度掀起人民起事反动的浪潮。以王仙芝为首的盗贼，自号草军，大寇河南、山南。同月，黄巢聚万人攻陷郓州，从此乱事迭起。广明元年（八八〇年）正当黄巢之乱战事最为紧急的时期，福州、广东已被起事者占领，洛阳也跟着不保。直到中和元年（八八一年）初，京师长安沦陷，杜光庭追随僖宗逃亡，其路线先是溯过渭水，向西北走咸阳，路经凤翔，南下兴元（汉中），然后到成都（在四川省）。这个时候，杜光庭编的作品《太上黄箓斋仪》完成，于广明元年（八八〇年）八月作序。作品中杜光庭传达太上老君的意旨，要护卫皇帝，可是并不能阻止乱民的继续前进。

杜光庭在所撰《道教灵验记》卷三记载：盩厔县（在陕西省）楼观，乃周大夫尹喜旧宅。唐高祖起义兵于河东（在山西省）时，观之所在地有赤光达六、七昼夜。广明庚子年（八八〇年），寇犯长安，观中有光如前。待僖宗车驾至凤翔，盩厔将沦陷，观中复有光景非常，灵迹显异，因此避难的士庶众多，人莫敢犯。

史书所记载的实际情形是：僖宗昏昧，政事取决于宦官田令孜。黄巢犯广州时，一度有意罢兵。田令孜欲使宰相卢携建功，下令继续攻打。待贼陷东都洛阳时，皇帝听田令孜的僭言西幸，丢下宰相、御史中丞和京兆尹不顾。到了咸阳，军士十余人高呼皇帝留在秦中（陕西省），以便号召民心。僖宗不同意，于是又直接南行抵达秦岭南边的兴元，到成都。杜光庭的作品《混元图》于中和元年出现。

僖宗狼狈出京，当时战事惨烈，死伤惨重。杜光庭在所撰《道教灵验记》卷三《东川置太一观验》中，描述战争屠戮之众，哀鸿遍野。文章写着："中和年（八八一—八八四年），皇帝驻跸全蜀（四川省），上京（在洛阳）已经沦陷。其时东川节度使杨师立称兵内侮，于是朝廷命成都大将高仁厚率诸军讨平。两军交锋剿戮，或乘胜诛除，杀伤甚众。尸骨多弃置草莽沟隍，东川一带夜晚常闻鬼哭之音，妖怪呼啸于途。高仁厚节制安抚当地，在建构太一万胜观后，夜哭之声才停止。等到塑造玄元（太上老君）和太一神像后，高仁厚夜梦乌云覆盖山顶，不久变成五色祥云，男女老幼阴魂随烟雾腾跃散去。"

在僖宗驻留于蜀时，当地的青城山便成为皇帝祭祷，请求庇护的圣山。《道教灵验记》卷十四《僖宗封青城醮验》，是中和元年皇帝到了成都后，命杜光庭于中元节（农历七月十五日）至青城山（在成都西北的灌县），祭祀希夷真君宁封子。他在文中记载：“青城山乃古昔黄帝拜访龙师真人宁先生，受《龙跻经》而学得驾御飞云之道的地方。僖宗诏命内臣、县令与光庭诣山修醮，封山神为五岳丈人、希夷真君。这时，县境干旱，醮毕之夜，风雨大至，谷物乃丰收。”

此外，同书卷十四《僖宗青城斋醮验》：在中和元年八月，有大星流出虚、危（二十八星宿中的两颗），此星乃是象征触犯清庙，历坟墓哭泣之星。朝廷于是派令道士于青城山丈人观和宗玄观修醮，宗玄观启坛之夕，出现种种祥异，神钟不击自响，圣灯遍山，作虹、桥、花木之状，金蛇现于坛上。

从中和元年（八八一年）开始，杜光庭过着颠沛流离的生活，中和三年（八八三年），京城收复。四年（八八四年），黄巢被讨平。次年，即光启元年（八八五年）三月，他随从僖宗车驾还京。他的另一部作品《历代崇道记》作序于中和四年十二月（此时为八八五年元月），因此这一作品的手稿当完成于成都，而在长安出版。

杜光庭在《道教灵验记》卷十一《玄武楼北真文验》中记载：“光启初（八八五年），大驾还京，重新修饰宫城。所司于玄武楼北，夜见白光。挖掘八、九尺，得青石函四尺见方。内有灵宝黑帝北方真文石刻板，题隶书篆字：‘黑帝玄老君镇宫城符命。’这个石刻是唐高宗时所埋藏的镇宫之文，长安收复，显示出神灵的保佑。”

然而在长期的乱事之后，造成的是朝廷经济枯竭，以及各地军阀的坐大。不论是李唐皇朝的先祖老子，也是道教之始祖太上老君玄元皇帝的庇佑，或是北方黑帝之镇守宫城，或是五岳上司、青城山丈人的护持，这时候的李家天下再也不能维持其有效的统治。僖宗一年后，于光启二年（八八六年）再次因为不断的乱事而被迫再度出京，逃亡到凤翔，走陈仓、兴元等地。

唐末天下大乱，君臣将领各怀异志，正是一个天纲泯灭、人伦断绝的时代，胜者为王，败者为寇，生死存亡每系于一念之间。在这时节，“忠君爱国”成为一个更值得称颂的美德。杜光庭在所著《录异记》卷三，以“忠”为题写说：“光启二年（八八六年）正月，河东兵士入京师。僖宗车驾巡幸陈仓，大臣牛丛被入京军帅带往河东。河东晋王礼遇牛公。但是牛丛告谕晋王以忠孝之道、君臣之礼。同年六月，萧遘、裴彻立襄王于长安，号称监国。有谣言传闻襄王正位，僖宗已死。牛丛误信传言，失声号呼，呕血而绝。”

当时宦官矫造皇令，把持政权，是导致唐末方镇之祸的最大原因。根据《新唐书》、《旧唐书》之中，田令孜、王重荣、萧遘、牛丛等人的传记，前文中杜光庭记载故事的实况是这样子的：宦官田令孜欲取有河中（在山西省）盐池之富，就派命自己兼任两池榷盐使，与据有其地的太傅王重荣起冲突。王重荣于是与河东晋王李克用联合，击溃隶属于田令孜的神策军。神策军返京大掠，河东军追至，于是僖宗出走，经陈仓，暂时停驻凤翔。诸节度使共同弹劾田令孜生事，离间大臣。宰相萧遘便和裴彻计谋，召拥有大兵的朱玫来凤翔，欲铲除田令孜等人。田令孜于是挟质皇帝，走至兴元。朱玫后来威逼宰相萧遘起草，册立嗣襄王。

前段故事中的主角牛丛，是唐敬宗时（八二四—八二六年在位）宰相牛僧孺之子。河东兵士入京时，担任吏部尚书。因为他是名门弟子，颇具声望，而受到晋王李克用的礼遇。嗣襄王立，客死太原。诸雄混战之际，均打着忠于王室的旗号，这时只有牛丛这样的死烈之士的忠、奸立辨，堪称忠臣。正史记载萧遘本来胸负大节，以佐助帝王自任，因为招徕朱玫扶植伪帝，等到僖宗还京后被朝廷赐死。

四、隐居青城山

光启三年（八八七年），僖宗返回长安。但是杜光庭则于同年，永远地离开了李唐朝廷，往居青城山白云溪畔。他以后的许多作品是在前蜀王建（九〇七—九一八年在位）的统治下陆续编辑撰写而成，如：《洞天福地岳渎名山记》，昭宗天复元年（九〇一年）九月序；《道德经广圣义》，同年十月序；以及其他诸作，如《神仙感遇传》作于唐哀帝天祐元年（九〇四年）后；《道教灵验记》作于天祐二年（九〇五年）后；《录异记》成于九二一至九二五年间；《墉城集仙录》作于九一三年以后；此外《道德真经玄德纂疏序》作于九二〇年……等。

杜光庭之所以于光启三年离开僖宗，隐居青城山，据说和他于前一年随同皇帝车驾至兴元，并且游经西县（今勉县，在陕西省）时之巧遇术士陈七子有关。陈七子原名休复，是个气质潇洒的异人。看见杜光庭时，他蹲下身来用手拨开满地的榛叶、掘地穴，取出一瓢酒来，递给杜说："我以此酒换你的五脏。"他语中的五脏，指的是人体内的心、肝、脾、肺和肾等脏腑。陈七子用仙浆玉液要来交换杜光庭的五脏，有劝谕他应当洗脱凡俗之意。杜光庭听了之后若有所悟，加上反复思量国难未靖，于是上表陈述离去的决心。

详究当时的政治情况，黄巢虽然被平灭了，王业却已经荡然无存。乘乱坐大的朱全忠、李克用等军阀拥有大兵，朝廷势将无法抵挡这些藩镇的割据。即使为国尽忠效命的大臣也多不得志，杜光庭的提拔者郑畋，在僖宗乾符元年至六年（八七四—八七九年）间担任宰相，因为和同居宰相之位的卢携在朝廷争吵，而被免职。当黄巢向长安逼进时，他留守抵御贼兵，使僖宗一行人得以脱离险境，于是再拜相位。光启元年（八八五年）大乱平复，僖宗将还都长安，郑畋为了避免其他将领有嫌隙，使他们能戮力朝廷，护送皇帝还京，因而请罢政事。再两年后卒。

杜光庭离开朝廷是因为李唐王朝已经陷入军阀割据的分裂局面。唐昭宗时（八八八—九〇四年在位），虽然力图强兵，以及有相国孔纬、张浚（？—九〇二年）等力主出师灭藩，但是攻伐李克用未成，而且昭宗被朱全忠所挟持，于天复四年（九〇四年）被弑，后三年嗣君哀帝（九〇四—九〇七年在位）亡国。

杜光庭隐居青城山时，正当王建（八四七—九一八年）图谋奄有蜀地之际。王建是许州人，出身民家，先世为作饼的师傅。他少年无赖，常做些屠牛盗驴之事。王仙芝、黄巢乱事，他投军建功而后被十军观察使田令孜认作义子，擢升至诸卫将军。

光启元年（八八五年），王建随僖宗车驾返长安，率领神策军宿卫。不久，就因为河中（在山西省）王重荣与田令孜争盐池，来犯京师，他护驾皇帝再次出奔。次年三月，仓皇逃命至当涂驿，在着火的栈道上，王建控马抱着僖宗冒险冲过熊熊火焰，夜晚僖宗枕于王建的膝上睡觉，不觉流涕。王建是个具有雄图大志，知道取舍的人。他因为曾经担任皇家宿卫长的关系，与帝王家族有共同患难的感情，加之以他衡量领兵必须以朝廷为号召，因此一直打着忠于王室的旗号，扩张自己的势力。昭宗新立之年（八八八年），朝廷意图削灭跋扈的藩镇，王建请求协助韦昭度讨伐西川节度使陈敬瑄，到大顺二年（八九一年）时，据有西川之地。他又思并吞东川，于是连年征讨，乾宁四年（八九七年），并有两川，全蜀尽入其囊中。

光化三年（九〇〇年）封爵琅琊王。昭宗被朱全忠挟持到洛阳时，帝以御札告难于王建，蜀兵行至兴平，遇汴兵，不得前进而撤回。昭宗被弑后，掌书记韦庄为王建谋划称帝，在天复七年（九〇七年）建国号大蜀。

唐乱，人士多依两川以避难。王建虽起于军伍，为人饶智多略，善待才士，因而所用的皆唐代的名臣世族。杜光庭就在同时为王建所延揽，担任皇子元膺之师。王建夸耀说："古昔汉代孝惠帝有商山四皓几位长老，不如我有一位杜先生就足够了。"杜光庭不乐居宫中，于是推荐名儒许寂和徐简夫两人任事东宫。皇储元膺是王建的次子，目视不正，而禀性残忍，颇多才艺。元膺不常与许寂等交谈，却经常与乐工群小嬉戏无度。后来因杀害王建宠臣唐道袭，被卫士所杀。关于元膺，有一段神话在乡间流传说：梓橦县供奉蛇神的张恶子庙，在元膺被诛之夕，司祝者忽然梦到被神责怪道："我久留成都，今始方归，为何祠宇荒秽如此。"因此蜀人相传元膺是庙里的蛇精。

杜光庭凭借着得到蜀帝与其他大臣的敬奉，虽然和元膺性不相投，却仍然能时常参与政事。他有两个俗家弟子：一是徐光溥（卒于约九四八年），拜师时仅在十五六岁的志学之年，后来在后蜀的统治下，担任相国。一是张格，即唐昭宗时左仆射张浚之子。张浚以诡谲多术闻名，协助皇帝讨伐李克用不成而被免官。朱全忠谋篡，深忌张浚为他人谋划，于是派人击杀其家族。张格在父亲的安排下往奔成都，以才术高明，见用于前蜀王建。武成元年（九〇八年），拜为宰相。然而张格自认未能通达世故现实，而杜光庭望重德高，因此张格经常向杜光庭禀告政局，咨询意见。时人褒誉杜光庭："非仅止善于辞藻，而且有经国之大才。"

杜光庭以道行文学著称，当时能在文艺上与之并齐者，大概只有掌书记韦庄。韦庄亦京兆杜陵人，唐臣韦见素之后。他的个性疏旷，能诗，以艳语见长。昭宗遇弑，朱全忠请哀使来告，韦庄起草回书说："吾蒙主上恩有年矣，衣襟之上，宸翰如新。墨诏之中，泪痕犹在。犬马尚能报主，而况人之臣子乎？"文中所谓"泪痕犹在"，指的是僖宗往年趴在王建的膝上哭泣之事。他有美姬善文翰，被皇帝夺去。韦庄作辞说："空相忆，无计得传消息。天上嫦娥人不识，寄书何处觅。新睡觉来无力，不忍把伊书迹。满院落花春寂寂，断肠芳草碧。"这位仕女听了，不食而死。武成三年（九一〇年），他以吏部尚书、同平章事卒于任。他的弟弟，学士韦蔼编其文为《浣花集》五卷，请杜光庭作序，杜光庭答以："相国富有文辞，若集中不删落小悼、浮艳等诗，不敢闻命。"而终未作序。

杜光庭与韦庄交情如何，未见载于史书。不过他不愿意为浮艳的诗词作序，却是把持自己道士端正的原则。其时蜀地富庶，在高祖王建主政下，诸皇子均未经创业的艰苦，骄矜自满，只知寻欢作乐。嗣君王衍（九一八—九二五年在位），颇多才艺，擅长艳丽靡烂之词，后来则以沉迷声色亡国。

前蜀永平三年（九一三年），朝廷任用杜光庭为金紫光禄大夫、左谏议大夫，封蔡国公，进号"广成先生"。天汉元年（九一七年），杜光庭擢升为户部侍郎。这年，有大秃鹫鸟盘旋，城隍沟池开白莲花，为不祥之兆。朝廷诏令封神、祀黄帝和地只。六月，导江县令黄璟上奏："天大雷雨，江神忽成巨堰，以阻挡大水。群臣入贺。"杜光庭进贺笺以："回山转石，巨堰俄成。浸涌顿减于京江，奔蹙尽移于硖路。仰由圣感，仍假英威。见天地之合符，睹神明之致佑。编于简策，冠彼古今，叨奉奖私，宏增抃跃。"

天时地理的变化，似乎预警着帝位的转移。高祖王建苦于痢疾，于次年（九一八年）卒。据说，宰相张格受徐贤妃的贿赂，而协助册立其子王衍。王建之死，似乎为张格和贤妃所毒害。后主王衍立，奢纵无度，沉迷声色，多不亲临政事。权柄掌握于王宗弼，张格不久便遭贬谪。杜光庭推荐至朝廷的吏部侍郎许寂，这时也因为坐张格党被贬官，许寂批评张格才高而识短，终自取祸。

从杜光庭没有因为执政者的替换而被黜这件事，可以揣测他并未参与谋害王建。随着朝廷的崇道，反而使他在王衍朝廷的地位更为提高。王衍崇尚道教与母徐氏、顺圣皇太后的家族有关，据说相士曾对王衍的外祖父徐耕预言说："青城山王气彻天下，不十年有真人承运，你的两个女儿当作皇妃及太后。"因此王衍经常周览名胜如丈人观、金华宫诸地，所费不赀。居青城山时，宫人的衣服皆画云霞，飘然望之若仙。

杜光庭在《录异记》卷六中写："乾德三年（九二一年），井监使马全章梦见紫衣道流告知东汉时张天师指出的陵州焰阳洞。此洞闭塞多年，若能开发护持，可以福利邦国。"朝廷于是派人开辟焰阳洞。五年（九二三年），蜀帝王衍受道箓于苑中，以杜光庭为传真天师、崇真馆大学士。

乾德五年（九二三年），天空出现彗星，长丈余。皇帝诏命置道场，以答天变。大臣谏言："百姓怨气上彻于天，故彗星见。此乃亡国之兆，非祈禳可消。"次年，也就是亡国之前一年，王衍还着道士服，与头戴金莲花冠的妃嫔游宴怡神亭，祈祷于青城山，历丈人观、元都观，朝拜上清宫设醮祈福。这时的天府之国仍然人物富盛，但是君臣骄盈，黩货无厌，士卒全无斗志。咸康元年（九二五年）称臣亡于后唐。

后唐庄宗长兴四年（九三三年），杜光庭对门人说梦见自己朝见上帝，恐不久于人世。等到他所居的道宫兴建完成之后，有一天，他披上法服、登堂，端坐而逝，享寿八十四。颜貌如生，人以为尸解。葬青城山清都观。

杜光庭生平的见解言论，散见于其丰富的著述。其中，《序毛仙翁》一文（见《十国春秋》卷四十七）作于通正元年（九一六年)，是一篇成熟的作品。以短短三百余言，表达了他修行体道的一套完整的概念。兹录于下：

世之得道者，炼阴而全阳，阴泽都尽，阳华独存，故能上宾于天，与道冥合。则黄帝驾龙而腾跃，子乔控鹤而飞翔；赤松乘雨而飘飖，列寇御风而上下，史简昭著，又何疑焉。尝试论之。真一既判，元精肇分，清气为人，谓之三才。皆秉于妙无，成于妙有。人之生也，参天而立地，与气为一。天地所以长存者，无为也。人之所以生化者，有为也。情以动之，智以役之，是非以感之，喜怒以战之，取舍以弊之，驭努以劳之。气耗于内，神疲于外，气竭而形衰，形凋而神逝，以至于死矣。故曰：委和而生，乘顺而死，率以为常也。修道之士，黜嗜欲，隳聪明，凝然无心，淡然无味，收视反听，万虑都冥。然后虚室生白，吻合自然。观化之初，穷物之始，浩然动息，与道为一。则恣心所之，从心所欲，是非不能乱，势利不能诱，寒暑不能变，生死不能干。指顾乎八极之外，逍遥乎六虚之表。无所不察，无所不知，目能洞视，耳能洞听，亦能视听，不由乎耳目。何者？神鉴于未然，智通于无他也。毛先生则其人矣。

杜光庭行文所描述的毛先生，其实也就是他本人的写照。

五、杜光庭所撰所编之书目录

关于杜光庭的著作与所编之书，法国傅飞岚先生（Franciscus VERELLEN）曾作详细的考证与整理分类。兹依文章性质分类整理如下：

第一，神迹

1.《录异记》，八卷，成于九二一—九二三年间，《道藏》洞玄部，记传类，恭字号。

2.《道教灵验记》，十五卷，成于九〇五年后，《正统道藏》（以下简称《道藏》）洞玄部，记传类，常字号。

3.《神仙感遇传》，五卷，成于九〇四年后，《道藏》洞玄部，记传类，恭字号。

4.《虬髯客传》，一卷，在《太平广记》，卷一九三，新校本页一四四五—一四四八；亦见《宋艺文》，卷五，页五二二二。

5.《豪客传》，一卷，在《合刻三志》，明末版本，第二册。

第二，神仙传记

1.《仙传拾遗》，四十卷，在《崇文总目》，卷九，亦见《道藏阙经目录》。

2.《墉城集仙录》，六卷，成于九一三年后，《道藏》洞神部，谱箓类，竭字号。

3.《缑氏岭会真王氏神仙传》，五卷，约于九二三年刊行，在

《秘书省续编到四库阙书目》，卷二，亦见《通志略》，卷五。

4.《混元图》，十卷，在《崇文总目》，卷十，亦见《道藏阙经目录》。

5.《释老君圣唐册号》，一卷，在《全唐文》，卷九四四，页一〇一一三。

6.《圣祖历代应见图》，三卷，在《秘书省续编到四库阙书目》，卷二，页三二。

7.《老君二十四化诗》，一卷，在《秘书省续编到四库阙书目》，卷二，页二〇。

8.《二十四化图》，一卷，在《宋艺文》，卷四，页五一九〇。

9.《老君宝箓》，一卷，在《秘书省续编到四库阙书目》，卷二，页一九。

10.《老君赞》，在《全唐文》，卷九四四，页九。

11.《毛仙翁传》，一卷，成于九一六年，在《唐诗纪事》，卷八一。

12.《洞天福地岳渎名山记》，一卷，（九〇一年），《道藏》洞玄部，记传类，鞠字号。

13.《天坛王屋山圣迹记》，一卷，《道藏》洞神部，记传类，不字号。

14.《武夷山记》，一卷，在《崇文总目》，卷四，亦见《道藏阙经目录》。

15.《温汤洞记》，一卷，在《唐文拾遗》，卷五十。（又称《游名山记》）

16.《焰阳洞记》，一卷，在《唐文拾遗》，卷五十。（又称《游名山记》）

17.《鱼龙洞记》，一卷，在《唐文拾遗》，卷五十。（又称《游名山记》）

18.《麻姑洞记》，一卷，在《全唐文》，卷九四三。

19.《豆圌图记》，一卷，在《全唐文》，卷九四三。

20.《东西女学洞记》，一卷，在《全唐文》，卷九四三。

21.《石笋记》，一卷，在《分门集注杜工部诗》，在《四部丛刊》，卷十三。

第三，斋醮科仪

1.《太上黄箓斋仪》，五十八卷，（作序于八八〇、八九一、九〇一年），《道藏》洞玄部，威仪类，宾、归、玉、鸣字号。

2.《无上黄箓大斋后述》，在《全唐文》，卷九四四。

3.《太上黄箓斋坛真文玉诀仪》，一卷，在《崇文总目》，卷九。

4.《太上灵宝玉匮明真大斋言功仪》，一卷，《道藏》洞玄部，威仪类，化字号。

5.《太上灵宝玉匮明真大斋忏方仪》，一卷，《道藏》洞玄部，威仪类，化字号。

6.《太上灵宝玉匮明真斋忏方仪》，一卷，《道藏》洞玄部，威仪类，化字号。

7.《灵宝明真斋仪》，一卷，在《秘书省续编到四库书目》，卷二。

8.《灵宝明真斋忏灯仪》，一卷，在《秘书省续编到四库书目》，卷二。

9.《太上明真救护章仪》，一卷，在《秘书省续编到四库书目》，卷二。

10.《太上洞渊三昧神咒斋清旦行道仪》，一卷，《道藏》洞玄部，威仪类，化字号。

11.《太上洞渊三昧神咒斋十方忏仪》，一卷，《道藏》洞玄部，威仪类，化字号。

12.《太上洞渊三昧神咒斋忏谢仪》，一卷，《道藏》洞玄部，威仪类，化字号。

13.《金箓斋启坛仪》，一卷，《道藏》洞玄部，威仪类，体字号。

14.《金箓斋忏方仪》，一卷，《道藏》洞玄部，威仪类，体字号。

15.《灵宝自然行道仪》，一卷，在《秘书省续编到四库阙书目》，卷二。

16.《灵宝天宫斋方忏仪》，一卷，在《秘书省续编到四库阙书目》，卷二。

17《灵宝折五谷醮仪》，一卷，在《秘书省续编到四库阙书目》，卷二。

18.《安镇城邑宫阙醮仪》，一卷，在《崇文总目》，卷九。

19.《灵宝安宅斋仪》，一卷，在《秘书省续编到四库阙书目》，卷二。

20.《上元醮仪》，一卷，在《秘书省续编到四库阙书目》，卷二。

21.《太上正一阅箓仪》，一卷，《道藏》洞神部，威仪类，忠字号。

22.《太上三五正一盟威阅箓醮仪》，一卷，《道藏》洞神部，威仪类，忠字号。

23.《太上洞神太元河图三元仰谢仪》，一卷，《道藏》洞神部，威仪类，忠字号。

24.《太上河图内玄经禳灾九曜斋仪》，一卷，在《秘书省续编到四库阙书目》，卷二。

25.《太上三洞传授道德经紫虚箓拜表仪》，一卷，《道藏》洞神部，威仪类，则字号。

26.《洞神三皇七十二君斋方忏仪》，一卷，《道藏》洞神部，威仪类，忠字号。

27.《道门科范大全集》，八十七卷，《道藏》正乙部，舍、傍、启、甲字号。

28.《广成仪制》，四十卷，陈仲远编，成都，青阳宫版，一九〇七年初版，一九一四年再版。

第四，碑铭

1.《青城山记》，一卷，见《崇文总目》四，《道藏阙经目录》。

2.《修青城山诸观功德记》，一卷，八九五年，在《全唐文》，卷九三二。

3.《杜光庭重修冲妙观记》，一卷，见《蜀碑记》，卷一。

4.《杜光庭功德碑》，一卷，见《蜀碑记》，卷一。

5.《唐蜀仙都观石函取经记》，一卷，见陈思、吴式芬编，《宝刻重编》（一二二九年），卷十九；亦见《蜀碑记》，卷二。

6.《唐杜光庭碑》，一卷，见《蜀碑记》，卷二。

7.《刘真人传》，一卷，见《蜀碑记》，卷九。

8.《广云外尊师碑》，一卷，见《蜀碑记》，卷五。

9.《杜光庭醮坛山北帝院记》，一卷，见《蜀碑记》，卷九。

10.《题张素华茔石刻》，见邹柏森《括苍金石志补遗》，一八八三年序，在《聚学轩丛书》。

第五，编辑与经典

1.《太上洞渊神咒经》，二十卷，《道藏》洞神部，本文类，始、制字号。

2.《太上洞玄灵宝无量度人上品妙经序》，《全唐文》，卷九三二。

3.《太上洞玄灵宝素灵真符》，三卷，编于九〇六—九一三年，《道藏》洞玄部，神符类，衣字号。

4.《洞玄灵宝三师记》，一卷，《道藏》洞玄部，谱箓类，有字号。

5.《广成先生玉函经》，三卷，在《关中全书》，北京国家图书馆。

6.《道德真经广圣义》，五十卷，九〇一年，《道藏》洞神部，玉诀类，羔、景、行字号。

7.《道德真经玄德纂疏序》，九二〇年，在《全唐文》，卷九三一。亦见《道藏》洞神部，玉诀类，使字号。

8.《阴符经注》，在《秘书省续编到四库阙书目》，卷二。

9.《太上老君说常清静经注》，《道藏》洞神部，玉诀类，是字号。

第六，官方文书

1.《杜光庭集》（《广成集》），十七卷，《道藏》洞玄部，表奏类，敢、毁字号。

2.《贺江神移堰笺》，成于九一〇年，在《成都文类》，卷十八。

3.《黔南李令公安宅醮词》，在《全唐文》，卷九四四。

4.《真圣生辰贺词》，在《全唐文》，卷九四四。

5.《太上宣慈助化章》，五卷，《道藏》洞玄部，表奏类，毁字号。

6.《醮章奏仪》，十八卷，见《崇文总目》，卷九。

7.《历代帝王崇道记》，成于八八五年，《道藏》惟字号。

8.《谏书》，八十卷，见《宋艺文》，卷六。

9.《历代忠谏书》，五卷，见《宋艺文》，卷六。

10.《唐谏诤论》，十卷，在《宋艺文》，卷六。

此外，有关杜光庭的诗词及其他作品从略。

六、晚唐道教经典与斋科醮仪的结集者

杜光庭的著述和编纂的道书颇丰，使他在道教史上居晚唐大量道书的结集者之地位。这些道书的内容偏重于当时各种神仙灵验、怪异事迹的记录，以及讲究建设道场斋醮和法术治病的实用性。至于他在道教思想上，除了加强道德经义的阐扬外，并且参考其他的道教著作，吸收前人见解，有系统地整理出一套道教的宇宙开创学说。由诸天的形成，而以地上的福地洞天与之相应，建立了道教圣地，岳、渎、名山等神学地理的记录。

以下区分杜光庭的著作为：第一神异事迹，第二经典义理，第三圣地名山，第四斋醮科仪等类，并讨论他的思想内容及对道教的贡献。

第一，记录神异事迹，用来显示神仙的灵异，昭彰天理，端正世俗人心。

杜光庭生逢丧乱，经历残酷杀戮、人道灭绝之事。乱世之中，刑宪典章不明，因此他征引神异事迹，用来昭彰天理，有圣人以“神道设教”的意味。在他的作品中，属于记载神异事迹的凡有：《神仙感遇传》作于九〇四年后，主要在撰写一些神仙感应的故事；《道教灵验记》作于九〇五年后，主要是以当代的神仙显灵的事迹，宣扬天道罪福报应的理论；《录异记》成于九二一年前后，乃采诸方册或集录当时的奇异见闻。以下简录杜光庭写书设教的初衷：

（1）在《道教灵验记》的序中，他说明道的体、用。无言、无为是用；有情、有信是体。无为则任由万物自化；有信则应用、随顺机缘。道体有情，所以圣人明了这个道理而慈育众生，然而善、恶当有赏有罚，因此圣人教民舍恶从善。为恶于明显者，人得而诛之；为恶于幽暗者，鬼得而诛之。道书有说：唯上帝不常。作善，降之百祥。作不善，降之百殃。此为圣人效法天道，而劝诫人的话。由此论之，上天的降罪、赐福等报应，就像是响答影随，不差毫末。这是道、释与儒都有记载的。

（2）在《录异记叙》中，他表达的概念如下：怪、力、乱、神，虽然圣人不语，但是经、诰、史册之中，往往有记载。前人所作有《述异记》、《博物志》、《异闻集》，皆属于这类的书。至于六经、图纬、河洛之书，特别著有阴、阳神变之事，吉、凶朕兆之符。这类事乃随阴、阳二气而生，应五行的变化而出。这些异象皆数至而出，不得不生；数讫而化，不得不没。灾异之有，或许会使人乍惊于闻听。详细验之，即发现此乃有关于历数。

第二，阐述经典义理、规范道德，并且由申说道祖老子的起源，建立了道教的宇宙观。

杜光庭的作品中，表现出其哲学思想，比较具代表性的是：《道德真经广圣义》，成于九〇一年。《道德真经广圣义》是杜光庭根据唐玄宗所注《道德上、下》二卷与《讲疏》六卷，来逐句解释《老子》原文。因为是以圣上唐玄宗的注解疏义为根本，广征博引，故称“广圣义”，由序文知原书三十卷，今《道藏》本有五十卷。

杜光庭在序言中提到太上老君降迹行教的时间，自远古至近代有四，为：（1）老君历劫禀形随方演化；（2）老君自开皇至殷周之前，代代应现为帝王师；（3）老君于武丁之年诞生于亳，周昭王癸丑之年以二经授尹喜；（4）老君将化流沙，与尹喜期会于西蜀青羊之肆，示现降生，即昭王丁巳之年，此《道德经》即自函关所授，从此累代尊行。历代诠疏笺注《老子》者六十一家，本书引经合义，采摭众书，而纂成《道德真经广圣义》三十卷。

六十一家是：《节解》、《内解》、《想尔》、《河上公章句》、《严君平指归》；及注者王弼、何晏、郭象、钟会、孙登、太山羊祜、沙门罗什、沙门图澄、沙门僧肇、陶弘景、卢裕……以及唐玄宗等。杜光庭简短的介绍诸家著作，极具史料价值。

本书前五卷解释制疏的理由、经题之义，并释老子及其位号；后四十五卷始为内容主干，宣说《道德经》义理。前五卷中，有一篇值得注意的文章为：《释老君事迹氏族降生年代》，给予唐代太上老君崇拜中的老子一个清楚的定位。此篇疏解老子，是太上玄元皇帝，即太上老君。太上是他的证果尊位，玄元皇帝是用来显扬于名册的封号。总共以三十段，解说老君的起始、本质、师承、地位、降生、演教行化等。

第一至三段，老君起于无始，是万道之先，元气之祖。老君之体自然，由大道元气，所造化出来的自然，勉强形容，就是老君。祂的体现真身，是至精至灵在空洞之中，结气凝真，所表现出来的，即为其真身。

第四段，说老君的法号。在天，为万天之主；在圣，为万圣之君；在仙，为万仙之总；在真，为万真之先；在星，为天皇大帝；在教，为太上老君。

第五段，说老君的师资。老君师事太上玉晨大道君，大道君即元始天尊的弟子。太上玉晨大道君生于亿劫之前，为道气之祖。元始天尊也生于亿劫之前，为五亿天之主、亿万圣之君，是道气的根本。

第六段，述老君之历劫运。在老君起于无始以前，先经历劫运。劫指的是天、地成坏之名。大劫为八十一万年，老君则经历劫运，不知其数后，才起于无始。

第七段，说老君创造天地。老君是天地万物的根本，祂开辟乾坤（天、地），高悬三光（日、月、星），孕育群品。因此天地分判，日月运行，五行（木、火、土、金、水）相生。

祂在亿万气之初，运用玄元，开始三气（始气、元气、玄气），而造成天上的三清境（玉清、上清、太清）。始气为玉清境，元气为上清境，玄气为太清境。三清又各生三气，成为九天。九天又各生三气，成为二十七天。通九天为三十六天（这里，杜光庭原文的意思不清楚）。

三十六天包括：最上层大罗天，其次三清境有大赤天、禹余天和清微天。第三层是四民（亦称四种人天），有四天。第四层是三界（最上无色界、中间色界、最下欲界），无色界有四天、色界十八天、欲界六天，共二十八天。因此，自大罗天、三清境至四民、三界，合计为三十六天。

天之下为地，有三十六地。每天立一天帝，每地立一地皇，合为七十二君。与三十六天相应，则地上有三十六洞天。

第八段，说老君的地位与统治。上有元始天尊，次有道君，三为老君。老君上总群圣、中理众真、下制诸仙，祂常居太清境的太极宫，统摄天、地七十二君，一切神、灵和万物。

第九至十七段，说老君随机演化，传授大乘上清法、中乘灵宝法和下乘洞神法。

第十八至二十四段，老君自黄帝始至殷商，化身帝王师传道。

第二十五至三十段，老君寄胎于玄妙玉女八十一年后降生，时为殷二十二王、武丁九年。降生地点在古时楚国的苦县，唐高宗乾封元年（六六六年）改为真源县，僖宗中和二年（八八二年）称为赤县。圣母玄妙玉女，后白日升天，唐封为先天太后。老君升天以后，历代帝王崇奉，修其旧宅为太清宫。老君的三十一代孙是唐高祖，因此在乾封元年（六六六年）受老君三十三代孙高宗册封为：

玄元皇帝。

道教早期有三十六天的说法，见于《魏书·释老志》记载，老君之孙李谱文，言两仪之间有三十六天。南北朝时期，道教的百科全书《无上秘要》的卷四,三界品已记有三十二天。杜光庭的四民，《无上秘要》作种民，所论三界诸天则大同小异。只是杜光庭在三十二天上加四层天，由老君运玄、元、始三气，加在三十二天之前，而确定老君的地位为宇宙万物的根本，是开辟天地的天主。

第三，记录道教圣地，五岳、四渎和名山洞府，建立道教的神学地理。

杜光庭根据天上有三十六天，而地上也有洞天福地与之相应的理论，选择记录道教的圣地。而且在制定过程中，包含运用了道教擅长的五行、二气、风水之学。他记录的名山洞府凡有：《青城山记》(今阙)、《武夷山记》、《天坛王屋山圣迹记》，以及《焰阳洞记》、《温汤洞记》等单篇，收入《游名山记》。而他的这类书中，最具体完整的是《洞天福地岳渎名山记》。

道教历来发展了一些古代神仙居住天上或海岳、名山的传说。《道藏》中有：托名汉代东方朔集的《十洲记》，述说十洲三岛；唐，司马承祯集《天地宫府图》，记录十大洞天，三十六小洞天、七十二福地；以及《无上秘要》、《三洞珠囊》收入的二十四治等。

杜光庭吸收前人的著作，一一并入他编集的《洞天福地岳渎名山记》里，而建构成一个上天下地的仙迹净境，依次为：天上仙山，有玄都、玉京、元京、峨嵋等；天下五岳十山，十洲三岛；地上五岳、十大洞天、五镇海渎、三十六靖庐、三十六洞天、七十二福地和灵化二十四（或称二十四治）。其中不可忽视的是司马承祯为杜光庭的先代祖师，于天台山居桐柏观，后冯惟良居其处，传应夷节，再传杜光庭。然而杜光庭所写的七十二福地却与司马承祯的《天地宫府图》有颇多出入之处，可见道教洞天福地之说尚有不同的来源。

第四，整理及删定斋醮科仪，成为道场仪式必备的典范，让后代的道士有所遵循。

在杜光庭所结集大批的斋醮科仪范本当中，最为周全的是：《道门科范大全集》八十七卷。本书完成的年代不详，部分经过其他道士的增补，而更为完备。题为杜光庭署名删定的有：第一至二十四卷、四十六至六十二、六十四、六十八、七十五、七十九，以及第八十四至八十六卷。未题删定编修者有：第二十七、二十八、六十九、七十至七十四、七十六至七十八卷，第八十至八十三卷，以及八十七卷。其余几卷题为三洞经箓弟子仲励修或编：二十五、二十六、二十九至四十五卷、六十三、六十五、六十六、六十七卷。第六十三卷，真武灵应大醮，题下有小注说明采取杜天师光庭北帝斋仪三上香两节参修。因此知道书中数卷，是元、明间道士仲励重新增修的。

在《道门科范大全集》卷七九，杜光庭提出对于斋醮的看法，认为是一种虔诚的祈祷活动。斋，有祭祀之斋与心斋之别。祭祀之斋者，所以心斋洁心神，清涤思虑，专致真精，而求交神明也。心斋则无听之以耳，而听之以心，无听之以心，而听之以气。气者，虚而待物，唯道集虚，虚者，心斋。至于由斋醮产生的功用，不同的仪式有不同的效果。以下摘录上书，杜光庭删定的第一至二十四卷：

第一至三卷，生日本命仪：清旦行道、午朝行道、晚朝行道。

第四至六卷，忏禳疾病仪：清旦行道、午朝行道、晚朝行道。

第七至九卷，消灾星曜仪：启坛行道；消灾道场仪设醮行道；消灾星曜仪：散坛行道。

第十至十二卷，灵宝太一祈雨醮仪：静夜行道；灵宝太一祈雨仪：设醮行道；祈求雨雪仪：启坛行道。

第十三至十五卷，祈求雨雪道场仪：清旦行道、临午行道、晚朝行道。

第十六至十八卷，灵宝祈求雨雪道场三朝坐忏仪拜章仪：日用朝真忏仪；灵宝祈求雨雪道场仪：设醮行道；灵宝祈求雨雪拜章仪：夕景行道。

第十九卷，文昌注禄拜章道场仪：启坛行道。

第二十至二十二卷，文昌注禄拜章道场仪：清旦行道、临午行道、晚朝行道。

第二十三至二十四卷，文昌注禄拜章道场仪：祝神行道、散坛行道。

前面各种斋醮举行的目的，各有不同。而大多以忏悔、祈祷的方式，请求神明保佑消灾、降福、延寿、加官进禄，或请求上苍下降雨雪，解除旱象。斋仪举行的时间，有清旦、临午和晚朝之别。斋仪祈祷的对象，则随着请求的目的而略有不同。以生日本命仪为例，在高功发炉中，吟唱：

无上三天玄元始三炁，太上道君，太上老君，召出臣等身中三、五功曹，……臣今早（午或晚，因时而异）朝升坛行道谨奏……愿闻得

太上十方至真道炁灵宝瑞光下降，流入臣等身中，令臣所启之诚，速达径诣

太上无极大道

三清三境天尊

昊天玉皇上帝

星主紫微大帝御前

……

斋醮仪式中，因为祈求的目的不同，而向不同的神祈祷。本命

仪的星主是紫微大帝，因此向祂祈愿。一般道场斋仪通常是传达到昊天玉皇大帝（或作昊天金阙玉皇上帝）。杜光庭在另一本书《金箓斋启坛仪》，序事中解说："上元金箓……为国主帝王镇安社稷，保佑生灵，上消天灾，下禳地祸，制御劫运，宁肃山川，摧毁妖魔，荡除妖秽。"而人必须"拜天谢过，责躬引咎，思道祈灵，可以禳却氛邪，解消灾变。"也就是说，他认为人透过反躬自省，可以感动上苍，禳除灾祸。

杜光庭是熟习各种道法科仪的道士，又擅长于文辞编纂的工作。他将唐末的科仪大量的整理删定后，使道教祈福消灾的斋醮科仪更为完备，成为后代的典范。南宋吕太古在《杜天师传》中说："尝谓道门科教，自汉天师、陆修静撰集以来，岁久废坠，乃考证真伪，条列始末，故天下羽褐，至今遵行。"这是对他极为贴切的赞美。

参考书目

《秘书省续编到四库阙书目》，清叶德辉编，叶氏观古堂。
《崇文总目》，宋王尧成，在《四库全书总目》，卷六七四。
《东观奏记》，唐裴庭玉，在《稗海》。
《道藏阙经目录》，《正统道藏》第六十册，台北，新文丰出版公司。
《历世真仙体道通鉴》，元赵道一，《正统道藏》，洞真部，记传类，淡字号。
《旧唐书》，台北，鼎文书局，一九八六年。

《新唐书》，台北，鼎文书局，一九八五年。
《旧五代史》，台北，鼎文书局，一九八五年。
《新五代史》，台北，鼎文书局，一九八五年。
《三洞群仙录》，宋陈葆光，《正统道藏》，正乙部，筵、设字号。
《十国春秋》，清吴任臣，台北，国光书局，一九六二年。
《蜀梼杌》，宋张唐英，在《函海》。
《天台山记》，唐徐灵府，在《古逸丛书》。
《资治通鉴》，司马光，台北，明伦出版社，一九七五年。
《幸蜀记》，宋居白，在《古今说部丛书》。
《中国道教思想史纲》第二卷，卿希泰，四川，人民出版社，一九八五年。
《中国道教史》，任继愈编，上海，人民出版社，一九九〇年。
《中国道教史》，第二卷卿希泰编，四川，人民出版社，一九九二年。
《中国道教史》，刘精诚，台北，文津出版社，一九九三年。
《道教史》，卿希泰、唐大潮著，北京，中国社会出版社，一九九四年。
《寒原道论》，孙克宽，台北，联经出版事业公司，一九八一年。
《四川道教史话》，李远国，四川，人民出版社，一九八五年。
丁煌：《唐及五代道教宗派之研究》，《历史学报》第九期，一九八二年，页二四九—二八四。
VERELLEN Franciscus, DU Guang Ting（850–933）, Taoïste de cour á la fin de la Chine médiévale, Collège de France Institut des Hautes écoles Chinoises, Paris, 1989.

图书在版编目（CIP）数据

中国历代思想家. 隋唐 / 中华文化总会，王寿南主编；慧岳等著. —北京 : 九州出版社，2011.3
ISBN 978-7-5108-0801-2

Ⅰ. ①中… Ⅱ. ①中… ②王… ③慧… Ⅲ. ①思想家－评传－中国－隋唐时代 Ⅳ. ①B2

中国版本图书馆CIP数据核字(2010)第252300号

中国历代思想家. 隋唐

作　　者	中华文化总会　王寿南 主编　慧岳等 著
出版发行	九州出版社
出 版 人	徐尚定
地　　址	北京市西城区阜外大街甲 35 号 (100037)
发行电话	(010)68992190/2/3/5/6
网　　址	www.jiuzhoupress.com
电子信箱	jiuzhou@jiuzhoupress.com
印　　刷	涿州市星河印刷有限公司
开　　本	880 毫米 ×1230 毫米　32 开
印　　张	18.5
字　　数	446 千字
版　　次	2011 年 5 月第 1 版
印　　次	2011 年 5 月第 1 次印刷
书　　号	ISBN 978-7-5108-0801-2
定　　价	38.00 元